사회적 자본

사회적 자본

MAKING DEMOCRACY WORK

왜 어떤 민주정부는 성공하고 다른 민주정부는 실패하는가?

로버트 D.퍼트넘 지음 | 강병익 옮김

페이퍼로드
paperroad

일러두기
[   ] 안의 글은 독자의 이해를 돕기 위해 역자가 추가한 내용이다.

알베르토와 친구들에게

이탈리아 연구 여행 경로

이 책은 이탈리아의 지역 연구를 통해 시민생활에 대한 몇 가지 근본적 문제를 살펴보고 있는데, 두 부류의 독자를 염두에 두고 쓰였다. 한 부류는 나처럼 이탈리아인의 미묘한 삶에 매료된 사람, 다른 한 부류는 민주주의와 그 실천에 관심 있는 사람이다.

연구는 1970년 봄, 피터 랭(Peter Lange)과 피터 와이츠(Peter Weitz)와의 대화에서 시작되었다. 우리 셋은 로마에 머물면서 이탈리아 정치의 다양한 양상을 연구하고 있었다. 당시 이탈리아 정부는 뜻밖에도 오랫동안 등한시했던 주정부와 관련한 개헌에 동의했다. 이 새로운 제도는 이탈리아 여러 지역에서 각기 새롭게 구축되는 것이었다. 그래서 어떻게 제도가 발전하고 각 지역의 사회적 환경에 적응하는지에 대한 장기적이고 체계적인 연구를 시작할 수 있는 이례적인 실험의 기회가 제공되었다. 하지만 후속 연구가 거의 25년 동안 이어진다거나, 결국 게임이론과 중세사 연구로까지 나를 이끌고 갈 것을 깨달았더라면, 이 작업을 시작할 엄두를 못 냈을 것이다.

작고한 알베르토 스프레아피코(Alberto Spreafico) 교수의 격려와 미시간대학교의 재정지원으로 1970년 가을, 나는 이탈리아 몇 개 지역에서 새롭게 선출된 주의회 의원들을 대상으로 첫 설문조사를 실시했다. 이후 미국 앤아버(Ann Arbor)로 돌아와 재능 있는 젊은 동료인 로베르트 레오나르디(Robert Leonardi, 이하 밥)와 라파엘라 나네티(Raffaella Nanetti, 이하 라피)의 도움을 받아 이 설문조사를 분석했다. 1975년 새 의회가 구성되었을 때, 밥과 라피는 다른 대학에서 각기 정치학과와 도시 및 지역계획학과 교수로 임용된 상태였다. 우리는 2차 설문조사에도 힘을 모으기로 했고 그때부터 긴밀하고 지속적이며 생산적인 공동 연구를 이어갔다.

이후 몇십 년간 우리는 수백 시간을 함께 보내며, 이 책에 기술된 연구를 기획하고 수행해왔다. 마무리 단계에서 밥과 라피는 주로 철저한 현장 연구를 책임졌다. 우리 세 명 모두 연구의 핵심 장소인 6개 지역을 자주 방문했는데, 우리 연구가 이탈리아에 널리 알려지면서 몇몇 다른 주정부도 유사한 연구 수행을 위해 우리를 초청했다.

이 연구로 나온 일련의 출판물은 대부분 우리 세 명의 공동저작이다.[1] 이 책과 밥과 라피의 단독 저작은 각자의 이름으로 출판되었지만[2] 그 근거자료와 아이디어는 모두 함께 만든 것들이다. 어쨌든 이 책에서 전개한 논거에 대해 이들 두 학자가 책임질 일은 없지만, 20년 이상의 공동연구, 창조적 작업, 고된 연구, 그리고 우정에 대한 인정과 감사의 표시로 표지에 그들의 이름을 넣었다.

이 프로젝트에 담긴 개념의 진전 과정은 적어도 주정부 자체의 발전만큼 복잡하다. 그동안 사회과학에서는 이론에서 가설을 직접 도출하고, 증거를 수집하고, 결론을 내리면 되는 듯 해왔다. 이 프로젝트에서도 이론과 증거가 중요하긴 해도, 그 진행 과정은 흥미로운 탐정소설에 가까워 보였다. 다양한 용의자가 등장하고, 혐의가 풀리고, 잘못된 단서로 열심히 모은 증거들이 헛수고가 되고, 새로운 곁가지 사건들이 나타나기도 한다. 직감으로 풀어낼 때도 있고, 초기 의혹이 나중에 등장한 증거로 재해석되거나, 각 수수께끼를 해결하면 또 다른 수수께끼가 나타난다. 그래서 탐정은 다음 단서들이 어디로 이끌지 절대 알 수 없는, 그런 탐정소설말이다.

처음에 우리 연구는 제도발전을 측정하기 위한 기준으로서 1970년의 인터뷰 내용을 활용하여 그 지속성과 변화에 초점을 맞췄다. 이후 다양한 주정부의 성공과 실패 사례들 간에는 현저한 차이가 존재한다는 증거가 축적되면서, 우리의 관심은 시간보다 공간을 통한 비교로 집중되었다. 그러면서 이러한 지역 간의 차이들이 아주 깊은 역사적 뿌리에 기원한다는 것이 분명해졌다. (사실 많은 탐정소설이 그렇듯 알고 보면 답은 너무나 뻔히 보이는 곳에 있다. 돌이켜보면 우리도 훨씬 전에 그 단서들을 발견할 수 있었다.) 이러한 역사적 연속성은 이탈리아의 경계를 넘어 민주주의, 경제발전, 시민생활에 대한 근본적 문제를 다루는 중요한 이론적 문제를 제기했다.

이러한 연구의 발전을 반영하여, 이 책의 구성은 주정부에 조밀하고 밀접하게 초점을 맞추는 것으로 시작하여 점차 시야를 넓혀 우리가 발견한 것이 지니는 광의의 의미를 포괄하고 있다. 전체적으로 이 책은 내가 현대 미국의 불만과 관련이 있다고 확신하는 민주주의와 공동체에 대한 논거를 구체화하고 있지만, 그러한 함의를 상세히 다루는 것은 앞으로의 작업으로 남겨두고자 한다.

수십 명의 연구자가 20년 이상 이 프로젝트에 참여했지만, 파올로 벨루치(Paolo Bellucci), 셰리 버먼(Sheri Berman), 조반니 코치(Giovanni Cocchi), 브라이언 포드(Bryan Ford), 나이절 골트(Nigel Gault), 세린다 레이크(Celinda Lake), 프랑코 파본첼로(Franco Pavoncello), 클라우디아 라더(Claudia Rader)를 특별히 언급해야겠다.

조언과 도움을 준 수많은 이탈리아 학자와 공무원 중에서, 특히 카르멜로 아차라(Carmelo Azzarà), 세르조 바르톨레(Sergio Bartole), 잔프란코 바르톨리니(Gianfranco Bartolini), 사비노 카세세(Sabino Cassese), 프랑코 카촐라(Franco Cazzola), 잔프란코 차우로(Gianfranco Ciaurro), 레오나르도 쿠오코(Leonardo Cuoco), 알폰소 델 레(Alfonso Del Re), 프란체스코 드오노프리오(Francesco D'Onofrio), 마르첼로 페델레(Marcello Fedele), 엘리오 지치(Elio Gizzi), 루차노 구에르초니(Luciano Guerzoni), 안드레아 만첼라(Andrea Manzella), 난도 타시오티(Nando Tasciotti), 란프랑코 트루치(Lanfranco Truci) 그리고 우리와 수년에 걸쳐 익명으로 인터뷰했던 수백 명의 지방, 지역, 국가 지도자들에게 감사의 말을 전한다.

현대 이탈리아의 수많은 다른 연구에서처럼 이 프로젝트에서도 알베르토 스프레아피코(Alberto Spreafico)는 그만이 할 수 있는 역할을 했다. 알베르토는 필자를 25년 전 이탈리아로 안내했고, 그가 설립한 사회과학위원회(Comitato per le Scienze Sociali)는 수많은 행사에 나를 초대했다. 그의 친절함과 나에게 끼친 지적 자극은 이 프로젝트의 초기 단계에서 결정적 역할을 했다. 이 책의 헌사는 알베르토와 놀라운 수수께끼 같은 복잡한 이탈리아 사회를 이해하는 데 도움을 준 관대하고 시민정신이 투철한 수많은 이탈리아인에게 크나큰 빚을 졌다는 의미를 담고 있다.

수년간 많은 동료가 초안과 개요에 대해 통찰력 있고 가차 없는 비판을 해주었다. 특히 알베르토 알레시나(Alberto Alesina), 제임스 알트 (James Alt), 로버트 액설로드(Robert Axelrod), 에드워드 밴필드(Edward C. Banfield), 새뮤얼 반스(Samuel H. Barnes), 마이클 바즐레이(Michael Barzelay), 테리 니콜스 클락(Terry Nichols Clark), 존 코마로프(John Comaroff), 제프 프리든(Jeff Frieden), 폴 긴스버그(Paul Ginsborg), 리처 드 골드웨이트(Richard Goldthwaite), 레이먼드 그루(Raymond Grew), 피터 홀(Peter A. Hall), 옌스 요카힘 헤세(Jens Joachim Hesse), 존 홀랜더 (John Hollander), 스티븐 켈먼(Steven Kelman), 로버트 코헤인(Robert O. Keohane), 로버트 클리트가드(Robert Klitgaard), 야섹 쿠글러(Jacek Kugler), 대니얼 르바인(Daniel Levine), 마크 린덴버그(Marc Lindenberg), 글렌 로우리(Glenn C. Loury), 찰스 메이어(Charles Maier), 존 몽고메리 (John D. Montgomery), 케네스 셉슬(Kenneth A. Shepsle), 주디스 시클 라(Judith N. Shklar), 맬컴 스패로(Malcolm Sparrow), 페데리코 바레세 (Federico Varese), 제프 와인트라웁(Jeff W. Weintraub), 빈센트 라이트 (Vincent Wright), 리처드 젝하우저(Richard Zeckhauser)와 익명으로 비 평해준 이들에게 감사를 전한다. 에런 윌다브스키(Aaron Wildavsky)의 "조금이라도 더 창의적인 생각을 위해 자신의 한계에 끊임없이 도전해 보라"는 점잖은 조언이 섣부른 결론을 내지 않도록 했고, 다른 곳에 정신 이 팔려 있을 때는 월터 리핀코트(Walter Lippincott)의 꾸준하고 사려 깊 은 격려로 계속 나아갈 수 있었다.

이 연구는 각 단계마다 미시간대학교, 미국과학재단, 미국의 독일마 셜기금, 하버드대학교, 존 사이먼 구겐하임 기념재단의 지원으로 진행될 수 있었다. 카를로 카타네오 연구소, 이탈리아 정부, 유럽대학연구소, 유럽공동체위원회, 이탈리아의 지방정부들(바실리카타, 프리올리베네치아줄리아, 에밀리아로마냐, 마르케, 토스카나, 움브리아)의 아낌없는 지원이 있었다.

미시간대학교, 하버드대학교(특히 국제정세센터), 행태과학선진연구센터, 우드로 윌슨 국제센터, 록펠러재단 벨라조 컨퍼런스센터, 옥스퍼드대학교 너필드 컬리지의 유럽연구센터는 연구의 여러 단계에서 과분한 환대를 베풀었다.

우리 가족 로즈메리, 조너던, 라라 퍼트넘은 이 프로젝트에 함께 해왔는데 앞으로도 오래 기억에 남을 것이다. 지역을 방문하고, 자료분석을 돕고, 초안을 논평하고, 연구에 대한 나의 열정을 공유했다. 이 모든 것에 깊이 감사한다.

차례

제1장
서론: 제도 성과 연구

왜 어떤 민주정부는 성공하고 다른 민주정부는 실패하는가? 이는 오래된 질문이지만 여전히 유효하다. 격동의 세기가 끝나가면서, 자유민주주의자들과 그들의 경쟁자들 사이 거대한 이념논쟁도 사그라들고 있다. 아이러니하게도 자유민주주의가 철학적 우위를 점하면서 그것이 실제 운영되는 과정에서 날로 커지는 불만들이 드러나고 있다. 모스크바에서 동부 세인트루이스까지, 멕시코시티에서 카이로까지, 공공제도에 대한 절망감은 깊어만 간다. 미국의 민주주의 제도가 세 번째 세기를 맞이하고 있지만, 다른 나라들은 우리의 국가적 수준의 자치실험이 흔들리고 있다고 우려하기도 한다. 저 멀리 세상의 절반인 유라시아의 옛 공산국가들은 처음부터 민주주의 통치체제를 건설해야 했다는 점을 자각하고 있다. 세계 어디에서나 여성과 남성 모두 그들의 문제—깨끗한 공기, 안정된 직업, 안전한 도시—에 대한 해결책을 찾고 있다. 정부 없이 살 수 있다고 믿는 사람은 거의 없지만, 무엇이 정부를 잘 작동하게 하는지 안다고 확신하는 사람은 여전히 소수이다.

이 책의 목적은 민주주의 제도의 성과를 이해하는 데 기여하는 것이다. 공식적 제도는 정치의 실행과 정부에 어떻게 영향을 미치는가? 제도를 개혁하면 실행은 뒤따르는가? 제도의 성과는 그 제도의 사회적, 경제적, 문화적 환경에 달려 있는가? 민주적 제도를 이식한다면 그것이 과거의 환경에서 그랬듯이 새로운 환경에서 성장할 수 있을까? 국민은 자기 수준에 맞는 정부를 가진다고 하는데 과연 민주주의의 질은 시민의 질에 달려 있는가? 우리의 의도는 이론을 세우는 것이다. 이에 대한 우리의 방법론은 경험에 기반하며, 지난 20여 년간 이탈리아 주지역에서 수행된 제도개혁의 독특한 실험에서 교훈을 얻고자 한다. 우리의 탐구는 시민생활의 특성, 간결한 집합행동 논리, 중세사로 깊숙이 끌고 가지만, 그 여정은 오늘날 이탈리아의 다양성에서 시작한다.

연구의 여정

이탈리아 아펜니노 산맥을 따라 이어진 '고속도로(autostrada)'를 타고 북부 세베소에서 남부 피에트라페르토사까지 870킬로미터 거리를 꼬박 하루 걸려 갈 수 있다. 먼저 밀라노 교외의 분주한 산업지역을 지나고, 비옥한 포 평원을 빠르게 가로질러, 자랑스러운 르네상스의 중심지였던 볼로냐와 피렌체를 쏜살같이 지나, 로마와 나폴리의 지저분하고 우울한 변두리를 돌면 마침내 이탈리아 부츠 지형의 발등 부분에 고립된 황량한 바실리카타주 정상에 오르게 된다.[1] 하지만 사려 깊은 관찰자라면 이 먼 길을 빠르게 이동하는 것보다는 그 출발점과 종착점 사이를 역사적으로 비교하는 데 더 깊은 인상을 받을 것이다.

밀라노 북쪽으로 10마일 정도에 있는 세베소는 산업과 농업이 혼재된 작은 근대도시이다. 1976년 이곳에서는 전 세계에 알려진 거대한 생태적 재난이 일어났다. 화학공장이 폭발하면서 유독성 다이옥신이 주택, 공장, 들판과 주민에게 분출되었다. 폭발 후 수개월 동안 세베소를 지나는 고속도로 위 운전자들은 나무판자를 못질해 덧댄 집, 흰 두건과 방독면을 쓴 공포스러운 모습으로 도시와 땅의 정화작업에 힘쓰는 사람들을 보았다. 운전자들은 이곳을 지나면서 차창을 올려 닫고 속도를 올렸다. 산업화되어가는 국가들에 세베소는 커져가는 생태재난의 위험을 상징하는 장소가 되었다. 세베소의 재난은 어렴풋하던 21세기 공공정책의 문제들을 뚜렷하게 보여주는 계기가 됨으로써 현지 지방공무원들을 충격에 빠뜨렸다.[2]

공공 거버넌스의 시각에서 본다면, 1970년대에 세베소에서 피에트라페르토사까지의 여행은 수세기 전 과거로 거슬러 올라가는 일이었다. 아직 많은 피에트라페르토사 주민이 그들의 루카니아 선조들이 수세대 전에 모여 살던 바위산 꼭대기 바로 아래 산등성이에 있는, 방 한두 칸짜리 돌움막에서 살고 있다. 근처 농부들은 중세 농부들이 수백 년 동안 해왔던 방식 그대로 여전히 바람의 도움을 받아 손으로 탈곡하고 있다. 이 지역의 많은 남성이 북유럽에서 임시직을 구하며 살고, 마을 아래 주차된 독일 번호판을 단 자동차 몇 대만 소수의 성공사례를 보여준다. 그러나 대부분 주민은 돌로 만든 주택에서 앙상한 닭과 고양이들과 함께 자신들과 지내는 당나귀를 타고 다녔다. 언덕 더 아래에서는 돌아온 주민들이 시멘트 집에 상하수도 시설을 제대로 갖추고 살고 있지만, 마을 대부분은 3~4세기 전 유럽처럼 상수도와 공공 편의시설 부재가 가장 큰 문제

17

였다.

피에트라페르토사 주민들은 세베소의 주민들과 마찬가지로 경제학자들이 '공공재'와 '공공악재'로 부르는 심각한 문제들에 처해 있었다. 두 도시가 경제적, 사회적, 행정적 자원이 다른 만큼 구체적인 문제도 극명하게 달랐지만, 두 도시 주민 모두 정부의 도움이 필요한 것은 자명했다. 1970년대 초, 평범한 이탈리아 사람들의 다른 많은 관심사와 함께, 이러한 공중보건과 안전에 관한 다양한 문제를 해결하는 일차적 책임이 중앙 행정부에서 새롭게 선출된 지방정부로 급작스럽게 넘어갔다. 세베소와 피에트라페르토사 주민들은 이제 자기들의 문제를 해결하기 위해 멀리 있는 로마보다는 가까운 밀라노와 포텐차에 요청을 해야 했다. 이러한 새로운 제도들이 그들 주민들에게 얼마나 잘 대응했는가와 그 이유에 대한 연구는 공공선을 위한 시민생활과 협력에 대한 기본적인 쟁점과 마주하도록 이끌 것이다.

새로운 주정부 간 경계는 토스카나와 롬바르디아 같은 유명한 공국을 포함하여, 대체로 이탈리아의 과거 역사 속 지역과 대체로 일치했다. 하지만 1870년 통일 이후, 이탈리아의 행정구조는 나폴레옹 시기 프랑스를 모델로 삼고 있어 매우 중앙집권적이었다. 오랜 시간 이탈리아의 지방관료들은 로마에 직접 보고하는 행정장관들(prefects)*에게 밀착 통제되어왔다. 주 단위 지역에 해당하는 정부는 어떤 형태로도 존재한 적이 없다. 그러므로 세베소와 피에트라페르토사 그리고 이탈리아 지방 수천

---

* 이탈리아어로 프레페토(Prefetto)라고 불렀으며, 프랑스의 프레페(Préfet) 제도와 유사한 중앙집권적 통치구조의 일부를 구성했다.

곳의 공적 문제들은 크든 작든 간에 있어본 적 없는 주정부에 의해 해결되어야 했다. 이런 사실은 시민들에게 실질적으로 아주 중요한 실험으로 다가왔다.

1970년부터 시작된 이탈리아반도의 경제적, 사회적, 문화적, 정치적 환경을 대표하는 이러한 수많은 초창기 지역 제도들의 발전을 우리는 면밀히 추적해왔다. 여러 주도(regional capital)를 수차례 방문하면서 제도적 성과의 극명한 차이가 드러났다.

주도인 바리에서 풀리아 주정부 공무원을 만나는 일조차 그 지역 주민에게 그렇듯 우리에게도 어려웠다. 연구로 방문한 사람들과 마찬가지로 풀리아주 주민도 철도역 너머에 있는 간판도 없는 청사를 찾아야 했다. 지저분한 대기실에 몇몇 직원이 빈둥거리고 있지만, 하루에 한두 시간만 나와 있고 그마저도 응대할 의지가 없어 보인다. 여러 번 와본 방문객이라면 사무실에 빈 책상들만 유령처럼 줄지어 있다는 것을 알 것이다. 지역 공무원이 제대로 일하게 하는 문제에 낙담한 한 시장이 우리에게 토로했다. "그들은 편지에 답장도 하지 않고, 걸려온 전화에 대답도 하지 않아요. 서류 작업을 끝내려고 바리에 갈 때 나는 내 타자기와 타자수를 데리고 가야 했어요!" 만연한 엽관제는 행정의 효율성을 훼손한다. 언젠가 한 하급 공무원이 우리 면전에서 자기 상관에게 말하는 것을 들었다. "당신은 나에게 지시를 내릴 수 없어! 날 봐주는 사람이 있다고." 한편 이 지방의 지도자들은 후원과 직책을 둘러싼 비잔틴식 파벌 분쟁에 관여하고 있다. 그러면서 결코 실현될 리 없는 지역 재건에 대한 장밋빛 약속을 떠든다. 지방 후원자들이 종종 얘기하듯이, 만약 풀리아주가 "새로운 캘리포니아주"가 될 수 있다면 그건 새로운 주정부의 성과 때문이 아니라, 그런

19

주정부에도 불구하고 이룬 일일 것이다. 풀리아주의 시민들은 그들의 주정부에 대한 경멸을 숨기지 않는다. 사실 그들은 지방정부를 "그들의 것"으로 생각하지도 않는다.

볼로냐시에 있는 에밀리아로마냐 주정부의 효율성과 비교하면 극명한 대조를 이룬다. 유리로 둘러싸인 주정부 청사를 방문했을 때 마치 현대적인 첨단기술 회사에 들어가는 것 같았다. 활발하고 정중한 안내직원이 방문객을 원하는 부서로 안내한다. 그러면 십중팔구 관련 공무원이 나타나 지역문제와 정책에 대한 전산화된 자료를 보여준다. 볼로냐시의 중앙광장은 시민과 정치활동가들이 번갈아 벌이는 밤샘 토론으로 유명한데, 그날의 쟁점은 주의회 회의장에서도 열띤 토론으로 이어진다. 많은 분야의 입법을 이끌어온 에밀리아 주정부는 말에서 행동으로 발전시켜왔다. 그 효과는 주에 골고루 퍼진 수십 개의 주간 돌봄센터와 산업단지, 극장, 직업훈련소를 보면 알 수 있다. 볼로냐 광장의 시민 토론자들도 그들의 주정부를 비판하고는 한다. 하지만 풀리아주의 시민들보다는 훨씬 만족하고 있다. 왜 새로운 제도가 에밀리아로마냐주에서는 성공했고, 풀리아주에서는 그러지 못했을까?

우리가 이어간 연구의 핵심 질문은 이것이다. '강력하고, 반응하며, 효과적인 대의제도를 만들기 위한 조건은 무엇인가?' 이탈리아의 지방정부 실험은 이 문제를 푸는 최적의 기회를 제공하며, 새로운 제도의 탄생과 발전을 체계적으로 연구하는 데도 드문 기회를 제공한다.

첫째, 15개 신생 주정부가 1970년에 동시 수립되었고, 동일한 헌정구조와 권한을 부여받았다. 1976년에서 1977년까지, 제2장에서 기술한 맹렬한 정치투쟁 후 광범위한 공공문제를 다룰 권한이 모든 주에 주어졌다. 이 15개의 '일반'주와 대조적으로 5개의 '특별'[자치]주는 그보다 몇 년 앞서 수립되었으며 좀 더 큰 권한을 헌법으로 보장받았다. 이 5개 주는 제2차 세계대전 종전 즈음부터 분리주의 운동이 일어났던 접경부이다. 몇 가지 면에서 특별주정부의 더 오랜 존속 기간과 광범위한 권한 때문에 일반주정부와 차별화돼 보였다. 하지만 설립 목적상 이들 특별주정부도 15개 일반주정부와 크게 다를 것이 없으므로 함께 다루어져야 한다. 그래서 우리는 20개 주 모두에서 자료를 모았다.

1990년대 초까지, 이들 신생 주정부들은 20년이 되지 않은 기간 동안 이탈리아 국내총생산의 10퍼센트를 지출하고 있었다. 모든 주정부는 도시문제, 농업, 주거, 병원과 보건의료서비스, 공공사업, 직업교육, 경제발전 분야를 책임져왔다. 중앙정부가 가하는 제약에 자치주의자들은 여전히 불만을 보였지만, 이제 새로운 제도로 그들의 열정을 시험하기에 충분한 권한을 얻게 되었다. 명목상 이들 20개 주정부는 대등했고, 잠재적으로 강력한 권한을 가지고 있었다.

둘째, 하지만 새로운 제도가 도입될 때 각 지역의 사회적, 경제적, 정치적, 문화적 여건은 크게 달랐다. 사회적으로나 경제적으로 피에트라페르토사가 속한 바실리카타주 같은 몇몇 주는 제3세계로 분류되는 반면, 세베소가 속한 롬바르디아주는 이미 탈산업화 과정을 거치고 있었다. 이러한 발전 수준의 차이는 정치적 전통의 차이에서 비롯되었다. 예컨대 이웃한 베네토주와 에밀리아로마냐주는 1970년에 비슷한 경제적 외형을 갖추고 있었지만, 베네토주는 로마 가톨릭의 강력한 영향력하에 있었고, 반면 중부 이탈리아의 공고한 '레드벨트' 지역인 에밀리아로마냐는 1945년 이후 공산당 통제하에 있었다. 일부 주는 과거 봉건적 전통이 어느 정도 유지된 후견-피후견(patron-client) 정치를 계승해왔다. 다른 주들은 1950년대와 1960년대 '경제기적(il boom)' 시기 동안 이탈리아를 휩쓴 이주와 사회변동의 거대한 물결로 큰 변화를 겪었다.

이탈리아에서 이루어진 지역 차원의 실험은 제도 발전의 역동성과 생태계 비교연구를 하는 데 안성맞춤이었다. 마치 식물학자가 유전적으로 동일한 씨앗을 서로 다른 토양에 심고 성장을 비교함으로써 식물 발생을 연구하듯이, 정부의 성과를 연구하는 학자는 다양한 사회적, 경제적, 문화적, 정치적 배경에서 동일한 형태로 출발한 새로운 조직들의 운명을 탐구할 수 있게 되었다. 세베소와 피에트라페르토사라는 토양에서처럼 다른 토양에서도 새로운 제도가 비슷하게 발전할까? 다르다면 그 차이를 설명할 수 있는 요소는 무엇인가? 이러한 질문에 대한 답은 세계 여러 국가—산업, 탈산업, 전(前)산업국가—의 학자와 정책결정자, 평범한 시민이 대의제도가 효과적으로 작동할 수 있는 방법을 탐색할 때, 이탈리아를 훌쩍 넘어서는 중요성을 갖게 된다.

연구 여정의 계획

제도는 고대 이후로 정치학의 지속적인 관심사였다. 하지만 최근에는 '신제도주의'란 이름하에 보다 활력적이고 창의적으로 제도 문제를 다루고 있다. 게임이론과 합리적 선택모델이 도구로 사용되면서, 제도는 행위자의 행태가 게임의 규칙으로 구조화되는 "확장된 형태의 게임"으로 규정되었다.[3] 조직이론가들은 제도의 역할과 절차, 상징, 의무를 강조해왔다.[4] 역사적 제도주의자들은 통치와 정치에서의 연속성을 추적하면서,

제도 발전에서 타이밍과 순차성에 방점을 찍었다.[5]

신제도주의자들 내부에서도 이론과 방법론을 포함한 여러 지점에서 다른 입장을 보이지만, 두 가지 기본적 관점에서는 견해가 일치한다.

1. '제도가 정치를 형성한다.' 제도를 구성하는 규칙과 표준적 작동 과정은 정치 행태를 구조화함으로써 정치적 결과에 영향을 미친다. 결과는 개별행위자들의 당구공*과 같은 상호작용이나 광범위한 사회 세력의 접합으로 환원될 수 없다. 제도는 행위자의 정체성, 힘, 전략을 형성함으로써 결과에 영향을 미친다.

2. '제도는 역사에 의해 형성된다.' 다른 요소들이 제도 형태에 영향을 줄 수 있을지는 몰라도, 제도는 관성과 '견고성'을 가진다. 그래서 제도는 역사적 궤적과 전환점을 구체화한다. 역사는 '경로의존성'을 갖기 때문에 중요하다. 즉 처음에 오는 것(어떤 의미에서는 '우연적'이라고 해도)이 이후에 오는 것을 제약한다. 행위자는 그들의 제도를 '선택'할 수 있지만, 그들 스스로 만든 환경 속에서 제도를 선택하지는 못하고, 역으로 그들의 선택은 그들의 계승자들이 선택한 범위 안에서 규칙에 영향을 준다.

이탈리아의 지역자치에 대한 우리의 연구는 위 두 주제에 대한 경험적 근거를 마련하기 위함이다. 제도를 독립변수로 취함으로써, 우리는 제도 변화가 어떻게 정치행위자들의 정체성, 권력, 전략에 영향을 미치는지를

---

* 당구공은 '원자화된 개인'을 의미하는 것으로 신제도주의가 비판하는 행태주의의 기본 가정이다.

경험적으로 탐구한다. 그러고 나서 제도를 종속변수로 삼아, 제도의 성과가 어떻게 역사에 의해 제약되는가를 살펴본다.

그러나 이러한 두 단계 사이에서 우리는 최근 제도 연구에서 간과되어 왔던 세 번째 단계를 추가한다. 짐작하건대 제도의 실제 성과는 제도가 작동하는 공간 내의 사회적 맥락에 의해 형성된다.

동일한 행위자가 다른 제도적 맥락에서 자신의 이익을 달리 정의하고 추구할 수 있는 것과 마찬가지로, 동일한 공식 제도도 다른 맥락에서 달리 작동할 수 있다. 최근의 이론들에서 강조되지는 않지만, 이러한 지적은 대부분의 제도 및 제도개혁 연구자들에게는 친숙하다. 제국이 쇠퇴하면서 영국이 남긴 웨스트민스터식 헌법은 다른 국가에서는 아주 다른 운명에 처했다. 우리는 "맥락이 중요하다"라는 이러한 일반화를 넘어 어떤 사회적 맥락이 가장 강력하게 제도 성과에 영향을 주는지 질문하고 있다.

"제도 성과"란 무엇을 뜻하는가? 일부 이론가는 정치제도를 무엇보다 "게임의 규칙", 집단적 의사결정을 지배하는 절차, 그리고 갈등이 표출되고 (종종) 해결되는 영역으로 본다.[6] (이러한 종류의 이론들은 그 모델로서 미국 의회를 종종 거론한다.) 이와 같은 제도에서 "성공"이란, 행위자들의 다양한 선호를 고려할 때, 행위자들이 가능한 효과적으로 그들의 차이를 해결할 수 있도록 하는 것을 의미한다. 정치제도에 대한 이러한 개념화가 타당하기는 해도, 공적 제도의 역할을 완전히 포괄하지는 못한다.

제도는 '목적'을 성취하기 위한 장치이지, 단지 '동의'를 획득하기 위한 장치는 아니다. 우리는 아이를 교육하고, 은퇴자에게 연금을 지급하며, 범죄를 단속하고, 일자리를 창출하며, 물가를 잡고, 가족의 가치를 독려하는 등의 일을 '수행'하는 정부를 원하는 것이지, 이러한 일들을 '결정'하는 데 그치는 정부를 바라는 것이 아니다. 또한 어느 것이 가장 시급한지, 어떻게 완수되어야 하는지, 혹은 이 일들이 모두 할 만한 가치가 있는지에 대해서는 모두의 의견이 같을 수 없다. 하지만 무정부주의자가 아닌 이상 최소 몇 가지 문제에 대해서는 정부가 해결하는 '활동'이 필요하다는 데 모두 동의한다. 이는 제도의 성공과 실패를 판단하는 기준이 되기도 한다.

이 연구에서 취하는 제도 성과의 개념은 다음과 같은 단순한 통치 모델에 기반한다. 사회적 요구 → 정치적 상호작용 → 정부 → 정책 선택 → 실행. 정부 제도는 사회적 환경으로부터 입력을 받고, 그 환경에 대응하기 위해 산출물을 생산한다. 직장에 나가는 부모들은 부담되지 않는 비용으로 아이를 맡길 돌봄시설을 찾고, 상인은 도둑을 걱정하고, 퇴역군인은 사람들 사이에 사라져가는 애국심을 안타까워한다. 정당과 여타 정치 집단들이 이러한 관심사를 표출하고, 관료들은 할 수 있는 것이 무엇인지 생각한다. 그리고 결국 어떤 정책(단지 상징적일 수도 있는)이 채택된다. 그 정책이 "아무것도 하지 않는 것"이 아닌 이상, 돌봄시설을 신설하고(혹은 민간기관을 지원하거나), 경찰관의 수를 늘리고, 국기를 더 자주 게양하는 정책이 틀림없이 실행될 것이다. 고성과의 민주주의 제도는 반응적이며 효과적이어야 한다. 즉 지역주민의 요구에 민감해야 하고, 요구를 처리하기 위해서는 제한된 자원을 효과적으로 사용해야 한다.

하지만 이런 과정은 복잡하기도 하다. 예를 들어, 정부가 효과를 발휘하려면 아직 표출되지 않은 요구도 어느 정도 예측할 수 있는 선견지명을 가져야 한다. 논란과 교착상태는 언제라도 프로세스를 궁지에 빠뜨릴 수

25

있다. 정부의 활동이 잘 설계되고 효과적으로 실행된다 해도, 지지자들이 기대하는 것과는 다를 수 있다. 그럼에도 불구하고 정부의 질은 국민 생활에 직결하며 그만큼 제도 성과를 연구하는 일은 중요하다. 장학금 수여, 도로포장, 아동 예방접종뿐만 아니라 (정부가 아니면) 실행할 수 없는 일들이 있기 때문이다.[7]

제도 성과의 역학에 대한 연구는 오랫동안 사회과학의 비교연구 대상이었다. 성과에 대한 연구를 기존 문헌에서는 크게 세 가지로 구분할 수 있다. 첫 번째 학파는 '제도 설계'를 강조한다. 이러한 전통은 19세기 헌법 수립의 혼란기에 나타난 정치 분석의 한 양식인 형식적 법률 연구에 뿌리를 두고 있다.[8] 존 스튜어트 밀의《대의정부론》은 "구조적이고 절차적인 장치"에 대한 이 학파의 신념을 보여준다.[9] 이러한 밀의 유명한 통치론은 대체로 헌법공학과 관련 있으며, 효과적인 대의제 정부에 가장 친화적인 제도 형태를 탐구한다.[10] 이 학파는 20세기 전반까지 민주주의 성과 분석을 주도해왔다. "[이러한 분석에 따르면] 실행 가능한 대의제 정부는 (……) 적절히 조직된 공식 부문과 경제생활 및 제도 문제에서 과하지 않은 행운에 (……) 달려 있는데, 좋은 구조라면 행운이 없어도 기능한다고 대체로 받아들여졌다."[11]

전간기 이탈리아와 독일의 민주주의 실험이 붕괴하고 프랑스 제3공화국과 제4공화국이 정치적 마비 상태에 빠지자, 정치의 사회 및 경제적 기반에 대한 민감성의 증대와 함께, 제도 조작에 대한 시각은 더욱 냉정해졌다. 애써 만든 제도 설계가 꼭 좋은 성과를 보증하는 것은 아니다. 그럼에도 불구하고, 동시대에 제도 성과의 조직적 결정 요소가 '신제도주의' 옹호자뿐만 아니라, 실용적 개혁주의자들 사이에서 다시 주목받았다. 헌법초안자, 경영 컨설턴트, 개발자문가들은 성과 향상을 위한 그들의 처방에서 제도 설계에 정력을 쏟았다. 제3세계 발전 전문가인 아르투로 이스라엘(Arturo Israel)은 길을 만드는 것이 그 길을 유지하기 위한 조직을 만드는 것보다 쉽다고 말했다. 그는 최근의 제도 발전에 관한 연구에서, 실행에 대한 관리 및 조직의 제약에 주목하고 성공 가능성을 높이기 위한 제도 설계의 개선을 제시한다.[12] 엘리너 오스트롬(Elinor Ostrom)은 '공유지의 비극'—상수도, 어장 같은 공유재를 위협하는 집합행동의 딜레마—을 극복하는 제도에 대한 출중한 연구자이다. 이러한 많은 노력 그리고 성공뿐만 아니라 실패까지 살펴보고 비교한 오스트롬은 작동하는 제도의 설계에 대한 교훈을 얻었다.[13]

우리 연구에서는 이러한 제도 설계의 문제를 간접적으로 다룰 것이다. 사실 우리 연구에서 제도 설계는 상수로 유지된다. 이탈리아 주정부는 유사한 조직구조를 갖추고서 동시에 수립되었다. 우리의 연구 설계에서 경제적 맥락과 정치적 전통 같은 환경적 요소들은 다양하게 나타난다. 이러한 요인은 자칭 개혁가라는 사람들이 적어도 단기간에 다루기는 어려우므로, 우리의 연구 또한 제도 성공으로 가는 지름길을 제시할 수 없다. 다른 한편으로 이탈리아의 주정부 실험에서 제도 설계가 하나의 상수라는 사실은 제도가 성공하는 데 있어 우리가 다른 요인들의 영향을 더욱 확실하게 발견할 수 있다는 의미이기도 하다.

우리 연구는 제도 '설계'가 성과에 미치는 영향을 직접적으로 탐구하지는 않지만, 제도 '변화'의 결과에 대해서는 다루고 있다. 우리가 조사한 초기 20년간 주정부의 발전에는 제도 개혁의 영향을 평가하는 데 도움이 될 '전후' 비교도 포함되었다. 또한 제도와 지도자들이 시간이 지남에 따라 어떻게 서로 배우고 적응하는지를 — 이른바 제도 성장의 '발생 생물학'이라고 할 만한 — 담고 있다. 이탈리아의 새로운 지역 제도 창설은 정치와 통치의 실행 과정에서 변화를 가져왔는가? 지도자와 시민이 공공정책에 협력하고 경쟁하는 방식에서 제도 변화는 어떤 차이를 만들었나? 실제로 제도 개혁은 어떻게 그리고 얼마나 바꾸었나? 이런 문제를 제2장에서 다룬다.

민주주의 제도 성과에 대한 두 번째 학파는 '사회경제적 요인'을 강조한다. 아리스토텔레스 이후 정치사회학자들은 효과적인 민주주의는 사회 발전과 경제적 행복(well-being)에 달려 있다고 주장해왔다. 로버트 달(Robert A. Dahl)과 세이무어 마틴 립셋(Seymour Martin Lipset) 같은 현대 민주주의 이론가들 역시, 안정적이고 효과적인 민주 정부의 기초를 이루는 조건을 논의하는 데 있어 근대화의 다양한 측면(부, 교육 등)을 강조해왔다.[14] 평범한 관찰자에게조차 효과적인 민주주의가 시공간을 아울러 사회경제적 근대성과 밀접한 관계를 가진다는 것보다 더 분명한 것은 없다. 제3세계의 제도 발전을 규명하는 데 관심이 많은 사회과학자들 또한 사회경제적 요인을 강조해왔다. 예를 들어 아르투로 이스라엘은 "제도 성과의 개선은 근대화 과정의 본질적인 부분이다. 국가가 근대화되지 않으면, 현재 선진국에서 보편화된 수준으로 제도 성과를 격상할 수 없다"라고 주장했다.[15] 이탈리아에서 나타나는 지역 간 사회경제 발전 수준의 극명한 차이는 근대성과 제도성 사이의 복잡한 연계성을 직접적으로 평가할 수 있게 해준다.

세 번째 학파는 민주주의 제도의 성과를 설명하는 데 있어 '사회문화적 요인'을 강조한다. 이 학파 역시 분명한 계보를 가지고 있다. 플라톤은

《국가론》에서 시민의 성향에 따라 정부는 달라진다고 주장했다. 최근에는 사회과학자들이 정치 체계에서 국가 간 다양성을 설명하기 위해 정치 문화에 주목해왔다. 이 분야의 현대적 고전인 알몬드(Almond)와 버바(Vervba)의《시민문화(Civic Culture)》는 정치적 태도와 지향점을 연구하여 미국, 영국, 이탈리아, 멕시코, 독일이 보이는 민주정치의 차이를 설명한다.[16] 아마도 정치 분석에서 사회문화적 전통의 가장 명료한 사례(그리고 우리 연구와 가장 직접적인 관계가 있는 사례)는 알렉시스 드 토크빌의《미국의 민주주의》일 것이다.[17] 토크빌은 한 사회의 "관습"과 정치적 실천 사이의 연관성을 부각시킨다. 예를 들어 시민들의 결사는 안정적이고 효과적인 민주주의 제도에 필수적인 "마음의 습관"을 강화한다. 이와 관련된 명제들이 우리 연구에서는 핵심 역할을 할 것이다.

이탈리아에서 이루어진 실험의 세부 사항에서 일반적 의미를 담은 교훈을 도출하고자 할 때, 우리는 지역 제도 발전에 관한 초기 연구자들의 조언을 이해하게 되었다.《TVA와 민초들(TVA and the Grass Roots)》이란 고전적 연구에서, 필립 셀즈닉은 "이론 연구는 특정 역사적 구조나 사건에 집중할 때 위험에 빠지고는 한다. 이는 조사 중인 자료들을 역사로서 완전히 이해하고 해석하는 데 대한 우려와 추상적이고 일반적인 관계의 귀납적 방식에 대한 특별한 우려 사이의 지속적인 긴장 때문"이라고 말했다.[18] 우리는 이탈리아의 실험에서 발견되는 상당히 많은 특수성을 왜곡하지 않고, 민주적 통치에 대한 더 광범위한 이해를 공정하게 다루도록 노력해야 한다.

연구방법

칼 도이취(Karl Deutsch)는 독립적인 증거들이 합류한 지점에 진실이 있다고 보았다. 현명한 투자자처럼, 신중한 사회과학자라면 어떤 단일 수단이라도 그 강점을 극대화하고 약점은 상쇄하는 다각화에 의존해야 한다. 그것이 이 연구에서 우리가 따른 방법론적 좌우명이다. 제도가 어떻게 작동하는가—나아가 다른 제도들은 어떻게 다르게 작동하는가—를 이해하려면 여러 연구 기법을 적절히 활용해야 한다.

우리는 인류학자와 노련한 저널리스트의 통제된 현장 관찰과 사례연구 기법을 차용한다. 리처드 페노(Richard Fenno)가 설명한 바같이 "현장에 밀착하여 탐문하기(soaking and poking)"는 연구자들이 제도의 관례와 실행, 성공과 실패를 경험하기 위해 매일 그 제도 안에서 사는 사람들처럼, 제도의 세세한 부분까지 스스로 깊숙이 들어갈 것을 요구한다. 이러한 몰두는 직관을 날카롭게 하고 어떻게 제도가 환경에 어울리고 적응하는지에 대한 많은 실마리를 제공한다. 우리의 연구는 많은 대목에서 20여 년간 이탈리아 여러 지역을 방문하여 심층적으로 이해한 현지 분위기에서 얻은 실례와 통찰에 기반한다.

하지만 사회과학은 통찰과 증거 사이의 차이를 상기시킨다. 바리와 볼로냐의 통치에 관한 인상을 비교한 내용이 아무리 예리하다 해도 그에 대한 입증이 필요하다. 이론적 고찰은 정밀한 계산으로 다듬어져야 한다. 양적 연구방법은 한두 가지 눈에 띄는 사례에 근거한 우리의 인상이 오도되거나 대표성을 가지지 못할 때 경고를 준다. 마찬가지로 다수의 사례를 동시에 비교하는 통계분석은, 점묘법으로 그린 쇠라(Seurat)의 그림을 거리를 두고 볼 때 더 잘 이해하듯이, 미묘하지만 중요한 패턴을 포착하게 해준다는 점에서 중요하다.

우리의 연구방법론은 15개에서 20개의 지역을 동시에 다차원적으로 비교할 것을 요구한다. 이를 위해서는 다중회귀분석과 요인분석 같은 기법이 요긴하다. 그럼에도 불구하고, 우리는 복잡한 통계 과정의 개입을 최소화하고자 했으며, 주로 백분율과 산포도에 국한했다. 우리가 제시한 결과들은 전통적인 통계적 유의성 검증을 만족시킨다. 하지만 더 중요한 것은 존 튜키(John Tukey)에 의해 유명해진 '육안 검증(interocular traumatic test)' 역시 만족시킨다는 것이다.[19]

수많은 추리소설처럼 제도 성과의 미스터리를 풀기 위해서는 과거에 대한 탐구, 더 정확히는 여러 지역의 대조적인 과거를 비교해야 한다. 어떤 시대에 대해서는, 이탈리아의 역사가들이 놀라우리만치 우리 연구와 관련된 풍부한 설명을 제공했다. 그래서 그들의 업적에 상당한 빚을 지게 되었다. 또한 우리는 아주 중요한 결론을 정량화로 도출할 수 있는 지난 100여 년에 걸친 광범위한 통계자료도 발굴했다. 우리는 전문 역사가가 아니다. 이 방면에서는 초보 수준이지만, 어떠한 제도 분석에서도 역사가의 도구는 인류학적이고 행태주의적인 방법론에서는 필수 보완재이다.

요컨대 우리의 다양한 목표에는 양쪽을 이해할 역량—어려운 문제들과 일정 기간에 걸친 문제들의 변화를 감당할 능력—과 특정 쟁점, 지역, 그리고 개혁 시기에 대한 심층분석을 할 방법론이 요구된다. 우리는 종단 및 횡단 분석을 위해 시공간에 걸친 체계적 증거들을 모으려고 했다.

이러한 유형의 정보를 모으기 위해 이탈리아반도를 따라 방대한 다양

31

성을 대표하는 6개 지역[주]을 선택하고 초점을 맞추는 것으로 시작해 수많은 분리 연구를 수행했다. 그러고 나서, 20개 주정부 모두로 확대했다([그림 1.1]은 연구 대상 지역을 개괄적으로 보여준다). 연구는 다음 내용을 포함한다(부록 A에 자세히 기술했다).

- 1970년부터 1989년까지 4차에 걸친 6개 지역 주의회 의원들과의 개별 인터뷰. 약 20년 동안 700회 이상 이어진 인터뷰는 주인공의 관점에서 지역 제도에 관한 비견할 데 없는 한 편의 '영화'와 같은 서사를 제공해주었다.
- 1976년부터 1989년까지 3차에 걸친 6개 지역 지도자급 인사들과의 개별 인터뷰, 그리고 1983년 전국 지역단위 지도자급 인사들 대상으로 우편 설문조사 수행. 그 대상은 은행가와 농업지도자, 시장과 언론인, 노동운동 지도자와 기업대표였다. 이들은 주정부에 대해 잘 알았고 지역 정보에 능통한 외부자의 시각을 전달하기도 했다.
- 1968부터 1988년까지 유권자 대상 특별 요청 전국 설문조사와 수십 건의 설문조사 수행. 이 인터뷰를 통해 지역의 정치 전망과 사회적 참여의 차이를 도식화하고 새로운 제도에 대한 유권자 인식을 조사했다.
- 제3장에서 기술한 대로, 20개 전 지역에서 제도 성과에 대한 다층적 통계 수단을 동원하여 정밀 조사를 수행했다.
- 제3장에서 더 자세히 기술한 대로, 1983년 20개 전 지역에서 '기초수준의' 시민 문의에 대한 주정부 반응을 시험하는 독특한 실험을 실시했다.

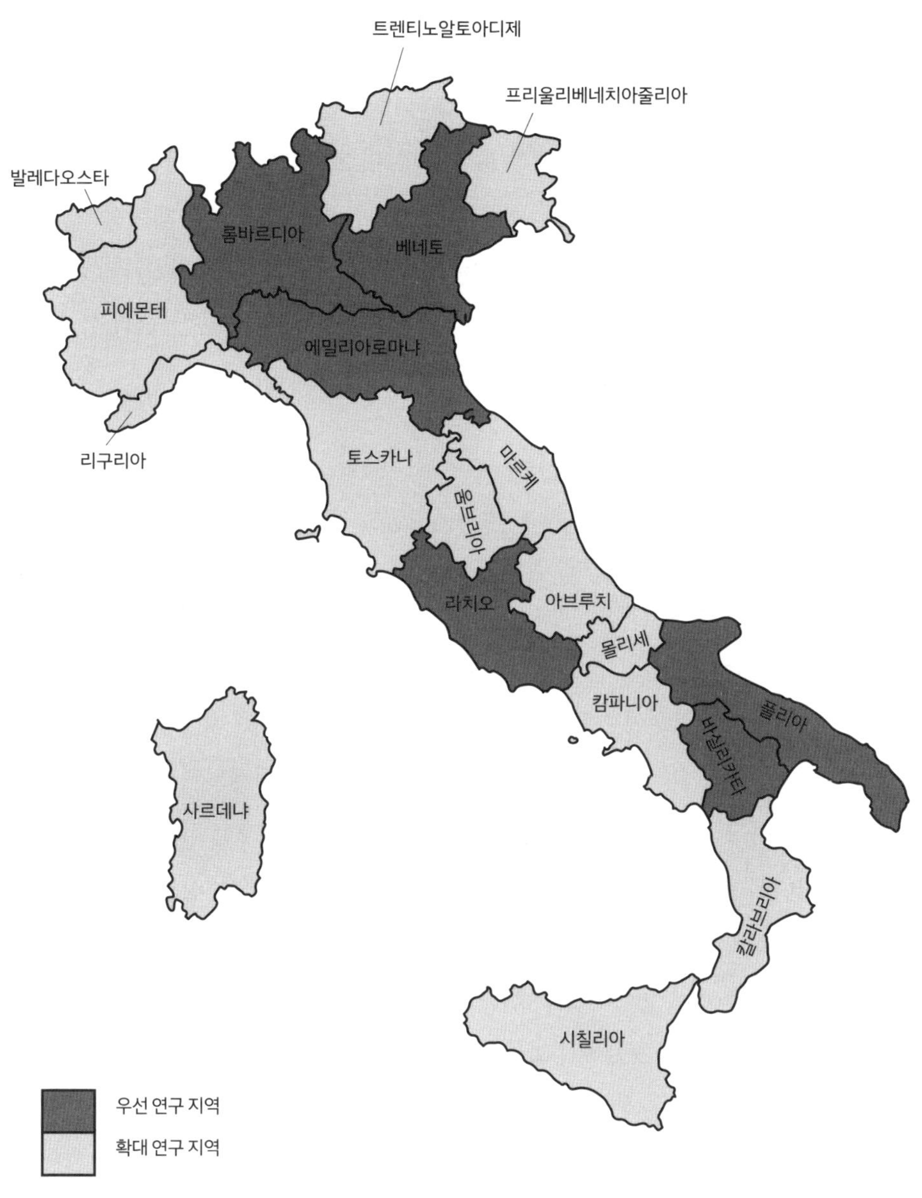

[그림 1.1] 이탈리아 지역 연구, 1970-1989

• 1979년부터 1989년까지 선정된 6개 지역의 제도 정치와 지역 계획에 관한 사례연구들과, 1970년부터 1984년까지 20개 전 지역에서 발의된 법안에 대한 세부 분석 수행. 이 프로젝트는 지역정치와 주정부의 일상 업무를 평가하는 기초자료를 제공했고, 보다 객관적인 통계자료를 해석하는 데 도움을 주었다. (선정된 6개 지역을 정기적으로 방문하는 동안 1980년에는 남부 이탈리아를 강타한 대지진과 그 여파를 직접 경험했다.) 즉 지역과 그 주인공들을 더 잘 알게 되었다.

이 책의 개요

1970년대는 요란했던 개혁의 시기로, 이탈리아의 오랜 중앙통치 방식을 종식하고 새로운 주정부에 전례 없는 권력과 자원을 위임했다. 제2장에서는 개혁 과정이 어떻게 일어났고, 그것이 풀뿌리 수준에서 정치의 실행과 정부의 질에 어떤 차이를 가져왔는지 살펴본다. 구제도의 관성에도 불구하고 개혁은 어떻게 완수될 수 있었나? 새로운 제도는 실제로 정치 리더십의 성격과 정치인이 일하는 방식에 영향을 미쳤고, 정치 권력과 영향력의 배분을 재편했는가? 새로운 제도가 신생 정부의 구성원들이 인식할 수 있을 만큼 변화를 이끌었나? 그렇다면 그들의 평가는 어떠했나? 제도 변화가 정치 행태에 영향력을 미친다면 그 근거는 무엇인가?

이 연구의 주요 관심사는 효과적인 정부의 기원을 밝히는 것이다. 이를 위한 기초 작업으로, 제3장에서는 각 20개 지역의 정책 과정, 정책 공고, 정책 실행에 대한 포괄적 비교 평가를 보여준다. 제2장에서 시간 경과에 따른 변화를 조사했다면, 제3장(과 이어지는 장들)은 지역 간 비교를 수행한다. 각 지역의 주정부는 얼마나 안정되고 효율적인가? 그들의 법률은 얼마나 혁신적인가? 보건, 주거, 농업, 산업 발전 같은 분야에서 얼마나 효과적으로 정책을 시행하고 있는가? 그 정책들은 시민의 기대에 얼마나 효과적으로 부응하는가? 결국 어떤 제도가 성공했고 성공하지 못했는가?

제도 성과에서 이러한 차이점들을 설명하는 것이 제4장의 목적이며, 어떤 면에서는 우리 연구의 핵심이다. 이 장에서 우리는 경제적 근대성과 제도 성과의 관계를 살펴본다. 더 중요하게는 [제도] 성과와 시민 생활의 특성—우리가 '시민공동체(civic community)'라고 규정하는 것—사이의 관계를 연구한다. 토크빌이 《미국의 민주주의》에서 시민의 덕성에 관해 기술한 전통적인 해석과 다른 연구자들의 설명과 같이, 시민공동체의 특징은 능동적이고 공적 의식으로 충만한 시민, 평등한 정치관계, 신뢰와 협력의 사회구조이다. 우리가 보기에 이탈리아의 어떤 지역은 시민참여의 활발한 네트워크와 규범을 향유한 반면, 다른 지역은 수직적으로 구조화된 정치, 분열과 고립의 사회생활, 불신의 문화로 고통받고 있다. 시민 생활에서 이러한 차이들이 제도의 성공에 중요한 역할을 한다.

제도 성과와 시민공동체의 강력한 연계는 왜 어떤 지역은 다른 지역보다 시민적 덕성이 더 강한가라는 질문을 피할 수 없게 한다. 이것이 제5장의 주제이다. 그 답을 찾는 과정에서 우리는 거의 천 년 전의 중대한 시대로 거슬러 올라가야 했다. 그 시기는 두 개의 대조적이며 혁신적인 체제—남부의 강력한 군주제와 중부 및 북부의 놀랄 만한 도시공화정(communal republics)—가 이탈리아의 서로 다른 지역에 수립되었던 때이다. 이 초기 중세시대부터 19세기 이탈리아의 통일 시기까지, 우리는

35

시민참여와 사회연대의 형태에서 체계적인 지역적 차이점을 추적한다. 이러한 전통이 오늘날 이탈리아 지역에서 삶의 질, 공적 영역과 사적 영역에서 결정적인 영향을 미친다.

마지막 제6장은 시민참여의 규범과 네트워크가 왜 그토록 효과적이고 반응적인 정부를 만드는 데 강력한 영향을 미치는지, 왜 시민적 전통이 그렇게 오랫동안 안정적일 수 있었는지를 살펴본다. 우리가 발전시킨 이론적 접근법은 집합행동의 논리와 '사회적 자본'의 개념으로 단지 이탈리아의 사례를 설명하는 데 그치지 않는다. 다른 많은 사례에서도 제도 성과와 공적 생활에 대한 이해도를 높이기 위해 역사적 전망과 합리적 선택이론의 결합을 시도하고 있다. 우리의 결론은 제도 변화가 정치적 삶을 바꾸는 데 큰 힘을 미치며, 그에 수반된 역사적, 사회적 맥락이 미치는 영향력을 확인해준다. 이 책은 민주주의 개혁가들을 위한 실용적 안내서이기보다, 우리 모두가 직면한 더 광범위한 도전들에 대응하기 위한 것이다.

제2장
규칙의 변화: 20년간의 제도 발전

1970년에 시작된 이탈리아의 지역 실험은 시드니 태로우(Sidney Tarrow)가 언급했듯이, "서구의 국가건설 과정에서 새로운 대의제도를 만든 몇 안 되는 최근 시도 중 하나"로 남아 있다.[1] 세계 여러 지역에서 민주화에 대한 기대가 최고조에 이른 시기에, 이탈리아의 실험이 낳은 교훈은 공식 제도의 변화가 정치 행태의 변화를 어떻게 유인할 수 있는가라는 쟁점과 특히 관련 있다.[2] 이전 권위주의 국가에서 자칭 개혁자들이 마주했던 난제는 게임의 규칙을 수정하면 실제 그것이 작동하는 방식대로 의도한 결과를 가져올 것인가, 아니면 전혀 없을 것인가 하는 것이었다. 이탈리아의 지역 실험은 우리가 이 중요한 쟁점을 이해하는 데 도움을 준다.

신제도주의는 정치가 제도에 의해 구조화된다고 주장한다. 제임스 마치(James March)와 요한 올슨(Johan Olsen)은 제도효과에 대한 이 이론을 다음과 같이 요약한다.

정치생활의 조직화는 변화를 가져오고, 제도는 역사의 흐름에 영향을 준다. (……) 정치제도 내 행동과 정치제도에 의한 행동은 새로운 행위자와 정체성을 만들고, 행위자에게 성공과 실패의 범주를 제공하며, 적절한 행태를 위한 규칙을 제정하고, 타인보다는 어떤 개인에게 권위와 다른 형태의 자원을 부여함으로써 정치적 이해관계, 자원, 규칙의 배분을 변화시킨다. 제도는 개인과 집단이 이미 만들어진 제도의 내외부, 시민과 지도자 간 신뢰 수준, 정치공동체의 공통된 열망, 공유된 언어·이해·공동체의 규범, 그리고 민주주의, 정의, 자유, 평등과 같은 개념의 의미를 활성화하는 방식에 영향을 끼친다.[3]

제도 개혁이 이렇게 지대한 영향을 끼친다면, 그것은 개혁가들에게 복음과 같다.

하지만 전 세계에 걸쳐 헌법제정의 200여 년 역사는 새로운 제도의 설계자들이 부질없는 일을 하고 있다고 경고한다. 제도개혁이 항상 정치의 근본적 형태를 바꾸는 것은 아니다. 데샤넬(Deschanel)은 프랑스 제4공화국의 정치와 정부에 대해 "가장 위에 있는 공화국과 그 밑에 있는 제국"으로 규정했다.[4] 이탈리아의 주정부가 수립될 때 으레 할 만한 예상은 "헌 술을 새 부대에 담는 것" 정도였다. 이탈리아인들은 아무것도 변화시키지 못한 너무도 많은 제도 개혁을 경험했기 때문이다.[5] 제도 개혁이 행태를 바꾼다는 것은 하나의 가설이지, 공리(axiom)는 아니다. 제도 이론가들은 경험적으로 규칙변화의 효과를 평가할 수 있을 만큼 통제된 환경을 가져보지 못했다.

이러한 배경으로, 이탈리아의 지역 실험은 특별한 관심을 받고 있다. 이 장은 새로운 제도가 어떻게 만들어졌고, 처음 20년 동안 어떻게 진화되어왔는지 질문함으로써 이 실험에 대한 우리의 평가와 제도주의에 대한 함의로 시작한다. 이 제도 개혁이 제도주의자들의 예측대로 실제 정치 행위자들의 정체성을 변모시키고, 정치 자원을 다시 분배했으며, 새로운 규범을 강제했는가? 이탈리아의 통치 관행은 이들 새 제도들로 어떻게 변화했으며, 실제 확연히 바뀌게 되었는가?

주정부의 수립

강력한 지역적, 지방적 정체성은 이탈리아의 역사적 유산에서 중요한 부분이다. 지역정치체들은—지리적 경계가 명확하고, 정치적으로 독립적이며, 경제적으로 차별화되고, 일반적으로 강력한 도시에 의해 지배되는—이탈리아 역사에서 천 년 넘게 조직 체계의 가장 중요한 근간이었다.[6] 사실 이탈리아 통일국가가 1860년에 선포되었을 때, 언어의 다양성이 너무나 두드러져서 표준 국어를 구사하는 전체 "이탈리아인"은 10% 미만(아마도 2.5% 정도)이었다.[7] 이탈리아를 통일한 피에몬테 군주제 관료들에게 지역적 분화는 국가 발전에 있어 가장 큰 장애물이었는데 "이탈리아를 통일했으니, 이제는 이탈리아인을 만들어야 한다(Fatta l'Italia, dobbiamo fare gli italiani)"가 그들의 구호였다. 고도로 중앙집중화된 프랑코-나폴레옹 모델은 행정학에서 최신의 개념이었다. 그들은 강력한 중앙집권적 권위가 신생 민족국가의 취약한 통합성을 위해 필요한 처방책이라고 결론내렸다.[8]

소수만이 새로운 국가 내 자율적인 주정부 수립을 요구하였다. 하지만 교회와 농민의 반동적 경향에 대한 두려움뿐만 아니라, 남부 지역의 후

규칙의 변화: 20년간의 제도 발전

진성 때문에 현대 이탈리아 건국 세력의 다수(오늘날 제3세계 신생국가의 대다수 건국 세력과 마찬가지로)는 분권화가 번영과 정치적 진보와 양립할 수 없다고 주장했고, 중앙집권주의자들이 이 논쟁에서 승리했다. 지방정부의 최고 책임자들이 중앙정부에 의해 임명되었고, 지방정치의 교착상태(혹은 중앙정부 정책에 대한 지방정부의 반대에도 불구하고)로 인해, 중앙정부가 임명한 행정장관에 의한 통치가 수년간 계속될 수 있었다.[9] 프랑스 체계를 모델로 삼은 강력한 행정관들이 모든 지방 법령, 예산, 계약, 그리고 종종 매우 세부적인 사항의 승인 등에서 지방정부의 인사와 정책을 규제했다.[10] 농업에서 교육, 도시설계에 이르기까지 대부분의 공공정책 영역이 로마의 관료주의 체제에서 파견한 현지 사무소에 의해 관리되었다.

실행 과정에서 보인 이 극단적인 행정적 중앙집권화의 경직성은 이탈리아의 특성인 정치적 수용성으로 어느 정도 완화되기는 했다. 이탈리아의 지도자들은 초기 의회에서 그들의 취약한 정치적 기반을 유지하기 위해, 지역 유지와 후견 계약을 맺는 이른바 '변형주의(trasformismo)' 관행을 발전시켰다. 지방의 조건(혹은 최소한 지역 권력층의 구미에 맞는)에 맞게 전국 단위 정책이 조정됨으로써 중앙정부 동맹에 대한 지원이 유지되었다. 지방 행정관들은 지방정부에 대한 통제 책임이 있었지만, 특히 남부 지역의 전통적인 지방 엘리트를 회유할 책임도 있었다. 수직적인 후견-피후견 네트워크는 공공사업을 배분하고 행정적 중앙집권화를 완화하는 수단이 되었다. 변형주의는 지방 엘리트와 국회의원이 선거와 의회 내 지지를 대가로 국가의 지시에 반하여 지역의 이익을 위한 거래를 할 수 있게 하였다.[11] 중앙정부에 대한 정치적 접촉 수단이 행정적인 그것보다 중요했지만, 어느 경우든 중앙정부와 연결되는 것은 여전히 중

요했다.[12]

이 중앙통제의 거래 및 분화 체계는 파시스트 집권기 동안 사실상 살아남았다. 선거, 정당, 그리고 정치적 자유는 금지되었으나, 전통적인 행정권력 기관과 다수의 구 지배계급은 권력을 유지했다.[13] 고도로 중앙집중화된 공식 제도에도 불구하고, 이탈리아 통치의 실제 모습은 지방 엘리트에 대한 암묵적인 반응으로 구체화되었다. 그럼에도 불구하고 군주제, 파시즘, 그리고 이후 20년 이상 공화국 체제에서 지방 정책결정자들에게 모든 길은 로마로 통했다.

제2차 세계대전이 끝나고 민주주의 정치와 극단적 중앙집권화에 대항하는 민중의 반감이 일었고, 지역주의 정서가 재등장했다. 중도우파의 기독교민주당과 좌파 진영의 사회주의 정당과 공산당의 강력한 신생 양대 진영 정당들은 중앙정부에 대항해온 역사가 있으며, 일반적으로 더 많은 분권화를 주장해왔다. 그들의 지원 아래 1948년 신헌법이 직선제에 의한 주정부 수립을 규정했다.[14]

이러한 헌법적 명령은 5개 "특별" 지역 즉, 분리주의와 민족문제에 위협을 받던 국경선 주변 지역과 시칠리아, 사르데냐 섬에서 거의 즉각적으로 실행되었다.[15] 이탈리아 인구의 85%를 차지하는 "일반" 지역의 주정부 수립을 위해서는 법률 제정이 필요했지만, 강력한 정치적 저항으로 지연되었다. 당연히 중앙정부는 중요한 권한 중 어떠한 것이라도 박탈되기를 꺼렸다. 더 중요하게는, 이제 전국적 수준에서 지배정당이 된 기독교민주당이 이탈리아 중북부 레드벨트의 여러 지역이 공산당에 장악될 수 있다고 본 상당한 근거를 가진 공포감 때문이었다. 20년 이상 주정부에 대한 헌법조항은 사문화되었고, 중앙정부의 통제가 유지되었다. 그러

규칙의 변화: 20년간의 제도 발전

나 1960년대 중반에 이르자 큰 변화가 시작되었는데 그 배경에는 놀라운 속도로 진행된 전후 이탈리아의 사회적, 경제적 변동이 있었다. 1950년부터 1970년까지 20년 동안 이탈리아 경제는 역사상 유례없는 성장을 이루었는데, 이는 다른 모든 서구 국가의 경제성장보다 빠른 것이었다. 수백만 명 이탈리아인들이 빈곤한 남부에서 산업화된 북부로 이주했다.[16] 노동력에서 농업이 차지하는 비중은 42%에서 17%로 급전직하했는데, 이는 서구 경제사에서 일어난 유사한 변화와 비교해 절반에 불과한 기간 동안 일어난 일이다. 식생활이 개선되었고, 문맹률과 영아사망률은 2/3로 줄었다. 자전거는 베스파(Vespa)의 전동스쿠터로 교체되었고, 이는 다시 피아트(Fiat)의 자동차로 대체되었다. 수백만 이탈리아인의 직업, 주거, 생활양식이 바뀌었다. 이탈리아의 대부분 지역 그리고 시민은 가장 집중된 사회 변화의 시기를 경험했다.

정치와 정부는 이러한 사회적, 경제적 변화에 비해 훨씬 뒤처졌다. 그런데다 이탈리아 중앙정부의 경직성에 대한 실망감의 증대, 지역계획에 대한 관심의 부상, 국내 정치에서 좌파의 강력한 영향력이 결부되면서 다시 주정부가 쟁점으로 부상했다. 1968년 2월, [주정부 수립에] 적대적이던 보수당의 유례없는 필리버스터가 끝나자 의회는 일반 지역에 선거 기구를 설치하는 법안을 통과시켰다. 그로부터 2년 후, 지역 재정을 규정하는 법안이 승인되어 첫 번째 주의회(지역 인구수에 따라 30석에서 80석 규모) 선거를 1970년 6월에 실시하도록 했다. 이후 수개월에 걸쳐 각 주의회는 정당이 지배하는 이탈리아 의회 전통에 따라 지역의 주지사와 내각에 해당하는 집행위원회(giunta)를 선출했고, 헌법과 국내법에 따라 조직, 절차, 지역의 관할권을 명시하는 주"법령"을 제정했다.*

새로운 제도의 지지자들에 의해 주정부의 광범위하고 다양한 목적이 설파되었는데, 포퓰리스트들은 주정부가 지방의 요구에 대한 시민참여와 대응력을 증진함으로써 '민주주의'의 수준을 높일 것이라고 주장했다. 온건주의자들은 분권화가 '행정의 효율성'을 증대시킬 것이라고 말했다. 남부인들은 주정부가 지역 간 불평등을 줄여 급속한 '사회·경제적 발전'을 이룰 것이라고 믿었다. '지역자치'는 국내 정치의 "변방"에 있던 집단이라면 어떤 세력에게도—20세기 중반의 공산주의자들과 이전 수십 년 전 가톨릭과 같은—호소력이 있었다. 진보적인 기술관료들은 지역이 합리적인 사회경제 계획에 필수이고, 이념적인 이탈리아 정치 양식의 전통보다는 더 실용적인 "새로운 정치 방식"으로 이끌 것이라고 주장했다.

지역자치 지지자들은 정치를 새롭게 만드는 제도 변화의 힘을 믿었다. 그들은 "정치적으로 지역 자치정부의 탄생이 근본적으로 국가의 사회적, 정치적 재건을 책임질 것"이라고 믿는다며, 거의 구세주를 표현하는 듯한 용어로 새로운 정부의 운명을 해석했다.[17] 우리는 새로 선출된 의원들과의 1970년 1차 인터뷰를 통해 그들이 희망과 열정으로 충만하다는 것을 알았다. 개혁이 이끌 미래에 낙관적인 그들은 지역이 중앙정부에 강력히 도전할 것으로 보았다. 이때는 이탈리아 지역자치주의자들이 이상주의와 행복감에 도취된 시기였다.

하지만 새로운 지역에 대한 적정한 재정과 권한을 보장받기 위한 투

---

* 이탈리아는 1999년 의회에서 관련 헌법법률(constitutional law) 개정이 통과되기 전까지 주의회에서 주지사를 선출하는 간접선거방식을 채택하고 있었다.

쟁은 이제 시작에 불과했다. 중앙정부가 지역으로 권한, 재정, 인사를 이양하는 법령 공포에만 2년이 더 필요했다. 새로운 주정부는 1972년 4월 1일이 지나서야 실효적으로 운영될 수 있었다. 게다가 지역 현지에서는 1972년 법령은 거의 모든 정당 대표와 관심이 많은 대중뿐 아니라, 지역 관료들에게서도 완전히 부적절한 것으로 비난받았다. 이 시기에 보수주의 정치인, 기존 국가 관료, 전통적 사고방식에 사로잡힌 사법부가 결합한 동맹이 지역에 대한 수많은 법적, 행정적, 재정적 제약을 가했다. 중앙정부는 지역 사무에 대한 "지시와 조정"의 일반 권한을 유지했고, 이를 행사하는 데 주저하지 않았다. 예를 들어, 제1기 주의회에서 통과된 모든 법률의 약 1/4이 중앙정부에 거부되었다. 더욱이 중앙정부는 새로운 [주]정부의 돈줄을 철저히 틀어쥐었다. 1972년 발표한 지출계획안에 따르면, 이후 3년간 지역할당액은 사실상 동결된 반면, 중앙정부 지출은 20%까지 증액될 것으로 전망되었다. 행복감은 실망과 분노로 바뀌었고, 지역자치주의자들은 실질적 변화를 위해 중앙정부에 대한 정치투쟁이 필요하다는 것을 깨달았다.

독립 성향이 강한 롬바르디아(진보적 기독교민주당이 지배)와 에밀리아로마냐(공산당이 지배) 주정부가 주도하면서, 1974년부터 1975년까지 전국적인 좌파 정치의 물결에 고무된 지역자치주의 세력이 공세를 재개했다. 호의적인 언론도 지역의 이익집단과 여론에 일반대중의 지지를 규합하는 데 도움을 주었다. 다양한 형태—북부와 남부, 적색과 백색—의 주정부 연합이 이른바 "지역자치 전선"이란 이름으로 세를 규합했다. 이 동맹은 애초 지역 개혁을 위해 만들어진 중앙정부의 신생 기관들—자치부와 의회의 지방자치위원회—의 지지를 받아 강화되었다. 제도 변화가 스스로 추진력(momentum)을 만들어가고 있었다.

1975년 7월, 제2회 지방선거에서 좌파의 강력한 돌풍이 일고 난 후, 지역자치주의자들은 지역자치화의 중요한 새 기능을 승인하는 의회법 382호를 통과시키는 데 성공했다. 정책 결정의 장(arena)을 바꾸고 중앙 관료제의 방해를 미연에 방지하기 위해, 의회법 382호는 중앙정부가 [지방]법령을 시행할 때 의회의 승인을 얻도록 했다. 이러한 법령을 준비하는 데 중앙정부, 주정부, 국회 지역위원회*뿐만 아니라 모든 주요 정당이 2년 이상 치열하고 때로는 신랄한 공방이 오가는 협상을 벌였다. 1976년 인터뷰에서 응답자들은 그들의 자치를 주장할 만한 지역의 역량에 대해 자신감이 현저히 떨어져 있었다. 그들은 중심부와 주변부[중앙정부와 지방정부] 간 갈등이 더 심해졌고, 6년 전 예측했던 것보다 중앙의 통제가 강화되었다고 밝혔다. 긴급한 사회적, 경제적 문제를 해결할 수 있는 새로운 제도의 역량에 대한 이전의 낙관주의는 이제 위축되었고, 이제 그들은 로마 당국이 시간 끌기를 하고 있다며 비난의 화살을 돌렸다. 자연스레 자치에 대한 요구는 이제 보다 앞선 의제로 자리 잡게 되었다.

모든 정부 간 관계가 그렇듯이, 이 중심부-주변부 게임은 서로 다르지만 연관된 두 가지 형태로 동시에 진행되었다. 우리는 이를 두고 "일대일"과 "다대일"이란 용어를 쓴다. 일대일 형태에서는 개별 지역이 구체적 결정에 대한 중앙정부의 통제를 회피하거나 완화하려고 노력했다. 다

---

* Commissione parlamentare per le questioni regionali. 이탈리아 상하원의 공동위원회로, 중앙정부와 주정부 간 이해관계 조정과 분권과 자치 관련 법률 검토 및 의견 제시, 권한 이양과 관련한 사항을 논의하는 상임위원회이다.

규칙의 변화: 20년간의 제도 발전

대일 형태에서는 하나의 집단으로서 주정부들이 그들의 협상 자원을 늘리기 위해 일대일 게임의 규칙을 바꾸기 위해 투쟁했다. 초기의 일대일 전투에서는 대부분 중앙정부의 일방적 승리로 끝났다. 이 기간 동안 양측은 중심부와 주변부 간 관계가 형식적이고 적대적이며 비생산적이라는데 이견이 없었다.

일대일 전투가 중앙정부에 유리했던 반면, 다대일 전투는 지역에 매우 유리한 방향으로 전개되었다. 1977년 6월과 7월에 걸쳐 연이어 개최된 주요 정당 대표자 회담에서 농업부 등 몇 개 부처와 수백 개의 준공공 사회기관 등 상당 부분을 중앙 관료 조직에서 떼어내 지역에 2만 개 공직을 이전하는 패키지 조항(이른바 616호 법령)에 합의했다. 사회서비스와 토지계획을 포함한 몇몇 중요 분야에서 포괄적 법률제정권이 지역으로 위임되었다. 616호 법령의 재정 조항에는 전체 국가예산의 약 1/4이 지방의 권한에 속하게 되었고, 국립병원과 보건의료체계가 사실상 지역으로 완전히 이양되는 분리개정을 포함하면, 일부의 추정으로는 거의 1/3에 달한다. 1989년까지 이 부문[보건의료]만 전체 지역 지출에서 절반 이상을 차지했다(그리고 모든 국가의 보건의료정책과 마찬가지로, 이는 행정부가 골머리를 앓는 문제 중 절반 이상을 차지한다).

이 지역자치주의자들의 승리는 부분적으로 중앙 정치에서 비롯되었다. 1970년대 중반 기민당(DC)은 급속하게 부상하는 공산당(PCI)에 포위되어 있었다. 공산당은 사회당과 기민당 좌파의 지원에 힘입어, 지역에서 더 많은 분권화를 이루기 위한 거센 압력을 가했다. 616호 법령은 기민당 출신 총리인 줄리오 안드레오티(Giulio Andreotti)가 정부에 대한 공산당의 지지를 유지하기 위한 양보안으로 제출된 것이었다. 하지만 한편으로 직접 선출된 주정부가 더 효과적인 분권화를 위한 강력한 압력과 정치적 동기를 만들어냈다. 지역자치 전선에서의 승리는 초기 개혁으로 분출했던, 그리고 어떤 경우에는 실제 그 개혁을 통해 만들어졌던 동력에 기초하고 있었다.

권한 이양은 필연적으로 협상의 과정이지, 단순히 법률상의 행위가 아니다. 법률과 헌법의 틀, 행정적 틀(통제, 권한의 위임, 인사유형 등), 재정은 오늘날의 게임과 이전 게임의 결과에서 모두 핵심 자원들이다. 지역의 지도자들을 통해 알 수 있듯이, 중앙정부의 주요 협상 수단은 재정 통제와 공식 권한의 위임에 관한 통제—재정과 규칙—였다. 더 부유한 북부 지역의 야심 찬 지도자들이 규칙에 더 많은 관심을 가졌던 반면, 남부의 지도자들은 재정을 더 많이 의식했다.

법과 규칙 그리고 재정에 대한 통제를 통해 방어에 들어간 중앙정부의 버티기에 대항해 지역에서는 공식적 정치 자원의 성격이 덜한 방향으로 전략을 틀었다. 그들은 지역 간 연대와 지역 및 지방의 이익단체, 언론, 여론에 의한 일반대중의 지지에 의존했다. 남부 지역민들은 지역자치에 호의적인 중앙의 후견인들에게 개별적으로 청원서를 제출하는 "수직적" 전략에 더 많은 비중을 둔 반면, 북부 지역민들은 광범위한 지역자치 전선의 "수평적" 집합행동에 의존했다(남부의 수직적 정치와 북부의 수평적 정치 간 차이는 이 책 전반에 걸쳐 다양한 형태로 반복해 등장한다). 중앙정부와의 최고조 대결 국면은 북부 지역민이 주도했다. 이 장의 후반부에서 볼 수 있듯이, 1970년대 중반까지 북부와 남부 모두에서 유권자와 지역사회 지도자들은 지역 개혁 원칙의 강력한 지지자들이 되었는데, 그들이 속한 주정부의 실질적 운영에 비판적일 때조차 그랬다. 이로써 권력 이양의

47

정치적 동력이 자생력을 갖게 되었다.

616호 법령은 지역의 공식적 권한을 수립하기 위한 결정적 투쟁에서 지역이 승리했음을 의미했다. 새로운 권력을 편재하고 새로운 재정을 지출하는데, 극적인 요소는 덜하지만, 여전히 더 많은 투쟁 과제가 놓여 있었다. 지역의 다대일 대결에서 충분할 정도의 압도적 승리로, 지역은 더 이상 자신의 잘못을 그럴듯하게 포장하여 중앙정부 탓으로 돌려 비난할 수도 없었다. 1981년 한 지역 지도자는 당시를 회고하면서 뒤늦게 깨달은 듯 말했다. "중앙정부는 우리를 물속으로 던져버렸습니다. 우리가 수영을 할 것이라고 생각했나 봅니다." 로마 당국의 한 지도급 인사는 냉소적이기는 해도 더 정확한 묘사에 가까운 말을 했다. "1977년 법령으로 우리는 결국 지역이 스스로 목을 매달 만큼 충분한 밧줄을 쥐여주었어요."

제2기 주의회(1975-1980) 동안 몇몇 선도 지역의 최고 수장 교체는 지역이 직면한 도전과제의 변화를 상징적으로 보여주었다. 롬바르디아주 기민당 당수인 피에로 바세티(Piero Bassetti), 에밀리아로마냐주 공산당 당수인 구이도 판티(Guido Fanti), 그리고 토스카나주 사회당 당수인 렐리오 라고리오(Lelio Lagorio) 같은 지역 정치를 넘나들던 카리스마 넘치는 운동가들이 보다 평범한 행정가 유형으로 교체되었다.

중앙과 지방의 새로운 권한 분배는 결코 연방을 의미하지 않았다. 대부분 지역 재정은 중앙정부에서 왔고, 중앙정부는 지역의 법률 제정에 관해 여전히 거부권을 가지고 있었다. 하지만 지역은 이탈리아 통일 이후 존재했던 어느 지방정부보다 훨씬 강력해졌다. 주지역의 입법권은 이제 보건, 주거, 도시계획, 농업, 공공사업, 몇 가지 교육 분야를 포괄했다. 또한 주법령은 영토, 경제, 구조계획에 대한 관할권을 요청할 수 있게

잘 구비되었다. 남부의 대규모 공공투자를 책임지고 있는 남부개발기금
(Cassa per il Mezzogiorno)*의 광범위한 활동에 대한 주정부 대표자들의
통제 권한은 커져갔다.

앞으로 주 혹은 주정부의 감독을 받는 지방자치체들은 복지 전문 기관을
설립하고 직원을 배치하며, 농민과 장인(artisan)을 위한 자체 보조금을 운영
할 수 있었고, 협동조합과 보육원을 만들 수 있게 되었다. 주별로는 지역 발전
과 토지사용계획을 수립할 수 있었다. 상공회의소 운영권도 인수할 수 있었는
데 (……) 아마도 이 모든 것 중 가장 놀라운 것은 공공의 안녕을 보호하는 중요
업무, 즉 식당 운영, 소매업, 택시운전사, 총기 소유 등에 관한 면허발급 권한을
이양받은 것이다. 이는 보호와 치안에 관한 실질적 권한이다. 여기서부터 마
침내 주정부의 혁명적 변화가 일어났다.[18]

평범한 이탈리아인의 삶에 관여하는 다양한 부분에서 정부의 책무—
역대 중앙정부가 하지 못했던 많은 필수 기능—가 지역으로 넘어왔다.
이제 그들이 통제할 수 있는 자원들이 주정부의 중요한 실행 수단이
되었다. 수만 개 행정직이 새로운 주정부에 만들어졌고, 1970년대 초 분

---

* 1950년 이탈리아 정부가 남부 지역의 경제발전과 사회기반시설 확충, 일자리 창
출, 농업 및 산업의 현대화를 목표로 설립한 공공투자기구이다. 하지만 비효율성과 부
패 문제로 1984년 해체되어 남부개발청으로 대체되었다. 그러나 이 역시 같은 이유로
탈중앙 정책과 신자유주의 경제개혁 기조 속에서 1992년 폐지되었다. 현재 남부 지역
에 대한 경제 지원은 유럽연합기금과 정부의 국가 회복 및 회복력 계획(PNRR, Piano
Nazionale di Ripresa e Resilienza)에 의해 지속되고 있다.

규칙의 변화: 20년간의 제도 발전

권화 물결을 타고 수천 개 일자리가 중앙정부에서 지방정부로 이전되었다. 1981년 봄까지, 15개 일반지역의 행정인력은 46,274명이 되었다. 이는 5년 전보다 76% 증가한 수치였다(5개 특별지역은 29,383명을 고용했다).[19]

1970년대와 1980년대 기간 동안, 지역의 전체 가용재정은 기하급수적으로 증가했다. 1973년 약 10억 달러에서 1976년 약 90억 달러, 1979년 약 220억 달러, 1989년 650억 달러를 넘겼다. 이 중 일반목적과 특수목적 형태로 중앙정부에서 이전된 것이 가장 큰 비중을 차지했다[20](1989년 지역 지출 목록은 [표 2.1]에 요약). 1990년대 초까지 이탈리아 국내생산의 거의 10%가 주정부에 의해 지출되었는데, 이는 미국보다 약간 낮은 수치였다. 15년 전까지만 해도 서류상으로만 존재했던 주정부가 막대한 재정을 통제하게 된 것이다. 실제로 1970년대와 1980년대까지 대부분 기간 동안 한 회계연도에서 다음 회계연도로 이월된 미지출 예산액이 거의 모든 지역에서 급증했는데, 지역으로 이전된 자원이 지역의 미숙한 행정역량을 초과했기 때문이다.

새로운 제도의 조직과 절차 수립과는 별개로, 초기 주법률 제정의 주요 초점은 농업협동조합 대출, 저소득층 학생을 위한 장학금, 장애인 지원금, 도시 간 연결버스 보조금, 국립오페라하우스(La Scala) 교부금 등의 재정분배였다. 공공지원을 위해 노력했지만, 필수적인 행정 기반과 큰 규모의 사회개혁을 수행하기 위한 법적 권한이 부족했던 대부분 지역은, 이탈리아인들이 레지네(leggine)라고 부르는 소규모 지정법률*과 지역

---

* 모든 국민과 전국적으로 적용되는 일반법(Legge)과 달리, 특수하고 제한적인 상황(특정지역, 특정사건)에 대처하기 위해 일시적으로 적용되는 법률을 말한다. 제정과정

[표 2.1] 이탈리아의 지역 지출(부문별), 1989

	경상계정[a]	자본계정[a]	총액[a]	총액[b]	%
보건	48779.2	2269.7	51048.9	37,208	56.3%
농업	2004.3	4895.7	6900.0	5,029	7.6%
교통	4561.7	1646.9	6208.6	4,525	6.8%
일반행정	4874.6	1059.0	5933.6	4,325	6.5%
주거/공공근로	121.7	5149.4	5271.1	3,842	5.8%
교육	2232.4	385.4	2617.8	1,908	2.9%
환경	340.6	1863.7	2204.3	1,607	2.4%
사회부조	1364.4	539.0	1903.4	1,387	2.1%
산업/장인	282.6	1513.9	1796.5	1,309	2.0%
상업/관광	447.5	896.4	1343.9	980	1.5%
문화	429.4	386.0	815.4	594	0.9%
채무원리금상환	0.0	622.7	622.7	454	0.7%
기타	1711.2	2262.9	3974.1	2,897	4.4%
총지출	67149.6	23490.7	90640.3	66,064	100.0%

[a] 단위: 10억 리라
[b] 단위: 100만 미국달러

에 무차별적으로 "퍼준다"는 의미인 인테르벤티 아 피오자(interventi a pioggia)라는 매우 산개된 형태의 분배정치에 몰두했다.

은 일반법과 동일하지만, 신속한 제정을 위해 그 절차를 간소화하는 경우도 있다. 주로 특정지역이나 집단의 이해관계가 반영된 것으로 지역 간 형평성과 정치적 투명성과 관련해 사회적 논란을 불러일으키기도 한다.

규칙의 변화: 20년간의 제도 발전

한편 일부 지역은 도시계획, 환경보호, 그리고 엉망진창인 보건 및 사회서비스 같은 영역에서 실질적인 개혁을 시작했다. 보건 및 사회부조의 국가개혁으로 이어진 기본 조직구조로서 "보건 및 사회서비스를 위한 지방기구"가 일부 지역에서 선도적으로 구성되었다. 대부분 전문가는 도시계획의 경우, 역할과 책임이 중앙에서 지역으로 이전됨으로써 상당히 개선되었다는 데 동의한다. 에너지와 환경 같은 특정한 "새로운" 공공정책 영역에서, 수많은 지역이 변화하는 대중의 요구와 사회적 필요에 신속하게 적응하지 못했던 비대한 중앙부처의 공백을 채우며 적극 대응했다. 지역의 입법 범위가 그들의 행정통제를 벗어나는가가 다음 장에서 다룰 중요한 쟁점이다. 하지만 좋든 싫든 간에 이탈리아 국내 정책의 상당 부분이 이제 지역으로 넘어갔다. 주정부는 막스 베버를 떠올리게 하는 "단단한 판자에 강하게 천천히 구멍 뚫기"에 성공했다.[21]

지역의 정치 엘리트: "새로운 정치 방식"

이탈리아 통치 게임의 규칙은 1970년 이후 20여 년에 걸쳐 변화했다. 이제 이런 질문이 필요하다. 이러한 제도 변화는 그 과정에서 실제로 정치가 작동하고, 이탈리아인들이 통치를 받는 방식에 어떤 영향을 주었는가?

몽테스키외는 새로운 정치가 탄생할 때는 지도자가 제도를 만들지만, 이후에는 제도가 지도자를 만든다고 보았다. 제도 변화와 정치 엘리트 간 상호작용은 이탈리아 지역실험의 중요한 부분이다.

주정부가 수립되기 전 토론 과정에서, 일부 비평가는 주의회가 정당의

"떨어지는 별", 즉 노회한 정당 정치인들로 가득 찰 것이라고 내다봤다. 반면 소수의 지역자치 유토피아주의자들은 신진 시민 정치인들로 구성된 새로운 집단이 지역의 일반대중에서 출현할 것이라고 예상했다. 결과적으로 두 예측 모두 빗나갔다. 초기에는 주의회가 숙련된, 사회·경제적 지위가 상승한 야심 차고 매우 전문적인 정치인들로 구성되었다.[22]

선출 당시의 평균 나이가 약 45세였던 주의회 의원들은 이전까지 거의 25년간 정당인으로 활동해왔던 사람들이다. 다른 측면에서 보면 주의회 의원들의 경력은 시의회 의원들에 비해 국회의원의 경력에 좀 더 가까웠지만, 국회의원보다 평균적으로 몇 년 더 젊었고 경험도 적었다. 사실 1970년부터 1985년까지 모든 주의회 의원 중 최소 20%(당지도부에 있던 사람들 중 1/3 이상)는 국회의원직에서 옮겨 온 사람들이었다.[23] 이탈리아의 정치적 지위 상승이라는 관점에서 볼 때, 주의회 의원직은 대체로 시간제 아마추어 영역에서 전문정치인의 영역으로 가는 중요한 단계를 밟고 있었다.

지역의 신진 정치 엘리트들은 대부분 자수성가한 남성들로 이루어졌다(주의회 의원 중 여성은 5% 미만이었는데, 다른 중요 분야에서는 어떻든 간에, 주의회는 이탈리아 정치의 일반적인 경우처럼 여전히 남성이 지배하는 세계로 남아 있다). 주의회 의원들의 사회적 출신 배경은 국회의원보다는 평범했지만, 시의원들보다는 훨씬 상위 계층이었다. 거의 예외 없이, 주의회 의원들은 각자 자기 지역 내 동네와 마을에서 확고한 뿌리를 가지고 있었다.[24] 주의회 의원들 중 35-40%는 노동자, 장인 혹은 농부의 아들이었고, 15-20%만이 정치 분야와 관련이 있었다. 주의원들의 아버지 중 절반 이상이 초졸 이하였고, 아버지가 대학을 다닌 경우는 10-15%에 불과했다. 하지만 주의회 의원들의 압도적 다수(1989년엔 77%)가 대학에 들어갔던 사람들이며, 이는 전국 의회 평균에 가까웠고 시의원 평균의 두 배에 달하는 수치이다.

주의회 의원들은 지방정부와 정당 사무에서 오랜 경험을 가진 노련한 정치인들이었다. 3/4 이상이 선출직으로 재직한 바 있고, 4/5 이상은 소속 정당에서 지도부 경험을 가지고 있었다. 시의회는 주의회로 가는 중요한 교두보였는데, 모든 주의회 의원의 2/3는 이전 시정부에서 재직한 바 있기 때문이다. 주정부 초기 20여 년 동안, 주 자체가 점진적으로 도(province, 주정부와 지방정부 사이의 행정 단위)를 대체하며 이탈리아 정치의 위계 구조에서 중요한 층이 되었다. 1970년부터 1989년까지 주의회 의원 중 전직 지방 관료 출신은 45%에서 20%로 떨어졌고, 전현직 지방당 지도부의 수는 82%에서 65%로 감소했다. 반면에 지역 정당 조직에서 주요 보직을 거친(혹은 현직인) 주의원 수는 1970년 26%에서 1989년 59%로 늘었다. 이러한 경력과 관련한 추세는 이탈리아 정당 조직의 꾸준한(여전히 불완전하기는 하지만) '지역화'를 반영하며, 지역 정치의 독특한 엘리트 코스(cursus honorem) 출현에 대한 초기 근거를 제시한다.

주의회 의원들은 점차 자신들의 역할을 전업으로 인식하게 되었다. 이는 점증하는 제도화에 대한 하나의 지표였다.[25] 주정부에서 맡은 직책 외 다른 직업을 계속 겸직하려는 의원의 수는 1970년 69%에서 1989년 45%로 감소했다. 그렇게 주의회는 직업 정치인을 위한 공인된 무대가 되었다.[26] 어떤 새로운 제도라도 그 첫 검증 단계에서는 정치인의 진지한 열망을 끌어들이고 그 야망을 활용해야만 한다. 이에 대해 이탈리아의 주정부는 중요한 관문을 통과한 셈이었다.

[표 2.2] 좌우파 쟁점지수 구성 내용

1. 노동자들은 소득분배에서 실제로 불리한 위치에 있다. (동의)
2. 이탈리아에서는 노동조합이 너무 많은 권력을 가지고 있다. (동의하지 않음)
3. 이탈리아에서 이혼 제도는 진보의 표식이다. (동의)
4. 공공서비스(예: 연료, 수송) 부문의 파업권은 제한되어야 한다. (동의하지 않음)
5. 자본주의가 이탈리아를 위협한다. (동의)

주: 응답자는 각 항목에 대해 "전적으로 동의" "다소 동의" "다소 동의하지 않음" "전적으로 동의하지 않음"으로 응답. '지수'는 다섯 가지 항목에 걸쳐 누적되며, 2번 항목과 4번 항목의 점수는 좌우배열을 확실히 하기 위해 역으로 표시된다.

더 중요한 것은 주정부가 엘리트 정치 문화를 바꿨다는 점이다. 1970년부터 1989년까지 주의회 의원들과 지역사회 지도자들과의 반복된 대화에서 드러난 지역 정치의 가장 두드러진 변화는 공적 문제에 보다 실용적으로 접근하는 뚜렷한 경향과 결합된 현저한 이념적 탈양극화이다.

전반적으로 이념적 탈양극화는 일련의 논쟁적 쟁점들이 우파적 견해로 수렴된 것에 기인했는데, 무엇보다 공산주의자들과 다른 좌파정치인들 간의 강력한 온건화 경향으로 촉발되었다. 예를 들어 "자본주의가 이탈리아를 위협한다"는 데 동의하는 좌파(공산당, 사회당, 그리고 군소 좌파 집단)의 비율은 1970년 97%에서 1976년 76%, 1981-1982년 54%, 1989년 28%로 꾸준히 급격하게 감소했다.[27] 반면 이 질문, 그리고 이와 유사한 범주의 질문에 대해 기민당과 중도우파 정당들의 정치인들은 훨씬 더 온건하고 들쭉날쭉한 보수주의 경향을 보여주었다. 예를 들어 "이탈

55

[표 2.3] 주의원의 탈양극화, 1970-1989

	비율			
	1970	1976	1981–82	1989
극단주의자	42	31	21	14
온건주의자	58	69	79	86
	100	100	100	100
[수]	[72]	[154]	[151]	[166]

주: 극단주의와 온건주의는 좌우파 쟁점지수의 점수로 측정. [그림 2.1]의 네 가지 '주변' 범주(극좌 쪽 둘, 극우 쪽 둘)는 '극단주의자'로 부호화하여 점수를 준 반면, 중앙의 다섯 가지 범주의 점수는 '온건주의자'로 부호화. '지수'와 기준점(cutting point)은 4차에 걸친 인터뷰에서 모두 일정하게 유지.

리아에서 노동조합은 지나치게 힘이 세다"라는 견해에 동의하는 중도 및 우파의 비율은 1970년 67%에서 1976년 74%, 1981-1982년 86%, 1989년 65%로 등락했다. 결과적으로 좌우 정당 간 차이는 1970년과 1989년 사이에 상당히 좁혀졌다.

이러한 변화의 결과를 [그림 2.1]에 요약했다. 자본주의, 노동조합의 영향력, 소득분배, 이혼, 공공부문 파업에 대한 질문에 기초해 구성한 '좌우파 쟁점지수'에 대한 정치인들의 분포를 보여준다(좌우파 쟁점지수에 대한 구성 요소는 [표 2.2]에 열거했다). 1970년 이들 정치인들의 견해는 전통적인 양극화된 쌍봉형 분포를 보였으며, 극좌로 치우쳐 있었다. 6년 후에도 여전히 쌍봉형 분포가 나타났지만 봉우리 간 격차는 줄었다. 1981-1982년에 중심점이 오른쪽으로 이동하면서 더 이상 분포가 양극화되지 않았다. 하지만 여전히 넓은 폭을 유지하고 있었다. 1989년이 되자 중도 회귀

경향이 나타나 전형적인 '정상' 분포를 보였는데, 중앙에 봉우리가 위치하고 좌우간 차이는 20년 전보다 훨씬 좁아졌다.[28]

[표 2.3]은 약간 다른 형식에서 동일한 증거를 제시한다. '좌우파 쟁점 지수'에서 극좌 혹은 극우 중 극단적 입장을 지지하는 의원 비율이 급격히 줄고 있음을 보여준다. 이러한 점에서 극단주의자들의 비율은 1970년 42%에서 1989년 14%에 불과할 정도로 급감했다. 초기 20여 년간 새로운 제도를 통해 지역 정치에서 지속적이고 강력한 중도 경향이 나타난 것으로 입증되었다.

이념적 거리가 좁아지면서 정당 간의 관용이 무르익었다. 각 조사에서 우리는 정치인들에게 여러 정당에 대한 공감 혹은 적대감을 '감정온도계'의 0(완전한 적대감)에서 100(완전한 공감)까지 척도에서 정당을 평가하여 표시해달라고 요청했다. [그림 2.2]는 반대 정당의 정치인들이 상대 정당에 매긴 공감 점수의 변화를 보여준다. 결과는 사실상 모든 정당 간에 상호 인정이 꾸준히 높아지는 방향으로 가고 있음을 보여준다. 예컨대 비공산주의자들의 이탈리아 공산당에 대한 평균 공감도는 1970년 26에서 1989년 44로 상승한 반면, 기민당 외 정당 의원들의 기민당에 대한 평균 공감도는 1970년 28에서 1989년 39로 높아졌다. 이탈리아 네오파시스트 사회운동(그리고 이보다 덜하지만 극좌 프롤레타리아 민주주의) 만이 다른 정치 엘리트들에게 배척당했으나, 이러한 반감조차 1970년대 초기와 달리 1980년대 말로 갈수록 강도가 덜했다.

사실 이들 점수는 모두 공감-적대감 척도에서 50점 이하인데, 이는 경쟁체계에서 정치인들이 그들의 상대당에 대한 깊은 애정(affection)을 드러내기가 어려울 수밖에 없기 때문이다. 상대당에 대한 공감은(상대적으로 인

규칙의 변화: 20년간의 제도 발전

[그림 2.1] 좌우파 탈양극화, 1970-1989

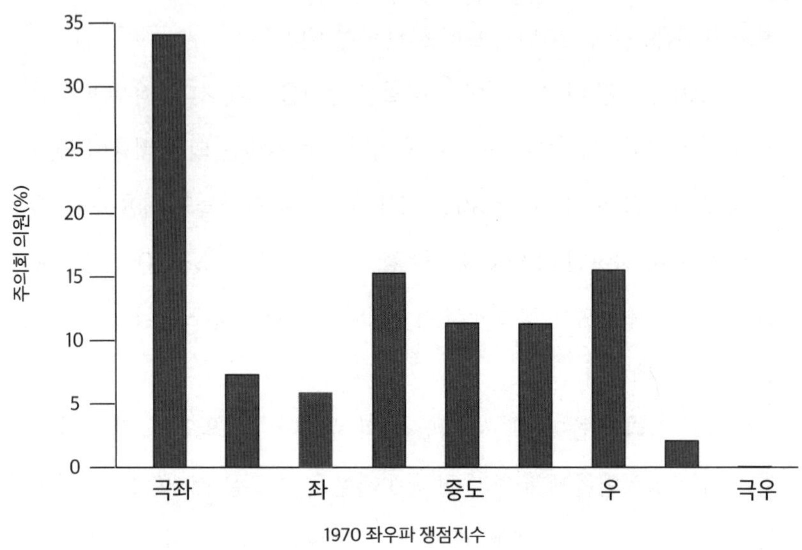

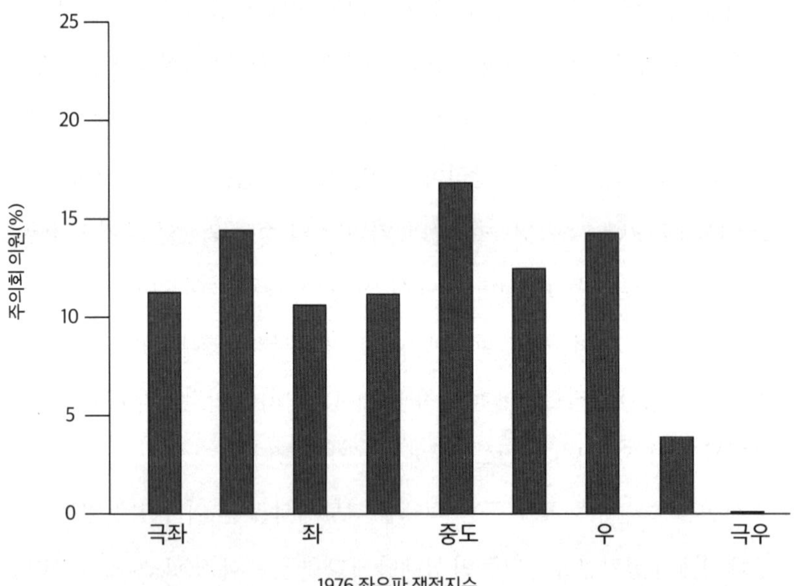

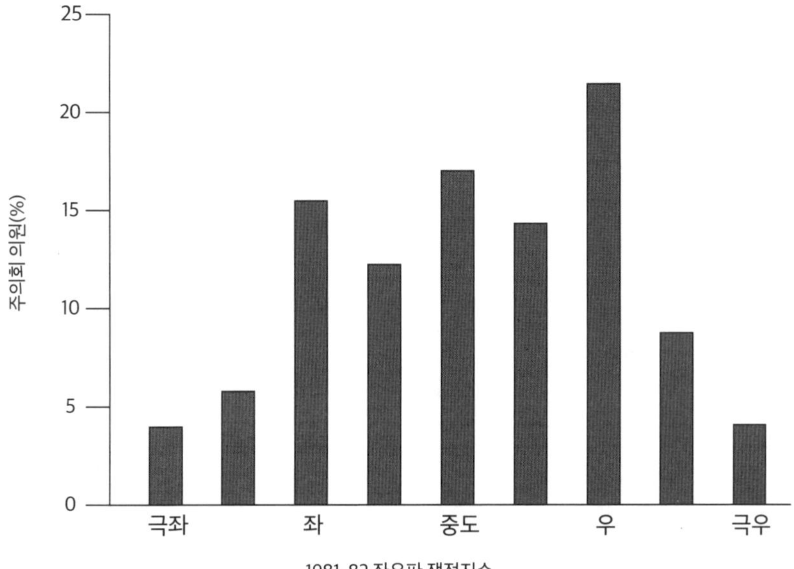

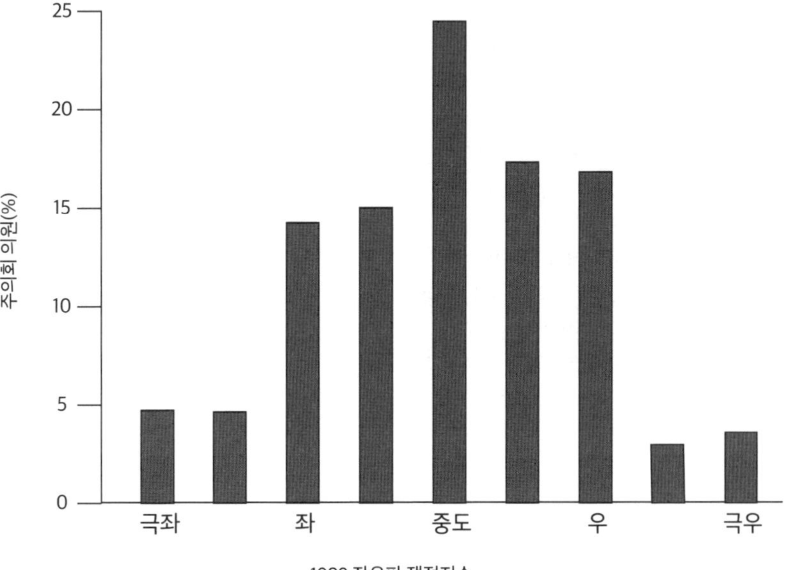

규칙의 변화: 20년간의 제도 발전

[그림 2.2] 주의회 의원의 상대당에 대한 공감도, 1970-1989

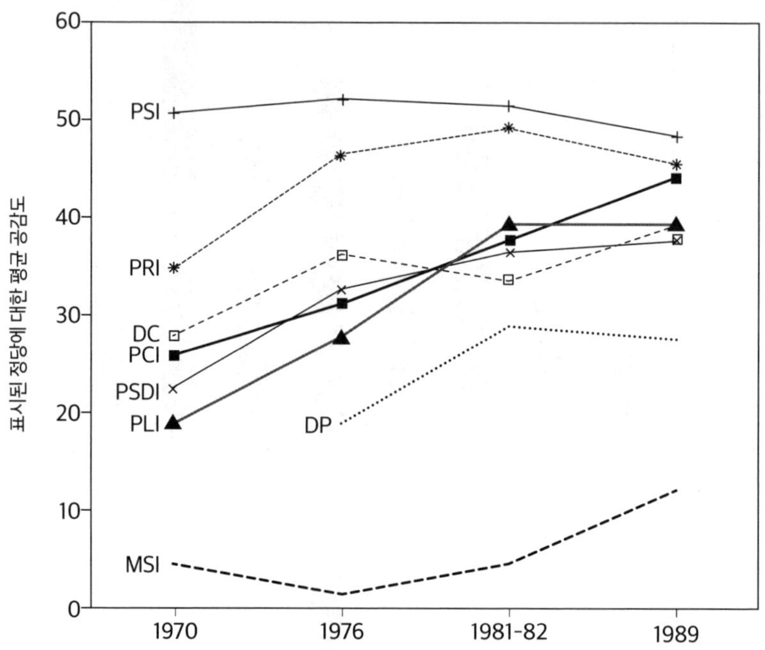

PSI: 이탈리아 사회당
PRI: 이탈리아 공화당
DC: 기독교민주당
PCI: 이탈리아 공산당
PSDI: 이탈리아 사회민주당
PLI: 이탈리아 자유당
DP: 프롤레타리아 민주주의
MSI: 이탈리아 사회운동

기가 많은 이탈리아 사회당에게도) 50-50의 중립성 한계에 묶여 있는 것으로 보인다. 그럼에도 불구하고, 초기 20여 년간의 지역실험 동안 전통적으로 이탈리아 정당정치를 특징지었던 고도의 긴장은 점차 누그러들었고, 새롭게 움트는 상호 존중으로 대체되어갔다.

지역정치 엘리트의 당파성 완화가 이탈리아 사회의 광범위한 정치적 변화를 반영한 것만은 아니었다. 우리가 병행한 일반인 조사는 1970년대 후반에 지역 정치 엘리트들 내부의 정당 간 관계에서는 온기가 돈 반면, 일반 유권자 사이의 당파적 적대감은 사실상 증가하고 있었음을 보여준다.

1980년대 일반 대중의 당파성은 약화하기 시작했다. 이는 이탈리아 정치의 탈양극화가 "엘리트에 의해 주도"되었다는 해석과 일치한다. 하지만 이 가설의 구체성을 확인하기 위해서는 추가 연구가 필요할 것이다. 어쨌든 주정부가 출범했을 때 새로 선출된 서로 다른 정당 출신의 주의회 의원들은 그들 각 지역구의 유권자들보다 서로 더 적대적이었다. 이러한 양상은 20여 년 후 완전히 역전되어 지역 정치인들의 정당 간 관계는 당파성을 가진 유권자보다 훨씬 개방적이고 관대해졌다.[29]

이러한 경향이 지역의 정책 결정에 미치는 중요한 결과 중 하나는 당파적 적대감이 더 이상 실용적 쟁점의 조정을 저해하지 않는다는 것이다. 이는 20여 년간 이념적 정치 성향이 꾸준히 쇠퇴했다는 증거로 뒷받침된다. 이제 지역 정치인들은 세상을 극명한 흑백논리가 아닌 미묘한(그리고 협상 가능한) 회색의 음영으로 보게 된 것이다.

[표 2.4]는 1970년부터 1989년까지, 주의회 의원들의 정치문화가 어떻게 바뀌었는지 요약해주고 있다. "현대의 사회적이고 경제적인 문제에서 정치적 고려보다는 기술적 고려에 더 무게를 두어야 한다는 것은

61

[표 2.4] 엘리트 정치문화의 추세, 1970-1989

주의원들의 동의 여부	동의율			
	1970	1976	1981-82	1989
현대의 사회적이고 경제적인 문제에서 정치적 고려보다는 기술적 고려에 더 무게를 두어야 한다는 것은 필수적이다.	28	43	64	63
정치적 반대자와 타협하면 자기편의 배신을 이끌 수 있기 때문에 위험하다.	50	35	34	29
적절한 해법은 보통 중도에 있기 때문에 정치논쟁에서는 되도록 극단적 입장에서 벗어나야 한다.	57	72	70	70
최종 판단에서 동료 시민의 의견을 존중하는 것이 자신이 속한 정당의 입장을 따르는 것보다 중요하다. (응답자 수)	68 (77)	72 (158)	84 (154)	94 (171)

필수적이다"라는 데 동의하는 의원의 비율은 1970년 28%에서 1989년 63%로 급등했다. "정치적 반대자와 타협하면 자기편의 배신을 이끌 수 있기 때문에 위험하다"고 생각하는 비율은 1970년 50%에서 1989년 29%로 급감했다. "적절한 해법은 보통 중도에 있기 때문에 정치논쟁에서는 되도록 극단적 입장에서 벗어나야 한다"는 데 동의하며 온건 노선을 권고하는 의원의 비율은 1970년 57%에서 1989년 70%로 늘었다. "최종 판단에서 동료 시민의 의견을 존중하는 것이 자신이 속한 정당의 입장을 따르는 것보다 중요하다"는 견해에 동의하는 비율은 1970년 68%에서 1989년 94%로 크게 뛰어올랐다. 시민에 대한 충성도가 정당

에 대한 충성도보다 우선해야 한다는 생각은 논쟁적일 수 있는 명제에서 너무도 당연한 말로 바뀌었다. [표 2.4]에서 연도별 변화를 더 면밀히 살펴보면, 이러한 엘리트 정치문화 변동의 상당 부분이 1980년대 초에 이루어졌음을 알 수 있다.

[의원들이] 10년 조금 넘는 동안 주정부에 참여하면서 단련되고 경직성이 완화되면서, 이념에 기초한 비타협적 태도는 타협의 미덕과 기술적 전문성에 대한 이해로 대체되었다. 그들의 지역에 대해 "이념적"에서 "실용적"까지 5점 척도로 표시해달라는 질문에, 그들 지역이 명백히 이념적이라고 기술한 의원의 비율은 1970년 26%에서 1976년 21%, 1981-82년 14%, 1989년 10%로 감소했다. 실용주의는 더 이상 전형적 표현이 아닌 실제로 일을 처리하는 하나의 방식이 되었다.

1970년, 1976년, 1981-1982년의 의원들과 행한 개방형 인터뷰들을 비교해보면, 이들이 사회서비스나 경제발전과 같은 구체적인 지역 쟁점을 분석하는 방식에서 몇 가지 흥미로운 변화를 발견했다.[30] 첫 번째 시기의 대화와 비교해보면, 이후 시기에서 의원들은 궁극적인 목표에 맞춰 분석하는 것을 지양하고, 실용적 수단의 관점에 입각한 분석 틀을 지향했다. 의원들은 그들의 역할에 대해 "반응하는" 존재보다 "책임지는" 존재로, 대중의 이상을 위한 달변의 호민관보다 공적 이익의 유능한 수탁자로 이해하게 되었다. 주정부가 출범한 지 10년 후, 지역의 지도자들은 이론적이고 이상적인 태도를 덜 취하게 되었고, 지역의 다른 집단을 희생해서 특정 집단의 이익을 옹호하는 데 대한 관심도 줄었다. 반면에 행정, 입법, 재정에 대한 실용적 문제는 더욱 두드러졌다. 의원들은 이제 효과적인 서비스 전달, 도로와 직업교육에 대한 투자에 대해 더 많이 발언

규칙의 변화: 20년간의 제도 발전

했고 "자본주의"나 "사회주의", "자유" 혹은 "착취"에 대해서는 덜 언급했다.

이러한 경향은 의심의 여지 없이 제도적 우선순위에 대한 지도자들의 인식과 관련이 있었다. 주정부가 직면한 가장 중요한 쟁점과 미래에 대한 희망에 관한 대화에서 1980년대 의원들은 1970년의 그들보다 정의, 평등, 사회개혁에 대한 관심이 덜했다. 그들은 이제 행정적, 정치적, 절차적 개혁에 더 초점을 맞췄다. 입법 자치와 행정 효율성(혹은 더 흔하게 쓰는 표현으로는 행정 비효율성)이 주정부에 관한 그들의 논의에서 더 큰 부분을 차지한 반면, 초기에 구세주와 같았던 "근본적 사회개조"에 대한 관심은 사라지고 말았다.

의원들은 처음 의회에 입성할 때 정치와 사회관계는 필연적으로 제로섬이어서, 결국 타협이 어려운 갈등만 다루게 될 것이라 생각했다. 과거 이탈리아의 사회적이고 이념적 투쟁에 근거한 이런 예상은 의원들을 경직시켰고 실용적 협력을 어렵게 하였다. 사회적·정치적 갈등에 관한 이런 예상은 지역실험 초기 10년을 거치면서 놀라운 변화를 맞았다. [그림 2.3]은 이 기간 동안 의원들이 조정할 수 없는 갈등에 대한 강조는 퇴조하고, 합의에 대한 강조는 꾸준하게 높아지고 있음을 보여준다.

지역을 활동 공간으로 삼는 정치는 일반적으로 온건하다. 지난 20년이 지나면서 주의회 의원들은 그들의 동료들뿐 아니라 정치적 적대자들도 신뢰할 수 있다고 대답하게 되었다. 2/3가 지역의 실용적 문제에 대해 이념적 반대진영과 합의에 이를 수 있다고 주장한다. 3/4은 의회 활동이 갈등보다는 훨씬 협력적이었다고 말했다. 이는 우리와 대담한 지역사회 지도자 절대다수의 공통된 생각이다.

[그림 2.3] 갈등에 관한 의원들의 견해 추세, 1970-1989

사회갈등과 이익공유에 대한 의원들의 시각, 1979-1981/1982

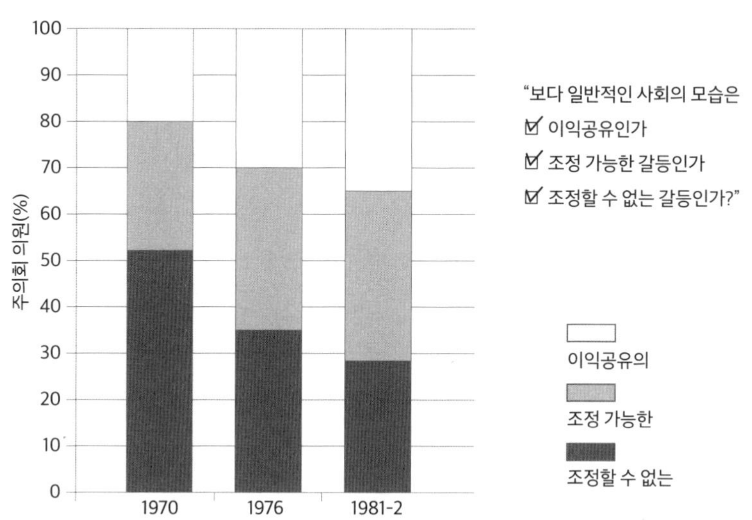

자기 지역에 관한 의원들의 시각, 1970-1989

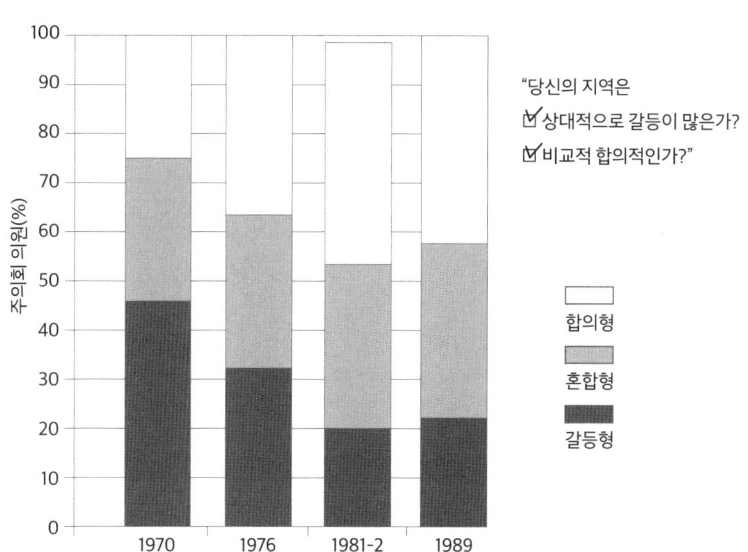

규칙의 변화: 20년간의 제도 발전

이러한 결과가 모든 의원이 모든 쟁점에 동의한다는 것을 의미하지는 않는다. 1977년 이후 중앙정부에서 권한과 자원이 이양되고 지역 정치 지도자들에게 실질적 선택권이 처음 주어지자 현실적 쟁점을 둘러싼 갈등이 생기고, 특정 정책에 대한 의견 불일치가 실제로 늘었다. 지역 정치에서 논쟁이 사라진 것은 아니지만 (제4장에서 볼 수 있듯이) 갈등 자체가 좋은 정부와 양립할 수 없는 것도 아니다. 어쨌든 이탈리아 정치 전통과 달리 주의회는 "패쇄적" 당파성보다는 "개방적" 당파성의 특성을 점차 갖추어갔다. 지역 내 정당정치의 다원성은 이탈리아 국내 정치에 오랫동안 기인했던 "양극화된 다원성"이 아니다.[31] 지역 정치 지도자들은 상대방에게 불쾌감을 주지 않으면서 반대하는 방법과 상대방을 존중하는 방법을 배워나갔다.

이와 관련된 근거들은 차곡차곡 쌓여 압도적인 현상으로 나타난다. 요컨대 지역실험의 첫 20여 년간 이념 갈등에서 협력으로, 극단주의에서 온건화로, 교조주의에서 관용으로, 추상적 원칙에서 실용적 행정으로, 이익분절에서 이익집약으로, 근본적 사회개혁에서 "좋은 정부"로 향하는 정치 환경과 문화의 극적인 변화를 목도했다.

일부 지역자치주의자들은 "이상주의적 긴장감의 완화"를 한탄했고, 우리도 그들의 불만에 어느 정도 공감한다. 이상주의에서 벗어나 "유능함"만을 추구한다면 머지않아 무미건조하고 우울한 무반응의 기술관료주의로 빠질 수 있다.[32] 하지만 이탈리아의 상황에서 우리가 기술한 이러한 추세가 이탈리아 정치 변화의 중요한 단계를 나타낸다고 믿는다. 좋든 나쁘든, 새로운 지역 정치 지도자들이 새로운 제도 건설의 임무를 추진하면서 "이상주의적 긴장감"은 완화되었다.

어떻게 지역 엘리트의 정치문화가 이 20여 년 동안 그렇게 눈에 띄게 변화했을까? 역대 주의회에 대한 대략적인 개요를 모아서 이러한 추세를 설명하기는 결코 쉬운 일이 아니다. 몇 가지 대안적 설명들 중 다음 세 가지 가설이 유력해 보인다.[33]

- **선거를 통한 [의원] 교체**: 아마도 초기 주의회의 많은 선동가가 재선에 실패하고, 온건주의자로 대체되었을 수 있다. 이는 유권자나 주정부 외부의 정당 입후보자들의 선호에 더 부합했을 것이다. 그렇다면 주의회의 구성은 바뀌고 있지만, 의원들의 사고방식에는 변화가 없다고 볼 수 있다. 우리는 이 가설을 1975년과 1980년에 새로 선출된 의원과 임기를 마친 의원들을 비교함으로써 검증할 수 있다.

- **전국 수준의 정치이념 변화**: 아마도 주의회 의원들 사이에서 우리가 발견한 변화는 국가 전체의 정치적 탈양극화가 반영된 것일 수 있다. 일반적으로 1970년대와 1980년대 이탈리아 징치인들은 더 중도주의와 실용주의자가 되었다고 볼 수 있다. 이미 우리가 강조한 바와 같이, 이러한 해석은 평범한 유권자들 간 정당 양극화가 잔존해 있고, 심지어 이 기간에 더 강화되었다는 증거에 의해 반박될 수 있다. 중앙 정치인들이 변화하고 있다는 전망에 대해 직접 비교할 수 있는 증거는 부족하지만, 1975년과 1980년에 새로 선출된 주의회 의원들의 생각과 5년 전 선출된 의원들의 초기 견해를 비교함으로써 이 가설을 규명할 수 있다. 새로 당선된 의원들이 더 온건해졌다는 것이, 그들이 선출된 전국 수준의 후보자 군(pool) 자체가 더 온건화되었다는 의미인가?

- **제도적 사회화**: 아마도 주정부의 참여가 의원들을 이념적 교조주의에서 더

67

합의적인 실용주의로 변화시켰을 것이다. 세 가지 대안적 해석 중 유일하게 이 가설은 제도개혁 자체가 정치 지도자들이 상호 간, 그리고 그들 지역의 실용적 문제에 합의 도출의 장소를 제공하는 지역 정치에 결정적이라는 점을 함축한다. 이 가설에 대한 가장 적절한 증거는 1975년과 1980년에 현직 의원들과 5년 전 '그들 자신의 견해'를 직접 비교하는 것이다.

1970년, 1976년, 1981-1982년에 같은 인물들을 인터뷰했던 우리 패널조사로 이 문제를 확실히 해결할 수는 없다. 그래도 이러한 대안적 해석은 나름의 설득력을 가질 수 있다.[34] 하지만 우리의 연구가 아무리 정교하더라도, 완벽하게 통제된 과학실험을 할 수는 없었다. 선출된 의원들의 '전후' 비교는 할 수 있었지만, 지역 제도 외부의 정치인 집단을 직접 통제할 수는 없다. 그럼에도 불구하고 우리가 검증한 증거는 다음과 같은 결과들을 뒷받침한다.[35]

- 선거를 통한 [의원] 교체는 주의회의 온건화에 거의 기여하지 않았다. 새로 선출된 의원들은 일반적으로 그들이 대체한 퇴임 의원들보다 절대 더 온건하지 않았다. 사실상 신진 의원들은 대체로 그들의 전임자보다 '덜' 온건했다. 의원 교체는 온건화 추세를 촉진하기보다 제동을 걸었다. 온건화는 외부의 유권자나 후보자들에 의해 강제되지 않았다.
- 전국적 추세는 제도-특수성의 추세와 종종 구별하기가 힘들지만, 지역 정치 변화에 어느 정도 기여한 것으로 나타났다. 새로 당선된 주의회 의원들은 그들의 전임자가 '처음 시작했을 때'보다 더 '중도적'이었지만, 전임자들이 '현재 이르게 된' 중도 성향보다는 덜 중도적이었다. 1970년부터 1976

년까지의 전국적 결과는 중요하지 않았지만, 우리의 자료들은 그다음 5년 후 전국적인 탈양극화가 가속화되었고 지역 정치에 훨씬 강력한 영향을 주었다는 점을 보여준다.

- 제도적 사회화, 즉 개별 현역 의원들의 변신은 강력했고, 온건화 추세의 상당 부분을 설명해준다. 이러한 제도적 효과는 새로운 지역 정치 지도자들이 처음으로 서로를 알아가기 시작하고 문제를 공유한 개혁의 초기 해 동안 가장 강력했다. 처음 선출되었을 때 이념적 극단주의를 지지하는 동시에 강력한 당파성을 가졌던 의원들은 5년이나 10년 후 더 온건해진 모습을 보였다. 이전 의회에서 다음번 의회까지 온건화 경향이 증가한 추세는 정확히 재임한 현역 의원들에서 두드러졌다. 세 번째 의회에서 살아남은 초기 의원 세대(최초 의원 중 약 1/3)는 그들이 처음 의회에 입성했을 때 가장 극단적이고 교조주의적인 의원들에 속했지만, 3차 시기 인터뷰 무렵에는 가장 절제되고 관용적인 의원이 되어 있었다. 초기 의회에서 가장 완고한 당파성을 가졌던 의원들은 재임 기간이 가장 긴 이들이기도 했지만, 의회 생활에 더 깊숙이 관여하게 되면서 온건화의 영향을 피하지 못했다.

이러한 단속적인 자료에서 얻을 수 있는 가장 합리적인 결론은 새로 만들어진 지역 제도가 그 구성원 간에 관용적이고 협력적인 실용주의를 만들어냈다는 점이다. 1970년대와 1980년대 이탈리아의 정치 변동은 주의회의 회의실 내외부 양쪽에서 일어났지만, 특히 초기에 외부보다는 내부에서 더 빠르고 광범위하게 발생했다. 이탈리아 정치는 전통적으로 이념적 교조주의와 폐쇄적 당파성의 특성을 가지고 있었다.[36] 주정부의 있는 그대로의 실제적이고, 얼굴을 마주보고 행하는 정치 현실이 이탈리

69

아 정치를 변화시키는 데 도움을 주었다. 난제를 함께 극복하며 신생 조직은 단단해졌고, 그렇게 보낸 수년의 세월은 주의회 의원들에게 인내와 실용성, 합리성의 미덕을 가르쳐주었다. 지역 개혁을 옹호했던 사람들이 바라왔던 것처럼, 지역 개혁을 통해 "새로운 정치 방식"이 양성되었다.

지역자치의 심화

"정치제도의 자율성은 제도 자체의 이익과 가치가 다른 사회 세력의 이익 및 가치와 얼마나 구별될 수 있느냐로 측정된다."[37] 이러한 측면에서 이탈리아 주정부는 제도화하고 있었는가? 지방과 전국 단위의 사회 및 정치 세력과 다른 정체성을 지닌 실제적 '지역' 정치체계를 향한 흐름이 존재하는가? 변화된 규칙이 이탈리아 정치와 정부의 권력과 이익의 실질적 균형에 변화를 가져왔는가?

이는 적절한 질문인데, 이탈리아의 지역[주]은 강력한 중앙정치 세력과 지방정치 세력 사이에 끼인 상태에서 탄생했기 때문이다. 우리가 목도한 바와 같이, 지역은 부분적으로 중앙 정당정치의 부산물이었고, 지역정치는 중앙정치 환경에 지속적으로 영향을 받았다. 반면, 첫 번째 주의원 세대는 지방정치에 깊숙이 뿌리박고 있었다. 주의회에 대한 초기 지명권은 대부분 지방정당 조직의 통제하에 있었고, 주의원들의 가장 중요한 정치적 연고는 지방이었다. 초기에는 지역이 기본적으로 지방정치인들이 주도하여 만든 전국적 제도였다. 주정부가 침체되어 있던 이탈리아 공적 기구 목록에 단지 또 다른 형태로 추가되기보다는 고무적이고 강력한 제도가 되려면 그 기원을 능가해야 했다. 지역의 새로운 정치 지도자들은 이전의 지방과 중앙정치 무대의 후견인들로부터 더 많은 독자성을 얻어내야 했다.

우리 연구는 지역의 조직적 자율성과 정체성이 특히 1976년 이후 꽃피웠다는 점을 제시하고 있다. 예를 들어, 각 조사에서 연구진은 주의회 의원과 지역사회 지도자들을 초청해 지방의 유력인사부터 중앙정부의 장관, 농민단체에서 노동조합, 기업에서 교회, 주지사부터 지방관료에 이르는 수많은 행위자의 영향력을 측정했다. 한 가지 추세는 분명했는데, 바로 주행정부의 영향력이 우세했다는 것이다. 주지사, 주정부 내각, 지역정당의 지도자, 주정부의 행정 관료의 순위가 1970년부터 1989년 사이에 모두 상승했다. 반대로 사실상 모든 외부 집단들—농민, 노조, 기업, 언론, 교회, 국회, 지방정당 간부—은 어떤 정치적 성향을 가졌든 그 영향력을 상실했다. 이 연이은 조사를 통해 외부 세력으로부터의 자율성이 점점 증가하면서(그 영향이 없었던 것은 아니지만), 지역 관료들의 우위로 이동하는 추세가 드러나는데, 이는 헌팅턴의 지적과 정확히 들어맞는다. 대의제 민주주의의 한계 속에서 새로운 제도의 지도자들은 그들 자신의 운명에 점점 더 책임감을 갖게 되었다.[38]

정당 내부의 권력 유형의 변화는 지역 정치의 제도화를 입증해준다. 우리는 정기적으로 주의회 의원들에게 세 가지 구체적인 영역—주의원 후보지명, 주정부 내각 구성을 위한 협상, 주의회의 법안 결정—에서 중앙당, 지역당, 지방당의 영향력에 대해 질문했다. 사실상 모든 영역과 모든 지역에서, 1970년에서 1989년까지 지역 정치 지도자들의 권력이 꾸준히 커진 반면, 중앙당과 지방당 지도자들의 권력은 축소되었다([그림 2.4] 참조).

[그림 2.4] 세 가지 영역에서 정당 지도부의 영향력, 1970-1989

주의회 의원 후보 지명에 관한 영향력

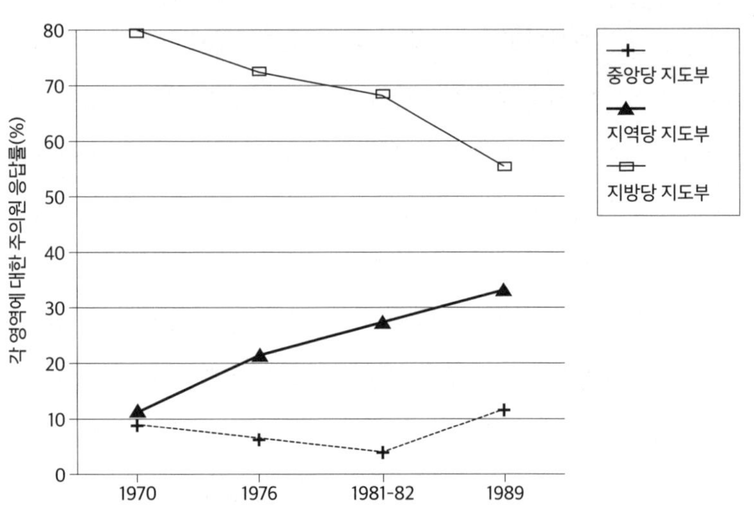

주정부 내각 구성에 대한 영향력

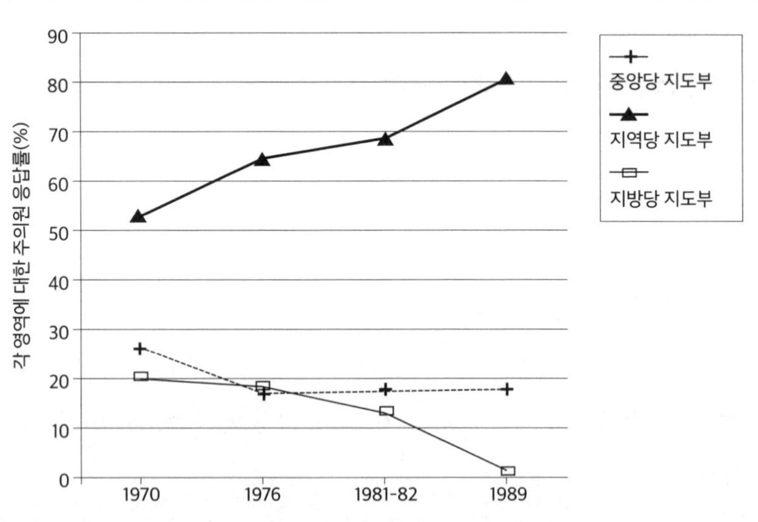

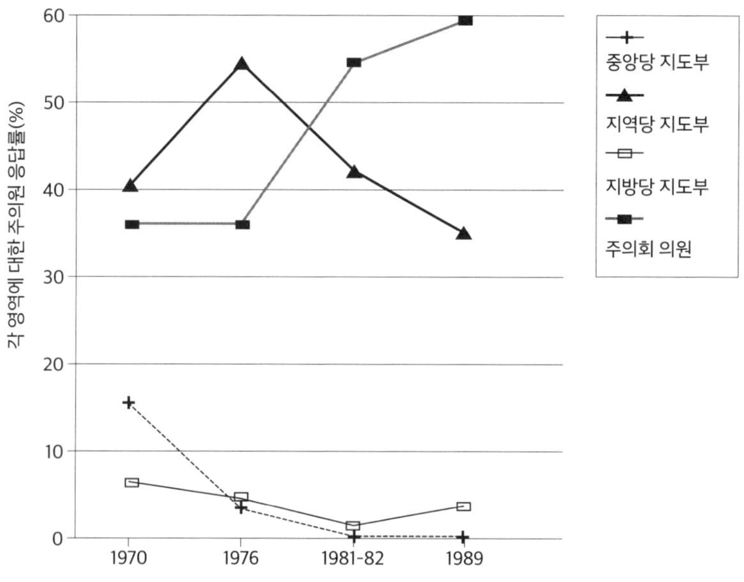

"[세 가지 영역에서] 가장 영향력이 강한 사람은 누구입니까? 중앙당 지도부, 지역당 지도부, 지방당 지도부 또는 [주의회 입법의 경우] 주의회 의원 자신입니까?"

한때 주의원의 후보 지명에 관한 지방당 보스들의 무소불위 독점권이 약화된 반면, 지역당 간부 후보 지명 권한은 강화되었는데, 지방당 간부들은 1989년에도 상당한 발언권을 유지하고 있었다. 중앙당 지도자들은 주의회 의원의 후보 지명권에 거의 관여하지 않았지만, 지역의 연립정부 형성에 영향력을 행사하고자 했다. 예를 들어, 사르데냐주에서 기민당 중앙은 수개월 동안 주정부의 내각 구성을 연기했는데, 이는 공산당(지역 기민당과 친화적인)과의 동맹이 중앙당의 전략을 저지할 것이라는 공포 때문이었다.

하지만 [그림 2.4]에서 드러나듯이 지역자치(자율성) 또한 지난 20여 년 동안 급속히 증가했다. 입법 프로그램에 대한 지역의 권한은 말할 나위가 없었다. 이 부문에서 최근 가장 괄목할 만한 변화는 주의회 외부의 지역정당 지도부로부터 주의회 의원들 자신의 독자성이 커졌다는 것이다. 이런 추세는 지역 제도에 대한 신뢰도가 높아지고 있다는 우리의 주제에 부합한다.

이렇게 지역 권력과 자율성이 증가하자, 지역 정치인들은 중앙당이 정해놓은 규칙과 지역의 요구가 충돌할 때, 중앙당을 따르기를 더욱 꺼리게 되었다. [그림 2.5]에 요약한 '중앙당 규율지지 지수'는 특히 1976년 이후 어떻게 중앙당의 지침에서 더 많은 독자성을 지지하는 방향으로 의견의 추가 급격히 움직였는지 보여준다. 1970년대 초, 중앙당 규율에 대한 지지자가 반대자보다 두 배 이상 많았으나, 1989년에 이르자 반대자가 지지자에 비해 네 배 이상 많아졌다. 이러한 태도 변화는 행태의 변화에도 반영된 것으로 보인다. 마르첼로 페델레는 중앙정부 내각의 위기에 영향을 받은 전체 주정부 연정 비율이 1970년부터 1990년까지 꾸준하게 감소했다고 보고한다. 한 가지 결과로, 주정부의 평균 지속 기간은 1970-1975년 525일에서 1985-1990년에는 700일 이상으로 늘었는데, 이는 같은 기간 동안 중앙정부 내각의 평균 지속 기간은 250일에 그쳤다는 점과 비교된다.[39] 이 영역에서도 역시 지역의 자율성이 증가했다.

지역자치 정치체계의 등장은 주의회 의원들의 일상적 접촉에도 반영된다. 일단 일차적으로 지역의 주요 보직을 맡은 지방 인사는 다른 선출직 정치인과 마찬가지로, 지방의 정치적 기반을 유지하면서 지역의 유력

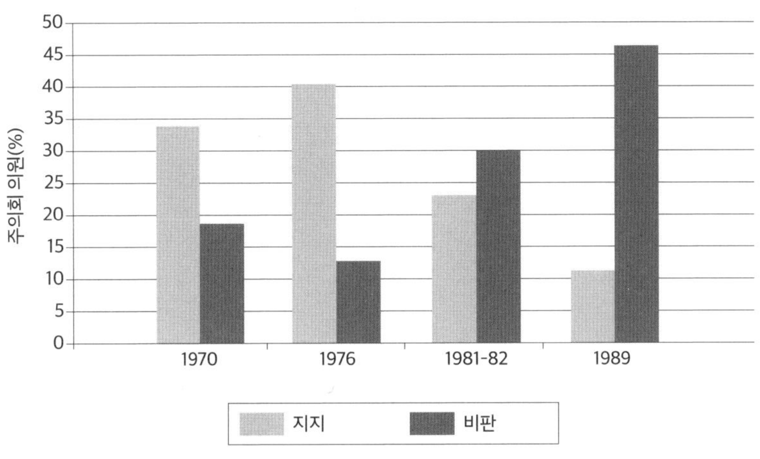

[그림 2.5] 중앙당 규율 지지의 감소, 1970-1989

중앙당 규율 지지 지수

1. 지역의 정치투쟁은 결국 [중앙당이 주도하는] 전국적 정치투쟁의 일부로서 이해되어야 한다. (동의)

2. 모든 지역에서 정당의 전략이 동일할 필요는 없다. (반대)

3. 정당에 가입할 때는 일정 부분 자신의 독자적 판단을 포기해야 한다. (동의)

4. 최종 판단에서는 동료 시민에 대한 충성심이 정당에 대한 신의보다 중요하다. (반대)

응답자는 각 질문에 "전적으로 동의", "다소 동의", "다소 반대", "전적으로 반대" 중 하나로 대답했다. 이 지수는 네 가지 항목에 대한 점수가 가산된 것이다.

인사가 되어갔다. [그림 2.6]이 보여주는 바와 같이, 1970년 주의원들은 평균적으로 지역 이익집단 대표자보다는 지방 이익집단 대표자를, 지역 행정 관료보다는 지방 행정 관료를 더 많이 만났다. 1980년에 이르자 그러한 패턴은 역전되었는데, [지역] 행정 관료를 접촉한 경우가 더 두드러졌다.[40] 이 그림은 중요한 실질적 결정과(주의원과 주 행정 관료 간 접촉이 나타내는 바와 같이) 그러한 결정에 영향을 주기 위해 실제적 노력을 동반하

[그림 2.6] 주의원의 지역 및 지방 접촉, 1970-1989

주의원의 지방 및 지역 행정 관료와의 접촉 빈도

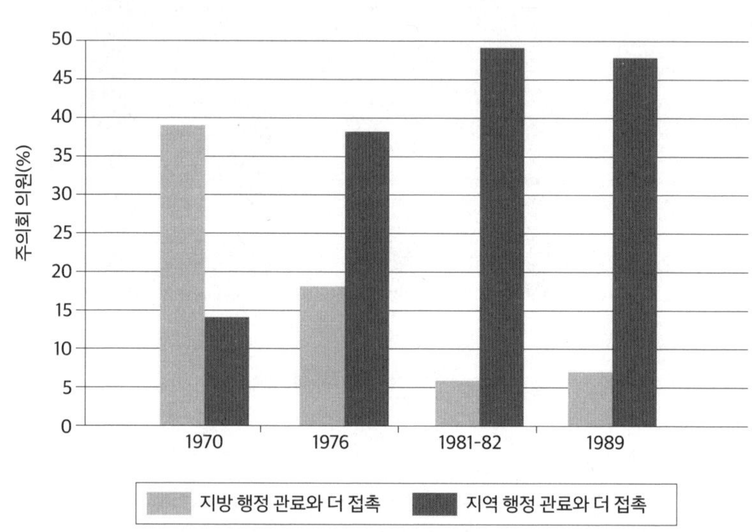

주의원의 지방 및 지역 이익집단과의 접촉 빈도

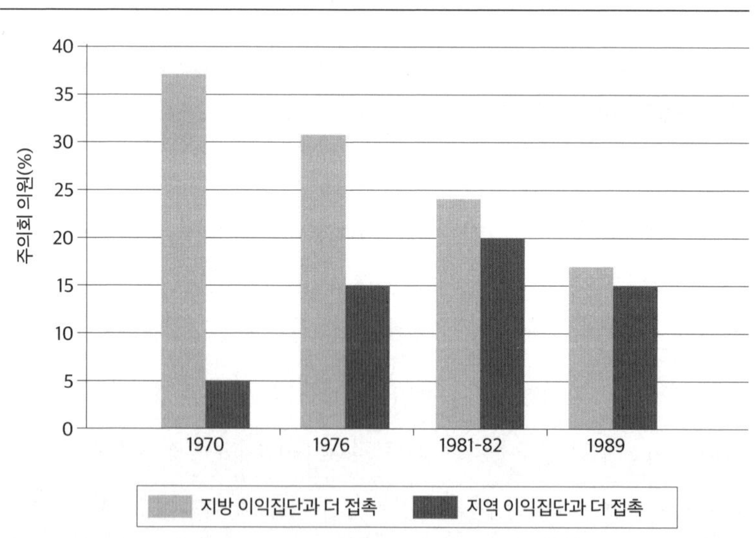

는(주의원과 지역 이익집단 간 접촉이 나타내는 바와 같이) 지역자치 정치체계의 등장을 함의한다.

투표 행태에 미치는 영향력 변화에 대한 주의회 의원들의 보고서는 이러한 자율성의 증가와 맥을 같이한다. 1970년에는 전통적인 정당의 연줄과 중앙당의 프로그램이 지역선거를 결정한다고 알려져 있었다. 반면 지역의 후보자들 자체는 철저히 부차적으로 간주되었다. 하지만 수년이 지난 후, 개별 후보자들의 중요성에 대한 인식이 증가했고 정당일체감과 중앙당 강령의 중요성은 약화되었다. 1970년부터 1989년까지 유권자의 선택에서 정당일체감을 주요 요소로 꼽은 주의회 의원의 비율은 72%에서 48%로, 중앙당의 정책을 강조한 비율은 55%에서 24%로 떨어졌다. 개별 후보자를 주요 요소로 평가한 주의회 의원의 비율은 38%에서 57%로 늘어 최상위를 차지했다.[41] 유권자의 선택동기에 대한 직접적인 근거가 우리에게 있지는 않지만, 확실히 정치현실(practical politics)의 세계에서 인식은 그 자체로 중요성을 가진다. 지역선거를 전국선거에 대한 중간선거 정도로 보는 주의회 의원의 시각이 점차 변했고, 정치적 운명이 자신의 손에 달렸다는 쪽으로 생각하게 되었다.

정부 간 정치 측면에서 보면, 주정부와 중앙정부의 관계는 1980년대 눈에 띄게 개선되었다. 이 장의 앞부분에서 살펴보았듯이, 1977년 제정된 616호 법령은 국가와 지역 간 중대한 분기점을 보여준다. 이후 지역권한의 갈림길에서 절정에 이르렀던 싸움은 옛말이 되었다. 중앙과 지역권한의 적절한 경계를 확립하기 위한 1970년대의 대개혁운동(the great crusade)은 1980년대의 적대성이 줄어든 소규모 갈등으로 이어졌다. 중앙집권주의자들과 지역자치주의자들 간 전선이 안정화되면서, 지역자치에 대한 요구는 더 이상 절실하지 않게 되었다. 1980년대 주의회 의원들과 지역사회 지도자들 모두 1970년대 중반 그들의 전임자들이 기술해 왔던 것에 비해 중앙정부와의 관계가 원만해졌다고 말했다. 다음에 자세히 살펴보겠지만, 반대로 지역의 실질적인 결핍 요소들이 지역자치의 주창자들에게는 더욱 분명해졌다. 616호 법령이 실시된 이후, 지역의 관료들은 그들의 모든 실패를 더 이상 중앙정부의 과도한 통제라고만 탓할 수 없게 되었다.

이러한 변화의 결과 중 하나는 중앙정부에 대한 반목이 주의회 의원들과 지역사회 지도자들 모두에게서 완화되었다는 것이다. 예컨대 1976년부터 1989년까지 "중앙정부는 지역 활동에 대한 통제권을 엄격하게 행사해야 한다"에 동의한 의원의 비율이 39%에서 58%로 늘어난 반면, "[중앙정부에서 파견한] 행정장관제도는 폐지할 수 있고, 폐지해야 한다"고 단호하게 주장한 지역사회 지도자의 비율은 60%에서 32%로 급감했다. "중앙정부에 대한 반감"으로 묶으면 [그림 2.7]에서 나타나듯이, 이러한 두 개의 질문에 대한 주의회 의원들의 태도 변화가 놀랍다. 지난 20여 년 동안 강성 중앙집권주의자들은 극소수로 유지되고(극우파들을 중심으로) 있던 반면, 중앙정부에 강하게 반대하는 의원의 숫자는 절반 이상으로 감소했고, 중간에 위치한 온건 지역자치주의자의 비율은 2배가 되었다. 주정부 탄생과 관련된 긴장은 점차 누그러들었고, 지역자치에 대한 지역 엘리트의 두려움은 20년 전에 비해 줄었다.

물론 중심부와 주변부 모두에서 중앙정부와 주정부의 권한 침해에 관한 잦은 불만은 여전했다. 이는 분권화가 잘된 정부 체계에서도 생길 수밖에 없는 정상적인 논란이다. 중앙정부 관료들은 재정 적자의 증가 원

[그림 2.7] 중앙정부에 대한 주의원의 태도, 1970-1989

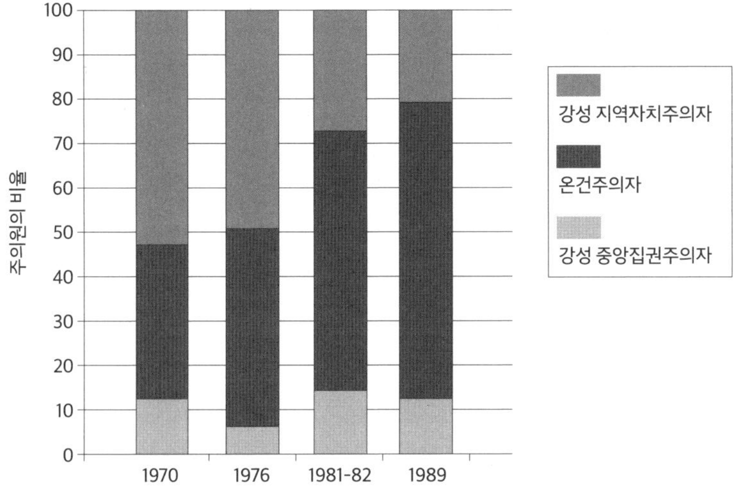

중앙정부 통제에 대한 반대 지수

    1. 지역장관 제도는 폐지할 수 있고, 폐지해야 한다. (동의)

    2. 중앙정부는 지역의 활동에 대한 통제권을 엄격하게 행사해야 한다. (반대)

응답자는 각 질문에 "전적으로 동의", "다소 동의", "다소 반대", "전적으로 반대" 중 하나로 대답했다. 이 지수는 네 가지 항목에 대한 점수가 가산된 것이다.

인이 지역의 무책임한 비효율성—과세 없는 대표성—에 있다고 우려하면서, 지역 예산의 과감한 삭감을 요구한다. 주정부 관료들은 중앙정부로부터 받는 재정의 가장 큰 부분이 특정 정책과 너무도 밀접하게 연관되어 있다고 반박하는데, 보조금을 받을 수 있는 농산물의 경우, 심지어 특정 농산물의 종을 구분하려고까지 한다는 것이다. 이들은 중앙정부 부처들이 지역을 중앙행정부의 현장사무소 정도로 여긴다고 말한다.[42]

    연방정부의 보조금과 간섭에 대한 주지사들의 불만에 익숙한 미국인

규칙의 변화: 20년간의 제도 발전

들에게 이러한 이탈리아 주정부 관료들의 푸념은 낯설지 않다. 마찬가지로 알려진 바에 따르면, 이탈리아 국회의원들은 지역 공직자들을 이탈리아 대부분 지역에서 중요한 정치적 자원이 되는 후견인 관리를 둘러싼 경쟁자로 본다. 이념적으로 정치적 분권화를 지향하는 좌파 의원들조차 국회 안에서 주정부의 자유재량을 제한하는 막후활동을 한다고 알려져 있다. 물론 연방의원과 주의원, 그리고 지방의원 간 이러한 경쟁의식은 시카고에서 바이에른까지 정부 간 정치에서 흔한 일이다.

한편 주정부가 지방정부에 대한 새로운 감독 권한을 행사하면서, 주정부와 지방정부 간 충돌은 중심-주변부 간의 오래되고 단순화된 갈등 양상을 대체하기 시작했다. 중앙, [주]지역, 지방 관료들 사이의 정부 간 삼각 구조에서, 새로운 대립 구도와 복잡한 세 가지 축의 전략들이 전개되기 시작했다.[43] 이탈리아 법률가들이 놀란 대로, 정부 간 관계에 관한 체계는 좀 더 정돈된 레이어 케이크 모델보다는 마블 케이크 모델*의 방향으로 이동했다.[44]

중앙과 지역의 관할권을 둘러싼 단순한 논쟁 대신, 이제 대부분의 쟁점은 지방정부, 각급 정당 간부, 심지어는 민간 기구를 포함하는 다층적 갈등을 불러온다.[45] 책임을 분명하게 분리하여 각 단위에 할당하기보다는 농업, 주거, 보건서비스 같은 영역의 여러 프로그램이 사실상 중앙, 지역, 지방 차원에서 실질적으로 공유된다. 이 세 단위를 망라해서 정치

---

* 모튼 그로진스(Morton Grodzins)의 마블 케이크 모델은 미국의 연방제도를 법률적 구분에 따라 연방정부, 주정부, 지방정부로 분리한 레이어 케이크 모델과 대비된다. 이는 각 행정 단위의 정부 간 정책 목표와 행정적 의무의 연계성을 강조한 협력적 연방제도에 대한 비유이다.

인들과 행정가들은 비공식적으로 협의하고, 종종 적대감을 숨긴 채 협상에 임하는데, 심지어는 특정 단위가 정책 결정에 우선권이 있는 법률적 권한을 가질 때도 그랬다. 1980년대 초까지 거의 100개의 합동위원회가 특정 영역에서 지역 정책과 중앙 정책의 협의를 이끌어내기 위해 꾸려졌다.

반면에 지역은 국가 경제와 국제무역 등 공식적으로는 관할권 밖에 있는 쟁점에 대해 중앙정부로부터 자신들의 영향력을 높이고자 했다. 각 지역은 그들의 이해를 대변하고 중앙정부에 대한 로비 활동을 하기 위해 로마에 사무소를 개설했다. 1981년에는 모든 지역의 주지사들이 그들의 입장을 중앙정부에 제시할 수 있는 장을 만들기 위해 상설 대표자회의를 구성했다. 1983년이 되자 이 회의체는 중앙정부와 주정부 간 최고 수준의 협력관계 개선을 목적으로, 국가각료회의와 제도적 관계를 구축했다. 1992년 유럽공동체가 더 방대한 통합을 향해 움직이자, 주 당국 또한 유럽공동체의 결정에 직접적인 영향력을 행사하고자 했다.

미국의 연방제도가 탄생했을 때 제임스 메디슨(James Madison)이 국민에게 지적했듯이, 권력의 공유는 영구적 분쟁을 의미하기 때문에 주정부와 중앙정부 간 "우호적 관계의 시대"를 선포하는 것은 때 이른 것일 수 있었다. 이탈리아의 정부제도 역시 완벽한 연방제는 되지 못했다. 이탈리아의 주가 가진 지위는 미국의 주나 독일의 주(Länder)에 비해 헌법적, 정치적 자율성이 덜 갖추어졌다. 그러나 중앙집권체계와 연방체계를 구분하는 것은 이분법이 아닌 연속성으로 보아야 한다.[46] 지난 20여 년 동안 이탈리아는 형식적 측면에서뿐만 아니라, 실질적인 정치와 정책 결정의 측면에서도 그 연속성 차원의 종국적인 분권화를 향해 상당 부분 이동했다.

　이 시기가 끝날 무렵 지역의 지도자들은 전임자들이 초기에 했던 것보다 더 독자적으로 영향력을 행사했다. 단순하게 보면 새로운 구조가 비공식 권력관계를 종식하지는 못했지만, 형식적 구조 변화는 점진적으로 비공식 관계를 변형시켰다. 분권화 논리는 자립의 논리로 형성되어갔다. 지난 20여 년 동안 지역은 이탈리아 정치에서 실질적이고 자율적이며 차별성이 점차 뚜렷해지는 공간이 되어갔다.

뿌리내리기: 지역과 지역주민

　"이제 시위 행렬이 지방정부(prefecture) 청사가 아닌 주정부 청사를 향해 가고 있어요." 한 남부 지역의 행정장관이 사적인 자리에서 개탄하며 말했다. 이탈리아의 가장 쇠퇴한 지역 중 하나인 바실리카타주에서 1980년 9월의 하루 동안—공교롭게도 주정부가 대지진의 재난에 직면하기 이틀 전—언론은 이오니아해의 지역관광개발, 주정부의 무대책에 항의하는 장애인 시위, 파산한 산업개발 투자자에 대한 주정부의 지원, 철강공장과 지방 슈퍼마켓의 해고 노동자에 대한 주정부의 지원, 주정부의 노인주택 건설 재정 지원 관련 보고서, 석유화학 프로젝트와 관련하여 지역의 역할을 비판했다. 시위 행렬의 바뀐 목적지는 이탈리아의 거버넌스에서 주정부의 중요성이 커지고 있음을 암시했다.

　1976년 초부터 지방시장, 노조지도자, 은행가, 기업가, 상인, 농업대표, 언론인 등 지역사회 지도자들이 새로운 주정부에 적극적으로 참여했다. 우리와 면담한 지역사회 지도자 중 거의 절반 정도가 주정부 각료, 의원, 행정 관료와 정기적으로 만났다. 이들 지역사회 및 단체의 지도자들은 지방정부나 중앙정부의 현지 사무소 관료들보다 주정부 관료들과 더 자주 접촉했다. (이탈리아에서 주정부가 전국적으로 수립된 후 노조연합, 기업 및 농업 단체뿐 아니라 정당을 포함한 많은 전국 조직 또한 지역에 따라 최근 재조직되었다.) 1980년대까지 우리 조사에서 대부분의 지역사회 지도자들(약 60%)이 주정부가 그들의 분야에 "매우" 혹은 "좀 더" 중요한 영향력을 미친다고 평가한 반면, 영향력이 없다고 주장한 이는 1/10 이하였다. (곧 자세히 살펴보겠지만) 이들 지역사회 지도자들은 종종 새로운 제도에 비판적이긴 했지만, 대략 2/3는 그들 분야에 대한 주정부의 영향력이 기본적으로 긍정적이라고 여겼다. 그렇게 출범한 지 10년이 안 되어 [주]정부는 뿌리를 내리기 시작했다.

이 시기까지 이탈리아 지역실험에 대해 우리가 서술한 것은 실험의 지지자들이 가졌던 희망에 부합하는 추세를 강조하는 것이었다. 그러나 지역자치 논쟁에서 거의 모든 진영이 새로 수립된 주정부 대부분이 행정적 성과에서는 실제로 문제가 많았다는 데 동의한다. 많은 지역의 공공행정이 카프카적인 무기력과 혼돈의 조합이었다.

1970년대 말과 1980년대에 걸쳐, 지역 공직사회에 좌절된 희망, 성과 없는 계획, 기회의 상실, 시간 낭비가 있다는 생각이 팽배했는데, 특히 남부 지역에서 더 심했다. 지역자치주의자들의 드높은 열망과 한계를 드러낸 실제 성과 사이의 격차로 우울감이 퍼지기 시작했다. 1976년에 42%의 주의회 의원과 67%의 지역사회 지도자들이 그들의 가장 큰 관심 분야에서 주정부의 정책에 찬성했으나, 그러한 정책을 실행하는 방식에 대

83

[표 2.5] 주정부 행정에 관한 지역사회 지도자의 견해(1982)

주정부의 활동[a]	"조금" 또는 "매우" 만족한 비율
조직과의 협의에 대한 개방성	55
프로그램 선택	41
담당 직원의 자격과 근면성	32
지방정부와의 협력	28
주정부 계획의 실현 가능성	23
문제 처리에 걸리는 시간	15
(응답자 수)	(302)

[a] "귀하는 이 지역의 주정부 활동 중 이 6가지에 얼마나 만족하십니까?"라고 조사 참가자에게 질문했다.

해서는 주의회 의원의 24%와 지역사회 지도자들의 35%만이 동의했다. 대다수 주정부가 지역 계획에 가장 우선순위를 두었지만, 1976년 주의회 의원의 2/3는 자신의 지역에서 주정부의 노력이 성공적이지 못했으며, 적어도 절반은 "매우" 성공적이지 못했다고 평가했다. 가장 공통된 비판은 주정부가 약속한 것에 비해 행정적 실행력이 부족하다는 점이었다.

지역사회 지도자들은 주정부의 행정 실패에 초점을 맞추면서 비판을 강화했다. 1980년대에 걸쳐, 우리가 인터뷰한 지역사회 지도자들의 절반 이상(1982년 55%와 1989년 60%)이 "주 행정부가 너무 무능하다"는 데 동의했다.[47] 1970년대 중반 개혁의 일환으로 지역에 관할권이 넘어간 것 중 가장 큰 영역인 국가보건서비스(NHS)의 지역자치화는 다수가 대실패로 간주했다. 지역사회 지도자들과 일반 시민 대상 인터뷰 모두에서 1/3만이 "보건서비스의 지역자치화가 긍정적 결과를 낳았다"는 데 동의했고, 이런 긍정적 평가를 조건 없이 수용한 이는 5-10%에 불과했다.

[표 2.5]는 지역사회 지도자들의 불만을 명료하게 보여준다.[48] 관료적

절차(지나치게 중앙행정부의 행태로 관행화된)는 실질적 효과를 보이지 않았다. 절차의 규칙성을 보장하기 위한 통제로 제한되어 속 터질 정도로 느리고 비효율적이다. 주 행정 관료들은 뭘 해보려는 의욕이 없고, 비전문적이며, 무능하고, 자격을 갖추지 못한 경우도 많다. 주정부의 기관들은 같은 지역 내 다른 기관뿐 아니라, 중앙이나 지방 단위의 정부 기관과도 협력하지 않았고, 서로를 무시하는 행태를 보였다. 주정부 관료들에 의해 제안된 계획은 실용성과 실현 가능성이 담보되지 않은 것이 많아 보였다. 기업과 노조 지도자들은 지역발전 계획을 합리적으로 토론할 수 있는 주정부 인사가 없다는 데 의견이 일치했다. 가장 최악은 주정부의 답변을—어떤 답변이라도—듣는 데 너무 오랜 시간이 걸린다는 것이다. 지역사회 지도자들이 인정하는 주정부 인사들은 조언을 구하는 데 적극적이고, 감탄할 만한 기본정책 방향을 내놓기도 한다. 하지만 그러한 공유 목표를 실행하는 데 있어 지역기관의 역량이 대부분 미치지 못한다는 것이 입증되었다.[49] 지역사회 지도자들은 이구동성으로 "주정부가 '듣는' 법은 알지만 '실행'하는 법은 모른다"라고 말했다.

주의 행정적 어려움은 인사 문제에서 비롯되는 경우가 많다. 1980년대에 걸쳐, 지역사회 지도자의 2/3가 "주 공무원들이 잘 훈련되고 성실하다"는 주장에 부정적 의견을 피력했다. 비대해진 [지역] 관료 조직을 우려하면서(아마도 지역 강화에 대한 양면적 감정과 함께), 국회는 주정부 직원들에 중앙정부 부처와 준공공기관에서 이직한 관리들로 우선 충원하는 것을 명문화함으로써, 주정부의 자체적 인원 고용 권한을 제약했다. 게다가 이직 제도를 통해 국가기관이 지역의 성공적 개혁을 담당할 수 있게끔 주정부에 최상의 자격을 갖춘 인원을 제공하는 장려책도 없었다. 사실상 이 제도는 지역자치주의자들이 꿈꿔왔던 "근본적인 사회 및 정치 개혁"에 적합하지 않은 행정인력을 제공하는 셈이었다.

지역의 재량권이 현명하게 행사되어왔는지는 불분명하다. 전문성과 경험보다는 후견주의와 당적이 주정부가 행하는 임용 결정의 주요 기준이었다. 지역 정치인들은 자치를 요구할 준비는 되었지만, 정작 그것이 보장되었을 때 잘해낼 준비는 되어 있지 않았다. 많은 지역에서 정당들은 새 정부를 돈과 일자리가 보장된 새로운 수익의 원천으로 여겼다. 특히 빈곤한 남부 지역에서는, 선거만 놓고 본다면 효율적 행정이 구시대적 후견 관계보다 생산적이지 못했다. 너무나 많은 재정이 경비, 운전기사, 그리고 다양한 유령채용(phantom jobs)*에 지출되었다. 중앙정부의 이직 제도나 주정부의 채용 제도 모두 열정적인 공직 간부를 공급하지 못했고, 혁신적인 지역 정책을 실행하지도 못했다.

지역 최고위 행정관들은 종종 이러한 비판이 맞다고 인정한다. 실제로 우리가 1981-1982년에 인터뷰한 주정부의 고위 행정 관료의 88%가 주정부 직원의 자질과 훈련이 그들 지역의 효율적 행정에 중대한 장애물이 된다고 밝혔고, 81%는 주정부의 부처 간 협력에 관해 비슷한 견해들을 피력했다. 한 사람은 "우리는 너무나 많은 면에서 중앙정부 인사들의 잘못된 사고방식을 답습해왔습니다"라고 말했다.

이러한 심각한 비판에도 불구하고, ([표 2.5]에서 보는 바와 같이) 지역사회

---

* 실제 채용 계획이나 인력 충원 여력이 없는 기업이 일삼는 가짜 채용공고를 뜻한다. 유령채용을 벌이는 이유는 다양하지만, 여기서는 정부의 국고지원금 수령을 목적으로 한 기업의 거짓 구인공고 관행을 지적하고 있다.

[표 2.6] 중앙정부와 주정부 행정 관료의 민주주의에 대한 태도(1971-1976)

동의 여부를 묻는 진술	동의율	
	중앙행정 관료	주행정 관료
장기적으로 자신의 실질적 이익이 무엇인지 아는 사람이 거의 없다.	75	39
복잡한 현대세계에서 정부 업무에 대한 일반 시민의 통제를 강화하는 것은 합당하지 않다.	63	23
정치선전의 자유는 절대적 자유가 아니며, 국가는 그 사용을 신중하게 통제해야 한다.	57	14

지도자들이 중앙과 주 행정부가 명료하게 구분되는 중요한 요소인, 주행정부의 접근성에 대체로 만족한다는 점이 흥미롭다. 지역과 지방 조직들은 주정부 공직자들이 그들의 불만과 제안에 귀 기울이도록 강제할 수 있었다. 지역사회 지도자들과의 4차 인터뷰에서 4명 중 3명이 "주 행정부보다 중앙 행정부와 접촉하는 것이 더 힘들다"는 데 동의했다. 주정부에 대한 불만에도 불구하고, 중앙정부가 훨씬 더 심각하다는 것이다.[50]

물론 주 행정부에 대한 접근성이 더 나은 한 가지 중요한 이유는 거리상 근접성에 있다. 주도는 로마보다 이동하기가 쉽다. 하지만 행정 문화는 지리만큼이나 중요할 수 있다. 주정부의 관료들은 중앙정부의 관료들보다 외형적으로 더 민주적으로 보이기 때문이다. 중앙정부의 관료 엘리트에 관한 1971년 조사에서 "전형적인 이탈리아 행정 엘리트 집단은 정확히 전통 관료의 특성을—법 형식주의적이고, 편협하며, 특권의식에 사로잡힌—가지고 있으며, 다원주의 정치를 활용하고 실천하는 데 적대적

규칙의 변화: 20년간의 제도 발전

이고, 근본적으로 비민주적"이라고 인식되었다.[51] 그리고 5년 후 인터뷰한 주정부 행정 관료들 사이에서 민주정치에 훨씬 더 개방적인 인식이 발견되었다. [표 2.6]에서 보는 바와 같이, 주정부의 최고위급 행정가들은 그들 중 다수가 속해 있던 국가 관료주의 규범보다 민주적인 정부에 더 만족하는 것으로 보인다.

요약하면, 정부의 '투입' 측면에서 지역은 중앙정부보다 실질적으로 개선되었지만, '성과' 측면에서는 매우 미흡하다. 지역정치 지도자들이 "새로운 정치방식"은 배웠을 수 있으나, 그들 대부분은 효과적인 "새로운 관리방식"은 미처 발견하지 못했다. 흥미로운 것은 주정부 공직자들 스스로 적어도 외부의 지역사회 지도자들만큼이나 지역의 결점에 비판적이라는 것이다.

이탈리아 유권자들은 지역 개혁에 대해 잘 모르고 있었기 때문에 그 판단은 유보된 상태에 있었다. 새로운 지역 제도에 대한 대중의 자각은 그 첫해에 서서히 확산되었다. 지역의 존재가 여전히 문서상에만 주로 남아 있던 1972년의 전국 조사에서, 유권자의 2/3가 그들이 속한 주정부에 대해 거의 들은 바 없다고 답변했는데, 전혀 들은 바 없다는 대답이 43%를 차지했다. 1970년대 중반, 새로운 주정부에 대한 대규모 논쟁이 전국적 의제로 떠올랐고, 주정부에 대한 정보가 정치적으로 덜 각성된 계층에게로 흘러들면서, 새로운 제도의 중요성이 부상했다. 이후 대중의 인지도는 일정한 수준을 유지해왔지만, 남부 지역은 오히려 주정부에 대한 관심이 다소 약해졌는데, 이 지역은 (뒤에 살펴보겠지만) 새로운 제도의 존재감이 더디게 인식되었기 때문이다.[52] 1980년대 말에 이르자, 남부 유권자의 2/3와 북부 유권자의 3/4은 그들 주정부에 대해 적어도 무엇인가 들어본 정도가 되었다. 주정부는 지방정부처럼 시민과 일상적으로 직접 접촉하는 면이 결여되었고, 국가적 사안에 집중하는 언론의 관심도 에서도 벗어나 있었다. 미국의 주(state)와 같이, 이탈리아의 주는 그 위에 있는 중앙정부와 아래에 있는 지방정부에 비해 대중의 눈에 잘 띄지 않은 채로 남겨질 운명인 듯했다.[53]

절대적 관점에서 본다면 이탈리아 국민은 주정부의 성과에 전혀 만족 하지 못했다. 1980년대 초까지 이탈리아 국민의 1/3만이 주정부 활동에 "매우" 혹은 "꽤" 만족한다며, 비교적 주정부를 열정적으로 지지했다. 절 반은 불만을 나타내며 "거의 만족하지 않는다"고 답했고, 1/6은 분노를 보이며 "전혀 만족하지 않는다"고 답했다. 이러한 양상은 지역사회 지도 자들과 일반 유권자 모두에서 거의 일치했다. 대부분은 1976년 우리에 게 다음과 같이 말해준 지방정부의 시장 의견에 동의했다. "주정부의 방 향은 대략적으로는 좋지만, 그 운영 현실은 그렇지 않습니다."

유권자와 지역사회 지도자 모두 중앙정부의 대안으로서 주정부를 고 려하면서 비판이 줄었다. 수년 동안 이탈리아 국민은 그들이 속한 공공 제도를 거의 신뢰하지 않았다. 이러한 반목은 새로운 제도들이 1970년 대 초에 세워지자마자 심화되었다. 그런데 사실은 이탈리아 국민이 가졌 던 바로 그 중앙정부에 대한 환멸이 새로운 주정부에 대한 기대감을 부풀 렸을 수 있다. 어쨌든 지역 개혁의 실망스러운 결과에도 불구하고, 유권 자들과 지역사회 지도자들 모두 중앙정부의 업무 수행보다 주정부의 그 것에는 일관되게 덜 비판적이었다. 예를 들어 1981-1982년, 전체 이탈리 아 국민 중 34%가 주정부에 최소한 "꽤" 만족한다고 했는데, 이는 중앙 정부에 대해 15%만이 그렇다고 응답한 것과 비교할 만하다. 지역사회 지

규칙의 변화: 20년간의 제도 발전

[표 2.7] 지역자치에 대한 이탈리아 유권자와
지역사회 지도자의 태도(1982)

정책 분야	지역에 더 많은 권한을 주어야 한다는 비율[a]	
	유권자	지역사회 지도자
환경	72	85
농업	70	84
보건	63	70
산업개발	50	69
교육	47	46
치안	24	13
(응답자 수)	(1585)	(295)

정책 분야	지역이 국가로부터 재정 자치권을 더 많이 가져와야 한다는 비율	
	유권자	지역사회 지도자
재정	78	81
(응답자 수)	(1376)	(305)

[a] 조사 참여자에 대한 질문: "여기 국가와 지역이 관여할 수 있는 분야의 목록이 있습니다. 각 분야에서 국가 혹은 지역 중 어느 쪽이 더 많은 권한을 가져야 바람직합니까?"

도자들의 경우, 주정부가 29%, 중앙정부가 8%였다. 양자 직접 비교에서는 주정부의 지지자들이 중앙정부를 신뢰한다고 밝힌 이들보다 8배 많았다. 주정부 공직자들과 같이 일하기를 선호하는 지역사회 지도자는 중앙 행정관을 선호하는 사람에 비해 3-4배 많았다. 이러한 공공기관에 대

[표 2.8] 주정부에 대한 유권자 만족도, 1977-1988

만족도[a]	비율[a]				
	1977	1981	1982	1987	1988
매우 만족	3	2	2	2	3
꽤 만족	30	33	32	38	42
거의 만족하지 않음	43	44	42	42	39
전혀 만족하지 않음	24	22	23	17	17
	100	100	100	100	100
(응답자 수)	[1497]	[1936]	[1845]	[1923]	[1899]

[a] 조사 참여자에 대한 질문: "귀하가 속한 주정부의 활동에 대해 얼마나 만족하십니까?"

한 전반적인 부정적 기류 속에서, 주정부는 10년의 미천한 역사에도 불구하고, 이미 중앙정부보다 나은 평판을 얻고 있었다.

이탈리아 국민은 주정부의 실패에 대해 세차게 비판하지만, 중앙정부보다는 주정부에 더 많은 관할권과 자치권이 있기를 선호했다. [표 2.7]은 1982년 조사 결과를 나타낸 것이다.[54] 대부분의 이탈리아 국민은 중앙정부의 관할 속에서 법과 질서를 준수하고자 하지만, 대략 절반은 교육과 산업개발과 같이 현재 국가가 주도하는 분야에서는 더 많은 지역으로의 권한이양이 이루어지기를 바라고, 2/3는 보건, 농업, 환경 분야에서는 지역에 우선권이 있기를 선호한다. 5명 중 4명은 국가로부터 더 많은 재정자치가 이루어져야 한다는 주정부 공직자들의 주장을 지지한다. 이러한 문제에 대한 지역 편향성은 지역사회 지도자들에게서 훨씬 두드러진다. 이탈리아 국민은 주정부에 비판적이지만, 지역이 더 약해지는 것이 아니

규칙의 변화: 20년간의 제도 발전

[그림 2.8] 남부와 북부 소재 주정부에 대한 주민 만족도, 1977-1988

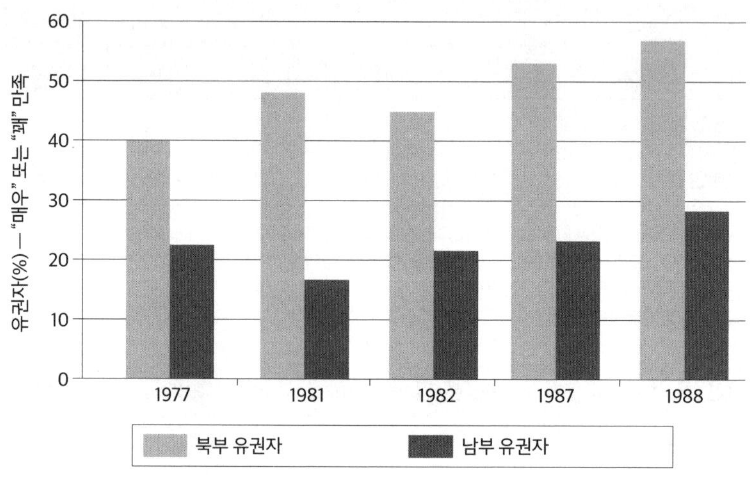

[그림 2.9] 남부와 북부 유권자의 중앙, 주, 지방 정부 만족도(1988)

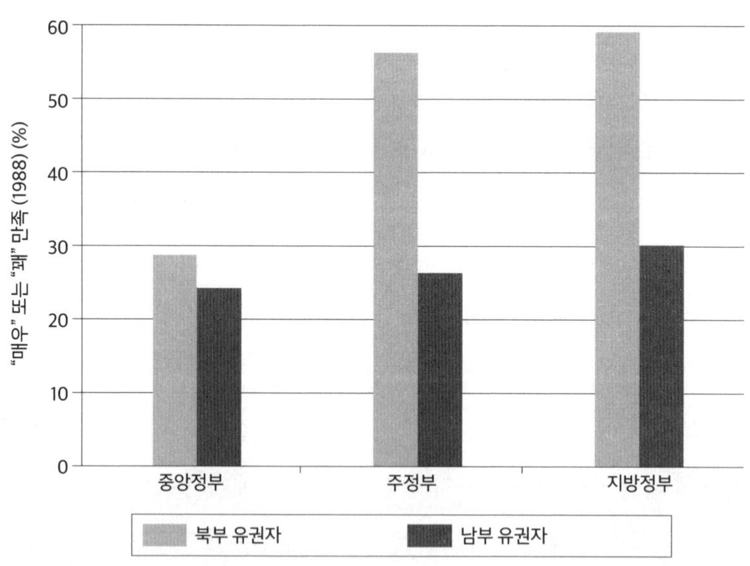

라 강해지기를 원한다.[55]

[표 2.8]에서 알 수 있듯이, 1980년대 내내 주정부의 성과에 대해 유권자가 느끼는 만족도는 느리지만 꾸준히 상승했다. 1977년부터 1988년 말까지, 이탈리아 국민 중 "꽤" 만족한다는 비율은 33%에서 45%로 증가했다. 이러한 전국 평균은 지역 간 중요한 격차를 은폐한다. [그림 2.8]이 나타내듯이 1988년 말, 북부 유권자의 57%가 그들 주정부에 상당한 만족감을 보였는데, 남부 유권자의 29%와 대조적이다.[56] 1980년대 말, 거의 모든 북부 지역 주정부(10곳 중 9곳)에서 지역주민 대부분이 만족하고 있었지만, 남부 지역은 어느 곳도 그와 같은 목표를 달성하지 못했다.[57]

[그림 2.9]는 중앙, 주, 지방 정부의 유권자 만족도를 비교한 것이다. 대부분의 이탈리아 국민의 관점에서 볼 때 세 가지 단위의 정부는 가장 거리가 멀고 가장 불신받는 단위(중앙정부)에서 가장 가깝고 신뢰받는 단위(지방정부)로 이동하면서, 효율성이 높아지는 단계를 형성한다는 것을 분명히 보여준다. 하지만 북부 지역 유권자를 보면, 중앙정부는 불신하지만 주정부와 지방정부에는 상당히 만족하는 극명한 차이를 보인다. 반대로 남부 지역 주민은 모든 단위의 정부를 불신하는데, 주정부와 지방정부가 중앙정부에 비해 약간 덜 비난받는 정도이다.[58]

행정부와 의회의 비효율성에 대한 질문에서는 북부와 남부 간 차이점이 두드러진다. 1980년대 내내 "우리 지역 행정부는 너무 비효율적이다"에 남부 유권자의 약 60%, 이와 대조적으로 북부 유권자의 약 36%가 동의했다. 반면, "우리 지역의 주의회는 지금까지 대체로 만족스럽게 기능해왔다"에 북부 유권자의 약 60%가, 남부 유권자는 35%만 동의했다.

규칙의 변화: 20년간의 제도 발전

[그림 2.10] 주정부에 대한 긍정도: 주의원, 지역사회 지도자, 유권자,
1970-1989

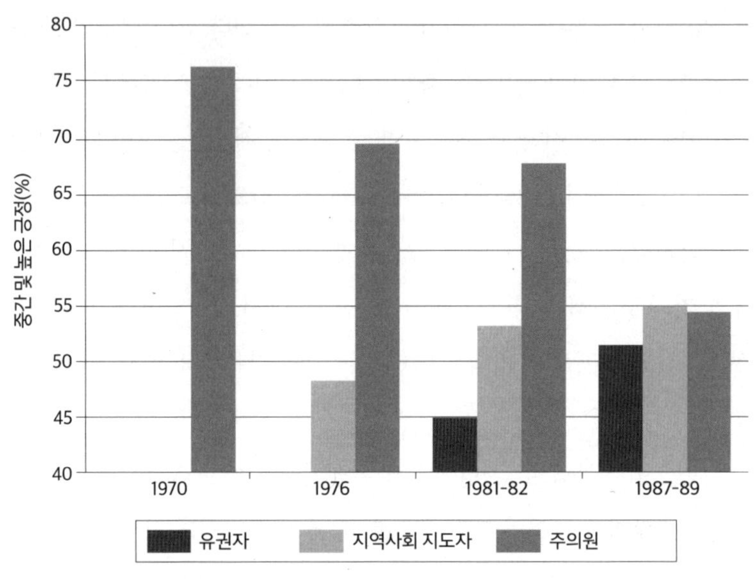

주정부에 대한 긍정 지수

 1. 우리 지역의 주의회는 지금까지 대체로 만족스럽게 기능해왔다. (동의)

 2. 현실적으로 우리 지역 주정부에 구체적 성과를 기대하기는 매우 어렵다. (동의하지 않음)

응답자는 각 항목에 "전적으로 동의", "다소 동의", "다소 동의하지 않음", "전적으로 동의하지 않음" 중 하나로 대답했다. 지수는 두 가지 항목에 걸쳐 가산한 것이다.

새로 만든 주정부가 결점이 있더라도 북부 주민은 가까이 있는 정부의 통치를 선호했다. 반대로 많은 남부 주민에게, 바리 또는 레조 칼라브리아 주정부 통치하에 있는 것은 로마의 중앙정부 지배보다 좋을 것이 없고, 지역은 익숙하지 않음에서 오는 단점을 추가할 뿐이었다. "구관이 명

관"*이란 입장을 종종 남부에서 들을 수 있었지만, 북부에서는 그렇지 않았다.

주민 만족도에서 북부와 남부 간 이러한 큰 차이는 여러 주정부의 실적에 대한 다른 측정에서도 일관되게 나타나는데, 이어지는 장에서 이 문제를 반복해 살펴볼 것이다. 다른 한편으로 [그림 2.8]은 1988년에 이르러서 북부처럼 남부도 그 지역 유권자의 눈에 비친 주정부의 위상이 어느 때보다 높았음을 보여준다.

우리는 지난 20년 동안 주의회 의원과 그 지역 선거구민, 지역사회 지도자와 일반 유권자 모두에게서 변화한 시각을 직접 비교함으로써 주정부의 강한 역동성을 살펴볼 수 있다([그림 2.10] 참조). 개혁이 시작된 해, 새로운 제도의 주요 지지 세력이던 주의회 의원들은 낙관적이었고 의기충천해 있었다. 하지만 1970년부터 1989년까지, 제도구축의 모험에 대한 낙관적인 도취감은 새 정부가 성과를 얻는 데 있어 실제 도전에 대한 냉혹한 현실 평가로 꾸준히 잠식되었다. 한편 지역사회 지도자들과 유권자들은 처음에는 상당히 회의적이었지만, 그들이 품었던 의심이 점차 신중한 낙관주의로 바뀌었다.[59] 1980년대 말에 이르자, [그림 2.10]이 보여주듯 지역 정치에 속한 모든 계층에서 중간 정도의, 그러나 여전히 희망 섞인 현실주의로 수렴하고 있었다.

평균적인 이탈리아 국민은 20년을 경험하고 나서, 결과적으로 두 가지 쟁점의 차이를 구별한 것으로 보인다.

---

* 원문은 "익숙한 악이 새로운 악보다 낫다(Better a known evil than a new one)."

1. 자신이 속한 주정부의 성과에 만족합니까?

2. 지역 개혁의 원칙이 바람직하다고 봅니까?

특히 남부 지역 이탈리아 국민들은 첫 번째 질문에는 부정적으로 응답했지만, 두 번째 질문에는 긍정적으로 답했다. 이런 점에서 "공감적 비판자"로 볼 수 있다. 이러한 구별은 정치적으로 중요하다. 주정부의 주요한 개선이 필요하다는 점에 비판의 초점이 맞추어져 있고, 지역자치주의 원칙에 대한 강력한 공감으로 주정부의 권한 강화 필요성을 강조하기 때문이다. 그렇다고 주정부의 실질적 성과에 대한 비판이 강력하고 자율적인 지역 제도에 대한 대중적 지지를 약화시키지는 않았다. 이러한 날카로운 실용적 비판과 강력한 지지 기반 간 역설은 지역사회 지도자뿐 아니라 젊은 세대 유권자에게서 두드러졌다.[60] 대다수는(특히 젊은 세대 사이에서) 지역 제도가 소멸하거나 대체되지 않고 개선되기를 원했다.

이탈리아 국민은 보다 제한된 주정부가 아닌 더 유능한 주정부를 원했다. 대부분의 이탈리아 국민이 지역이 아닌 중앙정부의 성과에 훨씬 회의적이라는 해석은 그 중요성에 의심의 여지가 없다. 하지만 많은 시민이 여전히 새로운 지역 제도들에 미심쩍어하지만, 선의로 해석하려는 의향을 가졌다는 해석도 주요하다. 이탈리아 국민의 주정부 만족도는 점진적으로 높아졌고, 이들은 성과의 실질적인 차이에 맞춰 중앙정부보다는 주정부에 더 많은 지지를 보냈다. 예를 들어, 주정부가 중앙정부보다 두 배 이상 안정적이며, 이러한 안정성은 꾸준히 증가해왔다는 점을 상기해 보라.[61]

[표 2.9]는 이러한 결론을 종합하는 추가적인 몇 가지 조사 결과를 보

[표 2.9] 지역 개혁에 대한 평가, 1960-1987/1989

대중[a]	비율						
	1960	1963	1976	1979	1981	1982	1987
손해보다는 이익	19	31	38	31	31	31	41
이익도 손해도 없음	6	11	16	29	30	28	30
이익과 손해 동일	4	6	7	8	13	11	7
이익보다는 손해	20	22	21	14	18	21	17
모름	51	30	18	18	8	9	5
	100	100	100	100	100	100	100
지지–비판 지수[b]	–1	9	17	17	13	10	24

지역사회 지도자[a]					비율		
					1981	1982	1989
손해보다는 이익					65	59	62
이익도 손해도 없음					22	6	13
이익과 손해 동일					6	18	17
이익보다는 손해					7	17	8
					100	100	100
지지–비판 지수[b]					58	42	54

[a] 조사 참여자들에 대한 질문은 다음과 같다. "지역[주]이 생겨나고 손해보다는 이익이 되었다고(1960년과 1963년에는 "될 것이라고") 생각하십니까? 아니면 이익보다는 손해가 되었다고 생각하십니까?"

[b] 지지–비판 지수 = (손해보다는 이익 - 이익보다는 손해)

여준다. 여기에는 일반 주가 출범하기 훨씬 전, 거의 30년 동안 이탈리아 국민을 대상으로 한 기본 질문들이 요약되어 있다.[62] 당연히 초기 몇 년간은 대중이 기대하는 바를 정확히 몰랐고, 최악의 상황을 염려하는 사람도 많았다. 해가 지날수록 비우호적인 입장보다 우호적인 입장이 꾸준히 증가했고, 1987년(비교 가능한 결과가 나온 최근 연도)에는 지역 개혁에 대한 긍정 비율이 부정 비율 대비 거의 2.5배로 늘었다. 주정부의 실질적 운영에 대한 가차 없는 비판에도 불구하고, 지역사회 지도자들 사이에서는 지역 개혁에 우호적인 의견이 훨씬 우세했다. 1980년대에는 지역사회 지도자 중 지역자치를 지지하는 쪽이 비판하는 쪽보다 약 6배를 웃돌았다.[63] 주정부의 실질적 운영에 대한 남부 지역 주민의 불만을 고려한다면, 종합적으로는 남부 지역이 개혁을 지지한다는 점에 주목해야 한다.[64]

새로운 정치제도를 만드는 데는 시간이 걸리고 쉽지도 않다. 궁극적으로 그 성공 여부는 몇 년이 아니라 수십 년에 걸쳐 평가될 수밖에 없다. 여기서 잠시 1949년 출범한 주정부(Länder)에 대한 독일 국민의 태도 변화 추이를 간단히 비교하면 도움이 될 것이다. 주정부 해체가 좋은 생각인지 나쁜 생각인지에 관해 물어봤을 때, 1952년 조사에서 독일 국민은 [주정부에 대한] 비판적 의견이 지지한다는 의견에 비해 49% 대 21%로 많았다. 1960년 조사에서 처음으로 새로운 제도의 폐지에 반대하는 의견이 과반에 조금 못 미치게 나왔는데(42% 대 24%), 이 미온적 수준의 지지도는 10년 이상 유지되었다. 하지만 주정부 출범 후 30년 동안 지지도가 꾸준히 올랐고, 1978년에는 지지 의견이 비판 의견을 크게 능가했다(71% 대 10%).[65]

[그림 2.11]은 강력한 지방정부에 대한 독일에서의 점진적 지지도 증가를 보여준다. 이는 이탈리아 지역 초기의 유사한 [지지도] 경향과 비교된다. 이 그림은 [이탈리아] 주정부가 독일 주정부보다 훨씬 초기부터 지역 주민 다수의 지지를 얻었고, 이후 주정부에 대한 대중적 지지도가 상대적으로 느린 속도로 상승했음을 보여준다. 물론 이탈리아 주정부에 대한 대중적 지지가 독일 주정부가 개척한 길을 따라 앞으로 승승장구하거나, 독일의 강력한 주정부만큼 견고하고 효과적임을 증명할 것이란 보장

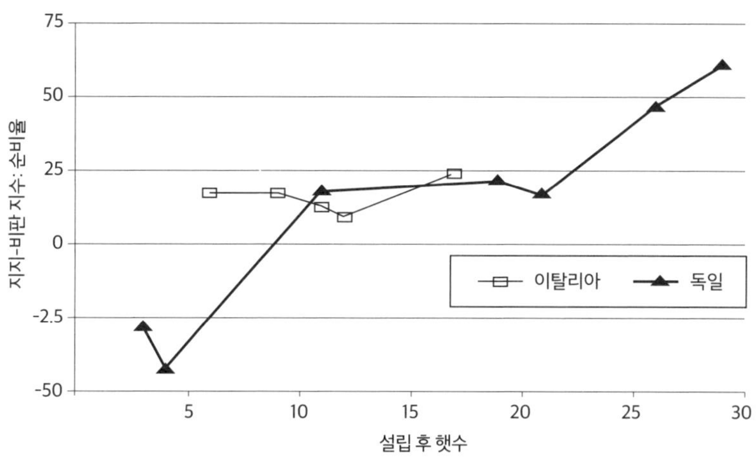

독일: "주정부가 해체되고 본(Bonn)에 연방정부만 남는다면 어떤 의견을 주시겠습니까? 이 제안에 대해 어떻게 생각하십니까?"
지지-비판 지수: 주정부 존속을 지지하는 순비율

이탈리아: "지역[주]이 생겨나고 손해보다는 이익이 되었다고 생각하십니까? 아니면 이익보다는 손해가 되었다고 생각하십니까?"
지지-비판 지수: 주정부가 이익이 된다는 순비율

은 없다. 그러나 독일의 지방제도 구축 실험에서 확인된 것들은, 새로운 제도에 대한 대중적 정당성은 그 성공 사례에서조차 점진적으로 증가했음을 상기시켜준다. 이 비교 사례는 이탈리아 주정부에 대한 대중의 태도 변화를 평가하기 위한 것뿐만 아니라, 세계 도처에서 현재 구축되고 있는 새로운 민주적 제도에 대한 현실적이고 냉정한 기준을 제공한다.

규칙의 변화: 20년간의 제도 발전

결론

매주, 매월, 혹은 매년 조사를 한다 해도, 사람이 만든 제도의 발전을 그래프로 나타내기란 힘든 일이다. 제도 변화의 움직임은 느리기 때문이다. 몇 세대가 새로운 제도를 지나쳐야 그 문화와 행태에 대한 효과가 어떻게 다르게 나타났는지 알 수 있다. 또한 개별 참가자들이 보여주는 일시성과 변덕은 더 심오한 추세를 보기 어렵게 한다. 연구 초기에는 진전이 될 만한 몇 가지 중요한 징후를 알아냈다고 생각했다. 하지만 다음 방문에서 새로운 결과를 마주치면서 그런 기대는 깨지곤 했다. 새로운 제도를 만드는 사람들과 그 제도를 평가하려는 사람들에게는 인내가 필요하다. 이것이 이탈리아 지역 실험의 가장 중요한 교훈 중 하나이다.

하지만 이 장에서 논의한 경향은 수십 년에 걸친 이탈리아의 정치적 혼란기에도 유지되었다. 우리의 연구방법론을 통해 모호하고 정확하지 않은 기억에 의존하지 않고도, 현재의 태도와 행태를 10년 전 혹은 20년 전의 그것과 직접 비교할 수 있다. 정당규율이나 자본주의, 혹은 지역의 효과성에 대해, 일반 대중이 당시에 지배적이던 시각을 현재에 회상하는 것과 비교하는 데 그치는 것이 아니라, 이에 대한 현재 지도자의 견해와 몇 년 전 실제 그(혹은 그의 전임자)가 우리에게 말했던 것을 대조할 수 있다.

이렇듯 엄격한 기준을 통한 조사 결과에 따르면, 지역 개혁은 이탈리아 풀뿌리 정치에 많은 영향을 끼쳤다. 이 제도 변화의 결과로, 이탈리아 정치 지도자들은 저마다의 진로를 찾고, 서로 다른 이상을 지지하며, 서로 다른 관점에서 사회적 병폐에 대처하고, 서로 다른 경쟁자 및 상대와 각기 투쟁하고 협력한다. 이탈리아 시민들과 지역사회 지도자들도 각급 정부 활동 기관에 의존한다. 이따금 개선된 서비스를 받지만 항상 그런 것은 아니며, 개선된 서비스를 받지 못하는 경우에는 다른 기관에 그들의 불만을 전달했다. 그렇게 중요한 사항들이 지역 개혁을 통해 바뀌었다.

20년 동안의 지역 실험을 통해, 주정부는 1970년대보다 1990년대 초에는 공공정책의 주요 쟁점에서 분명히 더 중요한 존재가 되었다. 새로운 제도는 뿌리 내렸고, 자율성을 쟁취했으며, (느리지만) 지역주민의 지지를 얻었다. 주정부에는 유망한 간부급 전문 정치인들이 영입되었다. 이 제도 개혁은 이탈리아 정치와 정부가 작동하는 방식에 강력한 영향을 미쳐왔다. 하지만 정치와 정부의 '질' 측면에서 이러한 새로운 제도의 대차대조표는 무엇인가?

긍정적 측면에서 보면, 새로운 제도는 찬성론자들이 주장했던 바대로, 국민과 더 가까워졌다. 주정부는 멀리 떨어진 로마의 중앙정부 부처보다 지역 현실에 더 정통하고 지역의 요구에 다가가기가 더 쉬웠다. 주정부는 정책 혁신을 위해 다양한 실험의 장을 제공한다(이에 대해서는 제3장에서 자세히 살펴볼 것이다). 주정부는 온건하고, 실용적이며, 관용적인 정책 결정과 갈등 관리 양식인 "새로운 정치 방식"을 발전시키는 데 도움을 준다. 주정부는 지역에 근거한 사회집단과 지역사회 지도자들의 관심을 끌어들이고, 점차 지역 유권자들에게서 신중한 지지를 얻어가고 있다.

이러한 이득에 반해, 회계장부의 반대편에는 두 가지 중요한 사항이 기입되어야 한다. 첫째, 일부 지역자치 개혁주의자들이 기대했던 행정부의 효율성은 현실화되지 않았다. 오히려 공정한 배심원단이라면, 많은 주정부의 실정에 유죄 판결을 내렸을 것이다. 둘째, 이는 이탈리아 정치의 미래에 훨씬 중요할 수 있는데, 지역 개혁을 통해 오래된 북부와 남부의 격차가 완화되기는커녕 더 악화된 것으로 보인다. 개혁을 통해 더 발전한 지역은 로마의 무능한 손아귀에서 벗어났지만, 후진적 지역에서는 기존 문제가 더 악화되었다.

하지만 이러한 두 가지 비판을 평가하는 데 있어, 우리는 실현할 수 없는 이상이 아닌 실제적 대안에 대해 질문해야 한다. 남부 지역의 한 시장이 한 시간 동안 그가 속한 주에 대해 열정적이고 구체적으로 비판하는 말을 듣고, 우리는 그럼 중앙집권체제였다면 더 좋아졌을 것인지 물었다. 천진난만한 질문에 그가 아연실색하며 소리쳤다. "맙소사, 그건 절대 안 되지!"

주정부가 만들어진 지 20년이 지나 세 번째 10년이 시작되자, 부활한 지역자치주의의 새로운 시즌이 열리는 것 같았다. 주정부가 애초의 기대에 부응하지 못해왔다는 실망감이 컸음에도 불구하고, 중앙정부의 비효율성에 대한 우려가 제기되면서, 더 진전된 이탈리아의 "지역자치화"를 위한 광범위한 논의가 전개되었다. 부유한 북부 지역에서는 롬바르다 연맹(Lega Lombarda)과 베네타 연맹(Lega Veneta)과 같은 지역자치주의를 주창하는 '연맹체'가 급부상했고, 1990년과 1991년 주 및 지방 선거에서, 그리고 1992년 총선에서 상당한 성과를 거두었다. 연맹체의 부상은 지역적 자긍심, 중앙정부의 비효율성에 대한 분노, 부패한 남부 지역민에게 재정이 분배되는 것에 대한 반발, 감춰졌던 인종차별주의로 촉발되었다. "롬바르드 민족의 해방"을 주창한 롬바르디아 연맹은 이탈리아에서 가장 부유하고 가장 인구가 많은 지역에서 20% 이상 득표했다. 12개 주정부는 주요한 추가 권한을 자신들에게 이양하기 위한 국민투표를 청원했다.

1991년 하원 헌법위원회는 사실상 일부 주요 중앙정부 부처(교육, 보건, 농업, 사회, 도시 등)를 완전히 폐지해 그 권한을 주정부에 이양하고 전체 국가 예산에서 차지하는 주정부의 몫을 두 배 이상 올려 거의 70%에 이르게 하는 헌법 개정을 만장일치로 승인했다.[66] 어떤 측면에서는 [지역자치에 대한] 열망이 1970년대 주정부가 탄생했을 때의 분위기를 연상시켰지만, 북부 지역의 분위기는 낙관적이었던 이전 시기에 비해 어둡고 분노에 차 있었다. 이탈리아 정부 개혁의 역사는 이러한 전개 과정을 해석하는 데 주의를 요하게 하는데, 중앙정부는 더 이상의 권한을 이양하는 데 강력히 반대했지만, 지역자치주의자들의 압력은 특히 북부 지역에서 지속적으로 높아졌기 때문이다. 이제 이탈리아 주정부의 역사는 또 다른 국면으로 넘어갈 시점이 되었다.

새롭게 펼쳐질 장이 어떤 결과를 가져오든, 지역의 이질성과 각 지역의 성과를 고려하면, 우리는 지금까지의 지역 실험에 대한 판단이 획일적일 때 오도할 수 있다는 징후를 이미 보아왔다. 이제는 제도적 성과 자체를 평가하고 그 차이를 살펴볼 때이다.

제3장
제도 성과 측정

"누가 통치하는가?"와 "얼마나 잘 통치하는가?"는 정치학의 가장 중요한 두 가지 질문이다. 전자는 "누가 무엇을, 언제, 어떻게 가지는가?"라는 분배와 재분배의 문제를 제기한다. 이러한 문제는 최근 수십 년간 정치학 논쟁의 최전선에 있었다. 반면 '좋은 정부'는 한때 우리의 최우선 의제였음에도 불구하고, 제도 성과에 대한 엄격한 평가는 드물었다. 성과와 효과에 관한 연구라면 반드시 규범적 판단이 개입하기 때문에, 지난 40년 동안 적어도 가치중립적이고, '객관적인' 사회과학에서 '취향은 논쟁의 대상이 아니다(de gustibus non disputandum est)'라는 점 때문에 연구자들은 의문을 제기하기 어려웠다. 일반 시민으로서 정치학자들은 정부 성과를 평가하려는 의지를 가지고 있었지만, 정치학은 이 중요한 유산—이 직업에 내재해 있던 오래된 의무[1]—을 정치철학자와 정치평론가에게 너무 쉽게 내주고 말았다.

우리는 제도의 성공과 실패 원인을 규명하기 위한 준비 단계로서 이탈리아의 20개 주정부별로 다면평가를 하고자 한다. 하지만 어떻게 시작해야 하는가? 제도의 성공에 대한 엄격하고, 공정하며, 설득력 있는 평가를 위해서는 어떤 기준들이 충족되어야 하는가? 실제로 어떤 정부가 다른 정부보다 사실상 '체계적으로' 더 효과적이라고 확신할 수 있고, 이를 통해 일반적으로 "제도가 성공했다"고 말할 수 있을까?

우리가 평가하고자 하는 제도는 대의제 정부이다. 그러므로 정부의 선거구민에 대한 반응성과 공공사업을 수행하는 데 있어 그 효율성 모두를 평가할 필요가 있다.[2] 존 스튜어트 밀에서 로버트 달로 이어지는 민주주의 이론가들은 "민주주의의 핵심적 특징은 시민의 선호에 대한 정부의 지속적인 반응성"이라고 주장해왔다.[3] 민주주의는 시민이 개인적 혹은 사회적 목적을 성취하려는 희망을 가지고 정부에 청원할 수 있는 권리를 부여하고, 서로 다른 차원의 공적 이익 사이의 공정한 경쟁을 요구한다. 하지만 좋은 정부는 서로 다른 의견이 경쟁하는 광장이나 불만을 해소하기 위한 여론조사위원회 그 이상이다. 정부는 실제 문제를 해결해야 한다. 좋은 민주정부는 시민의 요구를 고려(즉 반응성)할 뿐만 아니라, 그러한 요구에 대해 효과적으로 행동(즉 효과성)한다.

제도적 성과를 연구하기 위해서는 이를 신중하고 납득할 정도로 측정해야 한다. 에밀리아로마냐의 새 주정부는 왜 성공했고, 풀리아의 새 주정부는 왜 실패했는지에 대해 우리가 엄격한 방식으로 탐구하기 전에, 먼저 이러한 평가가 일시적 우연이나 인상평이 아니라는 것을 보여주어야 한다. 따라서 정부 성과에 대한 엄격한 기준이라는 다음 네 가지 철저한 검증을 만족해야 한다.

1. 평가 기준은 '포괄적'이어야 한다. 정부는 법률안 통과, 재정지출, 서비스

전달, 정부의 내부 운영 관리 등 많은 일을 한다. 이따금 정부는 이러한 일상적 업무를 넘어 혁신적 개혁을 목표로 움직인다. 그 혁신적 개혁이 린든 존슨 같은 좌파의 것이든, 마거릿 대처 같은 우파의 것이든, 우리의 평가는 관례적인 것과 새로운 것을 아울러 모든 활동을 포함해야 한다. 더군다나 정부는 보건, 농업, 공공사업, 교육, 사회서비스, 경제발전 등 다양한 정책 영역에서 책임을 맡고 있다. 우리의 평가가 포괄적이려면 이 모든 분야를 분석해야 한다. 20개 주정부가 20년간 해온 일을 하나도 빠짐없이 평가할 수는 없겠지만, 정부의 효과성을 조사하기 위해 가능한 많은 사례를 담아야 한다.

2. 평가 기준은 '내적 일관성'을 가져야 한다. 엄밀히 말해서 정부는 매우 많고 다양한 일을 하기 때문에, 자본주의 체제의 기업처럼 단일한 '순수익(bottom line)'이란 것이 없다. 이러한 사실은 정부마다 성과를 내는 분야가 다를 수 있다는—어떤 정부는 보건의료에서, 다른 정부는 도로건설에서, 또 어떤 정부는 입법 차원의 창의성에서, 또 다른 정부는 좀 더 효과적인 관리 측면에서 두각을 나타내는 등—가능성을 열어놓는다. 따라서 우리는 제도 성과에 있어 다양한 설정 기준의 일치성을 면밀히 검토하고 '다차원성'에 의해 일치성이 저해될 가능성에 유념해야 한다. 우리가 만든 다양한 지표들이 경험적으로 어느 정도 동일한 방식으로 지역 순위 결과를 도출해야, 제도의 성공과 실패를 정리해서 이야기할 때 그 정당성이 받아들여질 수 있다.

3. 평가 기준에 '신뢰성'이 있어야 한다. 제도적 성과를 설명하는 데 있어 일반적 관점에서 가치를 가지려면, 변화가 쉽지 않고 지속적인 안정성(durable)이 담보되어야 한다. 시간 경과에 따라 어떤 변화가 예측되어야 하는데, 특히 새로운 제도의 초기에 그렇다. 한 정부가 지지부진할 때, 다른 정부는 탄력을 받을 수 있다. 하지만 지역 순위가 해마다 변화무쌍하게 바뀐다면 제

도적 성과에 대한 우리의 기본 개념은 수정될 수밖에 없다. 동일 지역이 매년 잘 통치되고 있다면, 그것은 [제도] 성과가 일시적인 정치 세력의 구성(constellation)이나 특정 현역 주지사의 기교(혹은 운) 이상의 무언가에 달려 있음을 시사한다.

4. 평가 기준은 '제도의 지지자들과 선거구민의 목표와 평가에 부합'해야 한다. 결국 이들은 각 지역 시민에게 책임이 있는 '민주' 정부이다. 우리는 각 지역의 선거구민과 잘 맞지 않는 이질적 기준을 제시하는 것을 경계해야 한다. [그러기 위해] 성과[평가]의 '객관적' 기준과 각 지역 유권자 및 지역사회 지도자의 시각을 신중히 비교해야 한다. 우리는 앞 장을 통해 [주정부에 대한] 만족도가 주마다 아주 다양하다는 것을 안다. 각 지역에서 통치의 질을 판단하기 전에 볼로냐와 바리, 세베소와 피에트라페르토사 주민의 판단에 대한 우리의 평가 기준을 점검할 필요가 있다.

이 장은 이러한 네 가지 과제를 수행하기 위해 구성되었다.[4] 우리는 20개 주에서 정부 효과성에 대한 12개의 다양한 조사를 살펴보는 것으로 시작한다. 그다음 12개 조사 기준 간 관계를 탐구하고, 시간이 경과하고 우리가 요약한 성과 평가가 얼마나 안정적인지 질문한다. 마지막으로 지역별로 우리의 평가와 유권자 및 지역사회 지도자의 시각을 비교한다. 이 엄격한 과정은 제도의 성공과 실패를 이해하고자 하는 우리의 목표를 향한 처음이자 필수적인 단계이다.

제도 성과에 대한 12가지 지표

각 주정부의 (1) 정책 과정, (2) 정책 결정, (3) 정책 실행을 평가하고자 한다.

무엇보다 제도의 효과성은 제도가 지역 내 필수업무를 얼마나 잘 관리하느냐에 달려 있다. 그러므로 예컨대 제도 내 정책 결정 조직(apparatus)의 안정성이나 예산 과정의 효율성, 혹은 관리정보체계의 효과성을 측정할 수 있다[5](111-112쪽 지표 1-3 참조). 이 측정군은 필수적으로 다음과 같은 질문을 담고 있다. 이 제도가 무엇을 수행하든, 제도 내 중요한 기능을 원활하고 신속하게 해내는가?

하지만 정부 성과를 연구한다는 것은 정책과 프로그램을 연구한다는 의미이기도 하다. 정부는 사회적 욕구를 인식하고 혁신적인 해결책을 제안하려고 하는가? 정부에 의해 실행된 법안이 당면 문제에 포괄적이고, 일관성 있게, 창의적으로 대응할 능력을 반영하는가?(112-113쪽 지표 4-5 참조)

마지막으로 우리의 평가는 말을 넘어 실행된 것에 대해 나아가야 한다. 문제의 해결자로서 그리고 서비스 제공자로서 정부 역할을 두고 그 성공 여부를 평가해야 한다는 것이다. 주정부는 빠르게 변하는 사회의 욕구에 대응하기 위해 유용한 자원을 성공적으로 활용하는가? 주정부는 그들이 공언한 정책목표—병원설립, 주간돌봄센터 건립 등—를 성공적으로 실행해왔는가? 개별 시민의 요구에 얼마나 효율적으로 대응해왔는가?(115-119쪽 지표 6-12 참조)

정부에 대한 평가는 말이 아닌 행동을 측정해야 하는 동시에, 정부 통제를 벗어나는 문제들에 대해서는 책임을 묻지 않도록(또는 비난하지 않도록) 주의해야 한다.[6] 정책 분석의 용어를 빌리면, 우리는 "결과(outcome)"보다는 "산출(output)"—사망률보다는 보건, 대기질보다는 환경정책, 기업이익보다는 경제발전정책—을 측정하고자 한다. 건강, 대기질, 이익이 중요하다는 것은 두말할 나위가 없지만, 이를 우리의 정부 성과 평가에서 제외하는 이유는 단순하다. 사회적 결과는 정부 외 많은 요인에 영향을 받기 때문이다. 건강은 어떠한 민주적 정부도 통제할 수 없는 식생활과 생활방식 같은 요소들에 달려 있다. 대기질은 정부 정책 외에도 기상, 인구, 산업에 영향을 받는다. 기업이익은 회사의 기술, 노동자의 근면성, 세계경제환경 등을 통해 나타난다. 정부의 성과 평가에 사회적 결과를 포함하는 것은 '매사추세츠 기적의 오류'를 범하는 것이다. 1980년대 뉴잉글랜드 지역의 풍요는 1988년 대선 선거구호*와 달리, 실상은 주정부 공로였다는 찬사를 받을 만큼 주정부의 기여가 크지는 않았다(그리고 이어진 경기침체가 주정부 탓이라는 비난도 마찬가지이다).

　물론 산출을 비교 및 정량적으로 평가하는 것은 복잡하고 가치가 개입되는 작업이다. 설득력을 얻기 위해서는, 정책 성과에 대한 어떤 척도도 실제적 우선성의 차이에 영향을 받지 않아야 한다는 점은 당연하다. 이를테면, 장학제도와 관개사업의 혁신성, 효과성, 사회적 중요성을 비교하기란 쉽지 않다. 하지만 우리 연구의 맥락에서 이러한 어려움들은

---

* 　1988년 미국 대선에서 민주당 후보였던 마이클 듀카키스(Michael Dukakis)는 메사추세츠 주지사로서 뉴잉글랜드 지역을 경제적 번영으로 이끌었다는 점을 선거구호로 활용했다.

109

제도 성과 측정

관리 가능한 정도로 줄어든다. 대체로 비슷한 주제들이 이탈리아 전역의 정책결정자들과 지역사회 지도자들의 인터뷰를 통해 강조되었다. 지역마다 긴급한 문제들이 다양했지만, 초기 모든 주정부는 공공의료, 직업교육, 공공사업 같은 비슷한 문제들로 고투하고 있었다. 그러나 각 주정부는 이러한 문제들에 대해 같은 정도로 신속하게, 포괄적으로, 혹은 효과적이거나 창의적으로 대응하지 않았고, 그 결과 또한 정책결정자와 선거구민을 같은 정도로 만족시키지는 않았다. 엑스테인이 지적했듯이 "정치체들이 그들이 원하지 않는 목적을 달성하고자 기대하는 것은 우스운 일이지만, 실재하는 강력한 선호를 효과적으로 추진하는 것은 분명 합리적이다."[7]

우리의 제도 성공에 관한 구체적 평가는 여러 정책 분야에서 내부 과정, 정책 공표, 정책 실행을 포괄하는 12개 지표를 통해 볼 수 있다. 이러한 평가지표는 대부분 1978년부터 1985년까지, 즉 1976년의 개혁법 382호와 1977년 616호 법령을 통해 모든 지역에 실질적 권한과 상당한 재정을 위임한 이후 얻어진 것들이다. 몇몇 지표들은 실질적 결과에 직접적 영향을 미치지 않지만, 정량적 정확성을 가지고 있다. 제도 성과에 대한 다른 지표들의 관련성은 정량적으로는 그 정확성이 낮지만 명료하게 나타난다. 한 가지 지표는 지역을 공정하게 평가하기에 모자란다. 하지만 지표들을 종합하면 제도의 성공과 실패에 대한 광범위한 평가의 기초를 확립할 수 있다.

우리는 정책 과정과 내부 운영에 관한 세 가지 척도—내각의 안정성, 예산의 신속성, 통계 및 정보서비스—로 평가를 시작한다.

1. 내각의 안정성

중앙정부와 마찬가지로, 이탈리아의 각 주정부는 입법부에서 다수 지지를 유지해야 하는 내각이 이끈다. 일부 주정부는 고도로 안정된 내각을 유지하고 있어서 원칙적으로 일관된 노선으로 정책을 추진할 수 있었다. 반대로 다른 주정부에서는 연립내각을 구성해야 하는 어려움을 겪었고 유지는 더 힘들었다는 점이 발견되었다. 이에 대한 우리의 척도는 1975-1980년과 1980-1985년 사이 각 주에서 구성한 내각의 수이다. 이 척도에 대한 점수는 트렌티노알토아디제주와 움브리아주의 10년 동안 2개의 내각에서, 시칠리아주, 사르데냐주, 캄파니아주는 같은 기간 9개까지 다양했다.[8] 이 척도는 우리의 모든 성과지표 중 가장 단순하지만 가장 설명력이 높은 지표로 드러났다.

2. 예산의 신속성

1972년 주정부 제도의 시행과 함께, 모든 주는 회계연도가 시작하는 1월까지 연간 예산에 대한 조치를 완료해야 했다. 사실상 어느 주정부도 이 목표를 달성하지 못했고, 1980년대 초 모든 주정부가 그들이 어찌할 수 없는 중앙정부의 예산 책정 지연으로 사업을 진행할 수 없었다. 하지만 평균 지연 기간은 주마다 상당히 상이했다. 이에 대한 우리 지표는 단순하다. 평균적으로 1979-1985년 동안, 주의회가 예산을 실제로 언제 승인했나? 평균 승인일에 대한 점수는 프리울리베네치아줄리아주의 1개월 27일(7주 지연)부터 칼라브리아주의 8개월 7일(회계년도의 거의 2/3가 지난 때)까지 다양했다.[9]

3. 통계 및 정보서비스

다른 조건이 같다면, 자기 지역의 선거구민과 지역문제에 대한 양질의 정보를 가지고 있는 정부가 더 효과적으로 대응할 수 있다. 그래서 20개 모든 주에 대해 통계 및 정보기관의 관련 처리능력에 따라 점수를 부여했다. 최하위 6개 주—아브루치, 칼리브리아, 캄파니아, 마르케, 몰리세, 풀리아, 시칠리아—는 관련 기관이 전혀 없었고, 최상위 5개 주—에밀리아 로마냐, 푸리울리 베네치아 줄리아, 라치오, 롬바르디아, 토스카나—는 원자료 수집을 위한 현장 사무소와 기관, 통계 처리와 컴퓨터 기반 분석을 포함한 잘 갖춰진 정보서비스 기관을 보유하고 있었다.[10]

다음으로, 우리 조사는 '과정'에 대해 측정하는 것을 넘어서 정책 결정의 내용 연구로 옮겨 갔다. 이어지는 두 가지 기준은 주의회 입법에 관한 종합적 조사에 기반한다.

4. 개혁 입법

우리는 세 가지 정책 영역—경제발전, 토지 및 환경 계획, 사회서비스—에서 1978년부터 1984년까지 각 지역의 전체적 입법 산출을 조사했다. 이 법률들은 도시구획과 신장투석부터 사회복지사 대상 현직 교육 연수와 산업연구 및 마케팅을 위한 지역센터까지 방대한 주제를 가지고 있다. 이에 대한 분석은 세 가지 광의의 평가 기준을 사용했다.

- 입법의 포괄성, 즉 이 기간 동안 발의된 주법률 전체를 대상으로 지역사회의 광범위한 욕구를 해결하려 했는지 혹은 협소한 욕구에 대응했는지

정도.

- 입법의 일관성, 즉 입법 발의안이 조율되고, 내부적으로 일관성을 유지한 정도. 예를 들어 직업훈련과 기반구조를 만드는 계획과 조율된 소기업 지원 프로그램이 전 지역에 무차별적으로 지원금을 "쏟아붓는" 프로그램보다 높은 점수를 받았다.
- 입법의 창의성, 즉 새로운 욕구를 발굴하고, 새로운 서비스를 실험하거나, 새로운 민간 주도 형태에 대한 인센티브 제도를 만드는 정도.

각 지역은 세 가지 정책 영역에 대해 1점에서 5점까지 등급이 매겨졌다. 종합 점수는 세 영역에서 탁월한 성과를 남긴 에밀리아로마냐주의 15점부터, 세 영역에서 저조한 성과를 보인 칼라브리아주와 몰리세주의 3점까지 분포되어 있다. 이러한 입법 평가는 앞의 척도보다는 어느 정도인상평에 가깝고 정확도가 떨어지지만, 지역 정책에 대한 신중한 평가를 반영하는데, (나중에 살펴볼 것처럼) 각 지역 시민의 평가에 근접한 것으로 나타난다. 개혁 입법 평가에 대한 우리의 기준은 실제 이탈리아 유권자가 활용한 기준과 많이 달라 보이지 않는다.[11]

5. 입법 혁신

미국과 같이 이탈리아에서도 저발전 지역에서 상대적으로 선진적인 의회가 관심을 끄는 혁신적 법안들을 채택하고 통과시키면서, 많은 입법 아이디어가 지역 자치정부로 확산되기도 한다.[12] 우리는 다수 지역에서 나타난 유사한 법안들에 대해 대기와 수질오염, 어업 촉진, 소비자보호, 예방의료원, 노천채굴 규제, 호텔등급화, 야생동물 보호 등 12개 주

[표 3.1] 입법 혁신 평가

관련 법률의 내용	요인적재값
노천채굴 규제	0.812
어업촉진	0.806
대기/수질오염 관리	0.776
호텔등급화	0.756
예방의료원	0.718
야생동물보호	0.638
상업합리화	0.624
소비자보호	0.501
노동시장 감독	0.432
자원봉사 촉진	0.392
지역 옴부즈만	0.222
정신건강관리	−0.026

제를 검토했다. 지방에 따라 그 욕구와 우선성에 차이가 있지만, 특정 지역들은 서너 가지 예외를 제외하면 거의 모든 주제에서 일관된 선도 혹은 일관된 부진을 보였다(정신건강관리, 지역 "옴부즈만", 자원봉사 촉진에 대한 선도와 부진은 전반적 경향과 일치하지 않았다. 전체 관련 법률(model law) 모음은 [표 3.1]을 보라).[13] 평가 기준은 다음과 같다. 평균적으로 12개 영역에 걸쳐, 해당 주에서 관련 법률이 처음 발의된 후 얼마나 빨리 채택되었나? 특정 법률을 선도적으로 채택한 주는 100점, 채택하지 않은 주는 0점을 주었다.[14] 평균점수는 에밀리아로마냐주의 74점부터 칼라브리아주의 4점까지 분포되었다. 실제 칼라브리아주에서는 12개 관련 법률 중 1개만 제

114

정된 반면, 에밀리아로마냐주는 12개 법안 모두 통과되었는데, 이 중 5개 법안을 가장 먼저 채택한 지역이 되었다.

다음으로 우리는 정책 공표에서 정책 실행으로 전환해 보았다. 다음 6가지 지표로 지역의 정책 수행 역량을 평가하는데 공중보건, 사회복지, 산업 및 농업발전, 주거와 도시 정책을 포함한 사실상 모든 주요 영역의 주정부 활동을 포함한다. 이 중 처음 두 지표는 직접적인 서비스 제공을 나타낸다. 다음 하나는 각 지역에 편재한 정책 수단 목록을 반영한다. 마지막 세 가지는 중앙정부에서 제공한 재정을 주정부가 얼마나 효과적으로 사용하는가에 초점을 맞추고 있다("지출역량").

지출역량은 모든 환경을 고려할 때, 제도 성과의 적절한 지표가 아닐 수도 있다. 하지만 이 세 가지 사례(농업, 건강, 주거)에서 추가적인 투자 필요성이 광범위하게 수용되었고, 각 지역은 중앙정부의 충분한 재정을 손쉽게 활용할 수 있었다. 그럼에도 불구하고 일부 주정부는 막대한 불용예산(residui passivi)을 쌓아두었는데, 확충된 자원을 실행에 옮기는 데 필요한 조직 역량과 관리 가능한 기반시설이 부족했기 때문이다. 반면 유능한 주정부에서는 지출계획에 따라 그들이 투자를 원하는 곳에 재정을 투여할 수 있었다.

6. 주간돌봄센터

새로운 주정부가 가장 일찍 그리고 가장 성공적으로 실행한 정책 시도 중 하나가 공공지원으로 제공된 주간돌봄센터이다. 1977년 중앙정부는 각 지역이 이 정책 목표에 사용할 수 있게 상당한 특별 재정을 마련했고, 이 프로그램에 대한 주 자체의 "기회비용"은 거의 없는 것이나 마찬가지였다. 6년 후인 1983년까지 다수 주에서 주간돌봄센터 광역망이 수립되었지만, 사실상 진전이 없던 주도 있었다. 이에 대한 우리의 평가 기준은 1983년 12월까지 0세부터 4세까지 아동 대상으로 주에서 지원하여 운영 중인 주간돌봄센터의 수이다.[15] 이 척도는 외부 재정 보증을 감안할 때, 풀뿌리 수준에서 지역의 정책 실행 능력에 관해 다른 사례에서 보기 힘든 명료한 지표를 제공한다. 점수는 에밀리아로마냐주의 400명당 1센터에서 캄파니아주의 12,560명당 1센터까지로 분포되어 있다.

7. 가족건강관리상담소

원래 1974년 국회를 통해 입법화되었던 가족건강관리상담소(이하 가족상담소, consultorio familiare)는 보건 영역에서 가장 중요한 실험이다. 이 정책 개혁을 실행하는 주정부의 능력을 평가하는 데 유용한 척도는 지역주민 수를 기준으로 1978년 5월까지 운영 중인 가족상담소의 수이다. 해당 기간에 움브리아주는 15,000명당 가족상담소가 한 곳이었고, 풀리아주는 3,850,000명 주민이 가족상담소 한 곳을 이용할 수 있었다. 트렌티노알토아디제주, 몰리세주, 발레다오스타주는 한 곳도 설치하지 않았다.[16]

8. 산업정책 수단

제2장에서 주목했듯이, 1970년에는 새롭게 만들어진 주정부가 더 급속한 경제발전을 촉진할 것이라는 희망이 널리 퍼져 있었고, 이는 제도 개혁의 중요한 동기로 작용했다. 재정 지원을 연이어 활용할 수 있게 되자, 일부 주에서는 개별 기업에 단순 보조금을 지급했는데, 이는 종종 후

견 형태로 이루어졌다. 그러나 다른 선진적 지역에서는 기간시설을 지원하고, 공공서비스를 개선했으며, 공공-민간 파트너십을 독려했다.[17] 산업정책 영역에서 각 지역의 복잡성은 산업정책의 여러 잠재적 도구 중 지역에서 실제로 활용하는 것을 통해 측정할 수 있다.

- 지역의 경제발전 계획
- 지역의 토지 이용 계획
- 산업단지
- 지역의 개발기금기구
- 산업개발 및 마케팅 컨소시엄
- 직업훈련 프로그램

프리울리베네치아줄리아주 등 소수 지역만이 1984년 기준, 위 여섯 가지 [정책] 수단을 모두 이용했다. 상반되는 칼라브리아주는 두 가지만 시도했다.[18]

9. 농업 분야 지출 역량

1977년 중앙정부는 관개, 재산림화, 가축생산, 원예, 포도재배를 포함한 농업투자를 위해 각 지역에 상당한 재정(대략 총 4억 달러)을 할당했다. 예를 들어 라치오주는 프라스카티(Frascati) 포도주 생산량을 늘리는 데 정부가 할당한 재정을 사용했다. 한편 정치적 교착상태와 행정부의 비효율성으로 일부 지역은 농업이 할당된 재정을 전혀 쓰지 못했는데, 경제적으로 농업이 매우 중요한 지역에서조차 이러한 일이 일어났다. 이러한 중요한 경제 부문의 수행 능력은 차기 3년(1978-1980) 동안 계획한 대로 그 지역이 실제 지출한 정도를 보여주는 지역 할당 재정 비율로 측정할 수 있다. 지출은 발레다오스타주 97%에서 칼라브리아주와 몰리세주의 0%까지 분포되어 있다.[19]

10. 지방보건조직

재정 면에서 보면, 1977년 이후 [중앙정부에서] 지역으로 분권화된 가장 막중한 책무는 병원, 의원, 건강보험을 아우르는 국가보건서비스였다. 이양된 책무를 실행하기 위해 우선 시행한 조직 혁신은 1978년 국회 입법에 따라 '지방보건조직(Unita Sanitaria Locale, USL)'을 두는 것이었다. 각 지역 보건 영역에서 그 책무를 충족하느냐에 관한 간편한 척도는 국가 법령 제정 후 5년이 지난 1983년 기준, 1인당 USL 지출이다(재차 강조하건대, 보건서비스의 전체 재정은 중앙정부가 제공했다. USL 지출은 이환율 및 유아사망률과 음의 상관관계에 있으므로, 지출이 낮은 지역에서 공중보건서비스가 덜 필요했다는 결과 해석은 가능하다). 측정 점수는 전국 평균보다 높은 34%를 지출한 토스카나주부터 25%로 전국 평균보다 낮은 시칠리아주와 바실리카타주까지 분포되어 있었다.[20]

11. 주거와 도시개발

우리 조사 결과는 1980년대 이탈리아 전역에서 특히 주거 문제가 주정부 최우선 과제였고, 그 우선성이 점차 증가하고 있다는 점을 보여준다. 1971년에 시작되어, 특히 1978년 이후 중앙정부는 주택(공공 및 개인 소유 모두) 보조금, 주택개선, 도시개발을 위한 토지수용을 지원하기 위해 막대한 재정을 지역에 제공했다. 주정부에는 4개년 주거정책 공식화와 재정 배분 기준 수립이 요구되었다. 우리는 이 재정을 사용할 지역 역량을 보여주는 1979, 1981, 1985, 1987년 자료를 모았는데, 중앙정부가 위임한 재정에 대한 실제 주정부 지출 비율을 척도로 삼았다(이러한 점에서 지출역량은 [각 연도] 이전의 주거의 질 관련 척도와 '정'의 상관관계를 갖는다. 그러므로 지출 둔화가 단순히 낮은 욕구를 반영한다는 해석은 고려하지 않는다). 4년간 결합지표의 평균은 에밀리아로마냐주의 67%부터 시칠리아주와 캄파니아주의 32%까지 분포되어 있다.[21]

지금까지의 모든 성과 척도는 예산 절차가 얼마나 효과적인가? 법이 얼마나 혁신적인가? 주간돌봄센터나 가족건강관리 혹은 농업 대출에 얼마나 많은 재정이 제공되었나? 같은 정책 결정자의 관점에서 본 것이다. 따라서 시민의 관점에서 주정부를 평가한 내용은 빠져 있다.

12. 관료의 반응성

정부의 "일반시민"에 대한 반응성을 평가하기 위해, 우리는 약간의 속임수가 가미되었지만 불쾌감을 주지 않는 유익한 실험을 고안했다.[22] 1983년 1월, 조직된 일군의 이탈리아인이 각 주의 부서에 가서 다음 (허구의) 세 가지 구체적 문제에 대한 정보를 요청하게 했다.

- 보건부서에는 민원인이 외국여행 중 발생한 의료비 환급 절차에 대해 묻게 했다.
- 직업훈련부서에는 민원인이 막 중학교를 졸업한 "형제"가 갈 만한 직업 훈련기관에 대해 묻게 했다.

• 농업부서에는 "농민인 친구를 대신해서" 실험 작물에 대한 대출 및 보조금 정보에 대해 묻게 했다.

최초 질의는 우편으로 이뤄졌고, 응답은 신속성, 명료성, 충분성으로 평가했다. 응답을 제때 받지 못하면 전화를 걸었고 (필요한 경우) 개별 방문했다. 두 경우 모두, 응답의 질과 신속성이 평가 대상이다. 이 실험을 통해 우리는 20개 주 전체를 비교할 수 있는 세 개 중요 기관의 반응성에 대한 종합지수를 만들 수 있었다.[23] 가장 유능한 지역(에밀리아로마냐주와 발레다오스타주)에서는 민원인의 2/3가 우편을 보낸 지 일주일 내 답변을 받았고, 1/3은 한 차례 전화를 걸어야 했다. 가장 무능한 지역(칼라브리아주, 캄파니아주, 사르데냐주)에서는 우편 답변을 받은 민원인이 전혀 없었고, 민원인의 2/3는 수주에 걸쳐, 몇 번의 통화와 개별 방문을 거친 후 답변을 얻을 수 있었다.

제도 성과 지수에 대한 일관성과 신뢰성

우리는 12개 지표 목록을 통해 현대 정부가 시민에게 그리고 시민을 위하는 다양한 사항을 반영하려고 한다. 이 지표들에 제시된 성과 수준의 차이는 절대적 관점에서 보면 매우 주목할 만하다. 어떤 주의 내각은 다른 주의 내각보다 다섯 배 안정적이고, 예산이 3주 지연된 지역이 있는가 하면 7개월 지연된 주도 있다. 한 주는 다른 주보다 (동일한 재정 지원에도 불구하고) 주간돌봄센터와 가족상담소, 농업 대출과 주거보조금이 훨씬 더 일반화되어 있다. 일부 지역에서는 민원인에 대한 응답이 신속하게 진행되었으나 전혀 없던 지역도 있다.

그렇다 해도 우리는 회의적인 시각으로 이 연구를 시작했다. 척도의 불완전성(frailty), 지역 간 우선성의 차이라는 이유가 있지만, 하나의 제도 활동에 대한 다양한 영향력을 고려할 때, 제도 성과에 관한 개별 지표 간 차이가 눈에 띄게 나타나지는 않을 것이라 생각했다. 예컨대 주정부 내각의 붕괴는 일반적인 제도의 불안정성을 나타내지만, 핵심 인사의 예상치 못한 죽음이 원인이 되기도 한다. 입법의 창의성은 우리가 생각하기에, 행정부의 실행 단계에서 완전히 중단될 수도 있다. 혹은 일부 지역은 주거에 특별한 강조점을 두는 반면, 다른 지역은 농업에 전력을 다하기도 한다. 어쩌면 지역에서 주간돌봄센터나 가족상담소 설립을 꺼리는 것은 행정부의 무능력보다는 이념적 선택일 수도 있다. 하나의 지표로 제도의 성공 여부를 가르는 차이점을 완벽하게 파악할 수는 없다. 어쩌면 한 가지 차원에서의 성공이 다른 차원에서의 성공과 거의 관계가 없을지도 모른다.

이러한 맥락을 고려할 때, 제도적 성과에 관한 12개 지표 간에서 놀랍게도 매우 높은 일관성을 우리가 발견했다는 데(부록 C에서 보이는 것처럼) 희열을 느낀다.[24] 내각이 안정적인 지역은 적시에 예산을 취해서 계획대로 승인된 예산을 지출한다. 선도적으로 새로운 입법을 추진하는 지역은 대부분 주간돌봄센터를 제공하고, 종합적 도시계획을 세우며, 농민을 위해 대출 사업을 진행하고, 신속히 우편으로 답변하는 지역과 동일한 지역이다. 이 12개 지표에 기초해서, 우리는 제도 성과 요약지수를 만들었다. [표 3.2]는 전체 지표 목록을 나타내며, 각각이 어떻게 이 요약지수와

[표 3.2] 제도 성과 지수, 1978-1985

성과지표	요인적재값
개혁 입법, 1978–1984	0.874
주간돌봄센터, 1983	0.851
주거와 도시개발, 1979–1987	0.807
통계 및 정보서비스, 1981	0.797
입법 혁신, 1978–1984	0.779
내각 안정성, 1975–1985[a]	0.681
가족상담소, 1978	0.640
관료의 반응성, 1983	0.625
산업정책 수단, 1984	0.580
예산신속성, 1979–1985[a]	0.577
지방보건조직 지출, 1983	0.545
농업 분야 지출 역량, 1978–1980	0.468

[a] 내각 안정성과 예산 신속성에 관한 점수는 본문에 기술된 것과는 반대로 매겨졌다. 절대점수가 높을수록 좋은 성과에 해당한다.

상관관계를 갖는지 보여준다.

이 제도 성과의 척도 간 상호연관성은 결코 완벽하지 않다. 대부분 지역은 다른 지역보다 일부 분야에서 '더 나은' 것이 있다. 제도의 성공을 미시적으로 조사하려면, 하나 이상의 차원에서 측정해야 한다. 하지만 이들 여러 지표를 대체로 하나의 단일지수로 결합하는 우리의 조사 방법은 한 지표가 갖는 특유의 영향력을 감소시킨다. 더 중요한 것은 이 자료들이 확인시켜주듯이, 일부 지역이 사실상 거의 모든 기준에서 높은 순위를 차지하는 반면, 다른 지역들은 거의 모든 기준에서 성공적이지 못한 결과를 보인다는 점이다. 우리의 종합지수는 포괄적이기도 하고 내부적으로 일관성도 가진다.

시간이 경과함에 따라 이러한 평가는 얼마나 안정적이고 신뢰할 만한가? 우리가 측정했던 제도 성과는 주정부의 변함없는 특성인가? 혹은 주정부 순위는 해마다 일관성 없이 오르내리는가?

이탈리아 지역실험이 시작되던 시기, 즉 제1기 주의회 구성이 완료된 직후에 우리는 15개 '일반'주의 성공 여부에 대한 예비평가를 수행했다.[25] 이는 이 장에서 기술한 내용들과 대체로 비교 가능한 성과지표에 기초하였지만, 기본 자료들이 1970-1976년에 나온 것이어서 여기서 우리가 평가하고 있는 자료들과는 중첩하지 않는다. 또한 이전의 평가는 이 장에서 보여주는 것처럼 광범위하지도 않았다. 특히 지역에서는 사업이 막 시작되던 시기이므로 정책 실행 관련 척도는 적용될 수 없었다.

[그림 3.1]은 이 두 가지 분석 결과를 비교하고 있으며, 성공 여부 비교에 있어 주목할 만한 안정성을 보여주고 있다. 대부분 이진에 좋은 점수를 얻은 지역이 이후 더 보강된 제도 성과 지수에서도 최상위로 평가되었고, 이전에 부진했던 지역은 이후에도 마찬가지였다. 이러한 유형에서 예외인 지역도 몇 개 있었는데, 롬바르디아주는 이전 순위에서 거의 최상위였지만 이후 순위에서는 약간 아래로 떨어졌다. 피에몬테주는 괄목할 만한 상승을 이루었다. 그렇다 해도 전체적으로는 유효한 안정성을 보여준다. 이렇듯 변동성이 적다는 것은 순위가 낮은 정부에게 실망스러운 일이 될 수 있겠지만, 이론적으로는 중요하고 방법론적으로는 고무적이다. 제도적 성과의 차이는 여기서 측정한 바와 같이 상당히 안정적이어서 설명할 만한 가치가 있다.

[그림 3.1] 제도 성과, 1970-1976 그리고 1978-1985

(이 책의 모든 점도표에서 사용된 지역명 약어는 부록 D 참조)

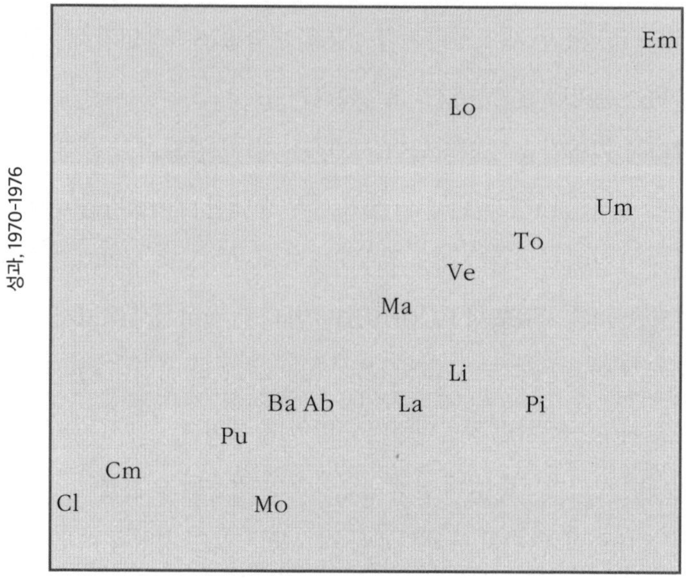

제도 성과 지수, 1978-1985

상관계수 r = .78

제도 성과와 선거구민의 평가

이 요약지수는 제도 성과의 중요하고도 일관된 차이를 반영한다. 하지만 제도 성과의 차이가 제도의 지지자들과 선거구민의 평가와도 일치할까? 제도 성과에 대한 '객관적' 척도가 자신의 주정부에 대한 이탈리아 국민의 시각과 합치할까? 혹은 정부에 대한 판단 기준이 완전히 개별적이고 문화적 상대주의에 영향을 받아 우리의 판단과 유권자 및 지역사회 지도자들의 판단은 서로 무관한 것이 아닐까?[26]

이를 검증하기란 쉽지 않다. 한 지역에 거주하는 관찰자가 다른 주정부를 정교하게 비교하여 판단하기란 어렵고, 여러 지역 주민이 유사한 기준이나 만족도의 임계치를 가진다고 보장할 수 없기 때문이다.[27] 한편 우리의 인터뷰를 통해 기업가, 시장, 노조 간부, 언론인과 여타 지역사회 지도자, 상당수의 일반 시민이 자신이 속한 주정부의 강점과 약점에 대해 많은 것을 알고 있음이 드러났다. 더욱이 이들 정부는 대의제 기관이기 때문에, 그 지역 유권자들의 견해는 정부 성과를 평가하는 특별한 평판이 된다.

실제로 제도 성과 지수는 지역문제에 관심이 많은 대중과 전체 유권자가 제시한 평가와 놀랄 만큼 일치한다. 일반 이탈리아 시민에게 그들이 속한 주정부를 어떻게 평가하는지 묻는 것으로 시작해보자.

1977년 1월부터 1988년 12월까지 6차례, 그러니까 대략 2년에 한 번 꼴로 이탈리아 시민에게 다음과 같이 물어봤다. "우리 주가 통치되는 방식에 대해 얼마나 만족 또는 불만족하십니까?" 한 번의 설문조사로 전반적 여론을 평가하기에는 작은 주에서는 표본의 크기가 너무 작았다. 하지만 지역 순위는 매년 큰 변화가 없었기에, 6회 조사를 하나로 결합한다면, 지역별 시민의 만족도에 대해 훨씬 신뢰도 높은 평가를 도출할 수 있으리라 보았다.[28]

그래서 주정부 성과에 대한 우리의 "객관적" 평가와 각 주에 속한 유권자의 견해를 비교하고자 한다. [그림 3.2]는 두 가지 평가 사이의 현저한 일치성을 보여준다. '특별'주 중 하나인 트렌티노알토아디제주의 유일

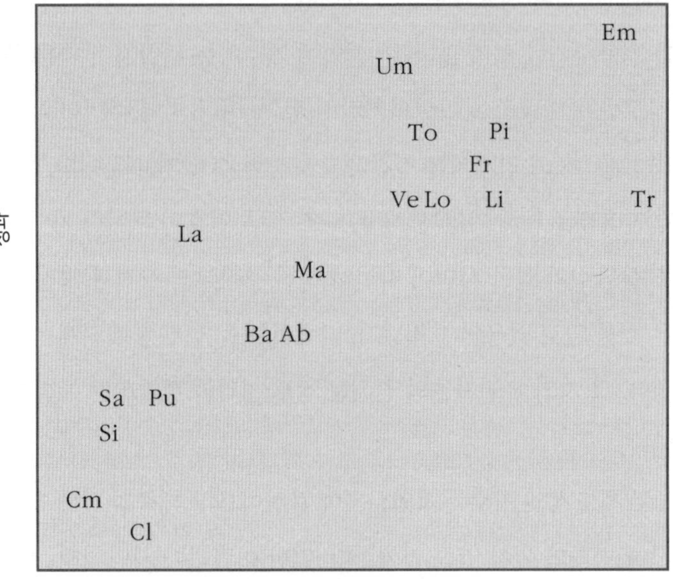

한 소수 예외 사례를 제외하면, 이탈리아 지역 시민들은 그들이 속한 주에 대한 우리의 평가와 완벽하게 일치하는 결과를 보여준다.[29] 민주적 정부에 대한 기초적인 두 가지 기준인 효과성과 반응성은 (최소한 이 사례에서) 서로 밀접하게 연계되어 있음이 드러난다. 혁신적 법률을 제정하고, 계획대로 주정부 예산을 집행하며, 주간돌봄센터를 세우고, 우편 민원에 응답하는 주정부가 그렇지 않은 주정부보다 지역 유권자에게 더 인기가 있다.[30]

우리가 평가했던 제도 성과는, 실제로 누가 주정부에 만족하고 만족하지 않는지에 관해 유일하게 일관성을 갖는 예측 기준이다. 6회에 걸친 전국 조사에서, 주정부 활동에 대한 지지는 '어떠한' 사회학적 기준 범주와도 상관관계가 없었다. 고학력자와 저학력자, 부자와 빈자, 도시민과 시골 사람, 농민과 가정주부, 기업가와 블루칼라 노동자, 남성과 여성, 청년과 노인 간 전혀 차이가 없었다.[31] 우리의 "객관적" 척도를 통해 비교적 성공적으로 평가된 지역의 모든 사람은 지위고하를 막론하고 비교적 만족스러운 상태였으나, 낮은 성과를 보인 지역의 주민들은 대부분 만족하지 못했다. 이들 정부는 공통의 이익을 어떻게 잘 제공하는지에 대해서보다 정부가 제공하는 개별 이익에 대해서 분명히 그 차이가 덜했다.

주정부를 주도하는 여당 지지자가 야당 지지자보다 정부 성과에 더 만족감을 표시하는 것은 놀라운 일이 아니다. 하지만 정당 충성도는 "객관적" 정부 성과보다는 만족도에 대해서는 덜 결정적인 요인이다. 1977년부터 1988년까지 6회의 설문조사를 통해 낮은 성과를 보인 지역의 여당 '지지자'는 높은 성과를 보인 지역의 야당 지지자보다 주정부 성과에 대한 만족도가 덜했다. [그림 3.3]에 나타난 바와 같이, 높은 성과를 보인 지역의 정부 '반대자' 중 평균 42%가 정부 성과에 비교적 만족한 반면, 낮은 성과를 보인 지역의 정부 '지지자' 중 33%만이 정부 성과에 만족감을 표시했다.[32] 성과를 통제할 때, 정당 충성도는 만족도에서 약 14%p 차이를 만드는 반면, 정당 충성도를 통제하면, 성과는 약 24%p 차이를 만든다. 즉 이탈리아 유권자가 자기 주에 대한 만족도를 설명하는 데 있어 객관적인 성과의 차이가 정당 충성도보다 두 배 가까이 중요하다는 것이다.

주정부 운영에 관한 다른 시각도 1982년 지역사회 지도자인 주지사, 대도시 및 소도시의 시장, 은행가, 노조간부, 언론인, 산업·상업·장인·농업·협동조합 대표 대상 전국 조사에서 나왔다. 이 지도자들의 절반 이상

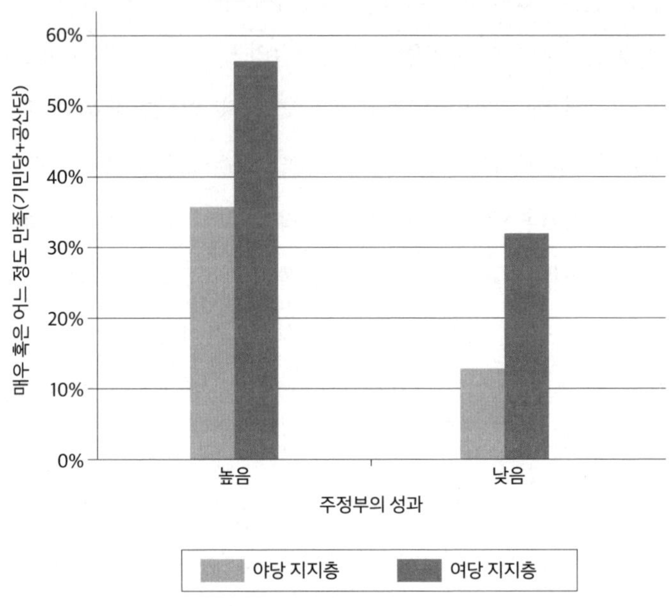

이 주정부 공직자들과 정기적인 회의를 갖고 있으며, 59%는 주정부가 그들이 대표하는 조직의 이익에 "매우 중요한" 혹은 "어느 정도 중요한" 영향을 준다고 답했다. 그래서 이들 대부분은 자신이 속한 주정부의 성과에 대해 판단할 수 있는 직접적인, 자기만의 지식을 가지고 있다.

이들 지역사회 지도자들은 정기적으로 주정부와 협상한다. 시장은 지역의 용도설정 조례 승인을, 농업 지도자들은 관개 설치 계획을 요청하고, 기업인들은 주정부 공직자들과 지역 경제개발 계획을, 노조 간부들은 직업훈련 프로그램에 대해 논의한다. 그래서 우리는 이들로부터 지역 기관의 활동에 대한 구체적인 평가를 얻어낼 수 있었다. 제2장에서 기술한 바와 같이, 주정부 공직자들에 대한 접근성, 지역정책 프로그램의 방

[표 3.3] 지역사회 지도자의 주정부에 대한 평가, 1982

주정부의 활동 측면[a]	요인적재값
지역사업의 실행 가능성	0.735
과제 처리에 걸리는 시간	0.714
지방정부와의 협력	0.700
관료의 전문성과 근면성	0.697
정책의 선택	0.676
자기 조직과의 논의 개방성	0.657

[a] 요약지수는 다음 질문에 대한 응답에 기초한다. "당신은 이 지역 주정부 활동의 이러한 여섯 가지 면에 얼마나 만족하십니까?"

향성, 특정 지역사업의 실현 가능성, 주정부 관료들의 특정 과제에 대한 신속한 처리, 주정부와 지방정부 간 협력, 지역 행정가들의 전문성과 근면성에 대해 조사했다. 대부분 지역사회 지도자들은 지방정부의 정책 집행과 관련한 부능력에 대해 매우 비판적이었지만, 새로운 정부의 정책적 선택과 접근성에 대해서는 긍정적으로 보았다.[33]

이러한 제도 성과의 몇 가지 차이점에 대한 판단은, 정부 성과에 대한 여섯 가지 구체적인 측면에 대해 어떤 주정부도 일관되게 긍정적으로(혹은 일관되게 부정적으로) 평가받을 수 있다는 점에서 훨씬 밀접하게 상호 연관된 것으로 나타났다. 정책 프로그램이 가장 창의적이라고 평가받는 지역들이 또한 가장 신속하고 가장 주의 깊게 경청하는 태도를 보인다는 애기도 들었다. 우리는 [표 3.3]에서 정리한 바와 같이, 개별적 평가를 하나의 종합적인 지역사회 지도자 평가지수로 결합했다. 그들의 응답은 주정부의 효율성과 효과성에 관한 또 다른 척도를 제공한다.

제도 성과 측정

[그림 3.4] 제도 성과(1978-1985)와 지역사회 지도자의 만족도(1982)

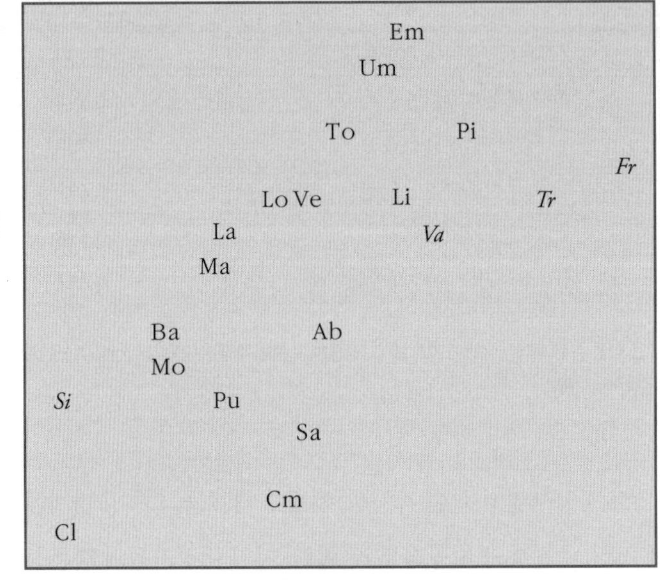

지역사회 지도자의 만족도
상관계수 r = .66

일반주 r = .77
특별주 r = .84
특별주는 이탤릭체로 표시

이 조사에서 각 지역의 표본 크기는 한 주당 평균 15명으로 매우 작아서, 특정 지역 점수는 표본추출 오류로 인해 유효성이 떨어질 수 있다.[34] 그럼에도 불구하고 지역별 이들 평가와 우리의 제도 성과 지수를 비교하는 것은 유용하다. [그림 3.4]는 이 두 가지 평가가 적은 표본 수로 인한 감소 효과를 특별히 감안하더라도 매우 밀접한 상관성을 가지고 있음을 보여준다. 우리의 제도 성과 평가는 대체로 날마다 정부와 접촉하는 사람

들의 판단과 일치한다.[35]

이들 정부에 대한 우리의 "객관적" 평가와 지역 유권자의 평가 사이에 밀접한 상관성이 있다 해도 방법론적으로 만족이 되는 것은 아니다. 이는 또한 '과도한' 문화상대주의뿐 아니라, 정부 성과에 대한 이른바 "현시선호(revealed preference)" 접근법의 위험성을 보여준다.* [현시선호 접근법에 따라] 사람들이 원하는 종류의 정부를 선택한다고 가정해보자. 종종 이탈리아의 일부 주정부는—세계의 다른 많은 국가와 마찬가지로—무기력하고, 비효율적이며, 부패했다는 얘기를 듣는데 "그곳에 사는 사람들이 그런 방식을 좋아하기 때문이다." 하지만 [그림 3.2]와 [그림 3.4]는 그에 반하는 강력한 증거가 된다. 최소한 이탈리아 국민은 전 지역에서 효율성, 창의성, 일관성, 반응성, 그리고 실제 성과라는 본질적으로 동일한 기본 기준을 사용하여 좋은 정부와 나쁜 정부 간 차이를 인식하고 있다. 그들은 좋은 정부를 좋아하고, 나쁜 정부를 싫어한다. 물론 이것이 어떤 정책이 우선적으로 추진되어야 하는가 혹은 그러한 정책이 어떤 방식으로 실현되어야 하는가에 대해 모든 사람이 동의한다거나, 통치에 "유일한 최선의 방식"이 있거나 통치가 단순히 기술의 문제로 환원될 수 있다는 것을 의미하지는 않는다. 이것이 의미하는 바는 사람들이 더 좋

---

* 현시선호이론은 미국의 경제학자 폴 새뮤얼슨이 개발한 개념으로, 구매행동을 관찰함으로써 소비자의 선호도를 추론할 수 있다는 주장이다. 즉 소비자가 지속적으로 한 제품을 선택한다면 그 제품을 선호하는 것으로 유추할 수 있다는 것인데, 이는 소비자의 합리성을 전제로 한다. 여기서 퍼트넘은 해당 지역 주민들의 정부선택이 객관적인 정부성과에 대한 인식과는 별개로 이루어지는 행위라는 점을 드러내면서, 일종의 정치시장에서 유권자의 선택을 현시선호이론에 적용하는 것은 무리가 있다는 점을 강조한 것으로 보인다.

제도 성과 측정

은 정부와 더 나쁜 정부를 대체로 구분할 줄 안다는 것이다.

결론

이 장에서 우리가 알게된 것은 무엇인가? 일부 주정부는 다른 정부보다 일관되게 더 성공적―내부 운영에서 더 효율적이고, 정책 계획에서 더 창의적이며, 그 계획을 실행하는 데 더 효과적―이었다. 성과에서 이러한 차이는 10년 이상 변함이 거의 없었고, 주정부 유권자인 일반 시민과 지역사회 지도자 모두에게서 대체로 인정되었다.

어떤 지역들은 정부 구조가 유사하고 같은 법적, 재정적 자원을 갖추었음에도 불구하고 통치 성적에서 차이를 보였다.[36] 더욱이 지역마다 일관되게 보이는 차이는 어떤 정부가 그해에 탁월한 주간돌봄 프로그램을 가지고 있다거나 더 효과적인 예산 계획을 세운다는 데 있는 것이 아니라, 전반적인 제도 효과성에 있다.

그렇다면 정치학자들뿐 아니라, 관심도가 높은 시민에게 가장 우선되는 것은 그에 대한 원인의 이해이다. 우리가 낮은 성과로 평가한 활동들이 특정 이해관계를 충족한다는 것에는 의심의 여지가 없다. 예를 들어 취약한 도시계획은 건설회사와 토지 개발자들에게 유리한 것인지 모른다. 그럼에도 불구하고 더 좋은 정부는―대다수 사람의 이익을 위해 대부분 시간에 일하는―구분 가능하다. 새로운 제도의 일부는 잘 작동하는 반면, 다른 일부는 그렇지 않다. 무엇으로 이러한 제도 성과의 차이를 설명할 수 있을까? 이것이 다음 장에서 우리가 살펴볼 내용이다.

제4장
제도 성과에 대한 설명

연구여행은 지도를 가지고 시작하는 것이 가장 좋은 방법이다. [그림 4.1]은 이탈리아 20개 주 각각의 제도 성과 수준을 보여준다. 이 지도에서 가장 주목할 만한 특징은 북부와 남부의 현격한 격차이다. 위도와 제도 성과 간 상관성이 완벽하지는 않더라도, 하나의 집단으로서 북부의 주정부들은 남부 주정부들보다 더 나은 성과를 보였다. 분명히 이 결과가 예상치 못한 것은 아니다. 수천 권의 [이탈리아] 여행기에 나오는 말이 있다. "남부는 다르다."

제5장과 제6장에서 북부와 남부 간 이러한 뚜렷한 대비를 살펴볼 기회가 있을 것이다. 하지만 우리의 목표가 이해가 아닌 단순한 기술에만 그친다면, 이러한 관찰은 우리의 문제를 재설정하는 것에 그칠 뿐이다. 성공한 북부 지역과 성공하지 못한 남부 지역 사이의 차이는 무엇인가, 그리고 양 지역 내부에서 더 성공적이었던 것과 덜 성공적이었던 것은 무엇인가? 제1장에서 어느 정도 밝힌 바와 같이, 우리는 여기서 크게 두 가지 가능성에 집중할 것이다.

- 사회경제적 근대성, 즉 산업혁명의 결과
- 시민공동체, 즉 시민참여와 사회적 연대의 유형

이 장의 종반부에서 간략히 몇 가지 다른 가능성도 살펴보겠지만, 이는 설득력이 덜하다고 볼 수 있다.

[그림 4.1] 이탈리아 지역의 제도 성과, 1978-1985

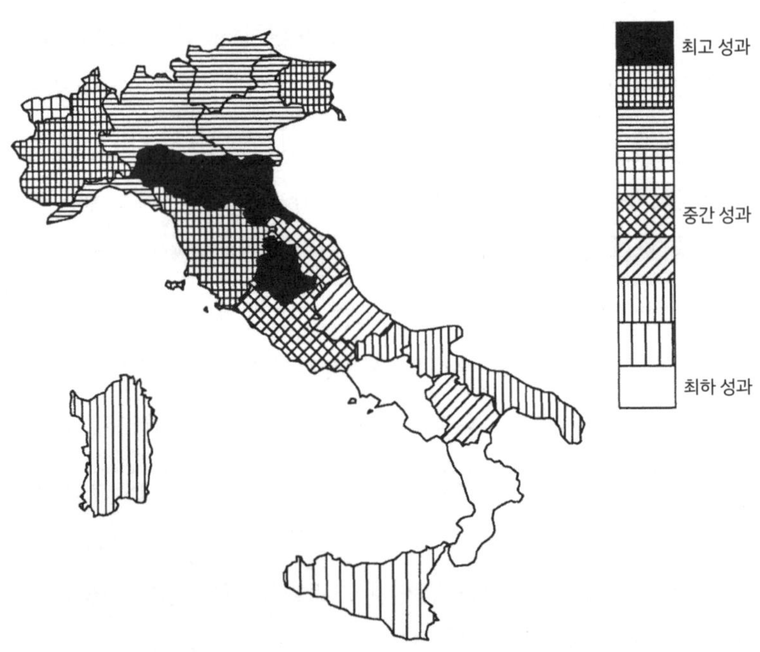

사회경제적 근대성

최근 수 세기 동안 서구사회에서 가장 중요한 사회적, 경제적 발전은 산업혁명과 그 영향이었다. 마르크스주의자와 비마르크스주의자 할 것 없이 인류 역사의 이 거대한 분기점은 백 년 이상 사회이론가들을 매료시켜왔다. 엄청난 수의 사람이 농지에서 공장으로 이동했다. 생활 수준이 믿을 수 없을 만큼 상승했고, 계급구조가 변화했다. 자본(capital stocks)은 실물과 인적 수준 모두에서 심화되었다. 교육 수준과 공공보건의 기준이 올랐고, 경제 및 기술 역량은 증대했다.

정치사회학자들은 오랫동안 민주적 정부가 안정적으로 성공할 가능성은 이러한 사회적이고 경제적인 변화에 달려 있다고 주장해왔다. 경험적으로 볼 때도, 효과적인 민주주의는 사회경제적 근대화와 상관관계가 있다는 것보다 더 확고하게 확립된 일반론은 찾아보기 힘들다.[1] 예를 들어 케네스 볼렌(Kenneth Bollen)과 로버트 잭맨(Robert Jackman)은 전 세계적으로 성공한 민주주의 국가들의 발생 빈도를 검토하면서 "비경제적 요인들을 고려하더라도, 경제발전 수준이 정치민주주의에 뚜렷한 영향을 미친다. (……) 국민총생산(GNP)이 가장 유력한 설명변수이다"라고 말했다.[2] 부는 공적, 사적 부담을 모두 덜어주고 사회적 적응을 촉진한다. 교육은 훈련된 전문가의 수뿐 아니라, 시민의 지적 교양을 증대한다. 경제성장은 오랫동안 안정적이고 효과적인 민주주의의 보루로 여겨져왔던 중간계급을 확대한다. 로버트 프라이드(Robert C. Fried)와 프랜신 라비노비츠(Francine Rabinovitz)는 전 세계 도시정부의 성공과 실패를 조사한 후 "성과의 차이를 설명하는 모든 이론 중 가장 설득력 있는 것은 근대

화”라고 결론내렸다.[3]

　이탈리아에서 이러한 변화는 19세기 말에 시작되었지만, 대부분은 최근 세대에서 일어났다. 변화는 이탈리아반도 전역에 영향을 주었지만, 우리는 탈산업화된 세베소부터 여전히 산업화 이전에 머물러 있던 피에트라페르토사까지 여행하면서, 북부가 남부보다 훨씬 앞서 있음을 깨달았다. 이러한 풍요와 경제적 근대성 수준의 극명한 대조는 우리가 주정부의 성과에서 발견했던 차이를 설명하는데, 중요한 부분이—아마도 유일하게 설명할 수 있다고 해도—아니라고 생각하기 힘들다.

　이탈리아 주 지역을 경제적 근대성의 정도와 제도 성과에 따라 배열한 [그림 4.2]는 우리가 맞닥뜨린 문제에 대한 이러한 해석이 갖는 강점과 약점 모두를 보여준다.[4]

　북부의 더 부유하고 근대화된 지역([그림 4.2]에서 우상단 사분면에 집중)은 물적·인적 자원이 빈약한 남부 지역에 비해 유리한 출발점에 있다. 북부 지역의 유리한 점은 각 주정부의 본부로 상징된다. 몇몇 남부 지역의 먼지 쌓인 광장의 특색 없는 구조물과 롬바르디아 주정부가 들어선 밀라노 중심 지역의 30층짜리 마천루를 비교해보라. 이 고층건물은 원래 다국적기업인 피렐리(Pirelli) 사가 세운 것이다. 북부 지역의 공중보건 담당자나 공공사업 관리자는 세계에서 가장 선진적인 경제를 갖춘 곳에서 충분한 자원을 활용할 수 있다. 남부의 관련 담당자들은 자신의 지역에서 거의 도움을 받지 못한 채, 해결하기 힘든 저개발의 문제와 마주해야 한다. 한 가지 흥미로운 사례를 들어보자. 1970년대 밀라노에는 수백 개 있던 정보처리 기업이 포텐차에는 거의 없었다. 문제를 해결하거나 인사관리에 도움을 받고자 하는 주정부의 행정가들에게 바실리카타주보다는

[그림 4.2] 경제적 근대성과 제도 성과

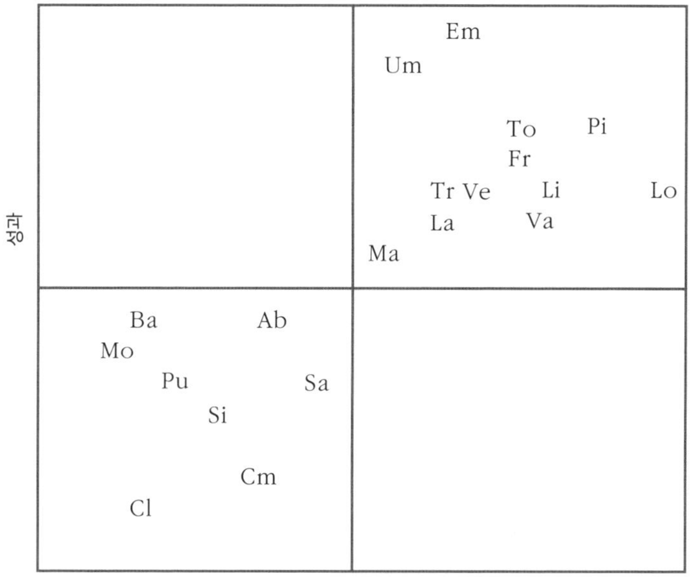

경제적 근대성
상관계수 r = .77

롬바르디아주가 분명히 더 좋은 조건임은 두말할 나위가 없다.[5]

분명한 것은 주정부가 활용할 수 있는 재정 자원으로 북부와 남부의 성과 격차를 단순히 설명할 수 없다는 것이다. 주정부의 재정은 더 빈곤한 지역에 유리한 재분배 원칙에 따라 중앙정부가 제공한다. 실제로 우리의 제도 성과 조사 결과는 가장 낙후된 지역 중 다수가 그들의 지출 역량보다 더 많은 재정을 보유하고 있다는 것을 보여주었다. 하지만 [그림 4.2]는 이러한 재정적 재분배가 사회경제적이고 기술적인 기반의 차이를 상쇄할 수 없다는 것을 분명히 시사한다.

[그림 4.2]에서 보이는 유형을 더 면밀하게 살펴볼수록 이러한 해석의 한계가 더 명료해진다. 지역은 부유한 지역과 가난한 지역, 두 개 사분면으로 나뉘는 것으로 나타나는데, 후자 지역의 정부들은 지속적으로 낮은 수준의 성과를 보인다. 하지만 각 사분면 '안'에서의 분명한 성과 차이는 경제발전의 관점에서 완벽하게 설명할 수 없다.[6] 나폴리 시가 있는 캄파니아주는 가장 낮은 발전 수준의 몰리세주와 바실리카타주보다 경제적으로 더 발전했지만, 이들 두 주정부는 캄파니아 주정부보다 눈에 띄게 효율적이다. 롬바르디아주, 피에몬테주, 리구리아주 모두 에밀리아로마냐주와 움브리아주보다 부유하지만, 에밀리아로마냐주와 움브리아주 주정부가 뚜렷하게 더 성공적이었다. 부와 경제발전만으로 정부 성과를 완벽하게 설명할 수 없는 것이다.

경제적 근대성은 어느 정도 공공제도의 높은 성과와 연계되어 있고, 이는 상당히 분명해 보인다. 그런데 지금까지 우리의 단순 분석으로는 근대성이 성과에 대한 하나의 원인인지(아마도 몇 가지 중 하나로서), 성과가 몇 가지 방식으로 근대성을 유인하는지, 앞의 두 가지 모두가 제3의 요인에 영향을 받는지(그래서 양자 간 연관성은 어떤 측면에서는 그럴듯하지만 사실이 아닌), 혹은 근대성과 성과 간 연계가 훨씬 더 복잡한 것인지에 대해 규명할 수 없다. 우리는 이 장의 후반부와 다음 두 개 장에서 이 복잡한—그리고 더 흥미로운—질문으로 돌아갈 것이다.

시민공동체: 몇 가지 이론적 고찰

16세기 피렌체에서는 이탈리아 르네상스 시기뿐 아니라 고대의 불안정한 공화주의 제도의 역사를 반영하여 니콜로 마키아벨리를 비롯해 몇몇 동시대 학자들이 자율적인 제도의 성공 여부는 그 시대의 시민이나 "시민문화"에 달려 있다고 결론지었다.[7] 예전부터 이어져온 영미 정치사상의 해석에 따르면, 이 시민인문주의자들의 "공화주의" 학파는 이후 홉스, 로크, 그리고 그들의 자유주의 계승자들에 의해 거센 비판을 받고 논쟁에서 패배했다. 공화주의자들이 공동체와 시민의 의무를 강조했던 반면, 자유주의자들은 개인주의와 개인 권리를 중요시했다.[8] 매디슨(Madison)과 그의 자유주의 동료들이 설계한 미국 헌법은 덕성이 가미된 공공의식을 갖춘 시민을 전제한 것이 아니라, 정확히 덕이 없는 시민을 위해 민주주의를 안전하게 하고자 견제와 균형에 중점을 두었다고 알려져 있다. 근대 민주주의를 이해하기 위한 안내자로서 시민공화주의자들은 시대에 뒤처진 이들이 되었다.

하지만 최근 수정주의 물결이 영미 정치철학을 휩쓸었다. [이에 대해] 어느 정도 비판적 입장인 돈 헤르조그(Don Herzog)는 "최근 25년 중 [정치사상사에서] 가장 극적인 수정은 시민인본주의의 발견—과 찬사—"이라고 말했다.[9] 수정주의자들은 공화주의 혹은 공동체주의의 중요 전통이 그리스와 마키아벨리로부터 전해져, 17세기 영국을 거쳐 미국 건국자들에게 전해졌다고 주장한다.[10] 개인주의를 배척하면서, 신공화주의자들은 존 윈스럽(John Winthrop)이 그의 "언덕 위의 도시" 시민들에게 한 웅변적이고 공동체주의적인 권고를 상기시킨다. "우리는 항상 같은 공동체의 구성원으로 우리 공동체를 보면서 서로에게 기쁨을 주고, 다른 이들의 처지를 우리의 것으로 여기며, 함께 기뻐하고, 함께 슬퍼하며, 함께 일하고 고통받아야 합니다."[11]

새로운 공화주의 이론가들에게 난관이 없었던 것은 아니다. 고전적인 자유주의적 개인주의에 대한 옹호자들은 새로운 공화주의자들이 칭송한 공동체의 개념이 "위험하고 시대착오적인 이상"이라고 주장했다.[12] 이상한 것은 이 광범위한 철학 논쟁이 지금까지 영미권 내외를 막론하고 체계적인 경험적 연구와는 거의 관련 없이 진행되어왔다는 것이다. 그럼에도 불구하고 이 논쟁은 다음과 같은 지적에서 드러나듯, 효과적인 민주주의 통치 이론을 위한 실마리를 담고 있다. "덕이 부족한 시민의 비율이 크게 증가함에 따라, 자유로운 사회가 성공적으로 기능할 능력이 급격히 축소할 것이다."[13] 우리는 민주 정부의 성공 여부가 정부를 둘러싼 환경이 얼마나 "시민공동체"의 이상에 근접해 있느냐에 달려 있다는 점에 대해 경험적 연구를 진행하려고 한다.[14]

그런데 이 "시민공동체"가 실제로 무엇을 의미하는가? 공화주의 이론가들의 작업을 반영하여 철학 논쟁에서 몇 가지 핵심 주제를 분류하는 것으로 시작할 수 있다.

시민참여

시민공동체에서 시민의식은 무엇보다 공적 업무에서의 능동적인 참여로 드러난다. 마이클 왈저(Michael Walzer)는 "공적 문제에 대한 관심과 공적 이상에 대한 헌신이 시민 덕목의 핵심 징표"라고 제시했다.[15] 모든 정치 활동이 당연히 "덕"의 꼬리표가 붙거나 공공복리에 기여한다고는 할 수 없다. "순전히 개인적이고 사적인 목적을 모두 희생하면서 공공선을 꾸준히 인식하고 추구하는 것"이 시민덕성의 핵심적 의미에 가까

워 보인다.[16]

이기심과 이타주의의 이분법은 과장되기 쉬운데, 인간과 성공적인 사회는 이기심이라는 강력한 동기를 포기할 수 없기 때문이다. 시민공동체의 시민은 이타주의자가 될 것을 요구받지 않는다. 하지만 시민공동체에서 시민은 토크빌이 "바르게 이해되는 이기심"이라고 말한 것, 즉 보다 넓은 공공의 요구라는 맥락에서 정의된 이기심, "근시안적"이기보다는 "계몽적"인 이기심, 타인의 이익에 민감한 이기심을 추구한다.[17]

시민덕성의 부재는 에드워드 밴필드(Edward Banfield)가 피에트라페르토사에 인접한 작은 도시 몬테그라노를 지배한 에토스(ethos)에 대해 보고한 "비도덕적 가족주의", 즉 "핵가족의 물질적인, 단기적 이익을 극대화하며, 다른 모든 가족도 그렇게 행동할 것이라고 가정하는 것"에서 잘 드러난다.[18] 시민공동체의 참여는 이보다 더 공공의식을 갖추고 이익의 분배를 더 지향하다. 시민공동체의 시민은 이타적 성인은 아닐지라도, 공공 영역을 개인의 이익 추구를 위한 교전장 그 이상으로 여긴다.

정치적 평등

시민공동체의 시민의식은 모두에 대해 동등한 권리와 의무를 수반한다. 이러한 공동체는 권위와 종속의 수직적 관계가 아니라, 호혜와 협력의 수평적 관계로 결속되어 있다. 시민은 후견인과 피후견인, 지배자와 청원인이 아니라 서로 평등하게 교류한다. 분명히 모든 고전적 공화주의 이론가들이 민주주의자들은 아니었다. 또한 현대 시민공동체가 노동분업의 이점과 정치 리더십에 대한 욕구를 포기할 수 있는 것도 아니다. 하지만 이러한 공동체의 지도자들은 그들의 동료 시민을 책임져야 하고 스스로 그러해야 한다고 인식해야 한다. 절대권력과 권력 부재는 모두 부패할 수 있는데, 양쪽 다 무책임성을 갖게 하기 때문이다.[19] 정치가 상호 호혜의 규범과 자치의 참여를 따르는 시민들 간 정치적 평등의 이상에 근접해갈수록, 그 공동체는 더 시민적이라고 평가할 수 있다.

연대, 신뢰, 관용

시민공동체의 시민은 능동적이고, 공공의식을 갖추며, 서로 동등한 존재 그 이상이라는 것이 일반적인 설명이다. 덕을 갖춘 시민은 본질적 문제에서는 다를 수 있어도, 서로를 향해 도움을 주고, 존중하며, 신뢰를 가진다. 시민공동체에 속한 시민은 공적 문제에 대해 저마다 확고한 입장을 가지므로 평온한 상태라 해도 갈등이 없을 수 없다. 하지만 서로에게 관용적이다. "이것이 아마도 아리스토텔레스가 공동체 구성원들 간 관계의 특성이어야 한다고 했던 '우정'에 가장 가까운 개념일 것"이라고 마이클 왈저는 주장한다.[20] 잔프랑코 포지(Gianfranco Poggi)가 토크빌의 민주적 통치 이론에서 지적했듯이 "공화주의 사회가 유지되기 위해 사람들 간에 가장 널리 퍼져 있어야 할 도덕적 성향은 신뢰일 것이다."[21]

겉으로 보기에 "이기적인" 거래조차 상호 신뢰를 증진하는 사회적 네트워크에 착근되어(embedded) 있을 때 다른 성격을 취하게 되는데, 이는 제6장에서 자세히 살펴볼 것이다. 신뢰 구조는 시민공동체가 경제학자들이 말하는 "기회주의"를 더 쉽게 극복하게 한다. 이 기회주의 안에서 이익의 공유는 실현되지 않는데, 불신으로 고립되어 개별적으로 행동하는 개인은 집합행동에서 벗어나려는 동기를 가지기 때문이다.[22] 남미의 지역사회 발전에 관한 한 연구는 풀뿌리 협동기업과 정치적 동원의 발생이, 직접적이고, 목표 달성을 위한 수단적 측면에서 성공적이지는 않다 하더라도 "고립과 상호 불신을 해소"하는 간접적 효과를 가지므로 사회적 중요성을 가진다고 강조한다.[23]

결사체: 사회적 협력구조

시민공동체의 규범과 가치는 특정 사회구조와 실행에 의해 구체화되고 강화된다. 이에 관해 가장 적절한 사회이론가가 알렉시스 드 토크빌(Alexis de Tocqueville)이다. 그는 "미국의 민주주의"를 유지한 사회적 조건들에 대해 고찰하면서, 미국인들이 시민조직과 정치조직을 형성하는 성향을 매우 중요하게 여겼다.

세대, 지위, 계층, 성향을 막론하고 미국인은 끊임없이 결사체를 만들고 있다. 모든 사람이 참여하는 상업 및 산업 단체뿐만 아니라, 수천 가지 유형의 종교단체, 도덕단체, 진지한 단체, 무익한 단체, 매우 보편적인 단체와 매우 제한적인 단체, 엄청나게 규모가 크거나 아주 소규모의 단체들이 있다. (……) 그래서 오늘날 세계에서 가장 민주적인 이 국가는 사람들이 공통적으로 원하는 목적을 함께 추구하는 기술을 최고 수준으로 완벽하게 수행하고, 이 새로운 기술을 수없이 다양한 목적에 적용해왔다.[24]

시민결사체는 민주 정부의 효과성과 안정성에 기여한다고 보는데, 둘 다 개별 구성원에 "내적" 영향을 주고, 더 큰 정치체(polity)에 "외적" 영향을 미친다.

내부적으로 결사체는 소속 구성원에게 협력, 연대, 공공의식을 불어넣는다. 토크빌은 "상호 호혜적인 사람들의 행동이 겹겹이 쌓일 때만 감정과 생각이 다시 새로워지고, 마음이 넓어지며, 더 잘 이해하게 된다"는 점을 알아냈다.[25] 이 의견은《시민문화(*Civic Culture*)》의 이탈리아를 포함한 5개 국가의 시민조사 결과로 뒷받침되는데, 결사체의 구성원은 정치적 교양 수준, 사회적 신뢰, 정치 참여도, "주관적 시민역량"이 더 높다.[26] 시민조직의 참여를 통해 집단적 노력을 위한 책임성의 공유의식뿐 아니라 협력의 기술도 배운다. 더욱이 개인이 다양한 목적과 구성원으로 조직된 "교차집단(cross-cutting group)"에 속할 때, 그들의 태도는 집단 내 상호작용과 영향력의 결과로 온건해지는 경향을 가질 것이다.[27] 이러한 효과는 결사체가 반드시 정치적으로 분명한 목적을 가져야 하는 것은 아니라는 점에서 주목할 만하다. 합창단이나 조류 관찰 동호회에 참여하여 자기 수양과 성공적인 협력의 즐거움에 감사하는 법을 배울 수도 있다.[28]

외부적으로는 20세기 정치학자들이 말해왔던 "이익표출"과 "이익집약"이 2차 결사체*의 촘촘한 네트워크에 의해 신장된다. 토크빌은 이렇게 말했다.

---

* secondary association. 이에 대한 정의는 퍼트넘의 이후 저작인《나 홀로 볼링》(정승현 옮김. 페이퍼로드. 2009. 80쪽)에 등장한다. 가까운 친구나 가족과 같이 가장 직접적인 연관성을 갖는 1차 결사체(primary associaion)와 달리, 2차 결사체는 교회, 노동조합, 지역사회 단체와 같이 이 책에서 분석 대상으로 삼고 있는 결사체와 동일한 의미로 쓰인다.《나 홀로 볼링》에서는 회원 규모가 더 비대해졌지만, 사회적 연계라는 면에서 결속력은 부재한 3차 결사체(tertiary association)가 주요한 연구 대상이다. 참고로 에밀 뒤르켐(Emile Durkheim)은《사회분업론(*The Division of Labor in Society*)》을 통해 혈연과 종교 및 전통 같은 공통가치와 집단의식에 기초한 전통사회의 기계적 연대와 산업사회에서의 사회분업이 활성화되면서 나타난, 개인의 자발성과 상호의존관계에 기초한 유기적 연대를 구분했다.

어떤 의견이 결사체를 통해 대표될 때는, 더 분명하고 정확한 형태를 띠어야만 한다. 결사체는 지지자들을 파악하고 대의에 참여시킨다. 이를 통해 지지자들은 서로를 알아가게 되고, 그 숫자가 늘어나면 열정도 커진다. 결사체는 이견의 에너지를 결합하여 명료하게 지시된 목표를 향해 지지자들을 강력하게 이끌고 간다.[29]

이 연구에 따르면, 2차 결사체의 촘촘한 네트워크는 효과적인 사회 협력을 구체화하기도 하고, 그것에 기여하기도 한다. 장자크 루소 같은 사상가들이 표현한 파벌의 공포와 달리, 시민공동체에서 같은 생각을 가진 사람들의 결사체는 효과적인 민주적 통치에 기여한다.[30]

보다 최근의 독창적인 연구는 결사체주의가 효과적인 자치를 위한 필요조건이라는 입장을 강화한다. 밀턴 에스먼(Milton Esman)과 노먼 업호프(Norman Uphoff)는 제3세계의 발전에 관한 수많은 사례연구를 정리하면서, 지방의 결사체들이 성공적인 농촌 발전 전략에서 가장 결정적인 요인이 된다고 결론내렸다.

대부분의 개발도상국에서 예측 가능한 미래에 지배적일 것으로 보이는 조건하에서 대규모 빈곤을 극복하기 위한 어떤 진지한 노력에도 회원 조직의 강력한 네트워크는 핵심적이다. (……) 다른 요소들—기반시설투자, 공공지원정책, 적정기술, 관료와 시장제도—도 필수적이지만, 참여형 지방조직이 거의 부재한 곳에서 생산성 증가와 이익의 광범위한 분배를 결합하는 어떠한 농촌 개발전략도 가시화할 수 없다.[31]

불행하게도 사회공학의 관점에서 보면, 에스먼과 업호프는 외부에서 "이식된" 지방조직들의 실패 확률이 높다는 점을 발견했다. 가장 성공적인 지방조직들은 비교적 응집력 있는 지역사회에서 참여를 주도하는 토착적 조직들로 나타난다.[32]

에스먼과 업호프가 명시적으로 말하지는 않지만, 그들의 결론은 몬테그라노 주민 생활에 관해 "몬테그라노의 빈곤과 후진성은 그 주민들이 공공선이나, 또는 실제로는 핵가족의 즉각적인 물질적 이익을 넘어서는 목적을 위해 함께 행동하려는 능력이 부재한 것으로서 대체로(완벽하지는 않지만) 설명된다"는 해석과 매우 일치한다.[33] 밴필드의 비판은 그가 이러한 행동의 원인이 "에토스"에 있다고 본 것과는 차이가 있지만, 몬테그라노의 지역사회 환경을 개선하기 위한 "의식적으로 일치되는 행동"이 없었음을 강조하며, 협력 부재를 기술한 것과 다르지 않다.[34]

시민공화주의의 옹호자와 비판자 모두 흥미로운 철학적 문제를 제기했다. 우리는 지금까지 경험적 방식으로 다루지 않았던 질문의 답을 구하고자 한다. 지역사회의 "시민성"과 지역사회 통치의 질적 측면은 어떤 관계인가?

시민공동체: 이론의 검증

이탈리아 주 전역에 걸친 수백 곳 지역사회에 대한 상세한 민족지학적 기록이 부족한 상황에서, 각 지역의 사회 및 정치 생활의 정도가 시민공동체의 이상에 얼마나 근접해 있는지 어떻게 알 수 있을까? 사회적 연대와 시민참여의 유형에 대한 어떤 체계적 근거자료가 있을까? 우리는 여기서 지역 생활의 "시민성"에 관한 네 가지 지표에 대한 근거자료를 제시하고자 한다. 이 중 두 개는 우리가 시민공동체로 규정했던 것에 대한 토크빌의 광의의 개념에 직접적으로 일치하고, 다른 두 가지는 정치 행태와 더 직접적으로 관련된 것들이다.

시민적 사회성에 관한 한 가지 핵심 지표는 활발한 결사체 활동이다. 다행히 이탈리아의 모든 결사체—전국 단위뿐 아니라 지방까지—에 대한 공식 조사를 통해 이탈리아 각 지역사회와 주에 걸쳐 아마추어 축구클럽, 합창단, 자전거 동호회, 조류 관찰 동호회, 문학 동호회, 사냥협회, 라이온스클럽, 그리고 여타 단체의 수를 정확하게 확인할 수 있다.[35] 이들 취미 모임과 문화 결사체의 우선적 활동 영역은 [표 4.1]과 같다.

우선 노동조합을 제외하면, 스포츠클럽이 이탈리아 사람들이 참여하는 2차 결사체에서 월등히 큰 비중을 차지한다. 하지만 다른 유형의 문화와 여가활동 또한 두드러진다. 인구의 차이를 표준화하면, 이 자료는 자발적 결사체 활동이 절정에 이르렀을 때, 이탈리아 일부 지역은 토크빌이 말한 미국의 타고난 "결사체 참여자들"에 필적할 만하지만, 다른 지역의 주민들은 밴필드가 몬테그라노를 고립되고 불신에 가득 찬 "비도덕적 가족주의"로 말한 유형에 정확히 들어맞는다. 이탈리아의 20개 주에서, 스포츠클럽의 밀도는 발레다오스타주 주민 377명당 1개 클럽, 트렌티노알토아디제주 주민 549명당 1개 클럽에서 풀리아주의 1,847명당 1개 클럽까지 다양하게 분포되어 있다. 스포츠클럽 외 결사체 관련 수치는 트렌티노알토아디제주의 한 클럽당 1,050명과 리구리아주의 2,117명에서 사르데냐주의 13,100명까지의 분포를 보인다. 이러한 수치는 어떤 지역이 시민공동체의 이상에 가장 근접한지를 보여주는 첫 번째 단서이다.[36]

[표 4.1] 이탈리아의 지방 결사체: 활동 영역

활동 영역	결사체 비중(%)
스포츠 클럽	73
기타 결사체	27
이 중:	
여가	42
문화 및 과학 활동	21
음악 및 영화	19
기술 혹은 경제	4
건강 및 사회서비스	4
기타	10

자료: *Le Associaziom Italiane,* ed. Alberto Mortara (Milan: Franco Angeli, 1985), p. 57.

토크빌은 또한 근대사회에 있어서 시민적 활력, 결사체, 지방신문 간의 연계성을 강조했다.

어떤 확고하고 지속적인 유대감도 더 이상 사람들을 단결시킬 수 없을 때, 도움이 필요한 모든 사람에게, 자발적으로 자신의 노력과 모든 타인의 노력을 합침으로써 자신의 사적 이익이 증진된다는 점을 설득할 수 있어야 수많은 사람의 협력을 구할 수 있다. 이는 신문의 도움이 있어야만 일상적으로 용이하게 이룰 수 있다. 신문만이 수천 명 독자를 상대로 같은 시간에 같은 생각을 펼쳐 보일 수 있다. (……) 따라서 어떤 민주적 결사체도 신문 없이는 지속되기 힘들다.[37]

지금이야 다른 많은 대중매체가 지역 내 뉴스전달자(town crier)로서 기능하지만, 특히 오늘날 이탈리아에서는 여전히 신문이 가장 광범위하게 지역사회 문제를 다루는 매체로 남아 있다. 신문구독자는 비구독자보다 더 많은 정보를 제공받음로써 시민적 숙의 과정에 더 잘 참여하게 된다. 흡사 신문구독자는 지역사회 문제에 대한 시민의 관심 지표와 같은 역할을 한다.

신문구독률은 이탈리아 주 전역에 걸쳐 매우 다양하게 나타난다.[38] 가구 단위로 보면, 1975년, 리구리아주의 가구 중 80%에서 최소 1명이 1부의 신문을 구독했고, 몰리세주에서는 그 비중이 35%였다. 그래서 이것이 이탈리아 지역에서 시민공동체에 근접하는 정치 및 사회 생활의 정도를 평가하는 두 번째 요소가 된다.

정치참여를 측정하는 한 가지 표준 척도는 투표율이다. 하지만 이탈리아 총선의 투표율은 몇 가지 이유로 시민참여의 척도로서 문제가 있다.

- 최근까지 이탈리아는 법을 통해 모든 시민이 총선에 투표하도록 강제했다.* 이 법의 강제력이 균등하게 작용하지는 않았겠지만, 많은 사람을 투표소로 이끌었기 때문에 사람들의 투표 동기가 "시민성에 기반해" 있다고 보기 힘들다.

- 정당조직은 선거에 영향력을 행사하려는 분명한 동기를 가지므로, 유권

---

* 이탈리아의 의무투표제는 헌법상 투표를 시민의 의무로 규정한 데 따른 것이었다. 공식적인 제재가 부가되지는 않았지만, 이른바 '무해한 제재(innocuous sanction)'로 무작위에 의한 어린이집 등록을 어렵게 하는 사례 등이 있었다. 의무투표제는 공식적으로 1993년 선거법 개정을 통해 폐지되었다.

자 자신의 시민참여 동기와 별개로, 정당조직의 조직력과 활동력에 따라 투표율이 다양하게 나타날 것이다.

- 후견-피후견 관계가 만연해 있는 많은 지역에서, 총선 투표는 당장의 개인 후견에 대한 직접적 보은(quid pro quo)을 의미한다. 따라서 "시민" 참여의 지표로 보기 힘들다.

그러나 1974년 이후로는 그전에 사문화되었던 헌법의 국민투표 조항이 광범위한 논쟁의 해결을 위해 반복적으로 적용되었다. 1974년 이혼의 합법화 여부에 대한 국민투표는 마음속 깊이 잠복해 있던 종교적 신념을 자극했다. 전국임금협약의 에스컬레이터 조항*에 관한 1985년 국민투표는 많은 유권자를 이익투표로 이끌었고, 계급 균열에 영향을 미쳤다. 1981년 반테러법**이나 1987년 원자력 발전법***에 대한 국민투표도 기존과 다른 이해관계를 형성하며 "새로운 정치" 연대를 촉발했다. 각각의 국민투표는 그렇게 주요 공공정책 쟁점에 대한 유권자 입장을 표출하도록 했다.

---

* 임금물가연동제(Scala Mobile)를 말하는 것으로, 1984년 당시 사회당 정부의 크락시 총리가 인플레이션 대책으로서 임금 인상을 제한하는 조치를 단행했다. 이에 노조와 이탈리아 공산당(PCI)이 크게 반발하여 1985년 국민투표를 추진하여 성사되었으나, 투표 결과는 정부 조치의 찬성 쪽이 더 높게 나왔다.

** 1975년에 도입된 반테러법에 대해 급진당(PR)과 좌파 일부가 인권침해 문제를 거론하며 1981년 두 가지 조항의 폐지를 요구하는 국민투표가 실시되었다. 그러나 압도적인 반대로 부결되었다.

*** 1986년 체르노빌 원전폭발사고를 계기로, 원자력발전에 관한 법률 중 세 가지 조항의 폐지 여부를 묻는 국민투표를 실시하였는데, 압도적인 찬성이 나오면서 이탈리아는 사실상 유럽 최초로 탈원전 정책을 실시하게 되었다.

이들 국민투표의 투표율은 총선보다 크게 낮았는데, 위에서 열거한 "비시민적" 동기가 없었기 때문이라는 점에 의심의 여지가 없다. 최근 수십 년간 평균 투표율은 90% 이상이었던 데 반해, 그동안 진행된 국민투표의 투표율은 1974년 최초로 진행된 국민투표의 86%에서 꾸준히 떨어져 가장 최근인 1987년 국민투표에서는 64%를 기록했다. 국민투표의 투표율에 대해 이탈리아의 전문가가 살펴보았던 것처럼 "'거래'를 위한 기회로서 투표를 활용하는 사람들에게 선거(국민투표의 경우처럼)가 즉각적인 개인적 혜택을 얻을 가능성을 제공하지 못하면, 투표소로 갈 유인이 희박해진다."[39] 국민투표에 참여하는 유권자의 우선된 동기는 공적 문제에 대한 관심이고, 이는 평균보다 열정적인 시민의 의무감으로 고양된다. 그래서 국민투표의 투표율은 비교적 시민참여의 "순수한" 척도를 제공한다고 볼 수 있다.

역대 국민투표에서 전국 평균 투표율은 낮아졌지만, 지역 간 투표율은 그 차이가 크면서도 일정했다. 지역별 통계표에서 1974년부터 1987년까지 치러진 5개 주요 국민투표의 투표율은 에밀리아로마냐주에서 평균 89%를 보인 데 반해, 칼라브리아주는 60%를 보여 대조를 이루었다. 더욱이 투표율과 관련한 지역 순위는 이혼법(1974), 정당에 대한 공적자금 지원(1978), 테러와 공공안전(1981), 임금의 에스컬레이터 조항(1985), 원자력발전(1987)까지 사실상 모든 쟁점에 걸쳐 동일했다. 결국 이탈리아의 일부 지역 시민들만이 다양한 주제의 공적 문제에 대한 대중적 숙의 결정 참여를 적극적으로 선택했고, 다른 지역 시민들은 참여하지 않는 쪽을 택했던 것이다. 그래서 우리는 시민참여의 세 번째 지표로서, 이들 다섯 번 국민투표의 투표율을 간결하게 지표로 만들었다([표 4.2]).[40]

[표 4.2] 국민투표 투표율 지수, 1975-1987

연도	주제	요인적재값
1974	이혼 합법화	0.990
1978	정당에 대한 공적자금 지원	0.988
1981	공공안전과 테러 방지	0.996
1985	임금의 에스컬레이터 조항	0.991
1987	원자력발전	0.976

총선 투표율 자체가 시민참여 동기에 대한 좋은 척도는 아니지만, 한 가지 특별한 이탈리아 투표제도의 특성은 지역정치 관행에 대한 중요한 정보를 제공한다. 전국 선거에서 모든 유권자가 하나의 정당명부를 선택해야 하고, 의석수는 비례대표로서 각 정당에 할당된다. 하지만 유권자들이 추가로 원하면 그들이 선택한 정당명부에서 특정 후보자에 대한 선호를 표기할 수 있다. 전국 차원에서 보면 소수 유권자만이 이 "선호투표"를 행사하지만, 정당 명칭(party label)이 대체로 후견-피후견 네트워크의 허울인 지역에서는, 경쟁 파벌들 간 선호표를 얻으려는 경쟁이 치열하다. 이러한 지역에서 선호투표는 후견-피후견의 거래관계에서 필수가 된다.

선호투표 빈도는 이탈리아 정치 연구자들에게 인물중심주의(personalism), 파벌주의, 후견-피후견 정치에 대한 믿을 만한 지표로서 오랫동안 인식되어왔고, 우리는 이러한 해석을 추가적으로 간략히 확인할 것이다.[41] 이러한 점에서 선호투표는 시민공동체의 부재를 나타내는 지표로 선택될 수 있다. 선호투표제 실행의 지역 간 차이는 수십 년

선거년도	요인적재값
1953년 선호투표	0.971
1958년 선호투표	0.982
1963년 선호투표	0.984
1972년 선호투표	0.982
1976년 선호투표	0.970
1979년 선호투표	0.978

간 매우 일정하게 유지되어왔는데, 에밀리아로마냐주와 롬바르디아주는 17%, 캄파니아주와 칼라브리아주는 50%까지 차지했다. [표 4.3]은 1953년부터 1979년까지 여섯 번의 전국선거에서 선호투표 구성지수를 요약한 것인데, 이것을 이탈리아 지역의 "시민성"을 평가하는 네 번째 요소로 제시한다.[42]

[정치 참여의] 동기와 정치 현실이 국민투표의 투표율과 선호투표에 근거한다는 우리의 분석이 맞는다면, 투표율과 선호투표 빈도는 음의 상관관계를 가져야 한다. 하나는 쟁점정치를, 다른 하나는 후견정치를 반영하기 때문이다. [그림 4.3]은 이것이 맞는다는 것을 보여준다. 어떤 지역은 많은 수의 시민이 다양한 공적 문제에 자신의 의사를 보이기 위해 참여하지만, 총선에서 인물중심적인 선호투표는 이용하지 않는다. 다른 지역의 시민들은 후견-피후견 네트워크에 얽혀 있다. 그들은 으레 공적 문제에 대해 의견을 표시할 기회를 포기하는데, 그들에게 투표란 본질적으로 즉각적이고 매우 개인화된 종속관계에서 일종의 거래증표로 작동하기 때문이다.

어떤 의미에서는 두 집단 모두 "정치에 참여"하고 있다. 양자 간 차이는 참여의 '양'보다는 참여의 '질'에 있다. 두 지역에서 참여의 성격은 정치의 본성을 매우 다르게 여기기에 차이가 난다. 어떤 지역에서는 정치가 공적 문제에 대한 집단적 숙고라는 전제하에 정치 행태가 이루어진다. 다른 지역에서는 정치가 위계적으로 조직되고 개인적 이익이라는 좀 더 협소한 초점에 맞춰진다. 이러한 지역 간 차이가 '왜' 존재하는지, 그리고 그 차이가 지역 통치에 어떤 결과를 가져오는지가 곧 다룰 내용들이다.

우리가 전제한 시민공동체의 이미지처럼, 네 가지 지표는 실제로 매우 연계성이 높고, 국민투표의 투표율이 매우 높고 개인적인 선호투표 참여도가 낮은 지역은 사실상 시민 결사체 조직이 긴밀하게 엮여 있고 신문구독률이 높은 지역이기도 하다. 결과적으로 우리는 이 네 가지 지표를 [표 4.4]에서 요약한 것처럼 시민공동체 지수로 편의상 하나로 묶을 수 있다. 물론 "시민성"에 대한 단일한 지표는 오도될 수도 있지만, 이 구성지수는 중요하고도 일관된 유형(syndrome)을 반영한다.

다음으로 [그림 4.4]는 이탈리아 20개 각 주의 "시민성" 수준을 보여준다. 에밀리아로마냐주와 같이 시민성 점수가 가장 높은 지역의 시민들은 문학 동호회, 밴드, 사냥클럽, 협동조합 등 여러 지방 결사체에 적극 참여한다. 그들은 지방언론을 통해 자기 지역의 문제를 주시하고, 정책에 관한 신념을 가지고 정치에 참여한다. 반대로 칼라브리아주와 같이 시민성 점수가 가장 낮은 지역의 유권자들은 쟁점이 아니라, 위계적인 후견-피후견 네트워크 때문에 투표소로 간다. 이 지역에 시민 결사체가 부재하고 지방언론이 소수에 그친다는 것은 그곳 시민들이 지역사회 문제에 거의 관여할 기회가 없다는 의미이다.

이 두 부류의 지역사회에서 공공생활은 큰 차이를 보인다. 시민성의 수준이 높은 지역에서는 두 명의 시민이 길거리에서 만날 때, 십중팔구 '둘 다' 그날 집에서 신문을 읽고 왔을 가능성이 높다. 시민성이 낮은 지역에서라면 '아무도' 그러지 않았을 가능성이 높다. 시민성이 강한 지역에서는 시민의 절반 이상이 일생 동안 한 번도 선호투표를 하지 '않았다'. 시민성이 약한 지역에서는 유권자의 절반 이상이 '항상' 선호투표를 해왔다.[43] 스포츠클럽, 문화 및 여가 모임, 지역사회 및 사회활동조직, 교육 및 청년조직, 그리고 기타 결사체의 회원 수는 시민성이 약한 지역에 비해

[표 4.4] 시민공동체 지수

구성척도	요인적재값
선호투표 빈도, 1953–1979	−0.947
국민투표 투표율, 1974–1987	0.944
신문구독자 수, 1975	0.893
스포츠와 문화 결사체의 부족, 1981	−0.891[a]

[a] 본문에서 밝혔듯이, 이 변수의 숫자가 높을수록 결사체의 밀집도는 낮다.

구성요소와 시민공동체 지수 간 상관계수(r)				
	선호투표	국민투표	신문구독	결사체
선호투표	1.00	−0.91	−0.77	0.82
국민투표	−0.91	1.00	0.79	−0.76
신문구독	−0.77	0.79	1.00	−0.73
결사체	0.82	−0.76	−0.73	1.00

주: 위 상관계수는 통계적으로 .001 수준 혹은 그 이상에서 유효하다.

강한 지역에서 약 두 배 많다.[44]

[그림 4.4]와 [그림 4.1]을 바로 비교해보아도 주정부의 성과와 시민공동체의 이상에 근접한 지역의 사회, 정치생활의 정도는 놀랄 만큼 일치한다. 이러한 강도 높은 관계는 [그림 4.5]에서 분명히 나타난다. "시민성"은 우상면의 성과 높은 지역과 좌하면의 성과 낮은 지역으로 구별되며, 각 사분면 '안' 미묘한 성과의 차이도 우리가 제시한 지역사회 생활 척도와 긴밀하게 연결된다.[45] 시민공동체를 통한 예측력은 [그림 4.2]에 요

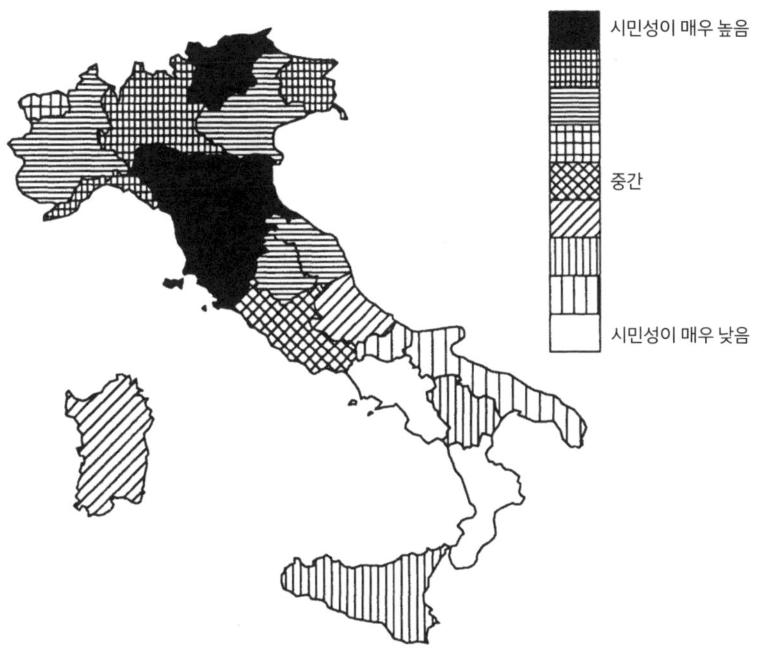

약된 경제발전의 예측력보다 더 크다. 시민성이 강한 지역일수록 그 지역의 주정부는 더 효율적이다.

이 관계는 너무도 강력해서, 우리가 지역의 "시민성"을 고려할 때, 이전에 관찰했던 경제발전과 제도 성과 사이의 관계는 그 의미를 완전히 상실한다.[46] 달리 말하면, 경제적으로 앞선 지역은 시민성이 더 갖추어졌기에 더욱 성공적인 주정부를 갖는 것으로 나타난다. 시민공동체와 경제발전 사이의 연결 자체가 흥미롭고 중요하다는 점은 확실하다. 그래서 그 연결 문제는 제5장과 제6장에서 주목해 다룰 것이다. 지금은 주정부의

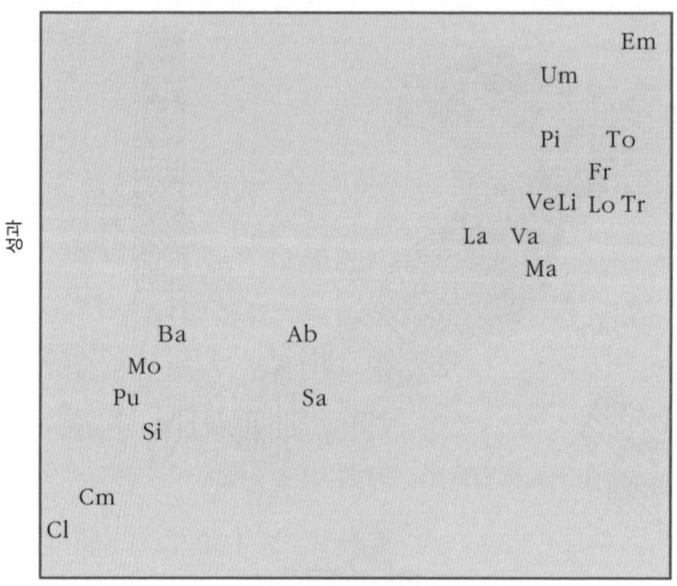

[그림 4.5] 시민공동체와 제도 성과

성과가 어느 정도 그 지역 내 사회와 정치생활의 시민적 특성과 매우 밀접하다는 점을 인식하는 것으로 충분하다. 많은 시민 결사체가 활동하고, 신문구독자 수가 많으며, 쟁점지향적 유권자가 많고, 후견-피후견 네트워크가 거의 없는 지역은 정부가 더 효율적일 수 있는 비옥한 토대를 제공하는 것으로 보인다. 그렇다면 이러한 공동체는 무엇이 그렇게 특별할까?

시민공동체의 사회생활과 정치생활

시민공동체의 생활은 여러 가지 측면에서 근본적으로 구별된다. "시민성"의 사회적이고 정치적인 해석에 대한 이해는 지역정치인, 지역사회 지도자, 일반인에 대한 우리의 조사를 통해 심화할 수 있다.

먼저 시민성이 뒤처진 지역의 정치참여는 공적 문제에 대한 정책적 관심보다는 인물중심적인 후견-피후견 네트워크에 의해 강제되거나 제한된다는 우리의 주장을 뒷받침하는 몇 가지 개별적인 근거를 생각해보자. 우리는 1982년 전국표본조사에서 지역사회 지도자들에게 자기 지역의 정치생활을 설명한다면 상대적으로 "정책에 의한 것"인지, 아니면 "후견주의에 따른 것"인지를 물었다. 응답자 중 자기 지역의 정치를 후견에 따른 것이라고 설명한 비율은 몰리세주의 85%부터 프리울리베네치아줄리아주의 14%까지 분포되어 있었다. [그림 4.6]은 지역정치에 대한 지역사회 지도자들 자신의 설명이 우리가 만든 시민공동체 지수와 매우 밀접하게 연관되어 있음을 보여준다(특히 매우 작은 표본과 그로 인한 표본오차 때문에 발생하는 통계적 손실을 염두에 둔다면). 시민들이 인물중심적 선호투표를 행사하지만, 국민투표에는 불참하고, 시민 결사체에도 참여하지 않으며 신문도 읽지 않는 지역은 지도자들이 자신의 지역을 정책보다 후견주의로 설명한 지역과 동일하다.

시민과 정치인을 대상으로 한 조사 결과도 우리가 개인화된 후견정치의 발생을 추적하는 데 도움을 준다. 시민성이 약한 지역의 시민들은 시민성이 강한 북부 지역보다 그들 지역의 의원들과 개인적으로 접촉하는 비율이 훨씬 높다.[47] 더욱이 이러한 접촉은 공적 문제보다는 주로 개인적

[그림 4.6] '후견주의'와 시민공동체

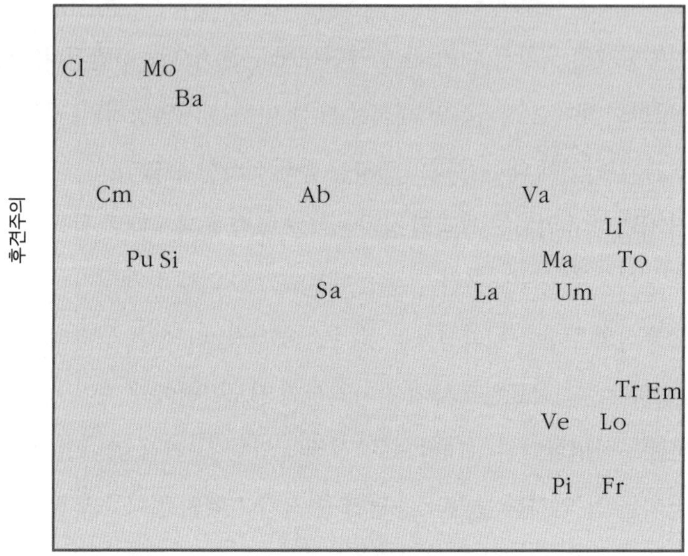

시민공동체
상관계수 r = -.71

인 문제와 관련 있다. 1988년 조사에서 시민성이 가장 낮은 지역의 유권자 중 20%가 자주 "정치인들에게 면허, 일자리 등에 대해 도움을 요청한다"고 인정했는데, 가장 시민성이 강한 지역에서는 유권자 중 5%만 이에 해당하는 것과 대조적이다. 이 '개별접촉'이 교육 수준, 사회계급, 소득, 정치적 관심, 당파성, 연령과 같이 일반적으로 정치참여와 연관된 인구학적 특성으로 예측되지는 '않지만', 시민성이 약한 지역에서는 '모든' 사회적 범주에서 훨씬 더 흔하게 나타난다. 이러한 참여 형태는 당신이 '누구인가'보다는 '어디에 사는가'에 더 연관된 것으로 보인다.[48]

주의회 의원들에 대한 조사 결과는 이러한 양상과 완벽하게 일치한다.

[그림 4.7] ‘개별접촉’과 시민공동체

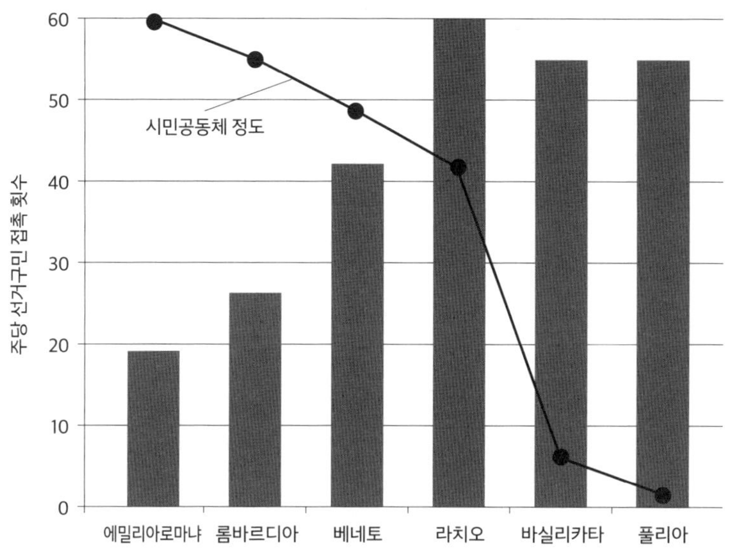

우리는 개별 의원들에게 지난주에 얼마나 많은 시민이 찾아왔고, 그 이유는 무엇인가 물었다. 4차에 걸친 인터뷰 모두에서 결과는 사실상 동일했다. 가장 시민성이 강한 에밀리아로마냐주의 주의회 의원들은 일주일에 평균 20명 이하의 선거구민을 만난 반면, 시민성이 가장 약한 지역에서는 55명에서 60명을 접촉했다([그림 4.7]은 여섯 개 모든 주의 결과를 보여준다).

시민성이 약한 지역에서는 이러한 만남이 전반적으로 일자리 및 후견 문제와 관련된 반면, 에밀리아 사람들은 정책이나 입법과 관련될 가능성이 높다. 풀리아주와 바실리카타주의 주의원들은 평균적으로 매일 8-10회에 걸쳐 일자리와 기타 청탁을 받는데, 에밀리아로마냐주에서는 그런 요청이 하루에 한 번 정도이다. 반면 에밀리아로마냐주 주의원은 공적 문제에 대한 시민 질의에 매일 한 번 보고한다. 이러한 일은 풀리아주나 바실리카타주 주의원에게는 결코 일어나지 않는다. 정리하면, 시민성이 강한 지역의 시민은 주의회 의원을 훨씬 덜 접촉하는데, 접촉하더라도 후견문제보다는 정책에 대해 이야기할 가능성이 높다.

지금까지 우리는 시민성 정도에 따른 시민공동체의 명료한 특성을 연구하면서 일반 시민의 행태에 집중했는데, 두 가지 유형의 지역별 차이는 정치 엘리트의 특성에서도 나타난다. 우리가 목도해왔던 것처럼, 시민성이 낮은 지역의 정치는 권위와 종속의 수직적 관계가 두드러지는데, 이는 후견-피후견 네트워크에서 구체적으로 나타난다. 그런 지역의 정치는 근본적인 면에서 더 엘리트주의적이다. 정치 영역에서 권위관계는 보다 넓은 사회환경의 권위관계를 밀접하게 반영한다.[49]

그러므로 시민성이 약한 지역의 정치 지도자들이 사회적 위계 구조의 협소한 단편에서 배출된다는 점을 발견한다고 놀랄 일은 아니다. 시민성이 약한 남부 지역에서 일반 시민의 교육 수준은 시민성이 강한 북부 지역에 비해 차이가 없을 정도로 약간 낮은데, 1971년 기준, 남부 주민의 2.6%가 대학교를 졸업했고, 북부는 2.9%였다. 하지만 지역 정치 엘리트를 비교하면, 남부 지역의 교육 수준이 현저하게 '높다'. 풀리아주와 바실리카타주에서는 13%를 제외한 모든 주의원이 대학교육을 받은 반면, 시민성이 강한 북부 지역 주의원은 33-40%가 대학교육을 받았다. 달리 표현하면, 시민성이 약한 지역의 엘리트들은 거의 모두 인구의 특권층에서 나온다. 반면 시민성이 강한 지역에서는 엘리트들의 상당수가 보다 평범한 배경을 가지고 있다.[50]

162

시민성이 강한 지역의 정치 지도자들은 그렇지 않은 지역의 지도자들보다 정치적 평등을 더 열정적으로 지지한다. 1970년에 새롭게 선출된 주의회 의원들을 처음 만났을 때, 에밀리아로마냐주와 롬바르디아주 같은 시민성이 강한 지역의 주의원들은 지역문제에 대한 대중참여에 일관되게 공감했지만, 시민성이 약한 지역의 지도자들은 보다 회의적이었다.[51]

주의회가 출범한 초기 해, 시민성이 강한 지역의 정치 지도자들은 지역 개혁을 이탈리아의 풀뿌리 민주주의를 확장할 기회로 격찬했지만, 시민성이 약한 지역의 지도자들은 이러한 포퓰리즘적인 "민중에게 권력을"이란 구호에 당황했다. 새로운 제도가 1970년대를 거치면서 성숙하고 초기의 도취감도 사라지자, 이탈리아 전역에서 한때 직접민주주의에 대한 열망을 표출했던 지역 지도자들은 좀 더 신중해졌다. 주정부에 더 많은 대중참여를 독려하던 노력이 감퇴하고, 모든 지역의 관심이 행정 효율성과 효과성으로 옮겨 갔다. 그럼에도 불구하고 정치적 평등에 대한 공감도에서 보이는 분명한 차이는 지역을 달리하는 지도자들 간에 지속되었다.

전반적으로 이러한 일부 차이점은 우리가 1970년에서 1988년까지 거친 4회의 조사마다 주의회 의원들에게 질문했던 네 가지 "동의-비동의" 항목에 의해 포착되는데, 이 네 가지 질문을 정치적 평등 지지의 단일 지수로 결합했다. 이 지수에서 높은 점수를 받은 주의원은 평등주의자로 인정된다. 반대로 낮은 점수를 받은 이는 일반 시민이 현명하다는 데 회의감을 보였고 종종 보통선거권조차 의문을 가졌다. 그들은 강력한 리더십이 바람직하다고 강조하는데, 특히 전통적 엘리트들이 그랬다.

제도 성과에 대한 설명

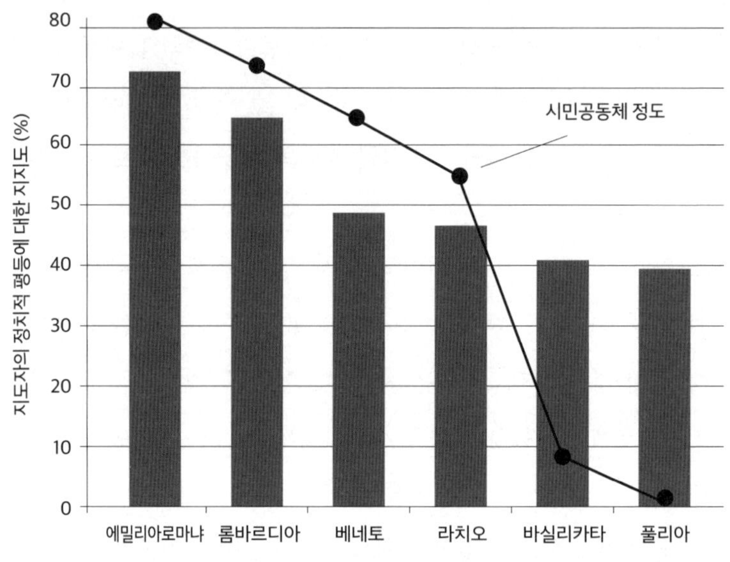

정치적 평등지지 지수

    1. 합리적으로 투표할 수 없는 사람도 투표할 수 있어야 한다.

    2. *자신에게 장기적으로 최선의 이익이 무엇인지 실제로 아는 사람은 거의 없다.

    3. *전통과 가문을 배경으로 이 나라를 이끈 훌륭한 자질의 사람들이 있다.

    4. *책임지고 일하는 소수의 강력하고 능력 있는 개인이 항상 필요하다.

*이 항목의 점수는 낮을수록 정도가 높다.

[그림 4.8]은 여섯 곳의 지역 엘리트 사이의 정치적 평등지지에 대한 분명한 차이를 보여주는데, 지역사회의 "시민성"을 거의 완벽하게 반영한다. 결사체주의가 만개하고 시민이 지역문제에 관심을 쏟고, 후견에 의하지 않고, 쟁점에 따라 투표하는 지역에서는 역시나 사회적, 정치적 위계 구조가 아닌 민주주의를 신뢰하는 지도자들이 있다.

권위의 양식에서 이들 지역 간 차이는 바로 이탈리아 통치구조에 대한 대중의 태도에 강력하고 지속적인 영향을 미쳐왔다. 이 사실에 대해 거의 반세기 간격을 두고 벌어진, 두 가지 대조적인 사례가 있다. 이탈리아 군주제를 유지할 것인가에 대한 1946년 투표와 "투표거래"를 포함한 여러 형태의 후견-피후견 행태를 방지하도록 설계된 광범위한 정책 패키지를 담은 1991년 선거제도 개혁 국민투표가 그것이다. [그림 4.9]와 [그림 4.10]에서 보는 바와 같이, 1970년대에 시민성이 강한 사회생활 및 정치생활을 향유하는 지역일수록, 30년 전 군주제에 반대하여 공화제에 투표하고, 십 년 이상 지나 평등한 선거개혁을 지지할 가능성이 더 높았다. 시민성이 강한 지역의 시민들도, 그 지역의 지도자들과 마찬가지로 위계적인 권위 양식에 염증을 느낀다.

요컨대 시민윤리(civics)는 참여뿐만 아니라 평등에 관한 문제다. 이러한 엘리트-대중 간 연계 유형의 근간이 되는 복잡한 인과관계를 깔끔하게 분류해내기란 불가능하다. 평등에 대한 지도자의 의지가 먼저냐, 시민의 참여 의지가 먼저냐를 묻는 것은 소용없다. 우리는 어떤 기준으로 지도자들이 자기 지역구민의 역량과 시민적 열정(혹은 그것의 부족)에 반응하는지, 엘리트들이 기꺼이(혹은 마지못해) 평등을 받아들이고 참여를 독려함으로써 시민참여에 영향을 주어왔는지 말할 수가 없다. 엘리트와 대중의 태도는 사실 동전의 양면 같아서, 서로가 균형을 강화하며 함께 결합되어 있다.

제5장에서 우리는 엘리트-대중 간 이 독특한 연계성이 오랜 시간 발전되어왔다는 근거를 제시할 것이다. 이러한 환경에서 엘리트와 대중의 태도가 일치하지 않는다 하면 이상한 일일 것이다. 권위주의적 엘리트와

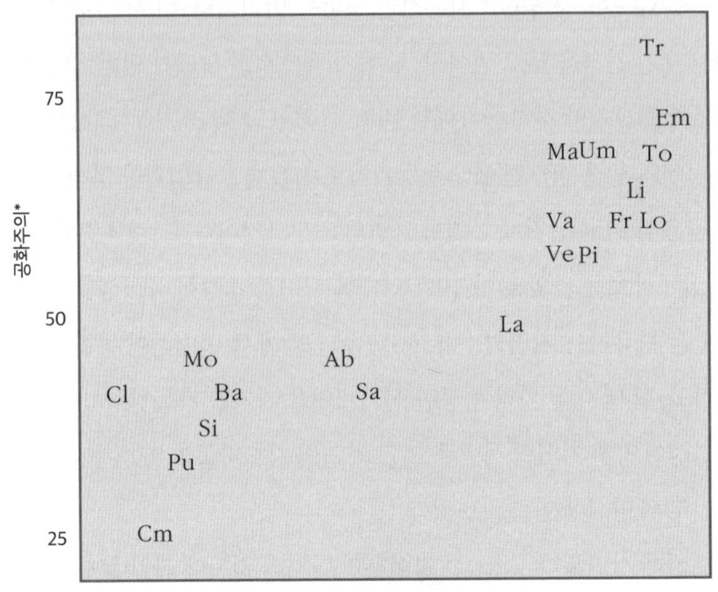

자기주장이 강한 대중이 공존하는 상황에서는 안정적인 균형 상태를 유지할 수 없고, 상대방을 존중하는 엘리트와 순응적인 추종자들의 유형 또한 지속되기 어렵다. 우리가 보다 안정적인 엘리트-대중 간 연계 형태를 실제 발견했는데, 이는 시민성이 강한 지역과 약한 지역의 정치 역동성에 대한 이해를 심화시킨다. 주정부의 효과는 지역생활에서 권위와 사회적 상호교류가 수평적으로 조직되는가 혹은 수직적으로 조직되는가 정도와 밀접하다. 평등은 시민공동체의 필수 특성이다.[52]

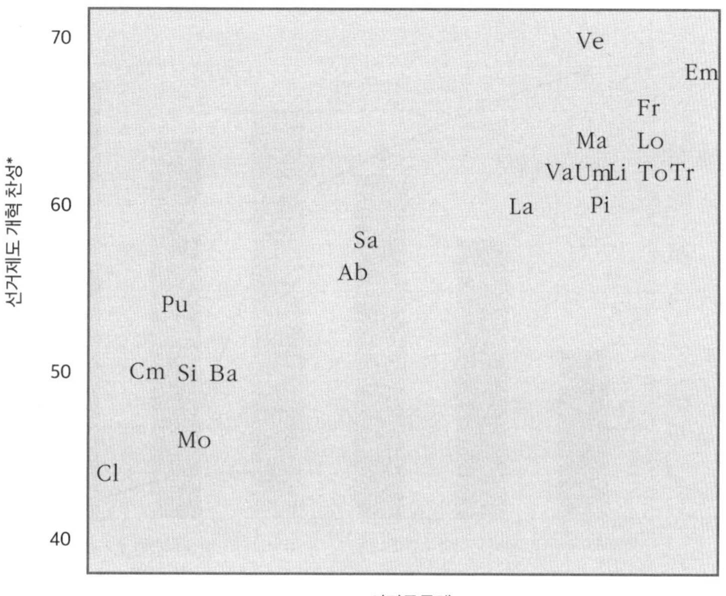

*1991년 선거제도 개혁 찬성 투표율(%)

시민성이 강한 지역의 정치 지도자들은 또한 시민성이 약한 지역의 지도자들보다 기꺼이 타협할 자세가 되어 있다. 간략히 살펴보겠지만, 시민성이 강한 지역의 정치가 갈등과 논란에 취약하지 않다는 증거가 결코 없지만, 그곳의 지도자들은 갈등을 해결할 자세를 갖추고 있다. 시민성이 강한 지역은 당파성의 부재가 아니라, 개방적 당파성의 특성을 가진다. 시민성이 강한 정치와 덜한 정치의 이 중요한 차이가 반영된 것이 [그림 4.11]인데, 다음 진술에 대한 20여 년간의 네 차례 조사에서 주의회 의

[그림 4.11] 타협에 대한 지도자의 두려움과 시민공동체

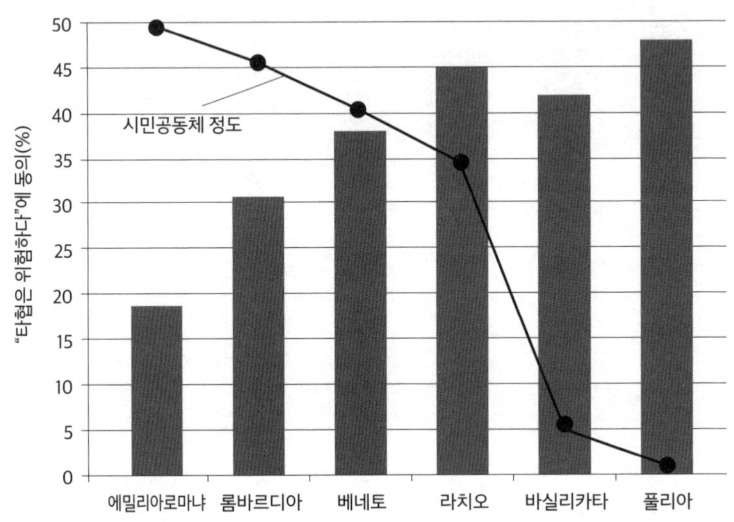

원들의 답변을 집계했다. "정치적 반대자와 타협하면 자기편의 배신을
이끌 수 있기 때문에 위험하다." 시민성이 가장 강한 지역의 정치 지도자
중 19%만 이에 동의했는데, 이는 시민성이 가장 낮은 지역의 정치인들
이 동의한 비율의 절반에 못 미친다. 시민성이 강한 지역의 정치인들은
갈등적 이해관계의 현실을 부정하지 않지만, 타협을 일구는 데 두려워하
지 않는다.[53] 이는 역시 시민공동체를 구성하는 한 부분이며, 왜 그 지역
정부가 일을 더 잘하는지를 설명하는 데 도움이 된다.

지금까지 시민공동체는 일부 지방문화 및 여가활동을 위한 결사체의
빈도로 설정된 정의를 사용했다. 하지만 이런 정의에 의하면 수많은 이
탈리아인이 가입한 세 가지 중요한 전국조직의 지부들—노동조합, 교회,

정당—이 제외된다. 시민성을 둘러싼 환경은 이 세 가지 조직의 가입에 뚜렷한 영향을 미치는 것으로 나타난다.

노동조합

많은 국가(특히 "클로즈드 숍"* 조항을 가진 국가)에서, 노동조합 가입은 본질적으로 강제 사항이다. 그래서 거의 시민성 차원에서는 중요성을 갖지 않는다. 하지만 이탈리아의 노동조합 가입은 자발적이고 특정 일자리를 갖는 것 이상의 의미를 지닌다.[54] 이탈리아 노동운동의 이념적 다양성은 정당—공산당, 가톨릭정당, 네오파시스트정당, 사회주의정당, 기타—에 대한 폭넓은 선택권을 제공한다. 이탈리아에서 화이트칼라와 농업노동조합은 노동조합 가입의 기회를 더 넓혀준다는 점에서 다른 나라보다 중요하다. 살바토레 코이는 이탈리아에서는 "경제구조보다는 정치적 동기와 이념적 전통"이 노동조합 가입 결정에 더 중요하게 작용한다고 결론 내렸다.[55] 결과적으로, 이탈리아에서 노동조합 가입은 시민성 측면에서 더 큰 중요성을 가진다.

노동조합 가입률은 시민성이 강한 지역에서 훨씬 높다. 실제 그 숫자는 응답자의 직업을 '통제'하여 동일 직업 내에서 비교하면 시민성이 강한 지역에서 두 배 가까이 높다. 이들 지역에서는 블루칼라, 농업, 전문직, 자영업 직군에서 노동조합 가입률이 일관되게 더 높다. 반면 노동조

---

* closed shop. 고용주가 노동조합원의 자격 보유 여부를 고용계약 및 고용연장의 조건으로 삼는 제도로, 고용 이후 노동조합에 가입할 수 있는 유니언 숍(union shop)과 대비된다.

합 가입률과 교육 수준, 연령, 도시화와는 관련 없으며, 사회계급에 따른 차이는 예상보다 낮다. 시민성이 강한 지역에서 전문직과 행정직의 노동조합 가입률은 시민성이 낮은 지역에서 육체노동자의 가입률과 비슷하다.[56] 이탈리아에서 노동조합 가입률을 설명하는 데 있어, 시민성을 둘러싼 환경은 사회경제적 지위만큼이나 중요하다. 시민성이 강한 지역의 작업장에서의 연대는 대규모 사회적 연대의 일부이다.[57]

교회와 종교성

최소한 가톨릭 국가인 이탈리아에서는 조직화된 종교는 시민공동체의 일부가 아닌 그 자체로 대신할 수 있을 정도이다. 이탈리아 전 역사에 걸쳐, 로마교황의 존재는 이탈리아 교회는 물론 교회와 시민생활 간 관계에 엄청난 영향을 미쳐왔다. 통일 이후 30년 이상, 교황의 '가톨릭교도 선거참여 금지법'*은 모든 가톨릭교도의 정치활동 참여를 전국 수준에서 금지했으나, 제2차 세계대전 이후 교회는 기독교민주당과 상층연합(senior partner)을 형성했다. 제2차 바티칸 공의회의 개혁과 가톨릭 신도들 사이에 다양한 이념적 경향이 확산되었음에도 불구하고, 교회 당국은 교회 조직의 위계 구조와 자기 신분에 수용과 순응이라는 전통적 미덕을 강조하는 반개혁주의 유산을 상당 부분 유지했다.[58] 이탈리아 교회는 수평적인 동료의식의 유대보다는 수직적인 권위에 의한 유대를 더 큰 특성

---

* non expedit. 19세기 중반부터 진행된 리소르지멘토(수복이란 의미의 이탈리아 통일운동)에 반대해온 로마 교황청의 입장이 1868년 교황 비오 9세(Pius IX)가 반포한 교서로 공식화하면서, 가톨릭교도의 모든 선거참여(투표 및 입후보)를 금지한 정책을 말한다. 1919년 교황 베네딕토 15세(Benedict XV)에 의해 완전히 철회되었다.

으로 가지고 있다.

전국 수준에서, 종교성과 교권주의를 분명히 나타내는 모든 항목—미사 참석, 종교의식을 통한 결혼(세속적 의례에 의한 결혼과는 반대 의미로서), 이혼 반대, 설문조사에서 나타난 종교적 정체성에 대한 의사표시—은 시민참여와 부정적 상관관계를 보인다([그림 4.12]에 요약). 개인적 수준에서도 종교적 감성과 시민참여는 상호 양립이 불가능한 것으로 보인다. 한 주에 한 번 이상 미사에 참석하는 이탈리아 시민 중 52%가 신문을 거의 읽지 않고, 51%는 정치 이야기를 절대 하지 않는다고 말한다. 종교를 가지고 있지 않다고 분명히 밝힌 시민 중에서는 동일 항목에 대한 응답이 각 13%와 17%로 나온다.[59] 교회에 다니는 사람은 그렇지 않은 사람보다 자기 삶과 현재 정치체제에 대한 만족도가 더 높다. 그들은 인간의 도시보다는 신이 다스리는 도시에 더 관심이 있는 듯 보인다.

제2차 세계대전이 끝난 뒤 첫 20년 동안, 많은 이탈리아인이 가톨릭행동단(Catholic Action)에 가입했다. 이 단체는 새롭게 민주화된 이탈리아에 발맞추고자 교회 당국이 다시 활성화한 가톨릭 평신도 협회의 연합체이다. 당시 이탈리아에서 가장 큰 대중조직이던 가톨릭행동단은 최고 절정기일 때 그 문화, 여가, 교육 활동을 위한 전국조직을 통해 전체 이탈리아 남성과 여성, 아동 중 거의 10%가 등록했다. 이 조직의 가입률은 [그림 4.12]에 표시된 교권주의와 거의 '정반대'의 전국 분포를 보였다. 가톨릭행동단은 시민성이 약한 메초조르노(Mezzogiorno, 남부 지역)*보다 북부,

---

* 메초조르노는 이탈리아 남부 지역을 가리키지만, 단순히 지리적 의미보다는 이탈리아의 역사적, 경제적, 정치사회적 맥락에서 형성된 개념으로, 남부 본토 외 사르데냐와

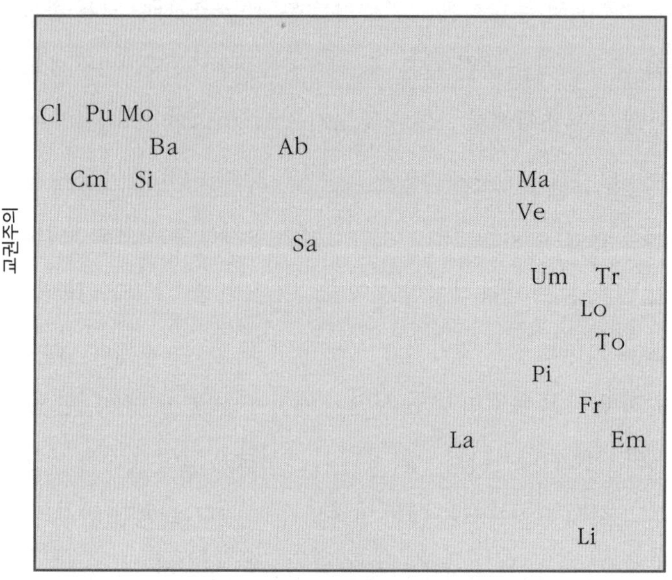

주: 교권주의는 아래 8개 지표에 기초한 복합요인점수의 지수이다.

구성요소	적재값
교회 의식을 통한 결혼 비율, 1976	0.952
이혼율, 1986	-0.915
교회 의식을 통한 결혼 비율, 1986	0.862
이혼 반대 국민투표, 1974	0.842
이혼율, 1973	-0.796
설문조사: "당신은 종교를 가지고 있습니까?"	0.792
설문조사: "얼마나 자주 교회에 가십니까?"	0.783
설문조사: "당신에게 종교는 중요합니까?"	0.767

시칠리아를 포함한다. 이러한 의미를 살려 본문에서 '메초조르노'를 그대로 사용했다.

그중에서도 결사체 활동이 많은 시민성이 강한 지역에서 두세 배 강력했다. 그러한 지리적 의미에서 보면, 가톨릭행동단은 이탈리아 가톨릭의 "시민적" 면모를 상징했다. 하지만 1960년대 이탈리아 사회의 급속한 탈종교화(secularization)와 제2차 바티칸 공의회 이후 교회 내 혼란으로 가톨릭행동단은 괴멸 상태로 붕괴했는데, 5년 만에 회원 중 2/3가 탈퇴했고, 우리 연구 기간 내에서는 그 흔적조차 거의 찾을 수 없었다.[60] 오늘날 이탈리아에서는 마키아벨리의 영향을 받은 시민인문주의자들이 생각했던 이탈리아와 같이, 시민공동체가 하나의 탈종교화된 공동체이다.

정당

이탈리아 정당들은 시민과 밀접하게 혹은 무관하게 운영되는 그런 대조적 환경에서 능숙하게 적응해왔다. 그 결과, 시민성이 약한 지역의 시민들도 강한 지역의 시민들 못지않게 정당정치에 참여하고 정치에 관심을 가지고 있다.[61] 실제로 당원 가입은 가장 시민성이 강한 지역 못지않게 가장 약한 지역에서도 흔한 일이다. 시민성이 약한 지역의 유권자들도 강한 지역의 유권자들만큼 정당에 친밀감을 느낀다. 그들도 시민성이 강한 지역의 시민들처럼 정치에 대해 자주 이야기한다. 그리고 우리가 봐왔던 것처럼, 정치 지도자들과 사실상 훨씬 더 많이 개별적으로 접촉하기도 한다. 시민성이 약한 지역의 시민들이 덜 당파적이거나 덜 "정치적"이지는 않다.[62]

그러나 시민성이 약한 지역에서의 정당 가입과 정치 참여는 분명히 다른 의미를 가진다. 파시스트 시기 당원카드에 인쇄된 "PNF"는 국가파시스트당(Partito Nazionale Fascista)을 지지해서가 아니라, 가족을 위해 어쩔 수 없는 것(per necessitá familiare)이었다고 특히 메초조르노 시민들은 공통적으로 말해왔다. 권력을 가진 사람에게 호감을 얻는 것은 여전히 시민성이 약한 지역에서는 중요하다. "연줄"은 이곳에서 살아남는 데 결정적이며, 가장 잘 작동하는 연줄은 협력과 연대의 수평적 관계보다는 종속과 지배의 수직적 관계이다. 시드니 태로우(Sidney Tarrow)가 빈곤하고 시민성이 약한 메초조르노에 대해 묘사한 대로, "남부 이탈리아의 정치적 역량은 '매우 발달되어 있다.' (……) [개인은] 매우 정치적이면서도 동시에 수평적인 2차 결사체를 무시하고 꺼리는 경향이 있다. 이러한 측면에서 모든 남부인의 사회적 관계는 '정치적'이다."[63] 정당은 시민성이 약한 지역에서조차 조직적 측면에서 매우 중요하다. 2차 결사체가 빈약한 환경에서도 모든 정당이 후견-피후견 정치를 위한 수단이 되어왔기 때문이다. 앞에서 우리가 관찰했듯이, 시민성이 강한 지역과 약한 지역을 구분해주는 것은 정치참여의 정도가 아니라 그 성격이다.

시민의 태도

시민성이 약한 지역의 시민은 정치활동에 참여하면서도 착취받고 소외되며 무기력하다고 느낀다. [그림 4.13]은 (모든 이탈리아인에게 상당히 높은 수준의 소외감의 배경이 되는) 낮은 교육 수준과 약한 시민성을 지닌 환경이 착취와 무기력을 더 느끼게 만든다는 것을 보여준다.

모든 공동체에서, 교육 수준이 높을수록 효능감을 더 많이 느낀다. 이는 교육 수준이 사회적 지위, 개인 역량, 연줄을 의미하기 때문이다. 하지만 이러한 장점도 시민성이 약한 지역의 만연한 냉소주의와 소외감을 완전히 상쇄시킬 수는 없다. 시민성이 가장 약한 지역의 고학력 시민들은

[그림 4.13] 시민의 무력감, 교육 수준, 시민공동체의 관계

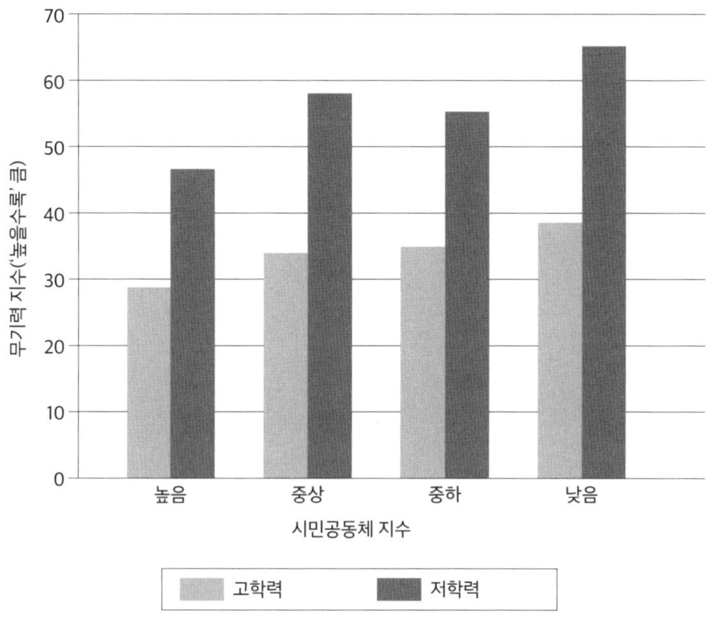

무기력 지수
("높음" = 아래 네 가지 항목에 모두 동의)

1. 권력을 가진 사람 대부분이 나를 착취하려고 한다.
2. 주변에 일어나는 일들에서 소외된다고 느낀다.
3. 내 생각은 중요하게 여겨지지 않는다.
4. 국가를 운영하는 사람들은 나에게 일어나는 일에 관심 없다.

시민성이 가장 강한 지역의 저학력 시민들만큼이나 무력감을 느낀다.
[그림 4.13] 또한 공동체의 환경이 고학력 시민보다 저학력 시민의 효능
감에 훨씬 더 강력한 영향을 미친다는 점을 보여준다. 무력감의 계급 간
차이는 시민성이 약한 지역에서 커진다.[64] 이러한 난점에 대해 정신역학

상의 무리한 해석을 할 필요는 없다. 더 평등하고 협력적인 시민공동체에 비해, 수직적으로 구조화되고 수평적으로는 분열된 공동체에서의 생활은 특히 밑바닥 계층과 일부 상위 계층에서도 착취, 종속, 좌절감이 일상화되어 당연하게 여겨진다.

정직성, 신뢰성, 준법성은 시민 덕성의 철학에서 가장 중요한 요소들이다. 강한 시민공동체의 시민은 서로를 공정하게 대하고 정당한 보상을 기대한다. 그들은 그들이 속한 정부가 높은 기준을 따를 것으로 기대하고, 그들에게 부과된 규칙을 기꺼이 준수한다. 그런 공동체의 "시민은 무임승차를 하지 않고, 할 수도 없다. 그들의 자유가 공동결정에서 만들어지고 실행되는 참여의 결과로 이해하기 때문이다"라고 벤저민 바버 (Benjamin Barber)는 말했다.[65] 반대로 약한 시민공동체의 생활은 위험 요소가 크고, 시민은 경계심이 많으며, 고위층에서 만든 법은 지켜지지 않는다.

이러한 시민공동체에 대한 설명이 어쩌면 고상하면서도 비현실적이고 감상적이기까지 하다. 오랫동안 잊고 살던 고등학교 윤리 교과서를 되풀이하는 것처럼 들리기도 한다. 하지만 놀랍게도, 이탈리아 지역 연구의 결과는 이러한 이상에 부합하는 것으로 보인다. 시민성이 가장 약한 지역은 구태의 정치 부패에 취약하다. 그 지역들은 마피아의 본거지이자 지역 조직이 있는 곳이기도 하다.[66] 정치적 청렴도의 "객관적" 기준을 쉽게 마련할 수는 없지만, 우리는 전국표본조사에 참여한 지역사회 지도자들에게 그들이 속한 지역의 정치가 평균보다 청렴한지, 부패했는지 판단해달라고 주문했다. 시민성이 약한 지역의 지도자들은 강한 지역의 지도자들보다 그들 지역의 정치가 훨씬 부패하다고 말하는 쪽이었다.

[표 4.5] 청렴도, 신뢰성, 준법성, 시민공동체

	시민공동체 지수			
	상	중상	중하	하
이 지역의 정치를 설명하려면 　어느 쪽이 더 적절한가? "청렴" 혹은 "부패"? 　"청렴"하다고 본 지도자의 비율	89	76	67	44
어떤 사람은 사람을 신뢰할 수 있다고 하고, 　다른 이는 사람을 경계해야 한다고 한다. 　당신은 어느 쪽인가? 　"신뢰한다"고 응답한 비율	33	32	28	17
이 도시의 사람들은 법을 잘 지키며, 　교통법규도 잘 지킨다. 　"동의"한 비율	60	47	39	25
엄격한 법과 질서에 대한 지지 　네 가지 항목에 모두 동의하는 사람의 비율[a]	37	46	49	60

[a] 엄격한 법과 질서의 지지에 관한 복합지수
> 1. 경찰은 법을 수호하기 위해 더 강력한 권한을 가져야 한다.
> 2. 정부가 공공질서를 보장하기 위한 충분한 노력을 하지 않는다.
> 3. 요즘에는 권위에 대한 존중이 불충분하다.
> 4. 이탈리아 경찰은 너무 과한 권한을 가지고 있다. (전혀 동의하지 않음)

이와 비교하여, 이탈리아 전역에서 일반 대중을 상대로 1987년과 1988년에 시행한 설문조사 결과가 [표 4.5]이다. 시민성이 강한 지역의 시민들은 동료 시민의 준법성에 대해, 시민성이 약한 지역의 시민들이 답한 것보다 사회적 신뢰와 신임이 더 높다고 말했다.[67] 반대로 시민성이 약한 지역의 시민들에게서는 정부 당국이 그들 공동체에 법과 질서를 더 많이 강요한다고 주장하는 비율이 높았다.[68]

177

이렇게 눈에 띄는 일관된 차이를 통해, 시민성이 강한 지역과 그러지 못한 지역 간 격차 문제의 핵심에 접근할 수 있다. 시민성이 강한 지역은 다른 사람이 규칙을 잘 따를 것이라는 기대를 가지고 있어 공동체의 삶이 평온하다. 다른 사람이 그렇게 하리라는 것을 알면 '당신' 역시 동참할 가능성이 커지고, 그러다 보면 당신 역시 '다른 사람'의 기대를 충족시킨다. 시민성이 약한 지역에서는 거의 모든 사람이 다른 사람도 규칙을 지키지 않는다고 생각한다. 모든 사람이 속임수를 쓴다고 생각한다면, 교통법규나 세법, 혹은 복지 기준을 준수하는 것은 바보짓이 된다(이탈리아 말로 이런 고지식한 행태를 페소(fesso)라고 한다. 이는 "배우자의 외도를 모르는"의 의미도 된다). 그래서 당신도 역시 규칙을 어기고, 결국 모든 사람의 우울하고 냉소적인 기대가 사실로 굳어진다.

시민성이 강한 지역에서 확실히 보이는 자제력이 시민성이 약한 지역에서는 부족해 보인다. 그러다 보니 이 지역 사람들은 이탈리아인들이 "치안부대"라고 부르는 경찰에 의지할 수밖에 없다. 그에 대해서는 제6장에서 자세히 살펴보겠지만, 시민성이 약한 지역의 시민은 시민성이 강한 지역에서 더 효율적으로 작동하는 집단적 호혜성에 기초한 수평적 연대의 결핍으로, 공공질서에 대한 근본적인 홉스주의적 딜레마를 해결할 다른 수단을 가지고 있지 않다. 연대와 자제력의 부재로, 위계성과 강압이 무질서에 대한 유일한 대안으로 제시된다.

최근 공동체주의자와 자유주의자 간 철학 논쟁을 통해, 공동체와 자유는 종종 적대적인 것으로 이야기되고 있다. 이는 이전에 매사추세츠의 세일럼*에서 그랬던 것처럼 때로는 의심할 여지가 없는 사실이다. 하지만 이탈리아의 경우는 시민성이 강한 지역의 시민들이 공동체의 혜택을 누리기 때문에 더욱 자유로울 수 있다는 점을 보여준다. 아이러니하게도 스스로 더 엄격한 법집행을 부르짖는 사람들은 시민성이 약한 지역의 비도덕적 개인주의자들이다.

하지만 이런 악순환은 계속 숨 돌릴 틈을 주지 않는다. 시민성이 약한 지역의 강압적인 정부—법집행의 주체—는 이러한 비시민적 사회 환경으로 약화된다. 더 강한 정부를 요구하도록 시민을 이끄는 바로 그 공동체의 특성으로, 정부가 강력해질 수 있는 가능성이 오히려 줄었는데, 그 정부에 최소한의 민주성이 남아 있을 때 더욱 그렇다. (예를 들어 이것이 지난 반세기 동안 시칠리아에서 이탈리아 정부가 기울인 마피아 소탕 노력이 헛수고가 된 데 대한 합리적 해석이다.) 반대로 시민성이 강한 지역의 유연한(light-touch) 정부는 별다른 노력을 들이지 않고도 강해진다. 시민의 자발적 협력과 자율적 법집행에 정부가 의지하기 때문이다.

우리가 검토한 근거를 보면 시민성이 강한 지역에서는 공적 문제가 더 성공적으로 조정된다는 점을 확실히 알 수 있다. 그러므로 시민성이 강한 지역의 시민이 그러지 못한 지역의 시민보다 일반적으로 삶의 만족도가 더 크다는 점은 놀랄 만한 일이 아니다. 1975년부터 1989년까지 이루어진 일련의 전국 조사를 통해, 약 2만 5000명에게 그들 삶에 "매우 만

---

* 1692년 당시 영국의 식민지였던 미국 매사추세츠의 작은 청교도 공동체인 세일럼(Salem)에서 벌어진 '마녀재판'을 말하는 것으로, 개인의 자유가 공동체의 규범과 충돌하는 사례로 종종 언급된다.

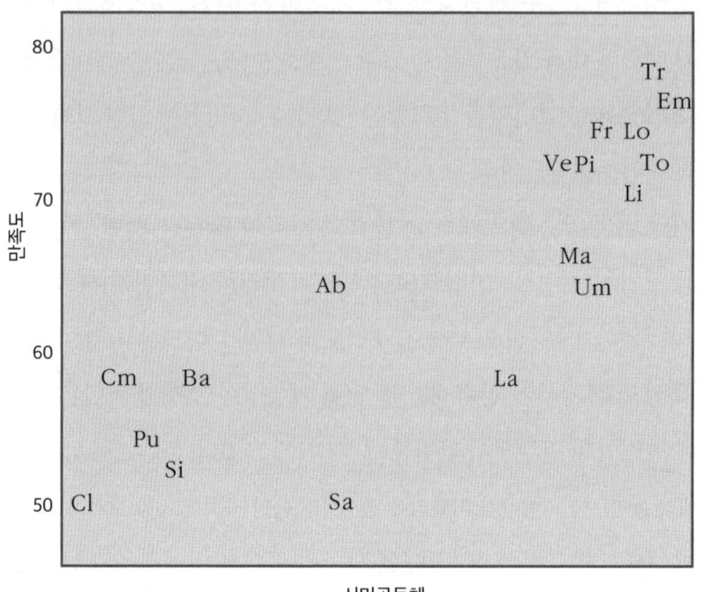

족한지, 상당히 만족한지, 별로 만족하지 않은지, 전혀 만족하지 않은지”
물었다. [그림 4.14]는 시민성이 강한 지역의 시민들이 삶의 만족도가 훨
씬 크다는 점을 보여준다. 행복은 시민성이 강한 공동체에 사는 데 달려
있다.

개인적 수준에서, 삶의 만족도는 가족 소득과 종교의식으로 가장 잘
예측되지만, 시민공동체와의 상관성은 사실상 이러한 개인적 원인만큼
이나 밀접하다.[69] 시민공동체는 제도 성과와 지역의 부와도 매우 밀접한
상관성을 가지는데, 이 중에서 통계적으로 구분해내기는 어렵지만, 세

가지 중 시민성이 약간 더 삶의 만족도 예측에 유효하다. 어쨌든 이어지는 장들에서 더 자세히 설명하겠지만, 공동체의 삶에 대한 이들 세 가지 특성은 밀접하게 상호연관된 모형을 형성한다. 이러한 측면에서 [그림 4.14]는 개인의 행복을 낳는 데 공동체의 성격이 개인의 환경만큼이나 중요하다는 점을 보여준다.

이렇게 많은 자료의 다양한 측면에서 나온 시민성이 강한 지역과 그러지 못한 지역을 비교한 결과는 정치철학자들이 고찰한 것과 꽤 일치한다. 하지만 한 가지 중요한 측면에서 우리의 주장은 고전적인 설명과 대비된다. 많은 이론가들이 시민공동체를 우리가 사는 근대사회와는 매우 다른 작고 긴밀한 전근대사회—우리가 이미 잃어버린 세상인 시민공동체—와 연관시켜왔다.[70]

현대의 사회사상은 19세기 독일 사회학자 페르디난트 퇴니스(Ferdinand Tönnies)가 구분한 '공동사회(Gemeinschaft)'와 '이익사회(Gesellschaft)'를 차용해왔다. 즉 보편적인 연대의식에 근거한 전통적이고, 작은 규모의, 대면 '공동체'와 이기심에 근거한 근대적이고, 합리적이며, 비인격적인 '사회'를 대조한 것이다. 이 시각은 시민공동체가 쉽게 사라질 운명을 지닌 낡은 잔재(atavism)라는 관점으로 이끈다. [시민]공동체가 없어진 자리에는, 기술적으로 발전했지만 비인간적인, 크고 근대적인 집합체들이 나타나는데, 이 집합체들이 시민의 수동성과 이기적 개인주의를 유도한다. 근대성은 시민다움(civility)의 적이다.

그런데 우리 연구는 그와 정확히 반대라고 제시한다. 이탈리아에서 시민성이 가장 약한 지역은 정확히 전통적인 남부 촌락들이다. 전통적인 공동체의 시민정신은 이상화될 수 없다. 오늘날 전통을 유지하고 있는 이탈리아 지역 대부분의 삶은 균등분배가 아니라, 위계와 착취를 특징으로 한다. 부츠같이 생긴 이탈리아의 앞부리에 위치하며, 20개 모든 주 중 시민성이 가장 약한 지역인 칼라브리아주를 면밀히 관찰한 제임스 왓슨(James Watson)은 시민 간 신뢰와 결사체의 부족을 강조했다.

칼라브리아주에서 깊은 인상을 받은 첫 번째 특성은 불신인데, 단순히 외부인에 대한 불신뿐 아니라 공동체 내부, 심지어 작은 촌락 내에서도 불신이 심했다. 신뢰는 대량 공급되는 상품이 아니다. (……) 역사적으로 [이 지역의] 시민사회에서는 이따금 모이는 마을이나 읍내의 사교클럽(사냥클럽, 귀족클럽 등)을 제외하면 결사체가 거의 없었다.[71]

반대로 시민성 척도가 최상위인 에밀리아로마냐주는 고전적 의미의 전통적 "공동체"— 구전으로 전해진 기억(folk memory)에 의해 이상화된 친밀도 높은 촌락—와는 거리가 멀다. 오히려 에밀리아로마냐주는 지구상에서 가장 근대적이고, 분주하며, 풍요와 기술의 진보를 이룬 사회이다. 하지만 이 지역은 보기 드물게 잘 발달한 공적 의식—시민공동체의 망—을 갖춘 시민들이 모여 살면서, 중첩된 사회연대의 네트워크가 잘 집중된 곳이다. 에밀리아로마냐주라고 천사들이 사는 곳은 아니지만, 주 경계 내에서(그리고 중북부 이탈리아의 인근 주들도) 정부를 포함하여 모든 종류의 집합 행동이 시민참여의 규범과 네트워크에 의해 촉진된다. 제5장에서 살펴보겠지만, 이러한 규범과 네트워크는 지역 전통에 아주 깊이 중요한 뿌리를 두고 있지만, 에밀리아로마냐주를 "전통" 사회로 분류하는 것은 말도 안 되는 일이다. 이탈리아에서 가장 시민성이 강한 지역들—시민들이 공공선택을 위한 집단적 숙의에 참여하는 데 효능감을 느끼고, 그러한 선택이 효과적인 공공정책으로 완전히 전환되는 공동체—에는 가장 근대적인 소도시와 대도시들이 포함되어 있다. 근대화가 시민 공동체 소멸의 징후일 수는 없다.

지금까지 이 장에서 밝힌 연구 결과를 다음과 같이 보다 간단히 요약할 수 있다. 이탈리아의 일부 지역은 많은 합창단과 축구팀 그리고 조류관찰동호회와 로터리클럽을 보유하고 있다. 이들 지역의 대부분 시민은 일간지를 통해 지역사회 문제를 숙독한다. 그들은 공적 문제에 관심을 가지지만, 인물중심적인 후견-피후견 정치에는 관심이 없다. 지역민들은 서로를 신뢰하여 공정하게 행동하고 법을 준수한다. 이들 지역의 지도자들은 비교적 청렴하다. 그들은 대중이 선출한 정부를 믿고, 정치적 반대자들과도 타협하려는 경향을 보인다. 이곳 시민과 지도자들 모두가 평등을 자연스럽게 여긴다. 사회적이고 정치적인 네트워크는 수직이 아니라 수평적으로 조직된다. 이 공동체는 연대, 시민참여, 협력, 청렴에 가치를 둔다. 정부는 일을 한다.[72] 이들 지역의 시민들이 만족하는 것은 이상한 일이 아니다!

반대쪽 "비시민적" 지역의 특징은 프랑스 용어로 "공적 의식 결여(incivisme)"[73]라고 하는 것이 적절하다. 이들 지역의 공적 생활은 수평적이기보다는 수직적으로 조직화되어 있다. 이들 지역에서 "시민" 개념이야말로 발육이 느린 상태이다. 개별 주민의 관점에서 보면, 공적 문제는 다른 사람들—"파벌의 지도자들(i notabili)", "정치인들"—의 문제이지 나와는 상관이 없다. 공공복리에 대한 숙의 과정에 참여할 열정을 가진 사람이 거의 없고, 그럴 기회도 없다. 정치참여는 모두를 위한 목적이 아니라, 개인적 의존관계나 탐욕으로 촉발된다. 사회적, 문화적 결사체 참여도 부족하며, 개인적인 신앙심이 공공 목적을 대신한다. 부패는 일반적인 규범으로서 광범위하게 인식되고 있다. 정치인들조차 그렇게 생각하는데, 그들은 민주주의 원칙에 냉소적이다. "타협"은 부정적 의미를 담고 있을 뿐이다. 법은(거의 모든 사람이 동의하듯이) 지켜지지 않지만, 다른 사람의 범법은 두려워하다 보니 더 엄격한 규율을 요구한다. 이렇게 맞물려 있는 악순환에 갇혀, 거의 모든 이가 무기력하고, 착취당하고 있고, 불행하다고 느낀다. 모든 것을 고려할 때, 이들 지역에서는 대의정부가 시민성이 강한 지역보다 효율성이 떨어진다는 것이 당연하다.

이러한 결과는 두 가지 새롭고도 중요한 질문으로 이어진다. '시민성이 강한 지역은 어떻게 그렇게 되었나?' 그리고 '시민참여 규범과 네트워크는 어떻게 좋은 정부를 강화하게 되었나?' 이에 대해서는 다음 두 장에서 답할 것이다. 하지만 그에 앞서 주정부의 성공과 실패에 대한 다른 설명을 좀 더 해보고자 한다.

제도 성공에 대한 다른 설명들?

사회적 부조화와 정치적 갈등은 종종 효율적 통치에 적대적인 것으로 생각된다. 합의는 안정적인 민주주의를 위한 전제조건이라고들 한다. 이러한 시각은 뚜렷한 계보를 가지고 있다. 키케로는 말했다. "그래서 국가는 인민의 일이다. 인민은 단순히 어떤 방식이든 가리지 않고 모인 인간의 집단이 아니라 법과 권리, 상호이익을 위해 참여하려는 열망에 대한 공통의 동의로 연합한 수많은 인간이 함께하는 것을 의미한다.”[74] 프랑스 혁명기에 사회 갈등의 공포에 놀란 에드먼드 버크(Edmund Burke)는 질서정연한 사회는 반드시 협력을, “모든 학문에서의 협력, 모든 예술에서의 협력, 모든 도덕과 완전성에의 협력”[75]을 중시해야 한다고 말했다. 이러한 관점은 또한 20세기의 많은 저명한 사회과학자들에게도 받아들여졌다. 가브리엘 알몬드(Gabriel Almond)는 “영미” 정치체계의 “동질적” 정치 문화를 높이 평가하며, 분절된 “유럽”형 정치체계는 정치적 교착(immobilism) 상태에 빠져 있으며 항상 카이사르적 방식으로 해결하려는 위협에 처해 있다고 묘사했다.[76] 조반니 사르토리(Giovanni Sartori)는 이념적 양극화와 분절성이 비효율적이고, “붕괴하기 쉬운” 민주주의의 특징이라고 주장했다.[77] 사회와 정치체의 균열이 클수록, 피치자의 동의에 의존하는 안정적인 정부를 구성하기란 더욱 어렵다. 문제의 핵심에 대한 동의가 어려울수록 일관된 정책을 추진하기는 어려워진다. “모든 사람이 같은 정치 선호를 보인다면 정책 결정은 훨씬 쉬워질 것이다.”[78]

사회적 응집력, 정치적 조화, 좋은 정부 간에 연관성이 있다고 보는 이러한 시각은 종종 시민공동체를 암묵적으로 설명할 때 나타난다.

루소와 고전적 공화주의자들에게는 일반적으로 [애국심과 정치참여는] 사회적, 종교적, 정치적 통일성에 근거했고, 그 위에서만 가능했다. 애국심과 정치참여는 동질적인 인민의 정치적 표현이었다. 말하자면, 동질적인 인민에게 시민권은 그것이 가장 필요하지 않은 곳, 즉 정치가 외부에서 시작하고 지속되었던 공동생활의 공공영역으로 확장된 것에 불과한 곳에서만 가능했다.[79]

제도 성과에 대한 설명

이러한 견해는 우리 연구에 사회적 통일성과 정치적 합의가 어떻게 제도 성과로 이어질 수 있는지에 대한 다양한 가설을 시사해주었다. 유감스럽게도 우리의 예상은 완전히 빗나갔다. 이탈리아 주정부의 성공 혹은 실패는 정치적 분절성, 이념적 양극화, 사회적 갈등의 모든 척도와 사실상 무관했다.

- 우리는 좌우파 간 격차가 커질수록, 극단주의적 주장이 더 힘을 얻고, 결국 유능한 정부 구성이 더 어려워질 것이라고 예상하면서, 정당체계의 이념적 양극화를—정당의 강도와 지역 지도자들의 견해를 통해 측정된—조사했다.

- 우리는 중요한 정책 사안에 대한 합의가 취약할수록, 정부 인사들이 일관된 전략을 만들기 어렵다는 전제하에, 핵심적인 사회적·경제적 쟁점에 관한 유권자 의견의 분포를 조사했다.

- 우리는 작고 통제되지 않는 정당들의 난립이 정부 안정성을 방해할 것이라고 보고, 지역정당체계의 분절성을 조사했다.

- 우리는 사회적 긴장이 정부 효능감을 저해할 수 있다고 보고, 파업 빈도 같은 경제적 갈등에 관한 자료를 조사했다.

- 우리는 각 대도시와 그 주변 농촌지역 간 근대성과 후진성, 혹은 긴장의 확연한 차이가 통치를 더욱 어렵게 할 수 있다고 보고, 지역 내 경제발전과 인구의 지리적 격차를 조사했다.

- 우리는 갈등이 두드러진 지역에서는 공동의 목표를 위한 협력이 힘들고 통치도 어려울 수 있다는 가정하에, 지역 지도자들에게 자신이 속한 지

역에 대해 "매우 갈등적"에서 "합의적"까지 등급을 매겨달라고 했고, 이를 우리가 조사한 제도 성과 척도와 비교했다.

하지만 조사 결과 '어느 것'도 사회적이고 정치적인 갈등이 좋은 정부와 양립할 수 없다는 이론에 대해서 최소한의 근거도 제공하지 못했다. 우리는 베네토주와 같이 성과는 좋고 갈등은 덜한 지역을 찾아냈지만, 피에몬테주처럼 높은 성과를 보이면서도 갈등이 큰 지역을 발견했다. 캄파니아주같이 성과가 저조하고 갈등도 큰 지역을 조사했지만, 바실리카타주처럼 정부 성과가 전국 평균 이하인 합의제 지역도 찾았다.

이러한 결론이 함의하는 것은 갈등과 시민공동체 간 상관성을 발견하지 못했다는 사실이다. 시민성이 강한 공동체가 평화롭고 갈등이 아예 없는 것은 절대 아니다. 벤저민 바버(Benjamin Barber)의 "강한 민주주의"에 대한 전망은 우리가 이탈리아 연구에서 도출한 것과 같은 시민공동체의 특성을 포착하고 있다.

강한 민주주의는 동질적 이해관계보다는 시민 교육을 통해 단결한 시민과, 이타주의나 선한 본성보다는 시민적 태도와 참여 제도를 통해 공동의 목표를 만들고 행동할 수 있는 시민의 자치 공동체 이상에 달려 있다. 강한 민주주의는 갈등의 정치, 다원주의 사회학, 행동 영역의 공사 구분과 일치—실제로는 의존—한다.[80]

몇 가지 다른 가능성을 보여주는 제도 성과에 대한 설명도 이탈리아의 지역 실험 결과와 비교하면 인정하기 어렵게 되었다.

187

- '사회적 안정성'은 종종 효과적인 정부와 관련된다. 급속한 사회 변동은 사회의 긴장도를 높이고, 사회 연대를 해치며, 정부를 지탱하던 기존 규범과 조직을 붕괴시킨다는 주장이 제기되어왔다. 1976년 지역 성과에 대한 예비분석을 통해 인구의 불안정성과 사회 변동이 성과를 저해한다는 잠정적 근거를 발견했지만,[81] 이어진 연구에서 성과와 사회 변동 간 보다 세밀한 분석을 한 결과, 관계없는 것으로 나타났다.

- '교육'은 이탈리아를 포함, 거의 모든 국가에서 정치 행태에 가장 큰 영향을 미치는 요인 중 하나이다. 그럼에도 불구하고 현대의 교육 수준은 이탈리아 지역 간 성과의 차이를 설명하는 요인이 되지 못한다. 제도 성과와 최소 졸업 연령인 14세를 넘겨 학교에 다니는 지역 인구 비율 간 상관관계는 유효하지 않다. 가장 높은 성과에 시민성이 강한 에밀리아로마냐주와 가장 시민성이 약하고 성과도 저조한 칼라브리아주는 이 교육 수준 척도에서 사실상 점수가 같다(46% 대 45%).[82] 역사적으로 교육은 시민공동체의 기초를 강화하는 데 중요한 역할을 해왔지만, 오늘날 정부 성과에 직접적 영향을 미치지 않는 것으로 보인다.

- '도시화'는 몇 가지 형태에서 제도 성과와 관련 있는 것으로 보았다. 관련 가설 중 하나는 성공적인 제도는 도시화와 긍정적으로 연관되었음을 시사하면서, 농촌 생활의 어리석음에 대해 비난한 마르크스를 상기시킨다.* 다른 대안적 통설은 이미 언급했듯이, 전통 촌락에는 시민의 덕이

---

* '농촌 생활의 어리석음'이란 『공산당선언』에 나오는 문구로, 근대화에 대해 마르크스 역시 긍정적 입장을 보였다는 근거로 보는 대표적 해석이다. 하지만 이는 급속한 도

있고, 도시에는 부도덕(vice)이 있다고 본다. 이 이론은 제도 성과가 도시화된 지역에서 더 낮다고 함의한다. 좀 더 정교한 이론은 구체적으로 제도 성과를(그리고 시민공동체도) 근대 대도시의 익명성뿐 아니라 농촌의 고립과도 분리된, 중간 규모의 도시와 연계시킬 것이다. 그러나 사실상 우리는 도시 규모나 인구밀집도와 주정부의 성패 간 어떤 연관성도 발견하지 못했다.[83]

- 일부 제도주의 이론에 따르면, '인력 자원의 안정성'이 높은 제도 성과로 나타난다. 낮은 이직률은 그 구성원들이 제도와 제도의 성공을 위해 전념한다는 의미이다. 인력 자원의 안정성은 또한 경험 많은 정책 결정자의 충원을 보장한다. 이들의 높은 이직률은, 특히 제도의 초창기에 불안정한 과도기의 원인이 되었다고 평가받는다.[84] 그러나 우리가 선별한 여섯 개 주의 상세한 기록을 검토한 결과, 주의회나 주 내각에서도 제도의 성공과 인적 자원의 안정성 간 정의 상관관계를 발견하지 못했다. 1970년부터 1988년까지 전 기간에 걸쳐 가장 낮은 평균 재직률을 보인 두 개 지역의 의회는 에밀리아로마냐주와 베네토주였다. 이들 지역은 사실상 우리가 실시한 제도 성과 평가에서 가장 높은 점수를 받았다. 제도의 성공에는 "경험 많은" 리더십만큼이나 "새로운" 리더십이 중요해 보인다.

- '이탈리아 공산당(PCI)'은 종종 특정 지역의 높은 성과에서 그 공로를 인정받아왔다. 분명한 사실에 기초하면, 우리의 연구 결과는 이탈리아 전역에서 활동하는 정당 계열 중 공산당이 집권한 지역이 대부분의 다른

시화 속에서 농촌의 고립화에 비판적 견해를 밝힌 것으로, 보다 사회구조적 면에서 이해해야 한다는 견해도 있다.

지역보다 더 잘 통치되고 있다는 판단과 일치한다. 이는 종종 지역과 지방에서 통치 능력을 보여줌으로써 전국 정당으로서 확고한 신임을 얻는다는 이탈리아 공산당의 합리적이고 경쟁력에 기초한 계획에 기인해 보였다. 이탈리아 공산당이 의지와 무관하게, 부패한 국가 권력의 영향력에서 벗어나 있었기 때문이라는 냉소적 평가 또한 있다. 공산당 스스로는 그들이 "고속 성장(businesslike)"하여 성공한 이유로, 능력 있는 간부 채용과 심지어 높은 도덕성을 갖추고자 한 체계적인 노력에 있다고 여긴다. 각 해석이 일말의 진실을 담고 있겠지만, 우리는 첫 번째 해석이 유력하다고 본다.

우리가 1970-1976년에 수행한 초기 분석 결과는 당시 공산당이 유난히 시민성이 강한 지역에서 집권했기 때문에 차이가 생겼다고 본다. "공산당이 집권한 주정부들이 성공할 수 있었던 이유는 [우리가 주장했듯이] 그들의 경작 기술 때문이 아니라, 더 비옥한 토지에서 농사를 지은 덕분이다. 즉 그들이 '누구'인가가 아니라, '어디에' 있는가가 중요했다."[85] 하지만 우리의 이어진 분석은 이것이 다가 아니라는 점을 보여준다.

1975년 이후, 공산당은 시민적 전통이 약한 몇몇 지역의 연립정부에 참여했고, 이들 지역의 성과가 실제 향상되기도 했다. 이후 우리가 제도 성과에 대한 더 충분한 평가를 수행했을 때, 공산당 집권과 제도 성과 간 상관관계는 시민공동체와 상관성(공분산)에 전적으로 기인한 것이 아니었다.[86] 다른 한편 연구 기간 동안 공산당은 사실상 효과적 통치를 위한 시민 및 경제적 조건이 불리한 모든 지역, 즉 주로 남부 지역에서는 야당으로 남았다. 공산당(이제는 "좌파민주당"으로 개명)이 그런 불리한 환경에서 집권했을 때만, 정당 집권이 좋은 정부에 영향을 미친다는 주장을 제대

로 평가할 수 있을 것이다.[87]

이탈리아 공산당 집권에 관한 일부 예외적 가능성을 제외하면, 왜 어떤 정부는 작동하고 다른 정부는 그렇지 않은지에 대해 이들 보충 설명은 전혀 도움이 되지 않는다. 제도가 작동하는 방식에 시민적 환경이 중요하다는 점을 이 장에서 검토한 근거들이 분명히 보여준다. 좋은 정부를 설명하는 무엇보다 중요한 요소는 시민공동체의 이상에 지역의 사회 및 정치 생활이 얼마나 근접해 있느냐이다. 시민성이 강한 지역은 여러 면에서 두드러진다. 그래서 다음 질문은 이것이다. 왜 어떤 지역은 다른 지역보다 시민성이 더 강한가?

제5장
시민공동체의 뿌리를 찾아서

1970년대와 1980년대 이탈리아 주정부의 성과에 관한 우리 연구는 일부 지역의 시민생활 특성에 초점을 맞췄다. 그 실타래를 따라가다 보면, 우리는 서로 다른 이탈리아 지역의 과거로 빠져들게 된다. 우리의 이야기는 이탈리아인들이 암흑기로 불렀던 혼란의 시기에서 벗어나는, 거의 천 년 전 이탈리아반도에 전환이 온 때부터 시작한다. 이야기가 시작되는 중세 초기 이탈리아는 시간상으로뿐 아니라 일상의 생활방식에서도 지금보다 고대 로마에 더 가까웠다. 그럼에도 불구하고, 중세 초기 이탈리아에서 오늘날 이탈리아까지 뚜렷하게 추적할 수 있는 사회 유형은 왜 어떤 공동체는 다른 공동체보다 더 공동생활을 잘 관리하고 효과적인 제도를 유지하는지를 설명하는 데 있어 21세기를 목전에 둔 지금에도 결정적이었다.[1]

중세 이탈리아의 시민적 유산

주정부는 1970년, 수백 년 동안 고도로 중앙집권화되어왔던 중앙정부를 배경으로 설립되었지만, 지역 자체는 훨씬 더 깊은 역사적 뿌리를 가지고 있다. 로마의 몰락부터 19세기 중반까지 1500년 동안, 이탈리아는 오스트리아 정치인 메테르니히(Metternich)의 무시하는 표현에 따르면, "일종의 지리적 표시"에 불과한 곳으로, 많은 소도시국가가 모인 지역 및 외세의 반식민지였다. 근대화된 유럽의 민족국가 체제에서, 이러한 분열은 이탈리아인들을 경제적 후진성과 정치적 주변화로 몰아넣었다.

하지만 언제나 그래왔었던 것은 아니다. 중세에 이탈리아인들은 전 세계 기독교 국가 중 가장 선진적인 정치 구조를 만들어냈다. 실제 매우 독특한 두 가지 정치체제가—둘 다 혁신적이고 매우 뛰어난 사회, 경제, 정치적 결과를 가져올—반도의 분리된 지역에서 1100년경 등장했다.

11세기에 반도 전역에 걸쳐, 구래의 제국 통치체제—남부의 비잔틴제국과 북부의 독일(신성로마제국)—가 긴장과 쇠퇴의 시기를 지나면서, 사실상 결국 무너지고, 주도권이 지방 세력들에게 넘어갔다. 남부에서 중앙정부의 붕괴는 상대적으로 짧게 지나갔고, 비잔틴제국과 아랍[인들이 남긴] 기반 위에 강력한 노르만 왕국이 등장했다. 한편 북부에서는 제국 권력을 부활시키려는 시도가 결국 모두 실패로 끝났고 지방 파벌 세력이 사실상 완전히 장악했다. 중세 이탈리아 사회의 특징을 가지고 가장 완벽한 형태로 자유롭게 진화한 곳이 로마에서 알프스까지 뻗은 이 지역이었다. 이곳의 코뮨(commune)은 사실상 도

시국가가 되었다. 그래서 이 지역은 코뮌 이탈리아로 어렵지 않게 묘사할 수 있다.[2]

북유럽 출신의 노르만 용병들에 의해 세워지고 시칠리아에 거점을 둔 남부의 새로운 체제는 행정적, 경제적으로 크게 발전했다. "1130년 시칠리아, 아풀리아, 칼라브리아를 통일한 위대한 노르만 통치자 루제루 2세(Roger II)는 그의 비잔틴 제국과 무슬림 제국 선조들의 제도, 특히 효율성 높은 과세제도를 계속 유지했다."[3] 혼돈의 시기를 거친 후, 그의 계승자 페데리코 2세(Frederick II)*는 이탈리아 남부 전역의 신흥 교황령 지역에 대한 지배권을 재확립했고 "그리스의 관료제와 노르만의 봉건주의가 융합되었지만, 그의 전임자들보다 더 완벽하게 통일국가로 통합"하는, 진전되고 널리 찬사를 받는 정책을 실행했다.[4] 1231년 페데리코 2세는 신헌법을 공포했는데, 이는 700년 만에 유럽 최초의 행정법 성문화를 포함했고 이후 유럽 전역으로 퍼져나갈 중앙집권적 전제국가 원칙의 기본 원리가 되었다. 그의 '헌법'은 사법과 공공질서 제공에 대한 독점권을 주장하는 군주제를 표방했고, 봉건귀족의 특권을 명확히 승인하는 내용을 담고 있었다.[5] 중세 초기 유럽 전역을 괴롭혔던 폭력과 무정부 상태로 점철된 홉스적 세계에서 사회질서 확립은 통치의 최우선 문제였다.

당시 매우 놀라웠던 것은 노르만 왕국이 종교적 관용을 실행하고 이슬

---

* 독일의 호엔슈타우펜가 출신 왕으로 독일명 프리드리히 2세(Friedrich II)로 더 잘 알려져 있다. 원문에 쓰인 Frederick은 영어식 이름이다. 이 번역본에서는 이탈리아 이름인 페데리코(Federico)로 표기한다.

람교와 유대교인들에게 신앙의 자유를 주었다는 사실이다. 노르만 왕들은 그리스, 아랍, 유대, 라틴, 이탈리아의 독특한 예술, 건축, 학문이 꽃피우도록 후원했고, 루제루 2세에서 페데리코 2세까지의 궁전은 "학자들의 공화국"이라 불릴 만큼 명성이 자자했다. 1224년 페데리코 2세는 나폴리에 유럽 최초의 국립대학교를 세웠고, 여기서 학생들은 이전 세기에 루제루 2세가 마련한 토대 위에 페데리코 2세가 각별히 신경 써서 발전시킨 공무원 교육을 받았다. "절정기의 시칠리아 왕국은 어떤 서구의 왕국에서도 볼 수 없던 가장 발전된 관료체제를 보유하게 되었다."[6]

시칠리아 왕국에서는 경제적으로 팔레르모, 아말피 같은 상업도시가 발전했고 나폴리, 메시나, 바리, 살레르노도 풍요로운 도시로 번창하였다. 페데리코 2세는 도시의 항구를 확장했고, 해군 상선대를 창설했지만, (그의 절대권력을 확실히 유지하기 위해) 왕국의 상업 대부분에 국가독점을 강조했다. 그러나 이러한 정책은 장래 왕국의 발전에 별 도움이 되지 않는 일이었다. 창의적인 군주이며 담대한 군인 외교관, 재능 있는 조류학자, 타고난 시인이던 페데리코 2세는 그 시대 사람들에게 "세계의 경이로움(Stupor Mundi)"으로 여겨졌다.[7] "12세기 말까지 지중해의 패권을 장악한 시칠리아 왕국은 유럽에서 가장 부유하고, 가장 발전하고, 고도로 조직화된 국가였다."[8]

하지만 남부 지역의 사회 및 정치 제도는 페데리코 2세의 개혁으로 강화되면서 경직된 독재적, 권위적 형태를 유지했다. 그의 '헌법'은 봉건 영주의 권리를 재차 확인해주었고, 군주의 결정을 문제 삼는 것은 "신성모독"이라고 선언했다. "페데리코 2세의 헌법은 그 포괄성과 구체성, 그리고 무엇보다 왕권에 관한 개념에서 서구 유럽에서 가장 독보적인 것으

195

로 묘사된다. 왕권(Regnum)은 황제가 신으로부터 직접 부여받은 것이었다."[9] 그의 전임 대제인 루제루 2세와 마찬가지로, 페데리코 2세는 군주의 역할에 대해 신비롭고 반신적인(semidivine) 개념을 가지고 있었고, 그의 통치는 공포, 때로는 잔인함을 결합한 경외심에 기반을 두고 있었다. 그는 북부의 코뮌들로 군사 원정을 시작했을 때 "안정적인 평화보다는 무분별한 자유의 사치를 선호하는" 이들에게 교훈을 주기 위해서라고 말했다.[10]

남부의 도시들은 자치에 대한 열망의 신호를 어느 정도 보여주었지만, 곧 노르만 왕국에 병합되었고, 오직 왕에게만 책임을 다하는 중앙 및 지방 공직자들의 네트워크에 예속되었다. 도시인들과 마찬가지로, 영주들은 왕실 행정에 통제받았지만, 체제의 핵심 근간이 되는 군사력을 제공했다. 역사가들은 왕국에 "봉건적", "관료적", "절대주의적" 중 어느 것이 적절한 평가가 될지 논쟁을 벌이지만, 최선의 판단은 이 세 가지 모두를 왕국이 뚜렷이 취하고 있었다는 것이다. 어쨌든 자치공동체의 어떠한 기미라도 생기면 곧 제거되었다. 장인과 상인의 시민사회 생활은, (북부 지역처럼) 그 내부에서가 아니라 중앙 당국과 위로부터 제약을 받았다. 데니스 맥 스미스(Denis Mack Smith)는 다음과 같이 결론내렸다.

시칠리아[시칠리아 왕국]는 여전히 활기찬 도시생활을 기대할 수 있는 매우 부유한 국가였다. 하지만 사실 그 나라에는 북부 이탈리아에 있는 독립적인 코뮌들과 유사한 어떤 것도 존재한 적이 없었다. 이는 단순히 진취적 시민성의 결여를 반영할 수도 있지만, 노르만 군주제가 워낙 권위적이고 강력해서 귀족 세력에 맞설 도시들을 육성할 필요가 없었기 때문이기도 했다. (……) 페데리코 2세는 도시들을 국가의 통제 아래 두었는데, 이는 경제를 정치에 희생시키는 것으로 보였다. 시칠리아의 역사는 번영이 강력한 왕권에서 나왔다는 것을 그에게 가르쳐주었고, 어느 정도는 그가 옳았다. 이후 사건들만이 이탈리아의 다른 자유해안도시들이 대담하게 부를 축적하게 될 그 시기에, 시칠리아의 경제발전이 정체되었음을 보여줄 터였다.[11]

페데리코 2세 사후에 왕실 권력이 약화되어가자 남부 봉건영주들은 자치권을 얻었지만, 남부 지역 도시들은 그러지 못했다. 수 세기가 지나 봉건 권력을 부여받은 지주 귀족들이 극단적 사회위계구조를 점점 장악했지만, 최하층의 수많은 농민은 생존의 한계에 처한 비참한 삶에 허덕였다. 이 두 사회계급 사이에 무능한 중간계급인 행정관리직과 전문직들이 위축된 채 끼어 있었다. 다음 7세기 동안 남부 이탈리아는 여러 외국 왕조(특히 스페인과 프랑스) 간 격렬한 쟁탈의 대상이 될 터였지만, 이러한 위계 구조는 본질적으로 변화 없이 지속되었다. 이 체제는 현재의 통치자가 아무리 계몽적이더라도 봉건군주제를 유지했고, 페데리코 2세의 후임 통치자들은 계몽보다는 탐욕적 성향을 훨씬 많이 드러냈다.

한편 이탈리아 북부와 중부 소도시—"봉건 사막 한가운데의 오아시스"[12]—에서는 반대로 전대미문의 자치 형태가 등장하고 있었다. 이 도시 공화정은 중세 유럽의 다른 지역에서 장원을 기반으로 한 영주-농노 봉건제에 대한 주된 대안으로 자리 잡았다. 이 점에 대해 저명한 역사학자, 프레더릭 레인(Frederic Lane)은 다음과 같이 썼다. "12세기에서 16세기까지 이탈리아 사회를 유럽의 다른 지역과 구별하게 해주는 가장 큰 특징은 그들이 자신의 삶을 지배하는 법과 정책 결정에—주로 설득을 통해서 진행되는—어느 정도 참여할 수 있느냐였다."[13]

페데리코 2세의 전제군주체제와 마찬가지로, 새로운 공화주의체제는 중세 유럽을 지배한 폭력과 무질서에 대한 대응으로 등장했는데, 귀족 가문들 간 잔인한 피의 복수극으로 남부뿐 아니라 북부 소도시와 농촌을 황폐화시켰다. 하지만 북부 지역에서 창안한 해결책은 매우 달랐다. 수직적 위계 구조보다는 수평적 협력 관계에 더 주의를 기울였다. 코뮌은 본래 자발적 결사체로서 생겼다. 이웃끼리 상호부조를 맹세하며 만들어졌는데, 공동 방위와 경제적 협력을 제공하기 위한 것이었다. "초기 코뮌을 사적 결사체로 묘사하는 것은 지나친 해석이다. 그들은 처음부터 분명히 공공질서에 관여해왔는데, 그들의 우선된 관심은 구성원의 보호와 공동 이익이었고, 구체제의 공공제도들과는 유기적인 관계가 없었다는 것도 사실이다."[14] 12세기의 코뮌은 피렌체, 베니스, 볼로냐, 제노바, 밀라노, 그리고 사실상 북부와 중부 이탈리아의 주요 소도시에 세워졌는데, 역사적으로 이러한 원초적 사회계약에 뿌리를 두고 있었다.

신흥 코뮌들은 현대적 시각에서는 민주적이지 않았다. 인구의 소수만이 권리를 행사했기 때문이다.[15] 사실 공화주의적 통합의 가장 큰 특징은 지방 귀족을 도시 귀족 계급으로 흡수하여 새로운 사회 엘리트를 구성하는 것이다. 하지만 정부 업무에서 그 대중 참여의 범위는 어떤 기준에서 보아도 놀라운 것이었다. 대니얼 웨일리(Daniel Waley)는 코뮌을 "위원회 위원들의 천국"으로 묘사했는데, 약 5000명 성인 남성이 살고 있는 시에나시는 860개의 비상근 시정직이 있었고, 더 큰 도시에는 시의회 의원이 수천 명에 이르기도 했다. 그들 중 많은 수가 실제로 정책 결정에 적극 참여했다고 기록되어 있다.[16] 이러한 맥락에서 "도시공화정의 성공은 서로 동등하게 권력을 나누려는 코뮌 지도자들의 의지에 따른 것이었다.”[17] 코뮌의 행정 지도자들은 소도시마다 다양한 절차에 따라 선출되었다.[18] 도시공화정을 통치한 사람들은 그들의 통치에 합법적 한계가 있음을 인정했다. “정교한 법률이 과도한 권력의 횡포를 제한하도록 공포되었다.”[19] 이러한 면에서 도시공화정의 권위 구조는 당시 이탈리아 남부 지역을 포함해 유럽의 다른 체제보다 근본적으로 더 자유주의적이고 평등주의적이었다.

코뮌의 생활이 발전함에 따라 장인과 상인 길드가 조직되었는데, 이는 직업적 목적뿐 아니라 사회적 목적을 가지고 자조 및 상호부조를 제공하기 위한 것이었다.[20] “가장 오래된 길드 규약은 베로나에서 1303년에 제정되었다. 하지만 분명히 훨씬 오래된 규약에서 따온 것이었다. ‘어떠한 형식으로든 필요할 때는 형제애를 가지고 도울 것’, ‘도시를 지나는 외지인을 환대할 것’, (……) ‘몸이 약한 사람이 안정을 취하게 해줄 것’이 길드 회원의 의무이다.”[21] 규약 위반에는 불매(boycott)와 사회적 추방(ostracism)이라는 제재가 따랐다.[22]

이 길드들은 곧 다른 도시민들과 함께 “질서유지, 즉 ‘도시의 평안하고 평화로운 상태’를 위한 일부 대표제도 및 통제제도” 등 더 광범위한 정치 개혁을 위한 압력을 행사하기 시작했다.[23]

13세기 전반기 동안 길드는 이전보다 더 넓어진 기반 위에서 코뮌 내 권력 배분을 추구하는 급진적 정치운동의 중추가 되었다. (……) 그들은 강력한 민주주의의 의미를 담아 ‘포폴로’(popolo, 인민)라는 옛 명칭을 사용했다. 1250년에 이르자, 포폴로는 주요 코뮌의 헌장에서 지배적 위상을 차지했다.[24]

시민공동체의 뿌리를 찾아서

그래서 페데리코 2세가 남부 지역에서 봉건 체제를 강화하고 있을 당시, 북부 지역의 정치적 영향력이 전통적 엘리트를 능가하면서 확산되었다. 예컨대 "1220년 모데나 시의회에는 이미 많은 장인과 생선가게, 의류 수선, 헌옷장수를 포함한 상점주인들 (……) 그리고 이전부터 많았던 대장장이들이 활동하고 있었다."[25] 시민공화주의의 실행으로 중세 세계에서 유례를 찾아볼 수 없는 광범위한 대중의 공공정책결정 참여가 이루어졌다.

이러한 정치적 변화는 "코뮌, 길드, 동업의 발흥과 함께 협력하는 생활방식의 급증과 (……) 더욱 분명한 평등의식을 표출하는 새로운 연대형식의" 일부였다.[26] 길드 외 '비찬체(vicianze, 주민결사체)', '포풀루스(populus, 지방교회의 재산을 관리하고 사제를 선출하는 교구 조직)', '형제단(상호부조를 위해 설립된 종교 조직)', 엄숙한 서약으로 뭉친 정치적 성격의 종교단체, 상호안보를 위해 구성한 '콘소르테리에(consorterie, 탑동맹)' 같은 지방조직이 지역문제를 주도했다.[27]

모든 사회 영역에서 이러한 결사체 구성원들 간 상호부조 서약은 앞서 언급한 베로나의 길드 서약과 아주 유사해 보인다. 1196년 볼로냐의 유력 가문 사이에 맺어진 탑동맹의 구성원들은 "기만하지 않고 신의로 서로를 돕고 (……) 우리의 탑과 집을 공유하며 우리 중 누구도 서로를 직접적으로나 제3자를 통해 위해를 가하지 않을 것을 맹세한다"라고 서약했다. 볼로냐 지역의 많은 자발적 결사체 중 하나인 스파데 콤파니아(Spade[검] compagnia) 규약에는 그 구성원들이 "코뮌 내외부의 모든 이들에 대항해 서로를 지원하고 보호해야 한다"라고 기록되어 있다. 각 사례에서, 이러한 개괄적 서약에 이어 결사체의 운영 절차에 대한 세세한 기술이 뒤따랐는데, 여기에는 법률 지원 같은 구성원들에게 제공되는 실질적 지원뿐 아니라, 구성원 간 분쟁 해결 절차도 포함되어 있었다.[28] "이처럼 더욱 복잡해진 공동체 내부와 공동체 사이에 발생하는 불가피한 갈등으로 숙련된 변호사, 중재자, 정치가의 역할이 요구되었고, 나아가 새로운 사회가 내부 갈등으로 스스로 붕괴하는 것을 막기 위해 시민 도덕성의 새로운 정립이 요구되었다."[29] 이러한 결사체를 통한 풍부한 네트워크 속 삶과 공화정의 새로운 관례는 중세 이탈리아 코뮌에 독특한 특성을 부여했고, 이는 정확히 우리가 "시민공동체"로 명명한 것과 확실히 유사하다.

도시공화정에서 공공행정은 전문화되어 있었다. 자치정부의 전문가 집단은 공공재정(장기국채시장을 포함하여), 토지개간, 상법, 회계, 도시계획, 공중위생, 경제 개발, 공교육, 치안, 위원회를 통한 행정 등 분야에서 이웃한 도시의 동료들과 생각을 공유하기도 하면서 놀라울 정도로 선진적 체계를 발전시켰다. 유명한 법학대학이 있는 볼로냐는 "군사력과 부가 아니라, 지적인 리더십에 기초한 비공식적 우위를 통해 공동체 이탈리아의 수도"로서 중요한 역할을 했다.[30] 임기제로 선출되어 순회하는, 전문적 훈련을 받은 법률 행정가인 포데스타(podestà)란 지위를 가진 인물이 코뮌의 행정에서 중요한 역할을 맡았다.[31]

서약(covenant)과 계약(contract)은 공화정의 모든 생활 양식에서 중요한 역할을 했고, 이러한 합의를 기록하고 해석하며 집행하기 위한 공증인, 변호사, 판사의 수가 급격히 증가했다. 5만 명 규모의 도시인 볼로냐에는 약 2000명의 전문 공증인이 있었다고 추정된다.[32] 물론 그러한 인물들의 존재를 공화정의 많은 분쟁을 나타내는 지표로 이해할 수도 있지만, 보다 근본적으로는 서면합의, 협상, 법률에 대한 특별한 신뢰를 상징한다. 이보다 도시공화정의 대체 불가능한 공헌을 더 명료하게 보여주는 것은 없다. 유럽의 다른 지역에서는 무력과 가문이 집합행동의 딜레마에 대한 유일한 해결책이었던 때, 이탈리아 도시국가의 시민들은 공동생활을 조직하는 새로운 방식을 구현해냈다.

도시공화정에서 교회의 권위는 최소화되었는데, 이는 종교성이 탈종교화로 대체되었기 때문이 아니라, 평신도 결사체가 위계적인 교회를 대체했기 때문이다.

이탈리아의 도시인들은 교황의 우월적 지위를 공격하기보다는, 그들의 세속 정부처럼 지방문제 해결의 모든 실질적 이유로 교회를 지방에 속하는 것으로 보는 경향이 있었다. (······) 그들은 사제를 일반인보다 우월한 존재로서가 아니라, 공동체의 영적 필요성을 충족시키는 봉사자로 생각했다. (······) 하지만 이것이 종교적 열정의 어떤 쇠퇴 징후로 받아들여져서는 안 된다. 사실 14세기와 15세기는 이탈리아 역사에서 유달리 독실한 신앙이 나타난 시기였지만, 이탈리아인의 신앙심은 특별했다. 즉 이들의 신앙심은 자발성의 표현이었고 지방의 평신도 형제단은 경건한 활동을 수행하고 함께 헌신적 실천을 수행할 목적으로 만들어졌다.[33]

이러한 도시공화정의 모든 발전은 강력하고 비교할 수 없을 정도의 시민적 헌신으로 나타났다.

아르노 강변과 포강 근처, 베네토와 리구리아주 시민들은 자신들의 도시와 그 지역에서 정치적 운명을 형성하는 데 우선된 열정적 애착(allegiance)을 가졌다. 이러한 감정은 르네상스 시대에도 유지되었다. (……) 코뮌이 등장한 날부터, 사람들은 함께 모이면 질서가 유지되고 보호받을 수 있다는 것을 알게 되었다. 코뮌이 확장되자, 도시민의 삶은 지방정부의 결정과 강화된 그 구조에 점점 더 영향받았다. 자신의 현세와 가족의 운명이 코뮌의 운명에 묶여 있다는 감정이 가장 강렬한 사랑과 증오를 불러일으킬 정도로 확고해졌다.[34]

시민공화주의의 팽창과 긴밀하게 연계된 것이 상업의 급속한 성장이었다. 시민공동체의 질서가 확립되자, 대담하고 야심 찬 상인들이 도시 국가를 둘러싼 지역에서 이제 그들의 교역망을 확대해나갔고, 점차 그들이 알고 있던 세계의 가장 먼 곳까지 나아갔다. "이들 상인은 세계 상업의 지배자이자 유럽 자본주의의 창시자로서, 중국에서 그린란드까지 그들의 무역 제국을 넓혀갔다."[35] 이처럼 복잡해진 시장에 대처하기 위해서는, 분쟁 해결을 위한 사법 혹은 준사법 제도를 지원하고, 정보를 교환하며, 위험을 분담할 수 있는 긴밀하게 통합된 상인공동체가 필수였다.[36] 무역을 통한 번영은 다시 공화정의 시민제도를 형성하고 유지하는 데 도움이 됐다. "13세기 피렌체 정부를 거의 접수한 10대 '주요 길드(Major Arts)' 중 7개가 수출무역 분야에 속해 있었다."[37]

상업 발전은 공화정 경제의 핵심이었다. 상업 발전의 기초 제도들—시장, 화폐, 법률—은 고대 세계에서 상대적으로 잘 발전되었던 [경제적] 관행의 부활을 의미했다. 하지만 이들만큼이나 기초적 경제 제도이면서 완전히 새로운 것이 있었다. 바로 중세 이탈리아에서 발명된 '신용'이다.[38] 메초조르노의 노르만 왕국이 사회적이고 정치적인 위계 구조에 기초해 새로운 번영을 구가하던 때, 북부 도시들의 시민공화정은 세계사의 위대한 경제혁명 중 하나가 되는 기초를 놓았다. (어떤 역사가들에 따르면) 이는 인류가 정착 생활을 시작한 신석기시대의 출현과 이후 산업혁명에 비견할 만한 것이었다.

"이 혁명의 핵심에 신용의 기하급수적 증가가 있었다."[39] 번영의 시대나 빈곤의 시대를 막론하고 이전 시대에는 저축과 투자를 연결하는 가장 초보적인 기제만이 존재했고, 경제발전을 기대하기에는 한계가 있었다. 신용이 없어도, 개별 가문들은 막대한 부를 축적하거나, 국가는 과세를 통해 저축을 강제하고 피라미드나 파르테논 신전 같은 대규모 공공사업에 투자할 수 있었다. 그러나 개인 저축자와 독립 투자자 사이를 효과적으로 중재하는 수단이 고안되기 전까지, 사적 자본 축적의 막대한 힘을 경제 성장에 활용할 수 없었다. 이 중대한 사회적 발명이 성공하는 데 도시공화정이 만든 특별한 환경이 결정적이었다는 것이 증명되었다.

토지에 기초한 시칠리아 왕국의 부와 달리, 북부 이탈리아 도시국가들의 번영은 재정과 상업에 뿌리를 두었다.[40] 은행업과 장거리 교역은 신용을 근거로 이루어졌는데, 신용이 효율적으로 제공되려면 계약과 그 계약을 규율하는 법이 공정하게 집행될 것이라는 상호신뢰와 확신이 요구되었다(어원학적으로 '신용'은 credere, 즉 '믿다'에서 나왔다).

다음 장에서 충분히 살펴보겠지만 시민공화제의 제도들, 즉 결사체 연결망과 북부 코뮌들에서 등장한 친족관계를 넘어선 연대의 확장이 이러한 신뢰와 확신이 꽃피우는 데 결정적이었다.

이 비옥한 시민적 토양에서 기업 활동의 수많은 혁신이 싹을 틔웠는데, 이것이 공공과 민간 모두에서 피렌체와 그 인접 도시들이 르네상스의 풍요를 낳는 데 힘을 보탰다.

신용의 확장과 계약 사용의 증가는 11세기와 12세기 북부와 중부 이탈리아 도시들이 도약하는 매우 중요한 특징이었다. 제노바, 피사, 베니스, 그리고 조금 늦게 피렌체에서 자본을 육성하고 동업 관계를 형성하기 위한 새로운 법률 차원의 계획이 유행했다. 가문 간 동업은 일반적이었다. (……) 하지만 12세기가 되자 더 유연한 계약제도가 도입되었고, 외부인의 사업 참여도 환영받았다. 이러한 변화는 콤파니아[상사], 코멘다(commenda, 장거리 해운사), 저축은행, 신탁회사, 신용장의 등장으로 나타났다. 새로운 기업 활동의 관행과 조직에서 위험은 최소화되는 한편 협력과 이윤을 얻을 기회는 늘었다. (……) 우리는 이자율 하락과 담보 및 이체 업무 증가로 신용의 확대를 가늠해볼 수 있다. 북부와 중부 이탈리아 도시들에서 채권자와 채무자 간에는 '협력적' 태도가 널리 확산되었다.[41]

이러한 기제와 여타 다른 기제를 통해서, 소액 저축자들도 거대 상업 회사에 투자할 수 있게 되었다.

11세기부터 유럽의 경제사에서 기본적인 사실은 저축이 이전 세기에는 생각할 수 없을 정도로 생산적인 목적을 위해 활성화되었다는 것이다. (……) 명확한 법적 의무와는 별개로, 통합된 공동체의 소속감으로 강화되어 확산된 청렴 의식이 다양한 계층의 사람들이 자신의 저축을 통해 생산 과정에 참여할 수 있도록 했다.[42]

요약하면, 중세 북부 이탈리아의 도시공화정에서, 경제생활뿐 아니라 정부 성과의 엄청난 향상은 시민참여의 규범과 네트워크에 의해 가능했다. 정치와 경제의 기초 제도에서 일어난 혁명적 변화는 이 같은 협력과 시민연대의 수평적 결합을 통한 특별한 사회적 환경에서 나왔고, 이러한 정치와 경제의 진보는 시민공동체를 강화했다.

우리는 코뮌의 평등주의나 사회적 갈등의 해결 및 폭력의 억제를 과장해서는 안 된다. 아마도 인구의 절반은 가난한 빈민 거주자였을 것이다.[43] 이 시기 내내 귀족 계급은 공화정의 생활 세계 내부로 점차 통합되고 의존하는 경향을 보였지만, 여전히 사회의 중요한 부분으로 남아 있었다. 베니스와 피렌체 같은 공화정의 생활 세계에서 과두제 가문들은 남부 지역에 비해 그들의 권력을 자유롭게 행사하지 못했지만 핵심적인 역할을 했다. 귀족 계급은 그들 주위에 피후견인 무리를 두었고 파벌주의가 만연했다. 가문 간 피의 복수와 폭력은(일종의 준 게릴라전을 포함하여) 공공 생활에서 결코 사라지지 않았다. 여전히 볼로냐와 피렌체를 장식하고 있는 전투탑과 요새화된 궁전은 가장 성공적이던 코뮌조차 사회적 불평등과 만연한 불안정성을 특징으로 한다는 점을 상기시킨다.

그럼에도 불구하고 공화정 내 사회적 이동성은 당시 유럽의 어느 지역보다 높았다. 더욱이 시민질서를 유지하는 데 있어 집단적 연대의 역할은 북부 도시들에서만 볼 수 있는 특징이었다. 예를 들어 1291년 한 익명의 작가는 짧지만 함축적으로 다음과 같이 기록했다. "파르마에서 약간의 소요가 있었고, 그래서 네 개의 소매상, 즉 정육업자, 대장장이, 신발제조공, 모피상이 판사와 보증인 그리고 도시 내 다른 소매상들과 함께 스스로를 지키기 위해 서약하면서, 특정 조항들을 만들었고, 모든 소란이

곧 중단되었다."[44]

그래서 14세기가 시작되면서, 이탈리아에는 하나가 아닌 각각의 사회 및 문화적 특성과 연계된 두 개의 혁신적 통치 유형이 만들어졌다. 잘 알려진 남부의 노르만 봉건 전제군주정과 북부의 비옥한 도시공화정이 그것이다. "이탈리아인들은 통치술에서 선도적이었다. 이탈리아 국가들은 당시 다른 국가에서 보였던 것보다 좋든 나쁘든 전반적으로 시민생활에 더 많은 관료주의 권력이 개입했다."[45] 정치뿐 아니라 경제적이고 사회적인 생활에서도 군주정과 공화정 모두 유럽의 다른 지역에서는 여전히 발전을 저해하고 있던 집합행동의 딜레마와 공동체 생활의 문제를 극복했다. 유럽에서 이탈리아의 선도는 정치적, 경제적, 예술적 측면만이 아니라, 인구학적 측면에서도 평가받을 수 있다. 남부의 팔레르모와 북부의 베니스와 피렌체는 모두 10만 명이 넘는 인구를 가졌고, 유럽에서 가장 큰 세 개의 도시였다.[46]

그러나 북부와 남부에서 창의적으로 시행된 제도들은 그 구조와 결과가 매우 달랐다. "두 가지 다른 사회와 삶의 방식이 맞섰다"라고 역사가 존 라너(John Larner)는 확언했다.[47] 북부에서 개인에 의존하는 봉건적 결속력은 약화된 반면, 남부의 봉건적 결속력은 강화되었다. 북부의 인민은 시민이었고, 남부에서는 신민이었다. 북부의 합법적 권위는 "[공동체에 의해] 공직자들에게만 위임되었는데, 그들에게 신임을 부여한 이들의 업무에 책임성을 갖는다."[48] 남부의 합법적 권위는 왕의 독점물인데, 그는 (공직자들에게 행정 임무를 위임하고 귀족들에게 특권을 승인할 수는 있지만) 신에게만 책임성을 갖는다. 북부에서는 종교적 정서가 깊이 남아 있었으나, 교회는 많은 민간제도 중 하나일 뿐이었다. 남부에서 교회는 봉건 질서를 유지하는 강력하고 부유한 지주 계급이었다.[49] 북부의 중요 사회적, 정치적, 심지어 종교적 헌신과 관계는 수평적이었던 반면 남부는 수직적이었다. 협력, 상호부조, 시민적 의무, 신뢰—물론 모든 관계가 그랬던 것은 아니고, 같은 시기의 다른 유럽 지역보다 혈연관계의 경계를 넘어 확대된—까지도 북부는 독특한 특징을 보였다. 반면 남부의 주요 덕성은 잠재된 무질서에 대비하여 위계와 질서를 부과하는 것이었다.

중세의 중요한 사회문제, 즉 모든 진보를 위해 가장 필요한 것은 공공질서였다. 노르만 왕국 시기와 마찬가지로, 보호와 안전한 장소는 전제군주나 가장 강력했던 지방 영주가 제공했다. 혹은 [공동체의] 안전은 거의 동등한 집단 간에 얽힌 상호부조 협약을 통해 확보될 수 있었는데, 코뮌공동체에서는 더 복잡한 전략이 뒤따랐다. 다른 기독교 국가들과 비교할 때, 양 체제는 번영과 효과적인 정부를 낳았지만, 집합행동의 딜레마를 위계적 방식으로 해결하려는 남부 지역의 한계는 이미 13세기에 이르러 분명히 드러나고 있었다. 100년 전만 해도 남부 지역이 일반적으로 북부 지역 못지않게 발전했다는 인식이 있었지만, 이제 도시공화정은 빠르게 앞서 나가고 있었고, 북부 지역의 우위는 앞으로 몇 세기에 걸쳐 계속 확대될 터였다. 점차 이탈리아의 봉건제와 공화정 간 공동체 생활과 사회구조의 차이에 의한 결과가 모두 분명하게 드러나게 되었다.

보통 수직적 제도가 지배적이던 봉건제 세계에서는 인간 간 관계가 봉토와 섬김(service), 책봉과 충성서약, 군주, 봉신, 농노 등 개념에 좌우되었다. 도시에서는 동등한 자들 간의 협력을 특징으로 하는 수평적 제도인 '길드', '형제단', '대학'이 출현했다. 특히 길드 중의 길드는 서약을 통한 연합인 '코뮌'이

었는데, 이는 새로운 시각으로 만들어진 제도이며 새로운 이상을 반영했다.[50]

　14세기에 파벌주의와 기근, 흑사병과 백년전쟁이 시민공동체 정신과 공화정부의 안정성을 잠식했다. 흑사병의 참상은 엄청났다. 이탈리아 인구의 1/3 이상—그리고 도시인구의 절반 이상—이 1348년 야만의 여름 동안 사망했고, 이후 100년 이상 경제활동을 심각하게 침체시킨 전염병이 창궐했다. 흑사병은 도시공화정 정치 지도층도 비껴가지 않았다. 1348년 6월 말 오르비에토(Orvieto)에서 선출된 7인의 시의회 의원 중 8월까지 6명이 사망했다. 다수의 희생이 여기저기서 발생했다. 전염병이 창궐했을 때, 반쯤 공사를 마친 시에나 대성당은 그대로 남아 있었는데, 이는 흑사병이 얼마나 철저하게 시민적 활력을 빼앗고 삶을 산산조각냈는지 알려주는 무언의 증거였다.[51]
　더욱이 도시 성벽 너머에서 대규모로 벌어진 종교 대 군대 사이의 요란한 충돌이 공화정 내부에서도 점차 반향을 일으켰다. "코뮨의 역사는 불안정할 수밖에 없었다. 그들은 강력한 위계 구조가 남아 있던 사회에서 의회의 절차를 통한 통치를 실현하고자 했기 때문이다."[52] 거의 모든 지역에서 구엘프(교황파, Guelphs), 기벨린(황제파, Ghibellines) 이외 백여 개 가문이 끊임없는 음모와 유혈 충돌을 일으키며 대립했다. 개별 군주(signori)와 그들의 가문은 용병에 의존하여 정치적 지배력을 행사했다. 이러한 새로운 전제정치는 "아주 오랫동안 지속되었고, 중세 군주제는 르네상스 시대에 공국으로 자연스럽게 진화했다."[53]
　도시공화정 정부가 수립된 지 200여 년이 지나 14세기가 시작될 무렵, 전제군주들이 종종 공화정부의 형태와 이상에 경의를 표해왔음에도

시민공동체의 뿌리를 찾아서

불구하고 도시공화정 정부는 이들의 지배에 굴복하기 시작했다.[54] 하지만 이 참담한 소멸 과정에서도 에밀리아와 토스카나를 거쳐 아드리아해의 베니스로부터 티레니아해의 제노바까지 북중부 이탈리아에 걸쳐 뻗은 도시지역은 소중한 예외로 남았다. 이곳은 공화정 전통이 북부의 어느 지역보다 굳건하다는 증명이 되었다.[55]

마치 해 질 무렵에야 나는 지혜로운 미네르바의 부엉이처럼, 정치철학자들은 도시공화정이 붕괴하고서야 그 시민생활(vita civile)의 핵심 미덕을 이야기하기 시작했다. 코뮨의 운명에 누구보다 큰 영감을 받은 르네상스 시대의 정치이론가 마키아벨리는 안정적인 공화정부의 전제조건을 반추하면서, 특히 공화정부의 시민적 특성인 시민적 덕성(virtù civile)에 초점을 맞췄다.

마키아벨리는 제도의 성공과 실패를 이해하려는 우리의 과제와 놀랄 만큼 관련이 있는 서술을 통해, 공화정부는(성취할 수 있는 가장 바람직한 정부 형태이지만) 사회적 조건이 부적절한 지역에서는 실패할 수밖에 없다고 주장했다. 특히 사람들의 시민적 덕성이 부족하고 사회적, 경제적 생활이 봉건적 형태로 조직화된 곳에서는 "어떤 공화적이거나 정치적인 삶도 결코 부흥할 수 없는데, 이는 그러한 조건에서 태어난 사람들은 어떠한 시민정부의 형태에도 너무나 적대적이기 때문이다. 그렇게 조직된 지역에서는(그가 부연하기로는 나폴리 같은) 공화정을 수립하려는 어떠한 노력도 성공할 수 없다." 반대로 그가 태어난 토스카나는 사회적 조건이 매우 유리한데 "현명하고 고대 시민정부 형태에 익숙한 사람들은 그곳에서 시민헌법을 손쉽게 제정할 수 있기 때문이다." 마키아벨리는 [《로마사 논고》의] 관련 장 제목에 우리가 "시민공동체의 철의 법칙"으로 명명했던 것을 적절하게 요약해놓았다. "대중이 타락하지 않는 [도시]국가에서는 공적 사무를 아주 쉽게 관리할 수 있다. 평등이 있는 곳에서는 공국[군주국]이 수립될 수 없고, 평등이 없는 곳에서는 공화정이 수립될 수 없다."[56]

마키아벨리, 귀차르디니, 그리고 여타 학자들의 저술은 "공고화되고 지속적인 정치체로서의 특별한 정치공동체에 관한 감각을 표현하고 있는데, 이러한 정치공동체는 어떤 때라도 권력을 가진 인간과 정부에게서 독립적이고 인간의 애정, 충성심, 지지를 받을 가치가 있는 것이어야 한다."[57] 이러한 시민생활 이념의 핵심은 "모범적인 시민, 즉 도시와 국가에서 자신의 문제를 통치하고 국가의 문제에 충만한 의무감을 가지고 참여하는 시민"의 이상이었다.[58]

한편 13세기에 이르자, 남부 시칠리아 왕국과 북부 도시공화정 영토 사이에서 교황청이 일시적으로 집권했다. 교황은 이 지역을 봉건군주로서 지배하면서 지방 영주들에게 충성을 대가로 봉토를 수여했지만, 그의 지배력은 남부의 노르만 체제보다 중앙집권적이지 못했고 효율적이지도 못했다.[59] 교황의 다소 불투명한 일시적 권위를 고려하면, 더군다나 1305년부터 1377년까지 아비뇽 유수 동안 그의 지배력은 더욱 약화되어 교황령 지역은 매우 다양한 사회구조와 정치 관행들이 나타났다. 어떤 도시에서는 지방의 참주들이 교황청의 간섭에 저항했고, 다른 도시에서는 "귀족들이 서로 전투를 벌였고, 농촌 지역을 폭력으로 지배했으며, 그들이 원하는 대로 무엇이든 자행했고, 무장강도가 지역의 모든 곳을 위험에 빠트렸다."[60] 한편 북부 지역에는 페라라, 라벤나, 리미니, 그리고 그 어디보다 볼로냐 같은 강력한 코뮌 전통을 가진 몇몇 도시가 명목상으로 교황령에 포함되어 있었다.

[그림 5.1]은 14세기 초 이탈리아를 구성한 다양한 체제를 보여준다.[61] 이 지도에는 반도를 따라 형성된 네 개 집단이 분명히 드러나는데, 공화정과 전제군주정 정도를 보여준다. 남부에서 북부 순으로 그 특성은 다음과 같다.

- 메초조르노의 노르만 왕국이 수립한 봉건군주제
- 봉건제, 전제정, 공화정이 다채롭게 섞인 교황령
- 공화정의 중심부로 공화제를 14세기까지 유지한 코뮌 지역
- 더 북쪽에 위치한 가장 오래된 공화정 지역으로, 이 시기에 군주 통치로 빼앗긴 지역

이 유형과 [그림 4.4]에 나타난 1970년대의 시민규범과 네트워크는 놀라울 정도로 유사하다. 한때 노르만 왕조가 통치했던 남부 지역은 정확히 1970년대의 시민성이 가장 약한 7개 지역과 일치한다. 교황령 지역은(교황령 북부 지역에 있는 도시공화정을 뺀) 1970년대 시민성 단계가 상승했던 3-4개 지역과 거의 일치한다. 척도상 다른 쪽 끝에 위치한, 1300년의 공화정 중심부는 오늘날 시민성이 가장 강한 지역과 경이로울 정도로 일치하며, 중세 공화주의 전통이 존재했지만 다소 약화된 것으로 평가되었던 북부 지역이 그 뒤를 이었다. 이러한 흥미로운 상관성이 진정한 역사적 연속성을 의미하는지, 단지 호기심을 자극하는 우연의 일치인지를 판단하기 위해 우리는 그 사이 700년 동안 이탈리아인의 사회적, 정치적 삶이 어떻게 전개되어왔는지 살펴볼 필요가 있다.

[그림 5.1] 1300년경 이탈리아의 공화정과 전제정의 전통

출처: The Times Atlas of World History, 3rd edition, eds. Geoffrey Barraclough and Norman Stone (London: Times Books, 1989), p. 124; J. K. Hyde, Society and Politics in Medieval italy: The Evolution of the Civil Life, 1000-1350 (London: Macmillan, 1973), Map 4; John Lamer, Italy in the Age of Dante and Petrarch: 1216-/380 (New York: Longman, 1980), pp. 137-150.

15세기와 16세기 초까지, 스페인과 프랑스 그리고 다른 유럽의 신흥 강대국들이 이탈리아를 무대로 왕조 간 유혈 전쟁을 벌이면서 반도에 더 큰 고통을 가했다. 이러한 외국의 침략이 인구와 경제에 미친 결과는 이

시민공동체의 뿌리를 찾아서

전 세기의 치명적인 흑사병과 무역 침체와 결합하여 북부 코뮌 지역에 특히 큰 피해를 주었다. 예컨대 브레시아와 파비아의 인구는 16세기 초 각기 2/3가 줄었는데, 이는 반복된 전쟁과 약탈의 결과였다. 19세기에 이르러서야 북부 지역 도시들은 중세 인구 수준을 회복했다. 반대로 남부는 이러한 참상을 상당 부분 피해 갔다. 나폴리 인구는 15세기 동안 두 배로 늘었고, 16세기 전반기 동안 다시 두 배 더 증가해 유럽에서 두 번째로 (파리에 이어) 큰 도시가 되었다. 20세기의 인구 이동과는 반대로 16세기에는 많은 북부 주민이 남부로 이주했다. 이는 남부의 상대적 번영과 북부의 참담한 몰락이 겹친 결과였다. 경제적으로 막 희미하게나마 회복되기 시작할 무렵인 17세기 전반에는 새로운 전염병이 이탈리아 전역을 덮쳤다. 1630-1631년, 다시 1656-1657년에 중부와 북부 도시 인구의 절반가량이 전염병으로 사망했다.[62]

17세기에 이르자, 이탈리아의 중부와 북부 모든 도시의 공화정이 종지부를 찍었고, 심지어는 독립적 지위마저 상실한 경우도 많았다. 도시 공화정의 붕괴는 이탈리아반도를 "재봉건화"로 이끌었다. 상업과 재정 혁신은 토지소유권에 대한 집착과 무위도식에 그 자리를 내주었다. 다른 유럽 국가들이 단일국가로 향해갈 즈음 이탈리아는 지방의 갈등, 파벌투쟁, 복잡한 음모론으로 사회구조의 해체 징후를 보였다.[63]

이탈리아 전역에 걸쳐 북부와 남부에서는 이제 전제군주 정치가 후견-피후견 네트워크에 의해 구체화되었다. 하지만 북부 지역의 코뮌 전통을 이어받은 사람들은 후견인들이 아무리 전제적 성향을 가졌더라도 여전히 시민적 책임성을 수용—"시민적 교양의 후원자(patron of the arts)"라는 표현에도 남아 있다—했다. 이 시대, 중부 이탈리아의 한 언덕

위 도시를 인류학적으로 면밀히 재구성한 결과, 지방 신사계급(gentry)이 정치 권력을 독점했지만 병원과 도로, 지방 합창단과 악단, 심지어 시 관료와 말단 공무원의 급여까지 기부하며 시민 생활을 지원했음이 확인되었다. 상호 책임성의 윤리는 북부 농촌지방에서도 유지되었는데, 예를 들어 이웃 간 전통적인 노동 교류 관행인 '아이우타렐라(aiutarella)'를 들 수 있다.[64] 그래서 불평등, 착취, 파벌 갈등에도 불구하고 북부의 도시공화정의 유산은 더 이상 정치제도로 구체화되지 않았지만, 사회적으로 동등한 사람들 간의 시민참여, 사회적 책임성, 상호부조의 윤리로 이어졌다.

북부 지역의 권위 유형은 메초조르노의 봉건 구조와 더 이상 구별하기 힘들어졌다. 그럼에도 불구하고 공동체의 빛나는 경험과 시민적 참여가 촉진한 활발한 경제활동의 일부는 포 계곡과 토스카나 지역에 남아 있었으며, 이로 인해 18세기 후반, 반도 전역에서 먼저 문화에, 그다음 경제에 불어든 새로운 진보의 첫 번째 순풍을 이 지역들이 보다 잘 받아들일 수 있었다. 수 세기 동안 외세의 약탈, 전염병, 국내 갈등이 야기한 사회적, 경제적 침체에도 불구하고, 시민생활의 이상은 도시공화정의 전통을 가진 지역에서 지속되었다.

한편 남부의 중세가 남긴 통치 유산은 지속적인 대조를 보였다. 페데리코 2세의 절대권력은 집합행동 문제에 일정한 해결책을 제시했지만, 이러한 해결책은 절대권력의 속성대로 곧 변질되고 말았다. 왕과 영주들은 약탈적 독재자가 되었다. 봉건적이고 전제적인 정부는 일시적인 반란에 다소 누그러질 뿐 그 특성을 유지했다. 권위주의 정치 제도들은 수직적 사회 네트워크의 전통으로 강화되며, 권력의 비대칭성 그리고 착취와 종속은 뚜렷해졌는데, 북부가 수평적 결사체의 전통을 통해 상호연대로, 완벽하지는 않지만 평등하게 인민을 규합한 것과는 대조적이다. 남부의 후견-피후견 정치는 더욱더 인물중심적이고, 착취적이며, 지속적이지 못했고 "시민성"의 약화로 전개되었다.

18세기까지 "나폴리 왕국은 본토와 시칠리아 두 지역으로 구성되었는데, 500만 명 인구를 가진 이탈리아에서는 단연코 가장 큰 국가였겠지만, 오랫동안 최악의 행정을 가진, 가장 타성에 젖은 태만한 국가이기도 했다."[65]

중세 초기에도 그랬고 오늘날에도 흔히 잘못 이해하고 있는 것과 달리, 남부는 이 시기의 상당 기간 북부 못지않게 도시화되어 있었다.[66] 1791년 나폴리 인구는 로마의 두 배, 밀라노의 세 배, 토리노와 피렌체의 4배였으나, 나폴리는 "하나의 기괴한 기생충과 같아서, 거주민의 다수는 왕실의 노동자, 사제, 가사노동자, 그리고 거지였다. 이 도시는 절망적인 상태에 처한 장시간 노동자, 빈곤층, 농노로 유지되었는데, 이들에게는 시민권도 없었다."[67] 남부 도시에서는 "귀족층과 일반 도시민이 서로 어울려 사는 북부 사회의 특징은 거의 찾아볼 수 없이" 귀족층이 막대한 권력을 향유했다.[68]

북부에서 오랫동안 위협을 받아왔던, 귀족계급의 위세는 이미 약화되기 시작했다. 반대로 "남부에서 '18세기 첫 10년간 영주들의 정치·사법, 경제 권력은 여전히 사실상 그대로 유지되었다.' 그곳의 봉건제 폐지 과정은 특히 느렸다. [18]세기 말에도 영주들은 여전히 막대한 권력을 누렸다."[69] 메초조르노의 치자와 피치자 간 불평등은 남부를 통치했던 모든 계승 왕조들이 사실상 외지인이었기 때문에 더욱 심화되었다. 1504년부터 1860년까지 교황령 남쪽의 모든 이탈리아 지역은 합스부르크가와 부르봉가가 지배했는데, 이들은(최근 앤서니 패그던(Anthony Pagden)이 자세히 기술했듯이) 종속과 착취의 수직적 결합의 우위를 지키기 위해, 체계적으로 그들의 신민 간 상호불신과 갈등을 조장하고, 수평적 연대의 결합을 파괴했다.[70]

14세기 이후 북부의 도시공화정은 빛이 바랬지만, 19세기 유럽을 휩쓸 민주주의 혁명이 이탈리아반도에 접근하자, 식견 있는 관찰자들은 7세기 전 중세에 이미 등장했던 문화와 사회적 구조의 지역적 차이가 지속되고 있다는 점을 간파했다. 이후에 살펴보겠지만, 이러한 지속적 차이가 이탈리아가 통일의 과업을 성취할 때, 여러 지역이 그들 앞에 놓인 새로운 도전과 기회에 대응하는 강력한 조건이 되었다.

통일 이후 시민전통

19세기는 서구 유럽의 많은 지역에서, 특히 인구의 대부분을 차지하는 이른바 "대중" 계급들 사이에 유례없이 열정적인 결사가 이루어진 시기였다. 중세 길드와 기독교단 같은 예전의 사회적 조직 형태는 지난 몇 세기에 걸쳐 점차 활력을 잃었고, 진정으로 대중의 관심과 열정을 사로잡았던 모습은 이전 시대의 유물이 되었다. 프랑스혁명이 낳은 변화의 바람이 이 썩은 사회적 잡목들을 상당 부분 흔적도 없이 제거해버렸다. 엄격한 자유방임주의에 영감을 받은 프랑스, 이탈리아 그리고 그 외 국가의 자유주의 정부들은 길드를 폐지하고 종교단체를 해산했으며, 어떠한 형식의 사회 혹은 경제적 "조합"의 재건도 막았다. 이 새로운 질서를 강화하기 위해, 프랑스와 이탈리아의 관료들은 노동자의 음주클럽 같은 사교를 위한 무해한 조직에 대해서도 계속 밀착 감시했다(종종 금지하려고 도 했다).

이러한 결사체를—우연찮게도 토크빌이 미국의 결사체를 찬사하는 글을 쓰던 때와 동일한 시대적 배경을 갖는—제거하려는 시도가 이탈리 아 본토의 촌락과 도시까지 신속하게 이어지지는 않았다. 곧 제1차 산업 혁명이 태동하면서 새로운 형태의 사회적, 경제적 연대를 창출하는 것이 더욱 절실해졌다. 선조들이 겪어왔던 질병, 사고, 노년이라는 위험에 이 제 실업이라는 낯선 위험과 새로운 산업 중심지에서의 익명성이 불쾌감 을 더했다. 농민도 19세기 후반기에 농업공황이 발생하자 새로운 위험에 적응하지 못했다. 혼란과 불확실성의 시기에, 많은 사람이 조직화된 동 료애에서 도움과 위로를 구하고자 했다. 대규모 산불이 일어나면 나무들 이 새로 자라는 것처럼, 새롭고 더 활력 있는 결사체들이 생겨나기 시작 했고 세기 초에 붕괴되거나 파괴된 조직들을 대체했다.

이 "대중적 사회성의 거대한 파도"(저명한 프랑스 사회역사학자 모리 스 아귈롱(Maurice Agulhon)의 표현)는 19세기 전반기에 프랑스에서 일 어났다.[71] 이는 메이슨 로지*와 세르클(cercle), 서민음주클럽(샴브리, chambree)과 합창단, 신도회와 농민클럽, 그리고 질병, 사고, 노후, 장례 비용을 위한 자조보험을 제공하기 위해 만들어진 상호부조 단체(mutual aid societies, 이하 공제회)에서 특히 두드러졌다. 이들 중 많은 결사체가 매

---

* 17세기 후반부터 18세기 초반에 걸쳐 유럽에서 시작된 남성들의 친목을 위한 형재 애 단체인 프리메이슨의 지방 모임 장소이다.

우 구체적인 서면 규약을 가지고 있었는데 "재정적 엄격성, 공정한 임무 분배와 정치적 보증, 윤리적 보증*에 집중했다는 점이 눈에 띈다. 요약하면 가장 넓은 의미에서 효율에 중점을 두었다."[72]

결사체 구성원의 다수는 대부분 하층계급이 차지했지만, 종종 지방공동체 내 전통적인 사회적 구분을 초월하기도 했다. 예컨대 한 세르클은 "대부분 '노동자와 장인', '메이슨 회원, 열쇠공, 구두수선공'으로 구성되었지만, 지도부에는 부르주아가 많았고, 지식인 계층인 프티부르주아도 많이 참여했다."[73] 촌락 내 사회불평등은 여전히 분명한 영향력을 행사하고 있었지만, 새로운 결사체 양식(associationism)으로 조성된 사회구조는 명료하게 분류하기는 힘들었다.

> 한편에서는 구식의 후견제도가, 다른 한편에서는 새로운 평등주의 사이 어딘가에 (……) 우파에서 좌파로, 즉 보수적이었던 후견인 구조에서 민주적인 평등구조로의 발전이 있었던 것으로 보인다. 그리고 이것은 민주적 후견주의의 중간 단계를 거쳐 진행되었다.[74]

이들 집단은 분명히 정치적 성격을 가지고 있지는 않았지만, 이따금 프랑스 정치의 이런저런 '경향'과 친화성을 갖게 되었다. 사회적 교류와 능숙한 조직화로 참여자들의 문화적 지평을 넓혔고, 그들의 정치적 자각

---

* 정치적 보증(political guarantee)은 구성원으로서 참여 및 의사 표현의 권리보장을 의미하며, 윤리적 보증(moral guarantee)은 구성원 간 법적 구속력은 없지만 도덕적 의무를 서약함으로써 책임성을 높이려는 의도로 규약에 담았다.

시민공동체의 뿌리를 찾아서

과 (결국에는) 그들의 정치참여를 신속히 이루어냈다. "이 시기 프로방스 지역의 하층계급에게, 자신이 샹브리의 일원이라고 말하는 것은 아마도 글을 배우고, 무엇이든 새로운 것을 접하며, 변화하고 독립하는 것 이상일 수 있다."[75] 아귈론이 공들여 재구성한 이 시기 몇몇 남부 프랑스 촌락의 삶은 1830년 이후 수년간의 이러한 문화적 동원이 어떻게 1848년의 대규모 정치적 동원에 직접적으로 기여했는지 보여준다.

같은 시기의 이탈리아 역사를 기술할 아귈론 같은 학자가 아직 없으므로, 19세기 초 이탈리아 도시의 사회적 삶을 이처럼 생생하게 묘사한 자료는 부족하다. 그럼에도 불구하고, 이탈리아인들에게 정치행동을 불러일으켜, 1870년 이탈리아의 정치적 통일을 이끈 '리소르지멘토(혹은 "수복")' 시기 동안 유사한 경향이 나타났을 가능성이 높다.[76] 실제로 통일에 관한 상당한 논거는 모든 민족주의 운동 진영들(마치니파, 신 구엘프파, 카보우르 온건파)이 강조했던 "결사의 원칙" 주장에 기초한다. 과학학회, 전문직 결사체, 개혁주의 단체들은(특히 피에몬테, 토스카나, 롬바르디아에서) 주요한 사회, 경제, 정치 개혁을 촉구했다. 새로 결성된 결사체들과(유명한 "비밀결사"를 포함해서) 신문들이 유산된 1848년 혁명과 1860년 국민투표를 이끌어 통일이 승인되는 과정에서 민족주의자들이 벌인 여론전에 중요한 역할을 했다. 새로운 시민, 자선, 그리고 교육결사체들이 모든 각급 도시들에 설립되었다.[77]

특히 통일 이후 이탈리아에서 "결사의 원칙"이 중요하게 드러난 사례로 이 시기에 설립되어 발전한 공제회가 있다. 프랑스에도 이와 정확히 일치하는 조직이 있었고, 영국의 "우애협회"와도 유사했다. 이탈리아에서 길드와 "평신도 형제단"이 탄압으로 해산되고 나서, 특히 1850년 이후에는 도시의 장인과 수공업자들이 겪는 사회적, 경제적 어려움을 완화하기 위해 이러한 공제회가 설립되었다. 이는 "결사 과정의 초기 배아단계"[78]로 여겨졌다.

노령층과 장애를 가진 조합원 및 기타 일을 할 수 없는 이들에게 혜택을 제공하는 것이 공제회의 일에 포함되었다. 사망한 조합원의 유가족 지원, 산재보상, 실업자에 대한 급여 지급, 구직활동을 하는 조합원을 위한 금전 지원, 장례비용, 간호 및 임산부 돌봄, 조합원과 그 가족에 대한 야간학교, 초등교육, 공예, 순회 도서관을 포함한 교육 기회를 제공했다. 무엇보다 공제회는 도시 노동계급의 필요에 대응하기 위한 것이었지만, 그들의 활동은 전통적인 계급 구분, 경제 부문, 정치를 초월하는 호소력을 지니고 있었다.[79] 사실상 공제회는 지방 단위로 조직화되면서 재정은 빈약했지만, 자조에 기반한 20세기형 복지국가의 일부 형태를 제시하고 있었다.

이러한 자발적 결사체들은 이상적 이타주의보다는 급변하는 사회의 위험을 극복하기 위해 처지가 비슷한 사람들과 기꺼이 협력하는 실용적 의지를 상징한다. 공제회의 핵심에는 당신이 나를 도우면 나도 당신을 돕겠다, 즉 혼자서는 해결할 수 없는 이러한 문제들을 함께 풀자는 실질적 상호주의가 있었다. 이러한 측면에서 이 새로운 사회성의 형식은 7세기 이전 상호 이익을 위해 조직화되고 집합행동한 중세 코뮌을 연상하게 했다. 마치 중세 초기의 자조 결사체가 당시의 근원적 불안정—물리적 폭력의 위협—에 대처하기 위해 자발적 협력을 제시했던 것처럼, 공제회는 특히 근대 시기의 경제적 불안정에 대응하기 위한 집단적 연대를 제안했다.

대략 비슷한 시기에 잦은 공제회의 후원을 통해 생산자와 소비자 간 협력조직도 생겨나기 시작했다. "공제회 같은 이탈리아의 협동조합은 보수적인 자조 원칙을 통해 발생했는데, 이들은 기존 경제제도의 급격한 변화를 추구하지 않으면서, 그들 조합원 다수의 복지를 위해 노력했다."[80] 새로운 조직은 경제의 모든 부문으로 퍼져나갔다. 농업협동조합, 근로협동조합, 신용협동조합, 농협은행, 생산자협동조합, 소비자협동조합 등이 있었는데, 소비자협동조합은 1889년까지 모든 협동조합의 절반 이상을 차지했다. 실제 노동계급조직을 면밀하게 연구한 한 학자는 다음과 같이 결론지었다. "협동조합의 다양성은 이탈리아를 협동조합의 세계에서 필적할 만한 곳이 없는 나라로 만들었다."[81]

이 시기에 협동조합은 유럽의 상당수 지역에서 보편적 현상이 되어가고 있었지만, 이탈리아의 협동조합 운동과는 큰 차이점이 있었다. 그것은 농촌의 문맹 소작농들에 대한 영향력이었다. 1880년대 북부 지역에서는 많은 협동조합이 설립되어 "농한기 공공사업 계획을 진행했다."[82] 예컨대 1883년 에밀리아로마냐의 무토지 집단인 브라찬티(braccianti)는 농지배수시설 설치계약을 위한 협동조합을 만들었다.

낙농협동조합과 와인공장뿐 아니라 농협은행과 곧 시들 수 있는 채소 작물 생산자들에게는 판매 조직과의 연결이 가장 중요했다. 조합은 농업 전문가를 고용하여 장날마다 순회하며 시연했다. 그렇게 가지치기, 와인 양조, 윤작을 가르쳤다.[83]

이러한 형태의 조직적이지만 자발적인 사회연대는 19세기 마지막 수십 년 동안 빠르게 성장했다. 공제회 회원수는 1870년 이후 30년간 네 배 늘어나 세기가 바뀔 때쯤 정점을 찍었다. "1860년부터 1890년까지 기간은 공제회의 황금시대로 보아도 틀림없다"라고 한 연구자는 단언했다.[84] 약 10년 후 협동조합도 이에 비견할 만큼 큰 폭으로 증가했다.

이러한 조직이 시작된 유래가 이전에 조직화된 친교 형태에 있다는 점은 알 만했고 분명하기도 했다. 특히 북부 이탈리아에서 그랬다. 예를 들어 새로 결성된 최초의 협동조합은 리구리아의 유리 제조 중심지인 알파레의 '예술 유리제품 조합(Society for Artistic Galssware)'이었다.

1856년 크리스마스이브, 주세페 케시오는 알타레에서 이 옛날 방식의 공예술을 가진 84명의 장인을 주도적으로 모았다. "그들은 경제 불황과 콜레라 창궐의 여파로 숙명과도 같은 처지에 놓였으나, 협동조합을 결성함으로써 이를 개선하고자 했다. 이러한 목적 선언을 정교하게 하는 절차를 통해 리구리아 지역의 중세 전통을 되살리자고 제안했다. 이 지역에서는 약 1000년경에 유명한 알타레 길드가 만들어졌는데, 1823년 6월 6일 카를로 펠리체 국왕(King Carlo Felice)에 의해 해산될 때까지 존속했다."[85]

이들은 조직의 목적이 비정치적이라고 표방했지만, 중요한 잠재적 정치 기능을 수행했다. 프랑스의 공제회처럼, 이탈리아 공제회도 공식적으로는 당파성을 가지지 않았지만, 일부는 다소 급진적이고 공화주의 성향을 가졌으며, 다양하게도 자유주의, 사회주의, 또는 가톨릭에서 영감을 받은 사람들도 있었다. 협동조합운동은 또한 정당과는 함께하지 않았지만, 공제회와 초기 노동조합운동은 서로 협력했다. 하지만 이러한 비당파성에도 불구하고 이들 활동에 참여한다는 것은 이후 세대가 "의식화" 효과라고 불렀던 것과 무관하지 않다. 실제 새로 등장하는 노동조합과 정치운동의 많은 지도자가 공제회와 협동조합 진영 출신들이었다. 20세 기 초기 20년 동안, 농업과 산업 부문 모두에서 노동조합 활동이 급속히 확산되었다. 가장 큰 노조연맹은 사회주의 지향성을 가졌지만, 가톨릭의 강력한 영향력하에 있던 연맹과 수많은 독립 조직도 있었다.

한편 1870년대에서 1890년대까지 "사회 가톨릭주의" 운동을 통해 수많은 평신도 결사체가 생겨났는데, 가톨릭 성향이 강했던 이탈리아 북동부 지역에서 특히 그랬다. 1883-1984년 동안 가장 영향력이 컸던 평신도 조직인 '가톨릭 회의와 위원회 운영단(Opera dei Congressi e dei Comitati Cattolici)'은 남부 지역에 57개 교구위원회만 있었지만, 북부 지역에서 993개, 중부 지역에서 263개가 활동했다. 그리고 "1897년까 지 '운영단'은 3,892개 교구위원회, 708개 청년 부문, 17개 대학 동아리, 688개 노동자협회, 588개 농촌은행, 24개 일간지, 105개 정기간행물을 포함한 수많은 조직과 활동을 보유하고 있다고 주장했다."[86] 남부가 북부 보다 가톨릭 신앙이 덜 독실했던 것은 아니었지만, 사회 가톨릭주의 운 동을 표방한 시민결사체에서 확연히 저조한 참여율을 보였으며, 이는 제 2차 세계대전 이후 가톨릭 행동단에서도 마찬가지였다.[87] 이러한 가톨 릭 조직에 대응하는 초기 사회주의운동은 노동회의소(the Chambers of Labor)로 집결했다.

노동회의소나 그 지부들은 주택협동조합, 상인조합, 교육결사체들을 조직 했다. 그들은 대개 기관지를 발행했고 여가시설을 운영했다. (……) 그들의 이른바 '근대적'이라고 불리는 사회주의 노동운동이 과거의, 즉 지역 협동조합과 자조에 대한 마치니주의의 이상, 세속주의(laicism)와 상호부조에 깊이 젖어 있음을 보여준다.[88]

남성 보통선거권은 제1차 세계대전 이후에야 시행되었지만, 몇 가지 대중정치운동이 20세기가 들어설 무렵 형성되었다. 사회주의운동은 이들 신생 정당들 중 가장 규모가 크고 활발했으며, 초기 산업화 지역과 일부 농촌지역에서 강력한 영향력을 행사했다.* 농촌지역에서 이들은 집단적인 농민, 소작농의 저항이라는 지역 전통을 바탕으로 지지를 얻었다. 또한 새로운 정치 동원에는 영향력을 행사하며 성장하던 진보적 가톨릭운동 세력도 포함되었는데, 특히 북동부에서는 사회가톨릭의 기치를 둔 평신도 조직이 20년 전부터 활발하게 활동해왔다. 1919년 전후 첫 번째 선거에서 가톨릭운동 세력은 공식적으로 인민당(Partito popolare)을 창당했다. 구체제에 대한 조직적인 대중저항을 함께 대표하고 있었던 두 정당—사회당과 인민당—의 득표율은, 제1차 세계대전 직후부터 파시즘이 등장하기 전 남성보통선거권이 시행된 몇 년의 기간까지 절정에 이르렀다.

사회당과 인민당 모두 사회 동원의 유산, 조직적인 기반, 공제회, 협동조합, 노동조합의 힘에 기반하고 있었다. 예를 들어 밀라노 산업 지역 근

---

* 1892년에 필리포 투라티, 안드레아 코스타 등을 중심으로 결성된 이탈리아 사회당(Partito Socialista Italiano, PSI)을 말하는 것으로 창당 당시의 당명은 이탈리아 노동자당(Partito dei Lavoratori Italiani)이었고, 1895년에 이탈리아 사회당으로 변경했다.

교에 위치한 세스토 산 조반니(Sesto San Giovanni)는 가톨릭과 사회주의의 강력하고 경쟁적인 두 개의 공동체 네트워크가 존재한 곳으로, 각각 주거와 소비자협동조합, 교육과 체육 결사체, 밴드와 합창단 그리고 그외 조직을 보유하고 있었다.[89] 두 정당은 이탈리아 유권자 대중의 지지를 받기 위해 자연스러운 경쟁 관계에 있었으며, 각각 특정 지역의 강력한 지지 기반을 가지고 있었다. 일반적으로 사회당과 그 노동 부문 지부들은 밀라노, 토리노, 제노바 주변의 산업지대에서 활성화된 반면, 인민당과 그 협력 조직들은 농촌 지역에서 더 강성한 지지세를 모았다. 이러한 경쟁 관계는 제2차 세계대전 이후 이탈리아 정치 사회의 지배적 형상에 기초를 제공하는데, 양자의 "제도화된 전통" 혹은 "하위문화" 간 갈등을 중심에 두고, 적색(사회주의)과 백색(가톨릭)으로 형상화될 터였다.[90]

하지만 이 적색/백색의 형상이 어떤 측면에서는 오인될 수 있는데, 두 대중정당은 경쟁 관계에도 불구하고, 집단적 연대와 수평적 협력의 과거 전통에서 공통의 사회학적 뿌리를 가지고 있었다. 20세기가 시작될 즈음 그들은 또한 기존 지배 세력에 대한 반대 진영을 분점하고 있었다. 또한 양자 모두 지주 및 관료의 기성 사회 엘리트와 후견주의 유착에 기초한 기존 보수동맹이 가장 강력했던 지역에서는 약세를 면치 못했다. 이탈리아의 풀뿌리 정치에서 사회당과 인민당에 대한 주요 대안은 거의 반세기 동안 '변형주의(transfomismo)' 체제의 기초를 제공해왔던 미로 같은 수직적 후견-피후견 네트워크였는데, 이 속에서 국가의 후견은 선거 지지(지방 유력인사들을 통해서)와 맞교환되었다. 제2차 세계대전 이후, 이와 동일한 후견-피후견 네트워크는 이제 대중정당 자체 틀 내에서 점차 조직화되면서, 시민성이 약한 이탈리아 지역에서 우세한 권력구조로 지

속될 터였다.[91]

공제회, 협동조합, 다른 시민연대 조직들이 모든 경제 부문과 반도 전역에 걸쳐 결성되었음에도 불구하고, 모든 지역에서 동일하게 확산되거나 성공적인 것은 아니었다. 도시공화정이 5세기 전부터 가장 오랫동안 지속되었던 지역(그리고 1970년대 가장 시민성이 강한 곳으로 드러났던 지역)을 거의 정확히 반영하는 이탈리아 북중부에서는 중세의 협력 전통이 가난한 농민들 사이에서도 유지되었다. "사회적이고 경제적인 의무의 중요한 네트워크가 특히 농촌 지역에서 이웃 관계를 받아들이는 것으로 형성된다. 비치니(vicini, 이웃) 사이에서는 지속적인 상호지원과 노동력 교환이 이루어진다."[92]

사실 소작농 가족들이 교환과 상호지원의 풍성한 네트워크를 발전시켜왔다. 이러한 네트워크 중 대표적인 것이 아이우타렐라였는데, 농사 일정 중 타작기와 같은 중요한 시기에 가족 간 노동력을 교환하는 것이었다. 문화적 측면에서는 벨리아(veglia)라는 중요한 관습도 있었다. 기나긴 겨울밤, 가족들이 농가의 마구간이나 부엌에 모여 카드놀이와 게임을 하거나, 뜨개질과 수선을 하며 이야기를 듣고 나누는 시간을 가졌다. 벨리아는 개별 가족 단위로 참여하는 것이 아니라 (……) 서로 돌아가면서 초대하는 복잡한 방문 방식이었다.[93]

이와 상반되는 사례로, 1863년 한 보고서에서는 남부의 권위주의적 지배 전통으로 고립된 황폐한 땅, 칼라브리아(그리고 1970년대 모든 주 중에서 가장 시민성이 약한 지역으로 평가될 운명이었던)에 대해 다음과 같이 기록하고 있다. 그곳에는 "어떠한 결사체도 공제회도 없이 모든 것이 고립되어

227

있다. 지역사회는 오직 자연발생적인 시민적·종교적 결속을 통해 지탱되었으나, 경제적 결속은 전혀 존재하지 않고, 가족 간이나 개인 간 또는 이들과 정부 간 연대 역시 전혀 존재하지 않는다."[94]

이탈리아에서 오랫동안 전제적 통치에 지배받은 지역에서, 국가통일은 시민적 습속(habits)을 함양하는 데 거의 역할을 하지 못했다.

모든 계급의 불복의 습속에서 나온 공동체 의식 부재는 폭정의 시절을 통해 습득된 것이었다. 심지어 귀족들도 반대에 익숙해져 있었는데, 정부를 속이는 데 성공만 하면 그것이 도덕적으로 잘못된 행동이라고 생각하지 않았다. 세금 납부는 의무라는 인식보다는, 어떤 집단이 탈세로 이득을 얻는 방법을 찾았다면 다른 집단도 자신의 이익을 챙길 방법을 찾아야 한다고 보았다. 각 지방, 각 계급, 각 산업마다 공동체의 희생을 통해 이익을 챙기는 데 혈안이 되어 있었다.[95]

남부 지역의 농업에서는 토지 소유가 천을 이어 붙인 퀼트처럼 복잡했고, 가난한 농민들이 노동력을 제공하는 라티폰도(latifondo)[96] 혹은 거대 영지가 대표적인 형태였다.

농민들은 라티폰도의 가장 좋은 땅을 차지하기 위해서, 그리고 빈약한 자원을 이용하기 위해서 끊임없이 경쟁했다. 후견과 피후견인 간 수직적 관계와 지주에게 아첨하는 것이 수평적 연대보다 중요했다. 1880-1920년에 관해 베빌라콰(Bevilacqua)가 썼던 것처럼 "농민계급은 농촌사회의 다른 부문과의 투쟁보다는 자기들끼리의 투쟁, 즉 경제적, 심리적, 문화적으로 반복되고 실제 비교되는 지형에 살면서 벌이는 투쟁 중에 있었다." 그러한 태도가 만연하게 된 것은 불신이 지배하는 사회의 맥락에서만 이해될 수 있다. (……) 1860년 이후 국가 권위의 추락과 서로를 적대하며 파괴하는 농민-지주 관계가 결합되었던 과거의 유산으로 (……) 시민의 신뢰(fede publica)가 밑바닥까지 떨어지는 사회가 만들어졌다. '정직하게 행동하는 사람은 비참한 최후를 맞는다(chi ara diritto, muore disperato)'라는 칼라브리아의 유명한 속담처럼 말이다.[97]

사실, 이 지역에서 사회조직을 갈기갈기 찢어놓는 오래된 불신은 여러 속담에서 포착된다.

- "다른 사람을 믿는 자는 지옥에 떨어질 것이다."
- "돈을 빌리지도, 선물을 주지도, 선행을 하지도 말라. 너에게 불행만을 가져다줄 것이다."
- "모든 사람은 자신의 이익을 챙기고 친구를 속일 생각만 한다."
- "이웃집에 불이 난 걸 보면, 너희 집으로 물을 옮겨놓아라."[98]

메초조르노에서 1883년 파스콸레 빌라리가 보았던 것이 압권이다. "사람들은 '나'만을 생각하고, '우리'는 안중에도 없다."[99]

빈곤과 상호불신이 결합하면서 수평적 연대는 원천봉쇄되고, 밴필드가 얘기했던 "비도덕적 가족주의"가 양성화되었다.[100]

너무 많은 사람이 몰려 있는 라티푼도 경제에 대해서, 시드니 태로우는 다음과 같은 점을 상기시켰다. "촌락의 광장은 운 좋은 소수가 하루의 일자리를 얻는 곳이기도 하고, 일을 얻지 못해 화가 난 이웃들이 이 장면을 쳐다보고 있는, 일종의 직업소개소였다."[101] "각자 서로 다른 사람이 되어갔다. 사람들은 일자리를 얻거나 좁은 땅을 경작하기 위해 격렬한 경쟁의 장에 더욱 휘말려 들어감으로써, 계급연대와 공동체 생활의 참여에 소홀했고, 자신과 가족의 안녕에만 관심을 쏟았다."[102] 이는 시민성이 강한 에밀리아로마냐의 무토지 계급인 브라찬티와 선명한 대조를 보이는데, 이들은 동일한 딜레마에 봉착했을 때 일자리를 나누기 위해 자발적으로 협동조합을 결성했다.

다른 학자들과 함께 태로우가 강조했듯이, 남부는 비정치적이거나 비사회적인 것이 '아니었다'(그리고 '아니다').[103] 오히려 정치적 부정과 사회적 연줄은 오랫동안 이 우울한 땅에서는 생존에 필수였다. 중요한 차이는 사회적 결합의 존재 유무에 있는 것이 아니라, 상호연대의 수평적 결합과 종속과 착취의 수직적 결합 간 차이에 있다. 남부인들은—농민이든, 도시거주자든, 과거 16세기 합스부르크 왕국에서 살았든, 19세기 현재 새롭게 통일된 이탈리아 왕국에 살든, (이전 장에서 보았듯) 20세기 후반 분권화된 지역 정치 속에서 살든—후견과 피후견의 수직적 결합 속에서 안정을 추구했고, 경제적이고 정치적인 목적을 통해 일자리를 얻었다.

후견관계는 유기적이지 못한 사회의 산물로 사회적 분절과 분열을 지속하려는 경향이 있다. (……) 투리엘로(Turiello)(1880년대 메초조르노를 면밀히 관찰한 작가)는 가족 외에는 어떠한 도덕적 결합도 생각하지 않는 '고도의 개인적 고립'에 대해 재차 언급하며, 후견관계를 단절된 사회의 치유를 위한 특정 해결방안으로 본다. 그에 의하면 후견관계는 "수 세기 동안 내부적으로 분열되어 온 시민사회에서 실제로 현실적인 운영 동력을 보여주는 유일한 결사체"이다. 이 사회에서 사람들은 상호 신뢰를 기반으로 단결하는 것이 아니라 오직 필요에 의해 강제될 때만 결합한다.[104]

통일된 국민국가의 새로운 제도들은 전통적인 유형의 정치와 결코 균질하게 섞이지 않았고, 1970년 이후 주정부들이 그 지역의 사회와 문화적 맥락에 의해 재형성되었던 것처럼, 오히려 제도 자체가 대조적인 전통에 필연적으로 순응하는 경향을 보였다.

1870년대, 이탈리아에서 가장 발전된 현 단위 지역들은 이미 자유로운 제도나 결사체—농민조합, 공제회, 상공회의소, 저축은행—를 통해서 그들의 선호를 표현하고 있었다. 반면 남부의 동일 지역에서는 개별 접촉이나 의회와 자치행정기관의 후견관계를 이용하는 경향이 더 강했다.[105]

남부의 봉건 귀족들은, 새롭게 수립된 이탈리아 국가에 의해 몰수된 공유지와 교회 자산을 획득한 도시의 전문직 계급 일부와 함께, 사적 폭력과 국가 자원에 대한 특권적 접근을 이용하여 수직적인 지배와 개인적 예속 관계를 강화하고, 수평적 연대를 억압했다.[106] 시민의식을 갖춘 토스카나의 영주로서 1876년 시칠리아의 사회적 조건에 관해 뛰어난 분석을 저술했던, 레오폴도 프란케티(Leopoldo Franchetti)는 다음과 같이 결론지었다.

지주계급은 다양한 수준에서 존재하는 후견구조 네트워크의 최상층부로서 지배권을 행사했고, 자신의 이익을 위해 국가의 최고 대표기관과 지속적으

로 접촉했다. (……) 자신의 관할권 안에서 모든 지방의 유력인사들은 다양한
사회적 조건을 가진 사람들 간 인적 네트워크의 수장이었는데, 이들은 철저히
위계적인 준 봉건적 예속 관계 속에서, 경제적 생존과 사회적 지위 때문에 지
방 귀족에게 의존했고, 참정권을 통한 합법적 지원과, 귀족의 특정한 이익을
지키기 위해 사적 폭력을 행사하는 불법적 지원도 해주었다.[107]

비참할 정도로 취약한 농민들로서는, 후견-피후견 결속에 의지하는
것은 원자화된 사회에서 합리적인 대응이었다. 19세기 전반기의 칼라브
리아의 라티폰도 영지의 "도덕경제"에 관한 최근 연구는 사실 농민들이
후견-피후견 체제에서 배제되는 것을 두려워했던 이유에 대해 자세히 설
명하고 있다. 농민이 피후견자로서 잘 따르고, 영지에 "신심을 다하며",
후견자인 영주가 요구할 때 허드렛일을 하는 데 "쓸모"가 있는 한, 멀리
떨어진 국가 당국에 대해 필요한 중재를 해주고, 기초적인 사적 복지체
계(과부와 고아에 대한 연금, 가끔 제공되는 하사금)를 포함해 기본적인 생존이
보장되었기 때문이다.[108] 공제회의 사례에서 보듯 수평적 연대가 부재한
상황에서, 수직적 의존성은 생존을 위한 합리적 전략이다. 예속되어 있
는 사람들이 그 부당함을 인식하고 있더라도 말이다.[109]

억압받던 남부 농민들이 항상 그들의 운명을 숨죽이며 참아왔던 것
은 아니다. 19세기 내내 잦은 약탈 행위를 포함한 폭력저항운동이 메초
조르노 전역에서 들불과 같이 퍼져나갔다. 하지만 이러한 비체계적 운동
은 (당시 중부와 북부 지역 도시와 농촌의 파업 물결과 달리) 영구적인 조직을 양
산하지 못했고 집단적 연대의 유산도 남기지 못했다.[110] 위대한 공산주의
지식인 안토니오 그람시(Antonio Gramsci)가 한탄했듯이, 남부는 "하나

의 거대한 사회적 해체 상태"로 남았다.[111]

이따금 발생했던 폭력적 저항에도 불구하고, "보다 일상적인 소극적 반응인 체념적 복종(resigned submission)을 강조하는 것이 더 중요하다. 이러한 복종이 권력을 개인이 독점하는 현상—즉 마피아(Mafiosi)에 의한 권력 횡포—을 나머지 대중이 받아들이게 되는 역사적 배경을 조성했기 때문이다."[112]

범죄조직은 메초조르노의 여러 지역에서 다양한 이름—시칠리아의 마피아, 캄파니아의 카모라(Camorra), 칼라브리아의 은드란게타('Ndrangheta)—으로 퍼져 있지만, 큰 틀에서 보면 모든 곳에서 유사한 구조를 가지고 있다. 역사학자, 인류학자, 범죄학자 사이에서 그 정확한 역사적 기원은 논쟁거리이지만, 전통적 후견-피후견 유형에 기반해 있고, 국가의 취약한 행정, 사법제도에 대응하면서 세를 불렸으며, 이는 다시 국가의 제도적 권위를 약화시켰다는 데 대부분 동의한다. "장기간의 국가권력 약화로 자조제도가 등장했고, 이어진 비공식 집단의 배타적 권력 지위로 국가가 대중의 충성심을 얻는 것이 불가능했던 반면, 약화된 국가권력으로 인해 가족, 후견관계, 마피아 집단의 지위는 재차 강화되었다."[113]

국가의 법과 계약 집행의 신뢰 부재가 마피아 출현의 첫 번째 전제조건이었다면, 그에 못지않게 중요했던 두 번째 조건은 오래된 불신의 문화였다. 디에고 감베타(Diego Gambetta)는 마피아 조직의 개별 단원이 가진 힘에 대해서도 이러한 전제조건을 강조한다. "사회의 계층화를 통해 불신이 스며들고, 처벌을 예측할 수 없는 상황이 계약 이행의 불확실성, 상업과 산업의 침체와 개별적 관계가 아닌 광범위한 형태의 협력을 꺼리게 만든다."[114] 1876년 시칠리아를 방문한 토스카나 영주, 프란케티는 다음과 같은 목격담을 기록했다.

문제는 모든 사람이 자기보존 본능에 의해 누군가의 더 강력한 도움을 구하게 만들었다는 점이다. 사실 합법적 권한이라는 것이 존재하지 않았기 때문에, 사회를 결속시키는 동력을 제공하는 것은 후원관계의 몫이었다. (……) 매우 불평등한 부의 분배, 개념 자체가 부재한 법 앞의 평등, 개별 권력을 통한 지배, 모든 사회관계의 배타적인 인물중심적 특성 등 이 모든 것은 (불가피하게도) 가장 잔혹한 증오, 복수의 열망, 스스로 정의를 실현하지 못하는 사람은 명예를 가질 수 없다는 생각을 동반했다.[115]

국가도, 시민규범과 네트워크도 보장되지 않는다는, 이 만연한 신뢰와 안전에 관한 의식 부족을 감안하면, 마피아는(그리고 남부 지역 어디에서도 볼 수 있는 그와 같은 집단들은) 일종의 사유화된 리바이던이었다. "마피아는 산적, 농촌의 도둑, 경쟁 마을의 주민에 맞서 보호해주었는데, 무엇보다 마피아 그 자체로부터도 보호해주었다."[116] 마피아 '조직원들'은 계약이 유지될 수 있다는 약간의 확신만 있어도 경제 주체들이 계약 협상을 할 수 있도록 만들었다. "마피아 조직원들의 가장 고유한 활동은 형체가 없지만 대부분 거래에 없어서는 안 될 아주 특별한 상품을 만들고 파는 데 있었다. 자동차, 맥주, 너트와 볼트, 책을 만들기보다는 신뢰를 만들어 판매했다."[117]

한 마피아 조직원은 자신의 역할을 다음과 같이 소개했다. "한 남자가 와서 말합니다. '아무개와 문제가 생겼어요. 저를 위해 당신이 이 문제를 해결할 수 있는지 알아봐 주세요.' 그러면 저는 그 사람을 내게 불러오거나, 우리가 어떤 관계인지에 따라 직접 찾아갑니다. 그리고 서로를 화해시키죠."[118] (물론 이 조직원은 그의 고객들이 스스로 상호신뢰를 형성하지 못하도록, 각자에게 적절한 불신을 주입함으로써, 그가 하는 일의 주문이 늘어나는 데 관심이 있다.) 이 체계를 통해 발생하는 수많은 비용—사회적, 경제적, 정치적, 정신적, 도덕적 비용—에도 불구하고, 메초조르노의 황폐한 무정부 상태 속에서 무력하게 갇힌 개인의 관점에서 보면, "마피아 단원의 보호를 선택하는 것이 비합리적이라고 보기는 어렵게 된다."[119]

하지만 마피아를 낭만적으로 이상화하기만 하면, 그것이 가진 근본적으로 수직적이고 착취적인 본성이 간과될 수 있다. 19세기 마피아 조직원들은 지주의 빈자리와 피후견인들 사이에서 폭력적인 중개인 역할을 했다.[120] 옛 봉건체제가 붕괴하면서 "봉건영주의 과거 하급자(bravi)들이 자신의 이득을 취하기 시작했고, 사적 목적을 위한 폭력행사를 계속했다. (……) 이들 범죄자들은 봉건적 관계의 순수 체제에서 자유로웠고, 그래서 그 자리를 대신한 후견체계의 필수요소가 되었다."[121] 마피아는 그들이 따르려고 했던 과거의 후견주의처럼, 이탈리아 국가의 새로운 제도에 신속하게 적응했고, 대의민주주의 관행을 전통적인 착취와 종속의 유형에 따르는 것으로 단숨에 재편했다.

마피아 자체의 구조는 과거 방식의 수직적 권위와 종속관계에 기초하고, 동등한 사람들 사이의 수직적 연대와는 무관하다. 헤스의 구체적인 설명에 따르면, 마피아 조직의 기본 단위인 코스카(cosca)는 단일한 집단이 아니다.

상호작용과 '우리'란 자각, 함께 무엇을 얻으려 노력하려는 목표의식은 없거나 희미했다. 본질적으로 마피아는 마피아 조직원(m)이 서로 독립적인 여러 개인(X_1-X_n)과 유지하는 이중관계들이 모인 것이다. (……) X의 누구도 자신을 조직원으로 생각하지 않는다. 산적이나 빨치산이 자신을 갱단이나 레지스탕스 집단 소속으로 여기는 방식으로, 즉 지도자가 제거된 후에도 살아남을 수 있는 집단으로 생각하는 그런 집단의 조직원으로 생각하지 않았다.[122]

조직범죄는 최소 천 년 동안 남부 문화와 사회구조의 특성으로 유지되어왔던 수평적 불신과 수직적 착취/종속 유형에서 내부적인 유기적 작용을 통해 자연스럽게 자리를 잡은 것이다.[123]

시민전통의 지속적인 안정성에 대한 평가

전통적인 설명 방식을 통해, 이탈리아 북부와 남부의 시민참여를 역사적으로 서술하면 명료한 비교가 가능하다. 하지만 이러한 광의의 비교는 국가의 두 넓은 지역, 주와 주 사이, 심지어 현과 현 사이 각각의 중요하고도 지속적인 차이를 드러내 보이지 못한다. 예를 들어 피노 아를라키(Pino Arlacchi)는 19세기 칼라브리아에 위치한 세 지역의 생활에 대한 세밀한 기술을 통해, 크로토네시의 노골적인 권위주의와 조이아타우로시의 가문 간 폭력, 코센티노시 주변의 예상치 못한 협동조합과 상호부조 전통을 비교한다. 이러한 전통을 비교하기 위해, 아를라키는 전후 시기 이들 세 지역을 특징지었던 사회안정과 경제발전의 명확한 차이를 추적한다.[124] 우리는 이미 북부의 여러 지역 간 완고하게 이어져 내려온 시민전통의 다양성에 대해 지적한 바 있다. 이러한 전통과 이전 장에서 분석한 시민 공동체의 시민성 정도 사이의 세밀한 연관성을 보다 체계적으로 규명하려면, 질적 개괄을 넘어 양적 평가로 나아가야 한다. 우리는 세밀한 계량분석을 통해 논거를 전체적으로 정돈해야 한다.

활용할 수 있는 통계적 근거를 통해 한 세기 전 결사체 양식과 집단적 연대가 지역별로 분명한 차이를 보였다는 점이 확인된다. 예컨대 1904년까지 피에몬테주는 인구 대비 풀리아주보다 7배 이상 많은 공제회를 보유하고 있었다. 또한 1915년까지 에밀리아로마냐주의 일인당 협동조합 가입률은 몰리세주의 18배에 달했다. 그리고 이러한 지역 간 편차는 이전에 존재했던 협력과 사회성의 전통에 따른 것이었다. 흔히 고대의 길드는 18세기 "평신도 협의회"로 환생했음을 발견할 수 있는데, 이는 다시 공제회로 진화했고, 협동조합으로 발전했으며, 노동조합의 기초를 형성하고 대중정당으로 이어졌다.

이러한 모든 근대적 형태를 선명하게 띤 사회연대와 정치 동원은 밀접하게 연관되어, 1860년부터 1920년까지 60년간 공제회, 협동조합, 대중정당으로 뻗어나갔다. 이들 조직은 또한 선거 참여와 문화, 여가 결사체를 포함한 시민참여와 사회성이라는 또 다른 선명성과 결합했다. 그래서 19세기 후반 전국적 수준에서 활용할 수 있는 시민참여의 양적 지표는 다음 요인들을 포함한다.

- 공제회 회원수[125]

- 협동조합 회원수[126]

- 대중정당의 영향력[127]

[표 5.1] 시민참여의 전통, 1860-1920

구성 요소	요인적재값
대중정당의 영향력, 1919-1921	0.97
협동조합의 수, 1889-1915	0.93
공제회 회원수, 1873-1904	0.91
선거 투표율, 1919-1921	0.78
1860년 이전의 지방 결사체	0.56

- 이탈리아에 권위주의 통치를 가져온 파시즘 전의 비교적 소수였던 공개 선거 투표율[128]
- 지방 결사체의 존속 기간[129]

이러한 몇 가지 측정 기준 간에 인상적인 상관성이 보인다(부록 F에 자세히 기록). 19세기와 20세기 초, 협동조합과 합창단이 계속 활동하고 있던 지역들에서는 공제회와 대중정당에 대한 지지도가 가장 강했고, 이 지역 시민들은 새로 주어진 선거권을 행사하는 데 가장 적극적이었다. 반면 다른 지역들의 무관심과 과거 후견관계의 수직적 유대는 시민참여를 제한했고, 자발적이며 수평적인 선명성을 띤 사회연대 조직화를 억제했다.

같은 시기 이탈리아 역사에서 선행했던 "시민성"을 조사하기 위해, 우리는 이 다섯 가지 지표를 19세기 시민참여 전통을 나타내는 단일요소 점수로 결합했고, 이를 [표 5.1]에 요약했다.[130] [그림 5.2]는 대략 1860년부터 1920년까지 반세기 동안 이러한 시민참여 전통이 이탈리아의 각

238

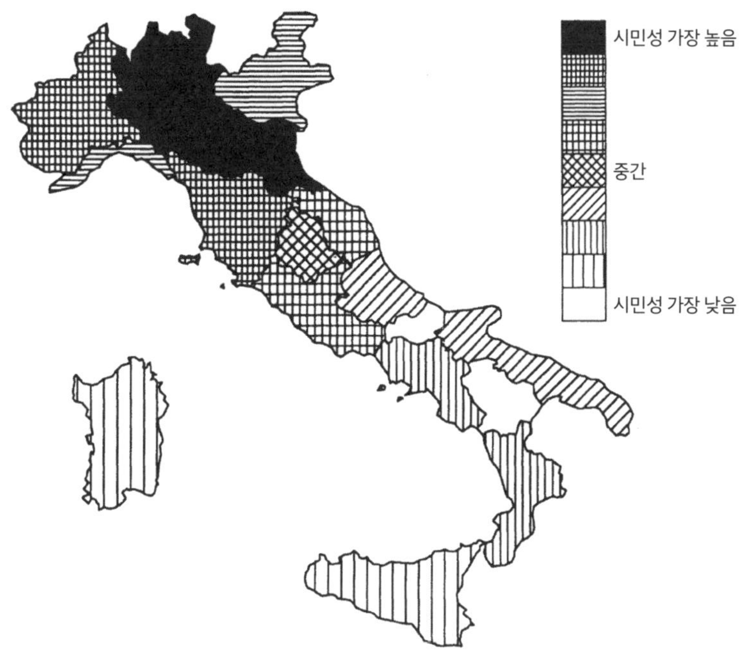

[그림 5.2] 이탈리아 지역의 시민전통, 1860-1920

지역에서 어떻게 다양하게 전개되었는지를 보여준다.

[그림 5.2]와 [그림 4.4]를 얼핏 비교해보면, 한 세기 이상 거대한 사회 변동을 거치고도 지역별로 시민참여 전통은 놀랄 만큼 변화가 없었음이 증명된다. 이러한 연속성을 시각화하는 더 용이한 방식이 [그림 5.3]에 제시되어 있다. 1970년대와 1980년대의 시민공동체 지수와 우리가 작성한 한 세기 전 비교 가능한 시민참여 척도 사이에 거의 완벽한 상관성이 나타난다.[131] 수십 년 동안 반도를 휩쓴 대규모 이주 물결, 경제 변동, 사회 대변동에도 불구하고 같은 시기의 시민 규범과 관행은 오래전 구축

[그림 5.3] 시민전통과 오늘날의 시민공동체

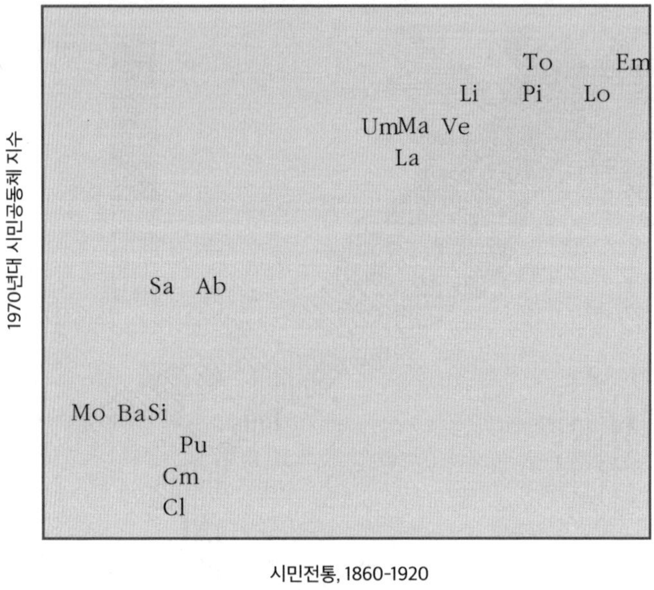

시민전통, 1860-1920
상관계수 r = .93

된 지역의 전통을 되풀이하고 있다.[132]

한 세기 전 이탈리아인들이 가장 적극적으로 새로운 사회연대와 시민 동원 형태에 참여했던 지역은 정확히 오늘날에도 정치적, 사회적 생활에서 전반적으로 가장 시민성이 강한 지역으로 나타난다. 그리고 거의 천 년 전 바로 이들 지역에서 대중의 삶은 뚜렷하게 시민성을 갖추었는데 탑 동맹, 길드, 주민 결사체와 다른 시민참여 형식을 포함해서, 현재와 마찬가지로 공동체 생활이 눈부시게 번성했다. 적절한 통계 기록이 없어서 보다 최근 시기 정도의 정량적 정확성을 가지고 그 이상의 연속성을 증

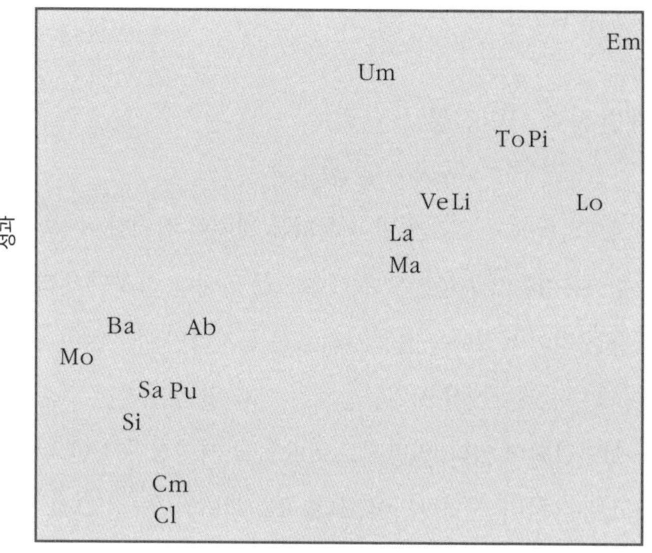

명할 수는 없지만 [그림 5.1], [그림 5.2], 그리고 [그림 4.4]는 1300년경, 1900년경, 1970년경을 통해 이러한 연속성을 일별해주고 있다. 1865년 크리스마스이브에 알타레에서 최초의 협동조합 설립을 위해 치른 의식은 참가자들 스스로 이러한 역사적 연속성을 인식하고 있었다는 점을 시사한다.

이렇게 오랜 역사를 가진 시민생활 전통이 오늘날 제도 성과에는 얼마나 중요한 것인가? [그림 5.4]는 1980년대 제도 성과와 1860-1920년의 시민전통 간 상관성을 보여준다. 그 관계에는 이론의 여지가 없다. 우리는 거의 한 세기 전 시민참여 정도로 어느 정도 정확히 1980년대 이탈리아 주정부의 성공과 실패를 예측할 수 있었다.[133]

경제발전과 시민전통

계량사회과학에서 우리가 방금 살펴본 것처럼 강력한—거의 무엇에 홀린 듯한—유형을 발견하는 것은 매우 드문 일이다. 하지만 우리의 논거에서 중요한 것이 빠졌다는 점을 사려 깊은 독자라면 이미 알아차렸을 것이다. 현대 이탈리아에서 시민공동체는 사회 및 경제발전 수준과 매우 밀접하게 연관되어 있다. 일반적으로 오늘날 시민성이 강한 주(지역)는 건전하고, 부유하며, 산업화되어 있다. 이를 회의적인 시각으로 보면, 시민공동체는 단순히 부차적 현상에 불과하며, 경제적 안녕만이 시민참여 문화를 지속하게 해준다고 쉽게 생각할 수 있다. 오늘날 가난한 사람과 병약한 농민이 시민참여 활동을 하기 어려운 것처럼 한 세기 전에도 그랬을 것이다. 그렇다면 경제와 사회구조의 연속성이 시민생활의 연속성을 분명하게 설명해주는 것은 아닐까? 아마도 앞서 본 무엇에 홀린 듯한 상관성은 진실과는 거리가 먼 것일 수도 있다. 경제가 중요할 뿐 시민성은 중요하지 않을 수도 있다.

우리가 자세히 기술한 긴 역사 이야기는 이러한 주장에 몇 가지 의문을 제기하는데, 장기적인 연속성과 변동성의 유형이 어떤 단순한 경제결정론과도 부합하지 않기 때문이다. 첫째, 도시공화정의 출현이 특별한 풍요의 결과로 보이진 않는다. 북부 이탈리아의 경제발전 수준은 그 기간 동안 현재의 메초조르노보다 훨씬 뒤처질 정도로 아주 초기 단계에 머

242

물러 있었고, 같은 시기 남부보다도 지체되어 있었다.[134] 우리가 보아온 것처럼, 도시공화정의 번영은 확실히 시민참여의 규범과 네트워크가 그 원인이자 결과였다.[135]

둘째, 북부와 남부 사이의 천 년에 걸친 시민성의 차이는 경제적 차이보다는 더 안정적이었던 것으로 보인다. 북부와 남부의 경제적 격차는 여러 시기에 걸쳐 벌어지기도 하고 줄어들기도 했으며, 특히 외부 요인에 대응하면서 역전되기도 했다. 12세기 노르만 왕국은 거의 북부 지역만큼 발전했지만, 도시공화정의 등장과 함께 북부(그리고 특히 시민참여의 중심 지역인 중북부의 소도시들)는 수 세기 동안 더 빠르게 성장했다. 그러나 15세기의 시작과 함께 전염병, 외세 침략, 세계 교역 형태의 변화와 다른 외부 충격의 여파로 북부의 우위는 약해졌고, 16세기에 이르자 완전히 사라져버렸다. 침체에 빠진 북부를 빠져나와 융성하고 있는 나폴리에서의 더 좋은 삶을 찾아 떠난 16세기 북부의 이주민을 상기해보라. 반면 문화 격차는 이 시기 동안 정확히 측정하기 어렵지만, 우리는 지난 10세기 동안 어떤 시기에서도 남부가 북부만큼의 시민규범과 결사체의 유형을 가졌다고 할 만한 증거를 찾지 못했다.

시민성이 강한 지역이 더 부유하게 시작하지 않았고 항상 부유했던 것도 아니었지만, 우리가 발견한 바로는 이들 지역은 11세기 이후로 확고히 더 강한 시민성을 유지했다. 이러한 사실은 시민참여가 번영의 단순한 결과라는 견해와 양립할 수 없게 한다.

통일 이후 시기에서 우리는 경제발전이 시민규범과 네트워크의 원인, 혹은 전제조건이라는 견해를 뒷받침할 만한 더 많은 정량적 근거를 찾을 수 있었다. 단순한 경제결정론에 반대되는 첫 번째 통계 결과는 다음과

[표 5.2] 시민전통과 사회경제적 발전

시기	시민전통(1860-1920)과 사회경제적 발전 척도 (1870년대-1970년대) 간 상관계수(r)		
	농업 노동력 비율	산업 노동력 비율	유아사망률
1870년대	-0.02	-0.15	-0.07
1880년대	-0.22	0.14	-0.22
1890년대	—	—	-0.26
1900년대	-0.43	0.52	-0.20
1910년대	-0.52	0.64	-0.44
1920년대	-0.56	0.66	-0.58
1970년대	-0.84	0.84	-0.67

같다. 현시대의 경제와 시민성 간 강력한 상관관계가 100년 전에는 존재하지 않았다. 우리는 이 주목할 만한 사실을 산업화(농업과 산업 부문 고용으로 측정)와 사회복지(유아사망률로 측정)의 두 가지 지표로 증명할 수 있다. 이 신뢰할 만한 자료들은 지난 한 세기에 걸쳐 이탈리아 지역에 대해 활용 가능한 정보들이다([표 5.2]가 관련 근거를 제시한다).

이 시기에 걸쳐, 경제구조와 사회복지는 사실상 변함없는 시민참여 유형과 훨씬 더 밀접하게 연계되어갔다. 강력한 자기장처럼, 시민성의 조건은 점진적이지만 굽힘 없이 사회경제적 조건들을 연계의 장으로 끌어들였던 것으로 보인다. 이를 통해 1970년대까지 사회경제적 근대성은 시민공동체와 매우 밀접한 상관성을 이루게 되었다.[136]

이러한 양상을 이해하기 위해서, 세기의 전환점에서 경제구조와 사회복지의 여러 측면에서 엇비슷해 보였던 두 지역을 비교해보자. 1901년

에밀리아로마냐는 노동자의 65%가 농업에 종사하고, 20%만이 공장에서 일함으로써, 산업화 측면에서 전국 중위 수준에 위치에 있었다. 비교 사례로서, 칼라브리아는 에밀리아로마냐보다 약간 더 산업화되어 있었다(전체 노동자의 63%가 농업에, 26%가 산업 부문에 종사). 분명한 것은 칼라브리아에서의 경제는 지역 산업이 초기 단계에 머물러 있어, 옛 산업에 집중되어 있었으며 지역 시민은 더 가난했고 교육 수준도 낮았던 반면, 에밀리아로마냐의 농업은 상대적으로 번성했다. 한편 에밀리아로마냐의 유아사망률은 20세기 첫 10년 동안 전국 평균보다 높았던 반면, 칼라브리아의 수치는 절대적 관점에서 보면 여전히 끔찍했으나, 전국 평균보다는 약간 낮았다.[137] 두 지역 간에 사소한 차이가 있지만 모두 낙후된 지역이었다.

반면 정치 참여와 사회 연대의 관점에서 보면, 에밀리아로마냐는 세기의 전환점에서 (현재도 그렇고, 거의 천 년 전부터 이어져온 것으로 보이는) 모든 이탈리아에서 사실상 가장 시민 문화가 융성한 곳으로서 축복받은 지역이었다. 반면 칼라브리아는 이탈리아의 지역 중 시민 문화가 가장 낮은 곳으로 봉건적이고 분절적이며 소외되고 고립된 매우 열악한 지역이었다(현재도 그렇다).

이후 80년 동안, 두 지역의 사회 및 경제적 격차는 상당한 비율로 벌어졌다. 1901년과 1977년 사이, 에밀리아 지역의 산업노동자 비율은 두 배로 늘어난 반면, 칼라브리아의 비율은 줄었는데, 이러한 현상은 이탈리아 전 지역 중 유일했다. 의약과 공중보건의 발전으로 유아사망률은 이탈리아 전역에서 현저히 낮아졌지만, 칼라브리아는 에밀리아로마냐에 뒤처졌다.[138] 1980년대까지 전 세계에서 경제활동이 가장 역동적인 지역 중 하나가 된 에밀리아로마냐는 순로롭게 이탈리아에서 가장 부유한 지역이 되었고 유럽에서도 가장 발전된 지역 중 하나가 되었다. 하지만 칼라브리아는 이탈리아에서 가장 빈곤한 지역이었을 뿐만 아니라, 유럽에서도 가장 낙후된 지역 중 하나였다. 유럽공동체(EC) 80개 지역 중, 일인당 GDP 순위에서 에밀리아로마냐는 1970년부터 1988년까지, 45위에서 17위로 껑충 뛰었는데, 이는 유럽의 어느 지역보다 높은 상승률이었다. 하지만 칼라브리아는 같은 기간 동안 최하위를 벗어나지 못했다.[139]

이러한 상관관계의 양상은 흥미로운 가능성을 보여준다. 아마도 최근 세기에서 시민참여의 지역 전통은 현대의 [경제]발전 수준 차이를 설명하는 데 도움이 될 것이다. 요컨대 시민성의 정도가 경제를 설명한다고 볼 수 있는데, 그 반대보다는 도움이 될 것이다.

이러한 과거의 역사 통계가 완벽하지는 않지만, 우리는 사용 가능한 자료들을 활용하여 사회경제적 발전과 시민참여 전통 간 상호관계를 더 직접적으로 규명할 수 있다.[140] 한 가지 간단한 경험적 검증은 다음 각 경우에서 동일한 독립변수의 조합을 사용하여, 두 가지 예측 모델을 비교하는 것이다.

1. 1900년경 [경제]발전과 시민참여에서 1970년대 경제발전 수준을 예측하기
2. 1900년경 [경제]발전과 시민참여에서 1970년대 시민참여를 예측하기

만약 경제결정론자들이 맞는다면, 한 시점의 경제 상태가 다음 시점의 시민성 정도를 예측해야 한다. 반대로 시민참여의 양상이 경제 상태에

[그림 5.5] 시민참여, 사회경제적 발전, 제도 성과
: 1900년대-1980년대 이탈리아

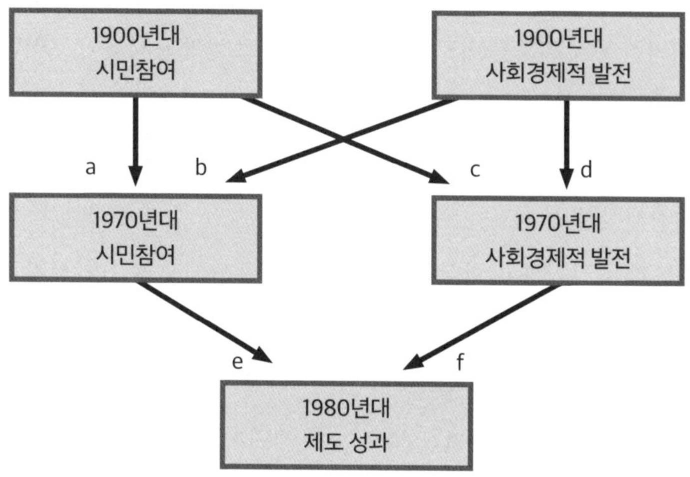

영향을 미친다면, 한 지점의 시민성 정도가 다음 시점의 경제 상태를 예측하는 데 도움이 되어야 한다(두 경우 모두, 이전 시기 종속변수의 수준을 통제할 필요가 있는데, 당연하게도 다음 시점을 가장 잘 예측할 수 있는 단일변수는 이전 시점의 동일한 변수이기 때문이다. 이를 이른바 '자기회귀' 효과라고 한다). 물론 원칙적으로 두 가지 효과[경제발전 효과와 시민성 정도의 효과]는 동시에 작동할 수 있으며, 이는 시민성과 경제 상태 사이에 어떤 상호 영향력이 존재함을 의미한다. [그림 5.5]는 몇 가지 가능한 인과 경로를 보여준다.

사회경제적 구조에 우선을 두는 이론가들은 화살표 b와 d가 매우 강력한 인과관계(특히 b)를 가질 것이라고 생각한다. 반면 시민성이 사회경제적 구조에 영향을 미친다는 이론에서는 화살표 a와 c를 강조(특히 c)할

것이다. 두 이론 모두 1900년대에 측정된 시민전통과 주어진 사회경제적 변수를 사용하여 1970년대에 측정된 시민성의 양상과 동일한 사회경제적 변수를 예측하는, 두 개의 다중회귀분석으로 검증할 수 있다.[141]

이러한 통계 결과를 비교하면 단순명료하고 놀라운 사실이 드러난다. 첫째, 시민전통(1860-1920년 시기에 측정된)은 현대의 시민공동체에 대한 매우 강력한 예측변수이고, (시민전통을 통제한 후) 산업화와 공중보건 같은 사회경제적 발전 지표들은 시민성에 전혀 영향을 주지 못했다. 즉 화살표 a는 매우 강력하고, 화살표 b는 일관되게 존재하지 않는다. 세기 전환기에 시민성 정도와 사회경제적 구조가 일치하지 않았을 때(시민성이 강하지만 상대적으로 빈곤하며 산업화가 지체되고 병약한 지역, 또는 시민성이 약하지만 상대적으로 부유하고 건강하며 산업화된 지역), 시민전통이 "객관적 조건"에 맞추어 재형성되는 경향은 없었다.[142]

반면 시민전통은 이전의 발전 수준을 통제하더라도, 현재 수준의 사회경제적 발전을 일관되고 강력하게 예측할 수 있는 변수로 나타난다. 우리가 설정한 각 사회경제적 변수들을 차례로 살펴보자.

가장 직접적인 사회구조와 경제발전의 척도는 '농업 부문'과 '산업 부문'의 '고용'이다. 이들 자료는 20세기 이탈리아를 휩쓸었던 산업혁명을 명료하게 반영한다. 1901년부터 1977년까지 기간 동안, 산업 부문에 종사하는 노동자의 평균 비율은 19%에서 34%로 오른 반면, 농업 부문 종사자의 평균 비율은 20개 주 전역에 걸쳐 66%에서 19%로 떨어졌다. 이 기간 내내 지역 간 차이는 매우 뚜렷했다. 1977년 농업 부문 고용은 롬바르디아 5%에서 몰리세 43%까지 분포되어 있었고, 반대로 산업 부문 고용은 몰리세 22%에서 롬바르디아 54%까지 차이가 났다. 1901년부터

1977년까지, 지역 순위는 상관계수가 대략 r=.4로 일정하게 안정성을 보였는데, 이 수치는 일반적으로 경제(혹은 중심-주변) 결정론의 척도로 해석할 수 있다.

하지만 시민전통과 과거의 사회경제적 발전을 모두 사용하여 현재의 사회경제적 발전을 예측하면, 실제로 시민성이 발전 그 자체보다 사회경제적 발전의 더 유효한 예측변수라는 점이 발견된다. 예를 들어, 1977년 지역의 농업 부문 노동력 비율을 예측할 때, 우리는 해당 지역의 1901-1911년 농업 부문 종사자 비율보다는 1860-1920년 지역의 문화적 조건을 아는 것이 훨씬 효과적이었다. 실제로 19세기 시민전통은 20세기 산업화의 매우 강력한 예측변수여서 문화 전통을 통제하면, 1901-1911년과 1977년의 산업 부문 고용 간에 어떠한 상관관계도 나타나지 않는다. 즉 화살표 c는 매우 강력하고, 화살표 d는 매우 약하다.[143]

공공복지 경우도 결론이 동일하다. 1860-1920년에 측정한 시민전통은 1970년대 후반의 유아사망률을 1901-1910년의 유아사망률을 통해 예측하는 것보다 더 정확히 예측한다. 사실 시민 문화를 통제하면, 60년간 유아사망률 간 상관관계는 유의하지 않다. 즉 유아사망률과 관련하여 화살표 d는 무시해도 좋은 반면, 화살표 c는 더 강력한 상관성을 갖는다.[144]

요약하면, 경제 상태로는 시민성의 정도가 예측되지 않지만, 시민성의 정도를 통해서는 경제 상태를 더 잘 예측할 수 있다.[145] [그림 5.6]은 연구 결과를 종합한 것이다. 화살표 b(시민성에 대한 경제 상태의 효과)는 존재하지 않는 반면, 화살표 c(경제 상태에 대한 시민성의 효과)는 심지어 화살표 d보다 강력하다. 또한 화살표 a(시민성의 연속성)는 매우 강력한 반면, 화표 d(사회경제적 연속성)는 전반적으로 약하다. 20세기 동안 어떤 지역이 사

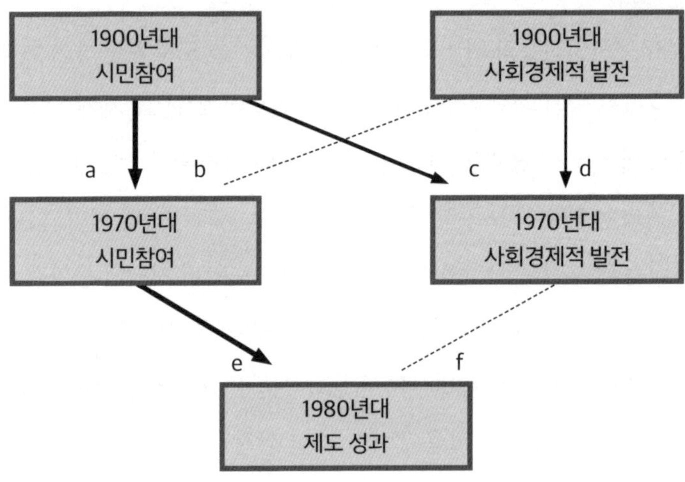

회경제적 발전을 이룰 기회는 그 지역의 초기 사회경제적 역량보다는 시민성의 역량에 달려 있었다. 이러한 간단명료한 분석에 국한해 판단해본다면, 현대의 시민성과 경제 상태 간 상관관계는 주로 시민성이 경제 상태에 미치는 영향을 반영하며, 그 반대 방향의 영향은 거의 나타나지 않는다.[146]

시민전통은 놀라운 저력을 가지고 있다. 더욱이 앞 장에서의 연구 결과가 보여주듯이, 직접적으로 주정부 성과에 영향을 미치는 것은 사회경제적 발전(화살표 f)이 아니라, 동시대의 시민참여(화살표 e)이다. 이제 그러한 효과가 착시가 아니라는 더 진전된 근거를 볼 차례다. 오히려 이러한 결과는 시민전통이 경제발전과 사회복지뿐 아니라, 제도 성과에 강력한 영향을 미칠 수 있음을 시사한다.

이전 장에서 지적했듯이, 노동조합 가입은 단순히 경제적 상황에 대한 반응이라기보다 시민참여의 필연적 동반 현상으로 보는 것이 적절하다. 이러한 해석은 제1차 세계대전 직후 지역의 노동조합 가입 양상에 대한 조사를 통해 뒷받침된다.[147] 1921년 전체 노동조합 가입률은 이전의 시민 전통과 매우 강력한 상관관계($r=.84$)를 갖는다. 이러한 연관성은 매우 강력하여, 시민전통을 통제하면 산업화와 노동조합 가입률 사이는 전혀 상관관계가 나타나지 않는다. 노동조합의 강도는 경제발전의 양상보다는 시민 연대의 양상을 따랐다.[148]

이러한 예상 밖의 시민성과 경제 상태 간 중요한 연계성은 남부와 북부의 발전 격차에 대해—단지 이탈리아 내부에 머무르지 않고 전 세계적 차원도 포함해서—오랫동안 지속되어온 논쟁과 관련하여 새로운 해결의 실마리를 제공한다. 북부와 남부 간 불평등의 확대는 근대 이탈리아 역사에서 '가장' 핵심된 쟁점이었고, 학자와 활동가 사이에서 격한 논쟁을 불러일으켰던 엄연한 현실은 상기할 가치가 있다. 통일 시기는 북부와 남부 모두 산업혁명의 실질적 영향력 아래 있기 전이었다. 1881년에도 대략 60%의 이탈리아인이 농업에 종사했고(북부가 '조금 더' 많았다), 가내공업을 포함하여 제조업 부문에서 일하는 노동자는 15% 이하에 불과했다(남부가 '조금 더' 많았다). 하지만 북부의 농장이 더 생산적이었고, 그래서 통일 시기에 일인당 소득은 북부가 15-20% 높았다. 그런데 1896년 이후 북부에서 산업화가 급속히 일어나면서, 1871년과 1911년 사이 남부는 사실상 도시화와 산업화가 지체된 지역으로 남게 되었다. 그래서 1911년까지 북부의 소득이 50% 이상 높아지면서, 북부와 남부의 격차는 뚜

렷하게 벌어졌다.[149]

20세기 내내 북부와 남부의 격차는 세계 환경의 변화(전쟁과 평화, 대공황과 전후의 경기 고조), 헌정체제의 근본적 변화(군주제, 파시즘, 의회민주주의), 경제 정책의 대규모 변화(파시즘 세력의 자급자족 체제 시도, 유럽통합, 특히 지난 40년간 메초조르노에 대한 막대한 공공투자)에도 불구하고 심각할 정도로 커졌다. 최근 몇십 년간 남부는 다소 완만하지만 긍정적인 발전을 경험했으나, 동시에 북부는 서구 경제사에서 가장 괄목할 만한 급성장을 이룬 지역 중 하나로서 남부보다 훨씬 앞서게 되었다. 1980년대 중반까지 북부의 일인당 소득은 남부보다 80% 이상 높아졌다.[150]

이탈리아 역사학에서 이렇게 지속적으로 증가하는 이중구조(dualism)—이른바 "남부 문제"—만큼 논쟁을 일으킨 주제도 없다. 사실 전통적 경제이론에서는 단일 국가 내부의 지역발전 수준은 점진적으로 수렴할 것으로 예측하는데, 이는 이탈리아의 이중구조를 고도의 수수께끼로 만들 뿐이다.[151] 이런 가능성에 대해서는 여러 답변이 있다.

- 시장과의 거리, 불리한 지형과 천연자원의 분포를 포함한 남부의 물리적 취약점
- 잘못된 정부 정책, 특히 다음과 같은 19세기 후반의 특정 정책들
  (1) 무역 정책(처음에는 이제 시작된 남부 지역 산업을 전멸시킨 자유무역 정책을 실시했고, 나중에는 북부 지역 산업을 촉진시키는 보호무역 정책을 실시)
  (2) 재정 정책(남부의 높은 세금 그리고 북부의 교육, 방위산업, 토지개간에 혜택을 주는 지출. 19세기 말까지 전체 과세액 비율로 보면 남부가 더 높지 않았고,[152] 중앙정부는 이미 남부의 공공사업에 상당한 예산을 투자하기는 했다.

(3) 산업 정책(중공업과 거대은행 간 제휴를 촉진함으로써, 북부의 이익에 기여)

- 초기에 북부에서 소소한 장점을 확대한 외부효과, "집적경제", "실천을 통한 학습효과"[153]

- 메초조르노의 후견-피후견 문화에 따른 "도덕적 빈곤"과 인적 자본의 부재[154]

이탈리아의 남북 격차와 이를 설명하고자 했던 다양한 이론은 모두 제3세계 발전에 관한 더 광범위한 논쟁과 닮아 있다. 왜 그렇게 많은 국가가 저발전 상태로 남아 있나? 불평등한 자원? 정부의 오판? 중심-주변부 '종속관계'? 시장실패? "문화"? 정확히 이러한 이유 때문에 이탈리아의 사례연구는 왜 많은(전부는 아니고) 제3세계 국가가 불가피하게 그리고 설명하기 힘들 정도의 빈곤 상태에 빠져 있는가를 이해하는 데 중요한 실마리를 제공한다.

하지만 도니올로(Toniolo)가 최근 이탈리아 관련 논쟁에 대해 평가했듯이 "이와 같은 왕성한 아이디어와 해석들이 그 당시에도 그 후에도 충분한 정량적 분석으로 뒷받침되지 않았다. …… ['남부 문제']에 집중하는 저작들이 도서관 전체를 다 채울 정도지만, 이탈리아의 경제적 이중구조의 규모와 원인에 대한 많은 경제학자의 의문은 (……) 풀리지 않은 채 남아 있다."[155]

과거와 현재를 불문하고 역사의 기록은 우리에게(다른 사람들도 마찬가지로) [남부 문제를] 설명하는 데 있어 사회문화적 요소들이 중요한 부분이라는 데 의문을 품게 한다.[156] 어떠한 단일 요소를 통한 해석은 반드시 오류를 범할 수 있다는 것은 확실하다. 시민전통만으로 지난 세기 동안 북부의 급속하고 지속적인 경제발전을 촉발(혹은 그런 의미에서 "초래")할 수는 없다. 그러한 도약은 더 광범위한 국가적, 국제적, 그리고 기술적 환경의 변화에 의한다. 반면 시민전통은 왜 북부가 19세기와 20세기의 도전과 기회에 남부보다 훨씬 효과적으로 대응할 수 있었는지를 설명하는 데 도움을 준다.

어떻게 시민성과 경제 상태 간 이 "거시적" 연관성을 "미시적" 수준에서 증명할 수 있을까? 어떤 기제들을 통해서 시민공동체의 규범과 연결망이 경제적 번영에 기여할 수 있을까? 이 핵심 질문은 더 연구할 가치가 있는데(다음 장에서 이 문제로 돌아갈 것이다), 최근 몇 해 동안 이탈리아와 미국의 정치경제학자들이 독립연구 단체를 통해서 몇 가지 중요한 통찰을 제공하고 있다. 아르날도 바냐스코(Arnaldo Bagnasco)는 익숙한 "두 개의 이탈리아", 즉 북부의 산업 삼각지대[밀라노, 토리노, 제노바]와 낙후된 메초조르노와 함께 "제3의 이탈리아"가 존재했다는 사실에 처음으로 주목했다. 이는 "분산경제학(diffuse economy)"에 기초한 것으로 소규모이지만, 기술 발전을 통한 고도의 생산성을 특징으로 한다.[157] 마이클 피오레(Michael Piore)와 찰스 세이블(Charles Sabel)은 이러한 분석을 확장하여 기능 중심의 "유연전문화"된 이탈리아 중북부의 수많은 사례—프라토 주변의 최첨단 의류기업, 브레시아의 소규모 철강생산업체, 볼로냐의 오토바이 사업, 사수올로의 도자기 타일 생산업체 등—에 초점을 맞췄다. 근대 경제학의 창시자 중 한 사람인 앨프레드 마셜(Alfred Marshall)의 개념을 차용하여, 학자들은 이러한 지역을 "산업지구"로 명명했다.[158]

이렇게 분권화되었지만, 통합된 산업지구는 경쟁과 협력의 일견 모순되어 보이는 특징을 가지고 있다. 기업들은 [생산] 방식과 효율성 혁신을 위한 경쟁에 매진하는 한편 행정 서비스, 원자재 구매, 금융, 연구 분야에서는 협력한다. 이러한 소기업의 네트워크는 광범위한 하청계약과 일시적으로 일거리가 없는 경쟁업체에 추가 업무를 위탁하는 "외주 방식"을 통해 낮은 수준의 수직적 통합과 높은 수준의 수평적 통합을 결합한다. 적극적인 산업 부문 협력을 통해, 행정 지원과 심지어는 금융 지원도 제공하는 한편, 지방정부는 필요한 사회간접자본과 전문훈련, 수출시장 정보, 세계 패션 경향 등과 같은 서비스를 제공하는 데 적극적이다. 그 결과는 기술 발전과 고도의 유연화된 경제구조인데, 이는 1970년대와 1980년대 빠른 속도로 전개되던 세계 경제에서의 경쟁에 정확히 들어맞는 방안임이 증명되었다. 당연히 이들 유연전문화된 지역들은 이 20년간 평균을 상회하는 번영을 구가했다.[159]

이 특수한 생산적 경제구조의 핵심에는 기회주의를 제어함으로써 경쟁과 협력의 공존을 가능하게 하는 일련의 제도적 기제들이 있다. "사적 경제 결사체와 정치 조직의 풍부한 네트워크가 (……) 협력 형태를 촉진하고 소기업들 스스로 만들 수 없는 사회간접자본을 제공함으로써 시장이 성공하는 환경을 구축했다."[160]

이들 산업지구는 노동자들이 급여생활자에서 자영업으로 전업하고 다시 급여생활자로 돌아올 만큼 사회 이동성이 높다. 노동조합은 잘 조직되어 있고, 파업도 드물지는 않지만 "사회협약"의 관행이 유연성과 혁신을 촉진한다. 상호부조는 일상적이고, 기술혁신은 기업에서 기업으로 빠르게 확산한다. 소기업과 종업원 지주 간 협력적 네트워크는 이탈리아 다른 지역의 수직적 권위를 특징으로 하는 전통적 대기업과 중요한 차이점이다. 요컨대 전통적 기업 이론에서 강조되는 "내부" 규모의 경제와 달

255

리, 마셜주의자들의 산업지구는 "외부경제"에 크게 의존한다. "협소한 경제적 고려 사항들이 정확히 계산하기 힘든 집단이익의 관념과 결합하여 기업 간 경쟁의 배경이자 이를 제한하기도 하는 직업 연대의식을 창출한다."[161]

피오레와 세이블은 "산업의 응집은 더 근본적인 공동체 의식에 기초해 있는데, 다양한 협력의 제도적 형태는 그 원인이라기보다는 결과에 더 가깝다. (……) 수공업 생산의 부흥에서 나타나는 역설 중 하나는 현대기술의 활용이 과거 전산업 시기와 관련된 협력 의식이 다시 활성화되는가에 달려 있다."[162]

일반적으로 이탈리아와 그 외 국가에서 산업지구가 성공할 수 있었던 핵심 요인으로 호혜주의 규범과 시민참여 네트워크가 꼽힌다. 네트워크는 기술 발전, 예비 창업가의 신용도, 개별 노동자의 신뢰성 등에 관한 정보 흐름을 촉진한다. 혁신은 "카페와 술집, 그리고 거리에서의 끊임없는 비공식적 상호작용"에 달려 있다. 기회주의를 방지하는 사회규범은 깊숙이 내면화되어 공동체 의무를 훼손하는 기회주의 문제는 수직적이고 후견주의 네트워크가 특징인 지역보다 이곳이 덜 하다고 알려져 있다. 이러한 소기업 중심의 산업지구에서 가장 중요한 것은 상호신뢰, 사회적 협력, 성숙한 시민의 의무, 즉 시민공동체의 특성이었다.[163] 이렇게 생산성이 높은 소규모 산업지구들이 우리가 시민전통과 현대의 시민공동체 및 주정부의 높은 성과를 보인 중심 지역으로 강조해왔던 바로 이탈리아 중북부 지역에 집중되어 있다는 것이 놀랄 만한 일은 아니다.

우리는 우리가 찾아낸 경제발전에 문화가 선행한다는 사실이 결론이 되기보다 도발적인 문제 제기라고 생각한다. 우리가 이 장에서 훑어본 시민전통이 경제발전의 유일한—혹은 가장 중요하다고 하더라도—결정 변수라고 하는 것은 터무니없는 가정이다. 실제로 영국의 역사지리학자인 존 랭턴(John Langton)과 R. J. 모리스(R. J. Morris)에 의하면 "문화적 유산이나 경제발전이 독립적 요인으로 구성될 수 있는가는 얼마나 오랫동안 그 역사적 과정이 인식되는가가 좌우할 것이다. 분명한 것은 그것들이 상호작용하면서 변화한다는 것이다. 원인과 결과가 아니라, 변증법적 상호작용의 과정만이 있을 뿐이다."[164] 우리의 이변량 모델([그림 5.6])은 너무 단순해서 천연자원, 주요 시장에 대한 접근성, 국가의 경제 정책과 같이 지역경제 발전에 영향을 줄 수 있는 모든 요소를 설명할 수 없다. 우리가 훑어본 광범위한 역사적 논거를 입증하기 위해서는 더 정밀한 연구가 꼭 필요하다.

그럼에도 불구하고 이 장에서 제시한 근거들은 제도의 성공 가능성에 영향을 미치는 역사적 연속성의 힘을 극적으로 묘사하고 있다. 우리의 단순한 연구 결과조차도, 경제발전의 "진정한" 원인(이를 요인 X라고 부르자)을 우리가 고려하지 않았어도, 요인 X는 이전의 경제발전보다 시민전통과 더 밀접함을 의미한다. 이 연관성이 일단 확립되면, 부는 "시민성"을 강화할 수 있는 반면, 빈곤은 시민성의 출현을 저해할 수 있으며, 이는 서로 맞물린 악순환과 선순환의 형태를 띤다. 그러나 우리의 연구 결과에 따르면 이러한 상호작용에서 "경제 → 시민성"의 반복적 경로가 지배적이지는 않다. 시민규범과 네트워크는 단순히 경제발전의 부산물이 아니라는 것이다.

지난 10세기 동안, 그리고 특히 지난 수십 년 동안 이탈리아는 거대한 경제적, 사회적, 정치적, 그리고 인구 변동을 겪어왔다. 수백만 명 이탈리

시민공동체의 뿌리를 찾아서

아인이 지역을 옮겨 이주했는데, 900만 명 이상(혹은 전체 인구의 1/5)이 1955년 이후 15년 동안 다른 지역으로 이주했다.[165] 통일 이후 첫 세기에 각 지역은 사회경제적 발전 순위에서 앞서거니 뒤서거니 해왔다. 1970년에 상대적으로 산업경제가 앞선 지역들이 반드시 한 세기 전 산업 지역과 겹치는 것은 아니었고, 같은 해 양질의 공중보건 상태를 보인 지역들이 1870년에 더 건강했던 지역도 아니었다.

하지만 변화의 소용돌이에도 불구하고, 20세기 후반 시민참여의 특성을 갖춘 지역은 거의 19세기에 협동조합과 문화결사체, 공제회들이 가장 왕성했던 곳이었고, 주민 결사체, 가톨릭 형제단과 길드가 12세기 도시공화정을 꽃피우는 데 기여했던 곳이다. 이들 시민성이 강한 지역이 1세기 전에는 특별히 경제적으로 발전되지 않았지만, 꾸준히 경제 성과와 (적어도 주정부 출현 이후) 정부의 질 모두에서 시민성이 약한 지역을 추월해왔다. 놀라운 시민전통의 지속력이 과거의 강력한 영향력 때문임을 증명하는 것이다.

그러나 과거의 영향력은 '왜' 그토록 강력한가? 어떤 선순환의 고리가 북부 지역에서 수 세기에 걸친 급진적인 사회, 경제, 정치 변동의 와중에도 이러한 시민참여의 전통을 유지하게 했나? 남부 지역에서는 어떤 악순환의 고리가 끊임없이 착취와 종속을 재생산해왔나? 이러한 질문에 답하기 위해 우리는 원인과 결과의 관점이 아니라, 사회적 균형의 관점에서 생각해보아야 한다. 다음 장에서 이 작업을 한다.

제6장
사회적 자본과 제도적 성공

집합행동의 딜레마

이탈리아에서 시민성이 약한 지역의 공동체 생활은 천 년 넘게 수난을 겪어왔다. 왜 그랬을까? 주민들이 고립과 굴종의 열악한 조건을 선호할 리는 만무하다.[1] 외세의 압제가 한때 그들이 겪은 고난을 일부 설명해줄 수는 있어도, 지역자치 실험 역시 자치가 만병통치약이 아님을 시사한다. 화가 치밀어 다음과 같이 물어보고자 하는 사람도 있을 것이다. 이 문제 많은 지역에 사는 사람들은 그들의 우울한 경험에서 아무것도 배운 것이 없었나? 그들은 모두가 공공선을 위해 협력할 때만 모두가 더 나아질 것을 분명히 알아야 한다.[2]

18세기 스코틀랜드 철학자 데이비드 흄(David Hume)은 단순한 비유를 제시하며, 합리적 공공의식에 혼돈을 가져오는 본질적 딜레마를 설명한다.

259

당신의 곡식은 오늘 여물고, 내 것은 내일 그렇게 될 것이라고 하자. 우리 둘 모두에게 이익이 되려면, 내가 오늘 당신과 함께 일하고 내일 당신이 나를 도와야 한다. 그러나 나는 당신에게 아무런 호의를 가지지 않고, 당신도 나에게 마찬가지라는 것을 안다. 그러므로 나는 당신을 위해 수고하지 않을 것이다. 그리고 나 자신의 이익을 위해 보답을 기대하면서, 당신과 함께 일한다면 나는 실망할 것이며, 당신이 감사하리라 믿는 것은 헛된 일이 될 것이다. 결국 나는 당신을 혼자 일하도록 내버려 둘 것이고, 당신도 같은 방식으로 나를 대할 것이다. 계절이 바뀌고, 서로에 대한 신뢰와 돌봄이 부족했기에 우리 둘 다 수확량에서 손해를 보게 된다.[3]

상호이익을 위한 협력에 실패한다는 것이 반드시 무지나 비합리성을 나타내는 것은 아니다. 게임이론가들은 이러한 근본적 난제(predicament)에 대해 다양한 형식으로 연구해왔다.

- '공유지의 비극'에서 어떤 목동도 다른 사람의 가축 방목을 제한할 수 없다. 만약 그가 공유 초지의 사용을 스스로 제한한다면, 오직 그 자신만 손해를 보게 된다. 하지만 제한을 두지 않은 목초지는 모든 이들의 생계가 달린 공유 자원을 파괴한다.
- 맑은 공기, 안전한 이웃과 같은 '공공재'는 그 제공에 대한 기여 여부와 상관없이, 모든 사람이 향유할 수 있다. 그러므로 일반적 환경에서 누구도 공공재를 제공하는 데 기여할 동기가 없어, 너무 적은 양이 만들어지고, 결국 모두에게 고통이 야기된다.
- 음울하게 만드는 '집합행동의 논리'에서는 모든 노동자가 동시에 파업

을 일으키면, 모두가 혜택을 받겠지만, 파업을 주도하는 누구나 파업에 반하는 이가 쉽게 보상을 선택함으로써 겪을 배신을 감수해야 한다. 그래서 모든 사람이 누군가의 무모함으로부터 이익을 얻기를 바라며 참여하지 않는다.

- '죄수의 딜레마'의 경우, 독방에 수감된 두 명의 공범 각자에게 만약 혼자만 상대방을 범죄에 연루시키면 석방될 것이지만, 그가 침묵을 지키고 상대방이 자백하면, 그에게만 더 강력한 처벌이 내려질 것이라고 말한다. 만약 둘 다 침묵을 지키면 가벼운 처벌에 그치겠지만, 서로 진술을 조율할 수 없는 상황에서는 상대방이 무엇을 하든 본인은 자백하는 것이 더 유리하다.

이 모든 상황에서 흄의 농촌 이야기처럼, 모든 당사자는 그들이 협력할 때 더 유리하다. 하지만 신뢰할 만한 상호 간 약속이 없다면, 각자는 개별적으로 배신하거나 "무임승차자"가 될 동기를 갖는다. 각자는 다른 사람이 자신을 "이익을 주는 호구"로 보며 배신할 것이라고 합리적인 예상을 한다. "이러한 모델들은 (……) 관련된 모든 이들의 종합적인 시각에서 봤을 때, 어떻게 완벽하게 합리적 개인이, 특정한 상황에서, '합리적'이지 않은 결과를 만들어낼 수 있는지 설명하는 데 매우 유용하다."⁴

이러한 난국은 악의나 혐오로 야기되는 것은 아니지만, 암울한 결말은 그러한 감정을 키울 수 있다. 상대방에게 해를 입히고자 하는 사람이 없다 하더라도, 그리고 둘 다 조건에 맞춰 협력하려는 성향이—네가 하면 나도 한다—있다 하더라도, 약속을 검증할 수도, 강제할 수도 없다면 상대방이 이를 어기지 않을 것이라는 보장은 없다. 설상가상으로 상대방도 같은 난제에 맞닥뜨릴 수 있다. "협력행위 이전에 상대방에게 신뢰를 주는 것뿐 아니라, 상대방에 '의해서' 자신이 신뢰받고 있다는 점을 믿는 것이 필요하다."[5] 이러한 환경에서 각자가 협력이 비합리적이라는 것을 발견한다면, 결국 아무도 원하지 않는 결과—수확하지 못한 곡식, 과도하게 방목된 공유지, 교착상태에 빠진 정부—에 이르게 된다.

흄이 이야기한 농부의 주요한 문제는 의무불이행(defection)에 대한 믿을 만한 제재가 없다는 데 있다. 각자 상대방에 대한 의무를 회피하려는 유혹에 직면했을 때 어떻게 약속을 지킬 것이라고 확신할 수 있을까? 현대 정부(혹은 현대 시장)가 처한 더 복잡한 환경에서는 감시체계도 더 복잡해진다. 한 행위자는 복합적 불확실성과 대항 압력에 처한 다른 행위자가 실제로 자신의 약속을 지키기 위해 "성실하게 노력"하는지 어떻게 알 수 있나? 그래서 정확한 정보와 믿을 만한 강제력 모두 협력이 성공하는 데 필수적이다.

국제신용시장에서 주정부 그리고 버스 줄서기까지 모든 사회제도의 성과는 이 문제들을 어떻게 해결하는가에 달려 있다. 아마도 성자들의 세계에서는 집합행동의 딜레마가 일어나지 않을 테지만, 보편적 이타주의는 사회행동이나 사회이론에서는 비현실적 가정이다. 행위자들이 서로에게 신뢰할 만한 약속을 할 수 없다면, 상호이익을 위해 많은 기회를 버려야 한다. 이는 후회는 되겠지만 합리적인 방식이다.

홉스는 이러한 난국에 맞선 최초의 위대한 사회이론가 중 한 사람이다. 그는 고전적인 해결책을 제시했는데, 바로 제3자의 강제력이다. 양 당사자가 리바이어던에게 상호존중을 강제할 권력을 양도한다면, 그들은 법과 질서가 유지되는 시민생활에 필요한 상호신뢰를 보상받는다. 국가는 피치자들에게 그들 스스로 할 수 없는 것—상호신뢰—을 할 수 있도록 한다. "모든 이들은 자기 자신을 위해, 국가는 모두를 위해." 러시아의 아나키스트인 표트르 크로포트킨은 현대사회의 지도 원리를 이렇게 회의적으로 묘사했다.[6]

안타깝게도 이 해결책은 지나치게 단순하다. 노스(North)는 이 해결책이 가진 문제점을 간결하게 정리했다.

원칙적으로 제3자의 강제력은 계약의 속성을 대가 없이 판단할 수 있으며, 합의에 대한 강제권이 있어서, 계약을 위반하면 그에 상응하는 비용을 치르게 함으로써 위반자가 항상 피해자에게 충분한 보상을 하도록 만드는 중립적 주체를 포함해야 한다. 하지만 이러한 강력한 조건들은, 있다고 하더라도 현실 세계에서 거의 존재하지 않는다.[7]

어려운 부분은 강압적으로 집행하는 데 비용이 따른다는 것이다. "강제력 사용에 지나치게 의존하는 사회는 신뢰를 다른 수단으로서 지탱하는 사회보다 효율성이 낮고, 비용은 많이 들며, 더 불행하다."[8] 그러나 더 근본적인 문제는 공정한 법 집행 자체가 공공재이며, 그것이 해결하려는 동일한 기본적 딜레마에 빠지기 쉽다는 점이다. 제3자의 강제력이 작동하려면, 그 제3자 자신이 신뢰받아야 한다. 그러나 어떠한 힘이 주권자[제3자]가 "배신"하지 않는다고 보장할 수 있나? "요컨대 국가가 강제력을 갖고 있다면, 국가를 운영하는 자들은 사회 전체의 이익을 희생시키면서 그 힘을 자신의 이익을 위해 사용할 것이다."[9]

역사는 남부 이탈리아인들에게 홉스식 해결 방식으로는 집합행동의 딜레마를 해결할 가능성이 없다는 사실을 가르쳐주었다. "전통적으로 제도를 제공해온 군주들은 때때로 복지를 증진하는 제도를 만들었지만, 동시에 경제 쇠퇴를 야기하는 제도를 내놓기도 했다."[10] 게임이론의 언어로 말하자면, 공정한 제3자의 강제력은 일반적으로 "안정적 균형상태"가 아니다. 즉 어떤 행위자도 자신의 행태를 바꾸려는 동기를 가지고 있지 않는 상태가 아니라는 것이다.

반면 고전적인 죄수의 딜레마 및 이와 유사한 집합행동의 딜레마에서는 "배신"이 모든 당사자에게 안정적인 균형 전략이다. "'배신'은 자기 자신뿐 아니라 모든 전략에—그것이 순수전략이든 혼합전략이든—대한 유일한 최적의 대응이다."[11] 모든 관련자가 불행한 결과를 맞더라도, 모든 개인에게는 배신이 여전히 합리적 선택으로 남는다.

그러나 다른 연구자들이 지적했듯이, 이 이론은 특정 사례를 전부인 양 보는 논리적 오류 때문에 자발적 협력을 '과소' 예단한다. 예를 들어, 흄의 비협력적인 이웃 농부의 사례에 대해, 우리는 중부 이탈리아의 소작농들이 오랫동안 행해온 '아이우타렐라'나 미국 개척지에서의 헛간협동건축(barn-raising) 관행을 반론으로 들 수 있다. 이러한 사례들은 집합행동이론의 논리가 갖는 설득력을 감안하면 더욱 수수께끼처럼 보인다. "우리는 게임이론이 예측하는 것만큼 왜 비협력적 행태가 자주 나타나지 않는지를 질문해야 한다."[12]

이 질문에 대해 최근 수년간 많은 학자가 창의적 역량을 집중해왔다. 게임이론가들은 일반적으로, 행위자들이 무제한 반복되는 게임에 참여할 경우 협력이 더 쉬워진다는 데 동의하는데, 이는 배신자가 이어지는 게임에서 처벌받을 가능성이 있기 때문이다. 이 원칙은 이 분야에서 이론의 진전을 위한 근간이 된다(이와 관련해 매우 널리 인정된 한 가지 이론은 '구전정리(Folk Theorem)'로 알려져 있다).[13] 이론적으로 볼 때, 협력하는 데 유리할 수 있는 게임 내부의 다른 조건은 행위자의 수를 제한하고, 각 행위자의 과거 행태에 대한 충분한 정보, 행위자가 미래를 지나치게 과소평가하지 않는 것 등이다. 이러한 요소들은 하나하나가 모두 중요하지만, 이 조건들은 개인이 아닌 제도를 통한 협력(impersonal cooperation)이 드물 수밖에 없다는 점을 함의한다. 하지만 현대사회에서 이러한 협력은 흔하게 여겨진다. 이런 현상은 어떻게 가능한가?[14]

경제학자 올리버 윌리엄슨(Oliver Williamson)의 연구로 대표되는 관련 중요 연구 분야 중 하나는 "거래비용"(즉 계약을 감시하고 집행하는 데 드는 비용)을 줄이는 것으로, 계약 주체들이 좀 더 효과적으로 기회주의와 회피 문제를 극복하는 데 있어 공식제도의 역할을 강조해왔다.[15] 제1장에서 언급했듯이, 엘리너 오스트롬(Elinor Ostrom)은 최근 목초지, 수자원, 어업 같은 공유자원의 협력적 관리 시도를 면밀히 비교함으로써 이러한 방법론의 가치를 입증했다. 그녀는 왜 어떤 제도들은 집합행동의 논리를 극복하는 데 성공했고 다른 제도들은 실패했는가 하고 질문한다. 그녀의 비교연구를 통해 다음과 같은 제도 설계의 원칙을 제안할 수 있다. 제도의 경계가 명확히 규정되어야 하며, 제도의 영향을 받는 당사자들이 규칙 결정 과정에 참여하고, 규칙 위반자는 점차 가중되는 제재를 받아야 한다. 그리고 갈등 해결을 위한 저비용 기제가 마련되어야 한다.[16]

그러나 이러한 "신제도주의" 이론으로는 여전히 중요한 문제들이 풀리지 않은 채 남아 있다. 집합행동 문제를 해결하는 데 도움을 주는 공식제도는 실제로 어떤 방식으로, 그리고 어떤 이유 때문에 만들어지는가?

참여자들은 스스로 제도를 만들 수 없어 보이는데, 누구보다 그들이 이러한 제도를 필요로 하고, 공정한 "입법자"는 홉스적 의미의 공정한 통치자만큼 문제가 있다는 것과 동일한 이유 때문이다.[17]

우리는 우리의 헌법을 준수하기 위한 계약(즉 헌법 그 자체)을 계약의 끝없는 퇴보에 빠지지 않고는 작성할 수 없다. 사회 통제를 위한 공식 기제는 본래 무임승차에 취약할 수밖에 없고, 지배집단은 헌법을 서서히 무력화시키려 하는 반면, 선의의 시민들도 이러한 권력 찬탈자들을 감시하는 비용을 이웃에게 떠넘기려 하고, 법을 무시하는 사람들은 탈세를 저지르고 교통 신호를 무시한다.[18]

물론 법을 무시하는 사람들, 의무를 회피하는 사람들, 그리고 지배집단은 이탈리아의 시민성이 약한 지역의 시민들이 보여준 것처럼 많은 사회에서 문제를 일으킨다. 그러나 다른 지역의 협력 제도들은 보다 효과적으로 작동하는 듯하다. 왜일까? 이 수수께끼를 풀기 위해 최근 일부 실제 경험과 실증을 중시하는 이론가들(hard-nosed theorists)은 로버트 베이츠(Robert Bates)가 말한 "연성" 해결책, 즉 공동체와 신뢰에 눈을 돌리기 시작했다. "죄수의 딜레마가 존재하는 세상에서, 협력적 공동체가 합리적 개인들이 집합행동의 딜레마를 극복할 수 있게 할 것이다."[19]

사회적 자본, 신뢰 그리고 계

집합행동의 딜레마와 그로 인해 발생하는 자기 파괴적 기회주의를 극복하는 데 성공하느냐 여부는 어떤 특정 게임이 수행되는 더 넓은 사회적 맥락에 달려 있다. 자발적 협력은 호혜의 규범과 시민참여 네트워크 형태로 사회적 자본을 상당히 계승한 공동체에서 더욱 쉽게 이루어진다.[20] 여기서 사회적 자본이란 신뢰, 규범, 네트워크 같은 사회적 조직의 특징을 말하는데, 협조적 행동을 촉진함으로써 사회의 효율성을 향상할 수 있다.

> 다른 형태의 자본과 마찬가지로, 사회적 자본은 생산적이며, 자본이 없을 경우 얻을 수 없는 특정 목표의 달성을 가능하게 한다. (······) 예컨대 구성원들이 신뢰의 당위성을 분명히 하고, 서로에 대해 광의의 신뢰를 두는 집단은 신뢰의 당위성과 신뢰 자체가 부족한 유사한 형태의 집단보다 훨씬 많은 성과를 이룰 수 있다. (······) 한 농부가 다른 농부에게 자신의 건초 묶는 작업을 맡기고, 농기구를 서로 빌리고 빌려주는 (······) 농업 공동체에서는 사회적 자본을 통해, 각 농부가 농기구와 장비의 형태로 존재하는 물적 자본을 덜 가지고 있어도 일을 효과적으로 마칠 수 있다.[21]

자발적 협력은 사회적 자본으로 촉진된다. 이러한 원리를 잘 보여주는 실례 중 하나가 모든 대륙에서 찾아볼 수 있는 일종의 비공식적 저축 제도인 '계(rotating credit association)'이다. 계는 "그 구성원들이 어떤 기금에 정기적으로 돈을 납부하고, 이 기금의 전부 혹은 일부를 각 납부자에게 순차적으로 지급하는 데 동의"하는 집단으로 구성된다.[22] 이러한 계의 존재는 나이지리아에서 스코틀랜드까지, 페루에서 베트남까지, 일본에서 이집트까지, 미국 동부의 서인도제도 출신 이민자부터 서부의 멕시코계 미국인(Chicanos)까지, 문맹인 중국 농촌 마을부터 멕시코시티의 은행 관리자와 경제 전문가까지 퍼져 있다고 알려져 있다. 미국의 많은 저축 및 대출 기관도 이러한 계 형태로 시작되었다고 보고된 바 있다.[23]

전형적인 계의 사례에서는, 20명 회원이 매달 똑같이 1달러씩 납부하고, 매달 그중 한 명의 회원이 달마다 모인 20달러를 지급받아 원하는 데 사용할 수 있다(결혼 비용, 자전거, 재봉틀, 또는 상점의 신상품 구입).[24] 한 회원이 연속으로 돈을 받을 수는 없지만, 모든 회원이 차례대로 받을 때까지 계속 정기적인 납부를 할 것으로 예상할 수 있다. 계는 규모, 사회적 구성, 조직 형태, 지급 결정 절차에 따라 매우 다양하다. 모든 형태의 계 조직은 사회적 유대와 소규모 자본 형성이 결합되어 있다.

계 조직이 침목 모임의 성격을 띠기는 하지만 단순한 사회적 유희나 이타주의(altruism) 이상의 무엇인가를 나타내기도 한다. 예를 들어, 클리퍼드 기어츠(Clifford Geertz)가 말한 자바섬의 '아리산(arisan, 문자 그대로 "협력하려는 노력" 혹은 "상호조력"을 의미)'은 "단순히 일반적 협력 정신이 아닌—자바섬의 농민들은 다른 지역의 농민들과 마찬가지로, 직계가족보다 큰 집단을 경계하는 경향이 있다—삶의 모든 측면에서 작동하는 일련의 명시적이고 구체적인 노동, 자본, 그리고 소비재의 교환 관행을 반영하고 있다. (……) 협력은 모든 인간의 화합과 같은 추상적 윤리나, 사회에 관한 유기적 관점이 아니라 협력에 참여하는 사람들에게 상호이익이 된다는 매우 현실적인 인식에 기초한다."[25]

계는 집합행동의 논리를 명징하게 위배하고 있다. 왜 모인 돈을 한 번 받은 참가자는 중도 탈퇴하지 않은 편이 낫다고 생각할까? 그러한 위험을 알면서, 왜 다른 참가자들은 애초에 곗돈을 낼까? "계는 모든 회원이 지속적으로 의무를 지키지 않으면 절대 그 기능을 할 수 없다."[26] 그러나 의무불이행을 처벌한 태세를 갖춘 합법적 리바이어던이 없는 곳에서도 계는 왕성하게 일어나고 있다.

의무를 이행하지 않을 위험에 대해 모든 참가자가 잘 인식하고 있고, 계 운영자는 신중히 회원을 받는다. 그래서 청렴성과 신뢰성을 갖춘 평판이 참가를 희망하는 사람에게는 중요한 자산이 된다. 물론 한 가지 중요한 평판 정보의 원천은 다른 계 조직 경험이 있는 참가자들이고, 좋은 평판을 얻는다는 것은 계 참여에 있어 중요한 부수적 이익이 된다. 불확실한 평판과 의무불이행의 위험은 모두 강력한 규범과 호혜적 참여의 촘촘한 네트워크로 최소화된다. 배신에 대한 규범이 너무 강한 나머지, 의무를 이행하지 못할 위기에 몰린 참가자가 딸을 인신매매하거나 스스로 자살하는 사례도 보고된 바 있다.[27]

작고 개인 간 친밀도가 높은 나이지리아의 이보족(Ibo) 마을 같은 곳에서는 사회경제적 체계에서 추방당할 수 있다는 두려움이 강력하고 확실한 제재로서 작용한다. 반면 보다 분산되어 있고, 개인 간 교류가 거의 없는 현대사회의 면모를 갖춘 멕시코시티에서는 계를 유지하기 위해 좀 더 복잡한 상호신뢰 네트워크가 엮여 있다. 벨레스 이바네스(Vélez-Ibañez)는 멕시코의 계가 '콘피안자(confianza, 일반화된 호혜성과 상호신뢰)'를 기반으로, 사회적 네트워크를 따라 확장되어 다채롭게 왕성한 활동을 하고 있다고 기술했다. "콘피안자의 연계는 직접이기도 하고 간접적이기도 하며, 그 특성과 밀집도도 다양하다. 많은 경우, 회원들은 다른 회원들에 대해 잘 알지 못하고, 자신의 의무를 다하기 위해 다른 사람의 신뢰를 신뢰해야 한다. 조사에 참여한 어떤 사람의 말대로 '서로 신뢰를 빌려 쓴다.'"[28]

사회적 네트워크는 신뢰를 옮기고 확산시킨다. 즉 나는 당신을 믿는다. 왜냐하면 내가 그녀를 믿고 그녀는 나에게 그녀가 당신을 믿는다는 점을 보증해주기 때문이다.

계는 어떻게 사회적 자본의 외부 자원을 끌어와서 집합행동의 딜레마를 극복할 수 있는지 잘 제시하고 있다. 계는 이전에 이미 존재하던 개인 간 사회적 연줄을 활용하여 불완전한 정보와 강제성의 문제에서 벗어난다.[29] 차용인에 대한 자본의 일반적 기능과 같이, 사회적 자본 역시 일종의 담보물 같은 역할을 하지만, 사회적 자본은 일반적인 신용시장에 접근할 수 없는 사람들에게 유용하다.[30] 담보물로 제공할 물적 자산이 없는 참가자들이 실제 그들의 사회적 연줄을 담보로 제공하는 것이다. 사회적 자본의 투자를 통해 이들 공동체에서 쉽게 이용할 수 있는 신용이 확대되고, 시장 운영의 효율성이 향상된다.

계는 협동조합과 다른 공제회 및 연대조직과 공동으로 운영되는 경우가 종종 발견된다. 이 모든 형태의 자발적 협력이 사실상 동일한 사회적 자본의 기초를 이루는 신용에서 나오기 때문이다. 오스트롬이 알프스의 목초지 같은 소규모 공유자원(CPR, common-pool resources)에 대해 보고한 것처럼 "사람들이 상당 기간 그러한 환경에서 살아오면서 공동의 규범과 호혜의 방식을 발전시킬 때, CPR의 딜레마를 해결하기 위한 제도적 장치를 구축할 사회적 자본을 소유하게 된다."[31]

계와 같은 상호부조의 실천은 그 자체로 사회적 자본에 대한 투자를 나타낸다. 자바인들에게 '아리산'은 "일반적으로 경제제도라기보다 그 주요 목적을 공동체 연대의 강화에 두는 광범위한 사회적 제도로 인식된다." 일본에도 "'고'(講)라는 조직이 있다. 이는 촌락에서 흔히 볼 수 있는 전통적 상호부조 형태 중 하나로 품앗이, 선물교환, 공동체 주택 건축 및 수리, 그리고 사망, 질병, 개인이 위험에 처했을 때 이웃끼리의 도움 등을 포함한다. 자바섬 농촌의 경우와 같이 계는 단순한 경제 제도 이상으로서 마을 전체의 연대를 강화하는 기제라 할 수 있다."[32]

일반적인 자본과 마찬가지로 사회적 자본을 가진 사람들은 더 많이 축적하려는 경향이 있는데 "가진 사람이 더 많이 갖게 되기 마련이다." "초기에 작은 규모의 제도를 성공적으로 시작하면, 그 사회적 자본을 바탕으로 개인들로 구성된 집단이 형성됨으로써, 더 크고 복잡한 제도적 장치를 통해 더 큰 문제들을 해결할 수 있다. 하지만 현재의 집합행동류 이론들은 제도적 자본의 축적 과정에 큰 관심을 갖고 있지 않다."[33]

신뢰 같은 대부분의 사회적 자본은 앨버트 허시먼(Albert Hirschman)이 "도덕적 자원"이라고 말한 형태를 띠는데, 즉 사용할수록 공급이 감소하는 것이 아니라 증가하고, 사용하지 '않으면' 고갈되는 자원이다.[34] 두 사람이 서로 더 많은 신뢰를 표현할수록 그들의 상호신뢰는 강화된다.[35] 반대로,

깊은 불신이 경험을 통해 해소되기란 매우 어렵다. 불신이 강하면 사람들이 적절한 유형의 사회적 실험에 참여하지 않거나, 더 나쁘게는 불신 자체의 정당성을 강화하는 행태로 이끌기 때문이다. (……) 한 번 불신이 자리 잡으면,

사회적 자본과 제도적 성공

그것이 처음부터 정당한 것이었는지도 알 수 없게 되는데, 불신은 '자기충족적' 능력을 가지기 때문이다.[36]

사회적 자본의 또 다른 형태는 사회규범과 네트워크 같은 것으로, 쓰면 증가하고 쓰지 않으면 감소한다.[37] 이 모든 이유를 감안하면, 우리는 사회적 자본의 창출과 파괴가 선순환과 악순환의 형태로 나타날 것을 예상할 수 있다.

신뢰, 규범, 네트워크 같은 사회적 자본은 보통 사유재 형태를 갖는 일반 자본과 달리 대개 공공재의 특성을 갖는다. "사회적 자본은 사람이 깊숙이 착근된 사회구조의 속성 때문에, 그것을 통해 혜택을 받는 누구의 사유재산도 될 수 없다."[38] 모든 공공재와 마찬가지로 사회적 자본도 사적 주체에 의해 과소평가되고 충분히 공급되지 않는 경향이 있다. 예를 들어, 내가 신뢰할 만한 사람이라는 평판을 받으면, 이는 나뿐 아니라 상대방에게도 혜택을 준다. 이러한 평판은 우리 모두를 상호 간 협력으로 보상받게 해준다. 그러나 나는 내가 신뢰를 보임으로써 상대방이 받는 혜택을 과소평가하여(혹은 내가 불신하여 상대방에게 끼치는 손해로) 신뢰 형성을 위한 투자를 충분히 하지 않는다.[39] 이는 사회적 자본이 다른 형태의 자본과 달리, 분명 다른 사회활동의 부수적 결과로 만들어진다는 점을 의미한다.[40]

신뢰는 사회적 자본의 필수 요소이다. 케네스 애로(Kenneth Arrow)가 말했듯이 "사실상 모든 상업 거래에는 그 자체에 신뢰 요소가 내재되어 있다. 특히 일정 기간에 걸쳐 이루어지는 거래는 더욱 그렇다. 세계 여러 국가에서 나타나는 경제적 후진성은 상호 신뢰 부족으로 설명될 수 있다는 주장은 상당히 타당하다."[41] 앤서니 패그던은 18세기 나폴리의 경제학자 안토니오 제노베시(Antonio Genovesi)의 예리한 통찰력을 상기시킨다.

신뢰가 없으면 "계약에 대한 확신이 있을 수 없고, 따라서 법의 구속력도 존재할 수 없고," 이러한 상태에 놓인 사회는 결국 "반(半)미개 상태"로 전락한다고 제노베시는 지적했다. (……) 제노베시가 살던 나폴리에서는 채권과 심지어 화폐도 위조된 것이 너무 많아서 자유롭게 통용되지 않았으며, 제노베시가 묘사한 바에 따르면, 나폴리 사람들은 왼손으로 받을 수 있을 때만 오른손으로 동시에 건네주는 원시 상태로 돌아갔다.[42]

나폴리와 달리 이탈리아의 시민성이 강한 지역에서는 사회적 신뢰가 오랫동안 경제적 역동성과 정부의 성과를 유지해왔던 에토스의 핵심 요소였다.[43] 협력은 일반석으로 입법부와 행정부 간, 노동자와 경영자 간, 정당 간, 정부와 사적 집단 간, 소기업 간에서 요구된다. 그러나 이러한 협력 관계에서 명확한 계약과 감시는 종종 비용이 많이 들거나 실행 불가능하기도 하고, 제3자의 강제력 행사도 비현실적일 수 있다. 이때 신뢰가 협력을 원활하게 한다. 공동체 내 신뢰 수준이 높을수록 협력할 가능성도 커진다. 그리고 협력 자체가 신뢰를 육성한다. 사회적 자본의 꾸준한 축적이 이탈리아의 시민성 선순환을 이면에서 이끈 핵심 요소이다.

협력을 유지하는 데 필요한 신뢰는 맹목적이지 않다. 신뢰는 독립적 행위자의 행동에 대한 예측을 수반한다. "당신이 어떤 사람(또는 기관)을 신뢰한다고 할 때, 그가 무언가를 하겠다고 말한다고 그를 신뢰하는 것은 아니다. 당신이 그를 신뢰하는 이유는 그의 성향, 가능한 선택지와 그 선택의 결과, 능력을 알고, 그가 그 일을 '할' 것이라고 예상하기 때문이다."[44] 작고 긴밀하게 연결된 공동체에서 이러한 전망은 버나드 윌리엄스(Bernard Williams)가 말한 "두터운 신뢰", 즉 개별적으로 잘 아는 친밀함에 근거한 믿음에 기초한다. 하지만 더 크고 복잡한 사회일수록 더 비개인적이거나 간접적인 신뢰가 필요하다.[45] 그럼 개인적 신뢰는 어떻게 사회적 신뢰가 될 수 있을까?

호혜성 규범과 시민참여 네트워크

복잡한 현대사회에서 사회적 신뢰는 호혜성 규범과 시민참여 네트워크라는 두 가지 관련 원천으로부터 형성된다.[46] 제임스 콜먼(James Coleman)에 따르면, 사회규범은 행위자의 행동 통제권을 다른 사람들에게 이전하는데, 일반적으로 행동은 "외부효과", 즉 타인에게 영향을(긍정적이든 부정적이든) 미치기 때문이다. 이따금 시장교환을 통해 외부효과가 시장 내부에 반영될 수 있지만 자주 그럴 수 있는 것은 아니다. 규범은 "어떤 행동이 여러 사람에게 외부효과를 미칠 때 형성되지만, 그 행동 통제권이 작동하는 시장이 쉽게 확립될 수 없고, 단일 행위자가 통제권 거래를 통해 이익을 남기려 참여할 수는 없다."[47] 규범은 어떤 원형이 만들어지고, 그에 대한 사회화(시민 교육 포함)와 제재를 통해 학습되고 유지된다.[48]

사례를 들어 명료하게 정리할 수 있다. 지금이 바람이 많이 부는 11월이라고 하자. 내 마당의 낙엽이 이웃 마당으로 날아갈 가능성이 높다. 그러나 이웃이 나에게 돈을 주며 낙엽을 같이 치우자고 할 리는 없다. 하지만 이웃들이 따르는 강력한 규범은 잔디밭을 낙엽 없이 깨끗하게 유지해야 한다는 것이고, 이 규범은 내 결정을 제약하며, 토요일 오후에 TV를 보며 시간을 보내는 것에 고민하게 만든다. 이러한 규범은 학교에서 배우는 것은 아니지만, 이웃 주민이 새로 이사 온 주민에게 규범을 알려주고, 가을철이 되면 잡담 소재로도 자주 언급하여 강조할 뿐 아니라, 자기 집 마당의 낙엽을 강박적으로 치우는 모습을 보여주면서 은근한 압박을 가한다. 낙엽을 치우지 않는 사람은 이웃 행사에서 따돌림당할 위험을 감수해야 하니 낙엽을 치우지 않는 사람은 거의 없다. 규범은 법적 강제력이 없지만, 심지어 나도 낙엽 치우기보다는 오하이오주립대 미식축구팀의 경기를 시청하고 싶지만 대부분의 경우 그 규범을 준수하게 된다.

사회적 신뢰를 지탱하는 규범은 거래비용을 낮추고 협력을 촉진함으로써 발전한다.[49] 이들 규범 중 가장 중요한 것이 호혜성이다. 호혜성에는 두 가지 종류가 있는데, "균형적 호혜성"(혹은 특정형 호혜성)과 "일반적 호혜성"(혹은 확산형 호혜성)이 그것이다.[50] 균형적 호혜성은 동등한 가치를 가진 품목이나 사항을 동시에 교환하는 방식을 말하며, 직장동료 사이 명절 선물교환이나 국회의원들 간 주고받기식 법안 통과(log-roll)를 예로 들 수 있다. 일반적 호혜성은 특정 시점에서는 일방적이거나 불균형하지만, 지금 이익을 제공하면 장기적으로는 반드시 보상받는다고 서로 기대하는 지속적 거래관계를 의미한다. 우정이야말로 거의 예외 없이 일반적 호혜성을 수반하는 사례이다. 키케로는(그는 중부 이탈리아 출신이다) 일반적 호혜성의 규범을 놀랄 만큼 명료하게 설명했다. "친절에 보답하는 것보다 더 필수적인 의무는 없다. 받은 은혜를 망각하는 사람은 누구도 신뢰하지 않는다."[51]

일반적 호혜성의 규범은 사회적 자본의 생산성을 높이는 요소이다. 이러한 규범을 따르는 공동체는 기회주의를 더 효과적으로 억제하고 집합행동의 문제를 해결할 수 있다.[52] 호혜성은 중세 이탈리아 북부 도시공화정의 "탑동맹"과 시민의 안보 딜레마를 해소했던 자조조직뿐 아니라, 19세기 경제 불안을 해결하기 위해 등장한 공제회의 핵심 기반이었다. 일반적 호혜성의 규범은 자기이익과 연대의 조화를 꾀한다.

호혜성을 갖춘 체계에서 각 개인의 특징적 행동은 흔히 말하는 단기적 이타주의와 장기적 자기이익 간 조합의 '일상화'이다. 나는 당신이 언젠가 나를 도울 것이란 (불분명하고 불확실하며 합리적이지 않은) 기대로 당신을 돕는다. 호혜성은 단기적으로는 이타주의적(이타주의자들이 희생하여 타인에게 이익을 주는)이지만, '일반적으로는' 모든 참가자에게 이익이 되는 일련의 행동들로 이루어진다.[53]

효과적인 일반적 호혜성의 규범은 사회적 교환이 촘촘하게 이루어지는 네트워크와 밀접하게 연계되기 쉽다. 신뢰하면 부당하게 이용당하지 않고 보답받을 것이라는 확신을 가질 수 있는 공동체에서는 그 결과로 교환 행위가 더 활발해진다. 역으로 일정 기간 반복되는 교환 행위는 일반적 호혜성의 규범이 발전하도록 촉진하는 경향이 있다.[54] 여기에 더해 특정 사회적 네트워크는 그 자체가 집합행동 딜레마의 해결을 촉진하다. 마크 그래노베터(Mark Granovetter)는 합의가 더 큰 개인적 관계와 사회적 네트워크 내부에 "착근될" 때 신뢰가 형성되고 부정행위가 억제된다

고 강조했다.[55]

개인적 상호작용을 통해 다른 행위자가 신뢰할 만한지에 대해 상대적으로 비용이 적게 들면서도 믿을 만한 정보가 생성된다. 게임이론에서 나온 구전 정리가 상기시켜주는 바와 같이 지속되는 사회적 관계는 신뢰성에 대한 동기를 만들 수 있다. 게다가 지속적인 관계를 통해 "종종 신뢰에 대한 강력한 기대와 기회주의적 행동의 자제를 수반하는 사회적 합의 분위기가 조성된다. (……) 죄수의 딜레마는 (……) 강력한 개인적 관계로 해결될 수 있다."[56] 착근성 접근법을 통해서 한 사회에서 질서와 무질서, 협력과 기회주의의 혼합 양상이 이전 사회의 네트워크에 좌우될 것이다.

어떤 사회—근대 혹은 전통, 권위주의 혹은 민주주의, 봉건주의 혹은 자본주의—라도 공식적이든 비공식적이든 개인 간 소통과 교환에 따라 다른 특성을 갖는다. 이들 네트워크 중 일부는 "수평적" 관계가 우세하여 모든 행위자에게 동등한 지위와 권력을 가져다준다. 다른 네트워크는 "수직적" 관계가 우세하여 위계성과 종속의 비대칭적 관계를 통해 행위자들을 불평등하게 연결한다. 물론 실제 세계에서 거의 모든 네트워크에는 수평적 네트워크와 수직적 네트워크가 섞여 있다. 볼링팀조차 주장이 있고, 교도관도 이따금 재소자와 격의 없이 지내기도 한다. 조직의 성격을 규정하는 실제 네트워크는 조직의 이념과 양립하지 않을 수도 있다.[57] 이름이 유사한 집단도 다른 형태의 네트워크를 가질 수 있다. 예컨대 모든 종교집단은 위계성과 평등성이 어우러져 있지만, 개신교 교회가 가톨릭교회의 네트워크보다 더 수평적이라고 받아들여진다.[58] 그럼에도 불구하고 수평적 결합과 수직적 결합, 거미줄 모양과 기둥 모양 네트워크 간에는 분명 차이가 있다.

주민 결사체, 합창단, 협동조합, 스포츠클럽, 대중정당, 그리고 제4장과 제5장에 살펴본 결사체들과 같은 시민참여 네트워크는 강력한 수평적 상호작용을 보여준다. 시민참여 네트워크는 사회적 자본의 가장 중요한 형태를 띤다. 공동체에서 그런 네트워크가 촘촘할수록 그 공동체의 시민들은 상호이익을 위해 협력할 가능성이 높다. 그렇다면 시민참여 네트워크가 이토록 강력하고 유익한 부수효과를 가지는 이유는 무엇인가?

- 시민참여 네트워크는 어떠한 개인 간 거래에서도 의무불이행자가 부담해야 할 잠재적 대가를 증가시킨다. 기회주의는 참여자가 최근 약속한 모든 거래에서 취할 것으로 기대하는 이익뿐 아니라, 앞으로 있을 다른 거래에서 얻을 이익에도 손해를 준다. 게임이론의 언어로 말하자면, 시민참여 네트워크는 게임의 반복성과 상호연결성을 증대시킨다.[59]

- 시민참여 네트워크는 확고한 호혜성 규범을 만든다. 여러 사회적 환경에서 상호작용하는 동료들은 "수용할 수 있는 강력한 행동 규범을 진전시키고, 자주 만나 격려하면서 서로 기대하는 바를 전달하기가 쉽다." 이러한 규범들은 "관계의 네트워크"로 강화되는데 "약속을 지키고 행동과 관련한 지방공동체의 규범을 받아들인다는 평판이 형성되느냐에 달려 있다."[60]

- 시민참여 네트워크는 소통을 촉진하고 개인의 신뢰성에 관한 정보의 유통을 원활히 만든다. 시민참여 네트워크는 평판이 전달되고 정제되도록 한다.[61] 우리가 보아온 것처럼 신뢰와 협력은 잠재적 상대방의 과거 행태와 현재 관심에 대한 믿을 만한 정보에 달려 있고, 불확실성은 집합행동의 딜레마를 강화한다. 그래서 다른 조건이 같다면, 참여자들 간 소통

이 활발할수록, 그들 상호 간 신뢰를 더 쌓고 협력할 방안을 더 쉽게 찾을 것이다.[62]

- 시민참여 네트워크는 과거 협력의 성공 사례를 구체화하여, 미래의 협력을 위해 하나의 문화적으로 규정된 원형을 제시한다. "문화적 여과를 통해 연속성을 담보함으로써 과거 거래 문제의 비공식적 해결책이 현재로 계승되도록 하고, 비공식적 제약 요인은 장기적 사회 변동에서 중요한 연속성의 원천이 되게 한다."[63]

제5장에서 목도한 바와 같이, 북부 이탈리아의 시민전통은 현재 시민들이 새로운 집합행동의 문제를 해결하는 데 활용할 수 있을 정도로, 과거 그것이 지닌 가치를 증명하면서, 역사적으로 보여줄 수 있는 거의 모든 협력 형태를 제공한다. 공제회는 파괴된 옛 길드의 기반 위에 만들어졌고, 이후 협동조합과 대중정당은 이 공제회의 경험을 활용했다. 현대 이탈리아 환경운동은 이러한 전례를 따른다. 반면, 이전에 성공적인 시민협력의 사례가 없는 곳에서는 의심과 배신의 장벽을 극복하기가 더 힘들다. 집합행동의 문제를 해결하는 과정에서 새로운 문제에 직면하면 모두가 과거의 해결책을 찾기 마련이다. 시민성이 강한 지역의 시민은 그들의 역사에서 성공했던 수평적 관계의 사례를 찾는 반면, 그렇지 않은 지역의 시민은 기껏해야 수직적 관계에서 간절히 도움을 청하며 읍소했던 사례를 찾을 뿐이다.

수직적 네트워크는 얼마나 촘촘하게 짜여 있든, 그것이 참여자에게 얼마나 중요하든 상관없이 사회적 신뢰와 협력을 지속할 수 없다. 정보의 수직적 유통은 수평적 유통보다 신뢰성을 떨어뜨린다. 이는 부분적으로 하위계층이 상위계층의 착취에 대비하여 정보를 숨기기 때문이다. 더 중요하게는 기회주의가 만연할 조짐에 맞서 호혜성 규범을 뒷받침하는 제재가 상위계층에게 적용되거나, 적용되더라도 이에 따르지 않을 가능성이 더 높다.[64] 단지 대담하고 무모한 하위계층만이 동료들과의 연대가 부재한 상황에서 상위계층에 대한 응징을 시도하고자 할 따름이다.

예를 들어, 후견-피후견 관계는 개인 간 교류와 상호의무를 포함하지만, 그 교류는 수직적이고 의무는 비대칭적이다. 이러한 의미에서 피트리버스(Pitt-Rivers)는 후견주의를 "기울어진 우정"이라고 불렀다.[65] 더욱이 후견주의의 수직적 결속은 "수평적 집단의 조직화뿐 아니라, 피후견자와 후견자 간 연대도 약화하는데, 특히 피후견자에게 불리하다."[66] 동일한 후견자에 딸린 두 명의 피후견자는 직접적으로 결합되어 있지 않다면 서로에 대한 의무가 없다. 그들은 서로 속이는 데 대한 이해관계도 없고, 서로 소원해지는 데 대한 두려움도 없다. 또한 그들은 일반적 호혜성의 규범을 개발할 필요가 없고, 참고할 상호협력의 역사도 없다. 수직적 후견-피후견 관계는 상호성 대신에 종속성이 그 특성인데, 이러한 관계에서 기회주의는 후견(착취)과 피후견(배신) 양측에서 만연할 가능성이 높다. 수직적 네트워크가 집합행동의 딜레마를 해결하는 데 수평적 네트워크보다 도움이 되지 않는다는 사실은 18세기 자본주의가 봉건주의보다 더 효율적인 이유를 알려주며, 20세기에 민주주의가 독재보다 유능하다는 사실을 증명한다.

친족 간 유대는 집합행동의 딜레마 해결에서 특별한 역할을 한다. 어떤 측면에서 혈연관계는 시민참여의 수평적 결합에 비견될 수 있으나, 가족은 보편성에 더 가까운 특성을 지닌다. 가족기업과 결속력이 강한 소수민족(유럽의 유대민족, 아시아의 화교 등)이 초기 상업혁명 단계에서 중요한 역할을 한 것은 우연이 아니다. 하지만 시민참여 네트워크는 사회의 더 광범위한 부분을 포괄하기 쉬우므로 공동체 전반의 협력을 강화한다. 아이러니하게도 그래노베터가 지적한 대로 "강력한" 개인적 결속(친족과 절친한 교우 같은)은 "약한 결속"(아는 사이 및 2차 결사체의 회원 같은)보다 공동체의 응집력과 집합행동을 유지하는 데 중요성이 덜하다. "약한 결속은 특정 집단에 집중되는 경향이 있는 강력한 결속보다 서로 '다른' 소규모 집단의 구성원들을 연결하기 쉽다."[67] 촘촘하지만 분절된 수평적 네트워크는 각 집단 '내부의' 협력을 유지하지만, 사회 균열을 가로지르는 시민참여 네트워크는 더 폭넓은 협력을 증진한다. 이것이 시민참여 네트워크가 공동체의 사회적 자본의 총량 중 많은 비중을 차지하는 두 번째 이유이다.

시민참여의 수평적 네트워크가 참여자들이 집합행동의 딜레마를 해결하는 데 도움을 준다면, 조직이 더 수평적으로 구조화될수록 더 넓은 공동체에서 제도 성공이 촉진될 것이다. 수평적으로 조직된 집단(스포츠클럽, 협동조합, 공제회, 문화단체, 자발적 연합체)의 회원은 좋은 정부와 긍정적인 관계를 유지할 수 있다. 정당의 조직적 현실은 정당마다 지역마다 다르기 때문에 당원은 좋은 정부와 관련 없다고 여길 수 있다. 위계적 구조를 갖는 조직(마피아나 제도화된 가톨릭교회)의 가입률은 좋은 정부와 부(negative)의 관계를 가질 수 있다. 최소한 이탈리아에서는 가장 독실한 신자의 시민정신이 가장 약했다.[68] 이러한 모든 예상은 제4장과 제5장에서 봤던 것처럼 우리의 연구 결과와 일치한다.[69] 이탈리아에서 좋은 정부는 신자들이 아니라 합창단과 축구클럽의 부산물이다.

어떤 면에서 시민 네트워크가 유익한 효과를 보인다는 해석은 다른 정치 및 경제발전 이론과는 상충한다. 맨슈어 올슨(Mancur Olson)은 집합행동 논리에 관한 매우 영향력 있는 해석을 구축한 《국가의 흥망성쇠(The Rise and Decline of Nations)》를 통해 작은 이익집단은 사회의 공동선을 위해 일할 유인을 갖지 않으며, 비용이 많이 들고 비효율적인 "지대 추구"—감세 로비, 경쟁 제한 공모 등—에 관여할 유인만을 가진다고 주장한다.[70] 더 나쁜 것은 침략이나 혁명적 변화가 없어도 어떤 사회에서든 무수한 특수이익집단이 끊임없이 증가하면 혁신을 저해하고 경제 성장을 둔화시킨다. 이익집단이 많아지고 강력해진다는 것은 저성장을 의미한다. 사회가 강력해지면 경제가 약화된다는 것이다.

올슨이 결사체 양식의 경제적 효과에 개탄한 것처럼, 일부 정치경제학자들도 강하고 잘 조직되어 활동력이 높은 사회는 정부의 효율성을 방해한다고 주장하다. 예컨대 조엘 미그달(Joel Migdal)은 최근 다음과 같이 주장했다.

사회구조, 특히 효과적인 사회 통제력을 행사하는 수많은 사회조직의 존재는 국가가 그 역량을 크게 확대할 가능성에 결정적[부정적] 영향을 준다. (……) 많은 사회, 특히 비교적 신생국가에서 사회의 주요한 갈등은 (……) 그 사회에서 국가가 국가 지도자들의 희망과 목표에 반하는 규칙을 세우려는 다른 조직들을 대체할 수 있느냐와 관련된다.[71]

요약하면, 사회에 집단의 수가 많고 세력도 강력하다는 것은 정부가 허약하다는 의미이다. 사회가 강력해지면 국가가 약화된다.

우리 연구를 통해 제시한 근거와 이론은 이 두 가지 테제와 모두 대립한다. 역사적으로 우리가 제5장에서 주장한 바와 같이, 시민참여의 규범과 네트워크는 경제 성장을 방해한 것이 아니라 촉진시켜왔다. 이 효과는 오늘날에도 유효하다. 주정부 출범 이후 20여 년 동안 '1970년의 발전 수준을 통제했을 때' 시민성이 강한 지역은 결사체가 적고 더 위계적인 지역보다 빠르게 성장했다. 1970년 경제적으로 동일한 발전 수준을 보인 두 개 지역 중 시민참여 네트워크가 더 촘촘한 지역이 이후 수년간 더 빠르게 성장했다.[72] 유사하게 제4장에서 본 것처럼, 시민 결사체는 효율적 공공제도와 더 강력하게 결합되어 있다. 이 장에서 훑어본 이론은 왜 사회적 자본이 시민참여의 수평적 네트워크로 구체화될 때 정치체와 경제 성과를 약화시키는 것이 아니라 강화하는지 설명하는 데 도움을 준다. 사회가 강해지면 경제도 강해지고, 국가도 강해진다.

역사와 제도 성과: 두 가지 사회적 균형

지금까지 우리의 논거를 요약하면, 모든 사회에서 집합행동의 딜레마는 정치든 경제든 상호이익을 위한 협력 시도를 저해한다. 제3자의 강제력은 이러한 문제에 대한 적절한 해결책이 아니다. 자발적 협력은(계 조직 같은) 사회적 자본에 달려 있다. 일반적 호혜성 규범과 시민참여 네트워크는 의무불이행의 유인을 줄이고 불확실성을 감소시키며, 미래 협력을 위한 모델을 제공하기 때문에, 사회적 신뢰와 협력을 촉진한다. 신뢰 자체는 개인적 특성만큼 사회 체계의 새로운 자산이다. 개인은 그들의 행동이 사회규범과 네트워크 내로 착근되기 때문에 (단순히 쉽게 속는 것이 아니

라) 신뢰를 가지게 된다.[73]

　신뢰, 규범, 네트워크 같은 모든 사회적 자본은 스스로 강화되고 누적되는 경향이 있다. [사회적 자본의] 선순환은 높은 수준의 협력, 신뢰, 호혜성, 시민참여, 공동복지를 갖춘 사회적 균형을 낳는다. 이러한 특성이 시민공동체를 규정한다. 반면 이러한 특성이 없는 '비'시민적 공동체 역시 스스로를 강화한다. 의무불이행, 불신, 배반, 착취, 고립, 무질서, 침체는 서로 격렬하게 부딪치며 숨 막히는 악순환의 나쁜 기운을 형성한다. 이러한 논거는 집합행동의 문제에 직면한 모든 사회(즉 '모든' 사회)가 진화하는 경향이 있는 쪽으로 최소 '두 가지' 폭넓은 균형을 이룰 수 있으며, 일단 거기에 도달하면 그 균형은 자기 강화적 경향을 띤다.

　"절대 협력하지 않는" 전략은 하나의 안정적 균형인데, 이는 죄수의 딜레마에 대한 표준적 서술에서 그 이유가 잘 설명된다.[74] 이 상황에 한 번 빠지면 얼마나 착취적이고 후진적인지 상관없이, 직계가족 정도가 아니라면 어떤 사람이라도 더 협력적인 대안을 찾는 것은 비합리적이다. 밴필드가 메초조르노에서 관찰했던 "비도덕적 가족주의"는 사실 비합리적인 것이 아니라, 이러한 사회적 환경에서 생존하는 데 있어 유일하게 합리적인 전략이다.[75] 이러한 사회적 균형에서 행위자들은 더 협력적인 균형에 있을 때보다 힘들지만, 더 행복한 균형에 도달하는 것은 개인의 권한을 넘어선다는 것을 제대로 깨달을 수도 있다.

　이러한 상황에서 우리는 집합행동의 문제에 대해 홉스와 같은 수직적 해결책—강압, 착취, 종속—이 더 강력한 영향력을 행사한다고 기대할 수도 있다. 이러한 억압 상태는 분명히 협력에 의한 결과보다 열악한데, 이는 사회를 스스로 끊임없는 후진성의 늪에 빠뜨리기 때문이다. 그럼에도 불구하고 중세부터 근대까지 남부 이탈리아에서 분명히 그래왔던 것처럼 순수하게 무정부적 "자연 상태"를 선호할 수도 있다. 이 홉스적 결과는 최소한 이웃을 신뢰할 수 없는 개인이 획득할 수 있다는 미덕을 가진다. 얼마나 착취적이고 비효율적인지 상관없이, 힘없는 사람들을 위한 최소한의 안전이 경멸을 받을 만한 목표는 아니다.

이러한 홉스적 균형에서 집합행동의 딜레마를 푸는 데 있어 난제는 사회가 협력적 결과보다 더 나빠진다는 것이다. 이러한 결점은 단순한 농업사회보다 개인이 아닌 제도를 통한 협력이 필연적인, 복잡한 산업사회나 탈산업사회에서 훨씬 심각할 것이다. 통찰력 있는 경제사 이론가인 더글러스 노스가 주목했던 바와 같이 "복잡한 사회에서는 기회주의, 속임수, 배신행위에 대한 이익이 상승한다."[76] 그래서 (기회주의, 속임수, 배신행위를 막기 위한) 사회적 자본의 중요성은 경제가 발전할 때 증대된다. 이것은 왜 이탈리아의 시민성이 강한 북부와 약한 남부의 격차가 지난 세기 내내 벌어져왔는지를 설명하는 데 도움을 준다.

권위주의 정부, 후견-피후견주의, 초법적 "강제집행자"와 같은 이들은 차선책으로 "주어진 기본 상태"를 해결 방안이라고 주장한다. 이들을 통해서 개인은 협력이란 불가능한 꿈을 접고, 만인에 대한 만인의 전쟁 상태에서 피난처를 찾을 수 있다. 폭력과 가족이 시민공동체에 대한 근원적 대체재로 제공된다. 이러한 균형이 천 년 동안 이탈리아 남부의 비극적 운명을 지배해왔다.

하지만 적정한 사회적 자본의 총합을 고려하면 더 행복한 균형에 도달할 수 있다. (그들이 시민성이 강한 공동체에 있을 때) 죄수의 딜레마가 반복되거나 상호연결된다고 가정하면, 게임이론가인 로버트 서든(Robert

Sugden)이 최근 보여주었듯이 "대담한 호혜성"도 하나의 안정적 균형 전략이 된다. "당신(혹은 당신 같은 이들)과 협력하는 사람들과 협력하라. 그리고 먼저 배신하지 마라." 서든은 구체적으로 그가 "상호부조게임"(공제회, 협동조합, 계, 흄의 두 농부게임 등을 기초로 한 암묵적 거래를 공식화한)으로 부르는 게임에서 협력이 무한정 유지될 수 있다는 것을 보여준다. 물론 무한정 반복되는 상호부조게임에서도 "항상 배신하는 것" '또한' 안정적인 균형을 이루지만, 사회가 어느 정도 협력적 해결책을 향해 이동할 수 있다면 자기강화의 경향을 보일 것이다.[77] 촘촘한 시민참여 네트워크를 특징으로 하는 사회에서는 대부분 사람이 시민규범을 준수하는데 "규범을 준수하지 않는 사람(bad apple)"을 찾아내서 처벌하기는 쉽기 때문에 일탈 행위는 더 위험하고 유혹을 덜 느끼게 된다.

서든의 분석은 "항상 배신하는 것"과 "호혜적으로 돕는 것" 두 가지 모두 일어날 수 있는 의례적인 일, 즉 특정 공동체에서 진화해온, 그리고 그렇게 진화하면 안정성을 가지지만 달리 진화했을 수도 있는 규칙이란 결론으로 이끈다. 다시 말해, 호혜성/신뢰와 종속/착취는 효율성과 제도성과 수준에서 크게 차이가 나지만 모두 사회를 유지하도록 기능한다. 일단 두 가지 제도 중 하나가 자리 잡으면, 합리적 행위자들은 그 제도의 규칙에 따라 행동할 유인을 가진다. 사회를 안정적으로 유지할 수 있는 이 두 가지 결과 중 하나는 역사적으로 결정되며, 그 사회의 성격을 규정한다.

그러므로 역사적 전환점은 매우 오랫동안 지속적인 영향을 미친다. 신제도주의자들이 강조했듯이, 제도—그리고 우리가 부연하듯이, 제도의 작동을 조건 짓는 사회적 환경—는 역사를 통해 진화하지만, 신뢰할 만하게 유일하고 적절한 균형에 도달하는 것은 아니다.[78] 역사는 진보를 방해하고 집합행동의 비합리성을 촉진하는 사회적 관행을 제거한다는 관점에서 보면, 언제나 효율적이지는 않다. 또한 이러한 역사적 관성이 개인의 비합리성 때문만은 아니다. 오히려 역사가 남긴 사회적 환경에 합리적으로 대응하는 개인이 사회병리 현상을 강화하기도 한다.

최근 경제사 이론가들은 이러한 사회 체계의 특성을 "경로의존성(path dependence)"이라고 불렀다. 즉 당신이 어디로 갈 수 있는지는 당신이 어디에서 출발했느냐에 달려 있으며, 여기에서 당신이 쉽게 갈 수 없는 목적지도 있다.[79] 경로의존성을 통해 공식제도, 자원, 상대가격(relative prices), 개인선호가 유사한 두 사회라고 하더라도, 장기적으로 지속적인 성과 차이를 낳을 수 있다. 이 점이 경제(와 정치) 발전에 대해 갖는 함의는 매우 중요하다. 즉 "현재 제도에 이르기까지의 과정이 적절하고 미래의 선택을 제약한다면 역사는 단순히 중요하다 정도에 그치는 것이 아니라, 지속적인 낮은 성과와 장기적 발전 유형의 분기가 동일한 원천에서 나오게 된다."[80]

더글러스 노스는 북미와 남미의 탈식민지 경험을 각 식민지 유산으로 거슬러 올라가 구체적으로 설명했다.[81] 독립 이후 미국과 남미의 공화국들은 모두 헌정체계, 풍부한 자원, 그들이 처한 국제 환경에서 유사한 기회를 공유하고 있었다. 그러나 북미인들은 분권화되고 의회 중심적인 영국의 유산으로부터 혜택을 받은 반면, 남미인들은 중세 후기 스페인으로부터 중앙집권적 권위주의, 가족주의, 후견주의를 물려받아 고통에 시달렸다. 우리 언어로 표현하면, 북미인은 시민전통을 계승한 반면, 남미인은 수직적 종속과 착취의 전통을 물려받은 것이다. 핵심은 북미와 남미

사회적 자본과 제도적 성공

의 개인적 선호나 성향이 달랐던 것이 아니라, 역사적으로 형성된 사회적 환경이 그들에게 각기 일련의 다른 기회와 유인을 제공했던 것이다. 이러한 북미와 남미의 차이는 우리가 연구한 이탈리아 사례와도 놀라울 정도로 유사하다.[82]

노스는 "제도"를 "한 사회에서의 게임 규칙"이라는 넓은 의미로 사용하며, 이러한 제도 유형이 사회적으로 비효율적일지라도 스스로를 강화한다는 점을 지적한다.[83] 첫째, 개별 행위자가 기존의 게임 규칙을 바꾸고자 하는 것보다 그에 적응하는 것이 거의 언제나 더 쉽다. 사실 이러한 규칙은 그 비효율성과 이해관계를 가진 조직과 집단의 발흥을 유도하는 경향이 있다. 둘째, 일단 특정 발전 경로가 설정되면 조직적 학습, 문화적 습관, 사회 전체에 대한 고정관념(mental model)이 그 궤적을 더 강화한다. 협력 혹은 배반 그리고 착취가 사회 속에 배어든다. 비공식적 규범과 문화는 공식적 규칙보다 더 느리게 변화하지만, 공식적 규칙을 재주조한다. 그러므로 외부에서 강제한 일련의 동일한 공식 규칙들은 매우 다양한 결과로 이어진다. 이 모든 가설은 제5장에서 추적한 뿌리 깊은 연속성과도 일치한다.

이 책의 각 장은 하나의 질문으로 시작하여 또 다른 질문으로 끝을 맺었다. 제2장은 "새로운 지역 제도들이 어떻게 정치 관행에 영향을 미쳤는가?"라는 질문으로 시작해서, "각 제도는 통치에 얼마나 성공적이었나?"라는 질문으로 끝났다. 제3장은 이 질문에 답하고 "왜 어떤 제도는 다른 제도보다 훨씬 더 성공적이었나?"라는 새로운 질문으로 자연스럽게 우리를 이끌었다. 제4장은 성과의 차이를 시민참여 차이에서 찾았고, 이어서 다음과 같은 질문을 제기했다. "그러한 시민성의 차이는 어디에서 온 것인가?" 제5장은 그러한 차이를 거의 천 년간 이어져온 독특한 전통에서 발견했고 "어떻게 그러한 차이가 그토록 안정적으로 유지될 수 있었나?"라는 수수께끼 같은 질문을 던졌다. 제6장은 상반된 경로의존적인 사회적 균형점으로 이끌었던 악순환과 선순환에 대해 상세히 설명했다.

하지만 이런 설명이 설득력이 있다 해도 또 다른 근본적인 질문이 여전히 남는다. "왜 북부와 남부는 11세기에 이처럼 서로 다른 길을 걷기 시작했는가?" 남부의 위계적인 노르만 체제는 아마도 매우 강력한 외국 용병 집단이 이 지역을 정복한 결과로 쉽게 설명될 수 있을 것이다. 그러나 도시공화정의 기원은 훨씬 의문스럽고 흥미를 자아낸다. 어떻게 북부와 중부 이탈리아 주민들은 처음으로 자신들의 홉스적 딜레마에 대한 협력적 해결책을 모색하게 되었는가? 이 질문에 답하기 위해서는 진전된 연구가 있어야 하는데 역사가들은 그에 대한 해답이 암흑시대의 안개 속에서 길을 잃은 것 같다고 본다.[84] 그러나 우리의 해석은 그 시대의 안개를 뚫고자 하는 노력이 무엇보다 중요하다고 강조한다.

사회과학자들은 오랫동안 문화와 구조 중 어느 것이 먼저인가 논쟁해왔다. 우리의 논거를 바탕으로 이 논쟁은 시민공동체를 구성하는 문화적 규범과 태도, 사회적 구조와 행태 유형 사이의 복잡한 인과관계와 관련된다. 그러나 "문화"와 "구조"라는 개념이 모호하다는 점을 차치하더라도 이 논쟁은 다소 잘못된 방향으로 가고 있다. 객관적 태도를 견지하는 논평자들은 태도와 관행이 서로를 강화하는 균형 상태를 형성한다는 점을 인정한다.[85] 사회적 신뢰, 호혜성 규범, 시민참여 네트워크, 성공적인 협력은 서로를 강화한다. 효과적인 협력제도는 개인 간 역량과 신뢰를 필요로 하지만, 동시에 이러한 역량과 신뢰는 조직화된 협력을 통해 내

289

면화되고 강화된다. 시민참여의 규범과 네트워크는 경제 번영에 기여하며, 이어서 경제 번영은 다시 앞의 규범과 네트워크를 강화한다.

일차원적 인과관계에 관한 질문에는 반드시 균형 분석을 포함해야 한다. 이러한 맥락에서 문화 대 구조에 대한 논쟁은 닭이 먼저냐 달걀이 먼저냐와 같이 결과적으로 무의미해진다. 더 중요한 것은 역사가 어떤 경로는 순조롭게 열어주고, 다른 경로는 차단한다는 점을 이해하는 것이다. 더글러스 노스는 앞으로의 과제를 다음과 같이 요약한다.

경로의존성은 역사가 중요하다는 것을 의미한다. 우리는 제도의 점증적 진화를 추적하지 않고는 현재의 선택(과 경제적 성과를 정형화하며 그 선택을 정의하는 것)을 이해할 수 없다. 하지만 우리는 이제 막 경로의존성의 함의를 진지하게 탐구하는 과제를 시작했다. (……) 비공식적 제약 요인도 중요하다. 우리는 경로의존성 문제에 대한 더 나은 해답을 얻기 위해 문화적으로 형성된 행태규범과 이것이 공식적 규칙과 어떻게 상호 작용하는지 훨씬 더 많이 알 필요가 있다. 우리는 제도에 대한 진지한 연구에 겨우 첫발을 떼었을 뿐이다.[86]

이탈리아 주정부 실험에서 얻은 교훈

20세기가, 20세기의 여명과 마찬가지로 민주적 자치 정부의 혜택을 더 많은 사람에게 확장하려는 높은 열망과 함께 저물고 있다.[87] 이러한 희망의 실현 여부에 영향을 줄 요인은 무엇일까? 우리 연구는 정치 변동을 위한 하나의 전략으로서 제도 개혁의 힘과 사회적 환경에 의해 조성된 제도 성과의 제약 요인을 탐구했다. 이탈리아에서 주정부가 설립된 지 20

년이 지난 지금, 우리는 새로운 민주적 제도를 구축하는 이 실험에서 무엇을 배웠는가?

적어도 천 년 동안 이탈리아 북부와 남부는 모든 사회가 직면한 집합행동의 딜레마에 서로 상반된 접근 방식을 취해왔다. 북부에서는 호혜성 규범과 시민참여 네트워크가 탑동맹, 길드, 공제회, 협동조합, 노동조합, 심지어 축구클럽과 문학모임에서 구체화되어왔다. 이러한 수평적인 시민의 결속은 사회적·정치적 관계가 수직적으로 구조화된 남부보다 경제적·제도적 성과를 일반적으로 훨씬 더 높은 수준으로 지탱하는 기반이 되어왔다. 우리는 사회문제를 해결하기 위해 국가와 시장에 대해 그중 하나를 선택해야 하는 대체 기제로 생각하는 데 익숙하지만, 이탈리아의 역사는 국가'와' 시장 '모두' 시민성을 갖춘 환경에서 더 효율적으로 작동한다는 점을 보여준다.

제5장에서 살펴보았듯이 전염병, 전쟁, 국제무역 변화 같은 외부적 요인에 의해, 시간이 흐름에 따라 그 영향이 방해받은 적도 있었지만, 북부의 시민적 균형은 매우 안정적인 모습을 보여왔다. 반면 남부의 홉스적 균형은 더 안정적이었지만 그 성과는 그에 못 미쳤다. 이 장과 앞장에서 살펴본 바와 같이 상호 불신과 배신, 수직적 종속성과 착취, 고립과 무질서, 범죄와 후진성은 끝없는 악순환 속에서 서로를 강화해왔다. 볼로냐와 바리, 피렌체와 팔레르모 사람들은 천 년이 넘는 세월 동안 상반된 공동체 생활의 논리를 따라 살아왔다.

이러한 결과로 1970년 지역 개혁이 시작되었을 때 새로운 제도들은 매우 다른 사회적 환경 속에 자리 잡았다. 제4장에서 알게 된 바와 같이 시민성이 강한 지역의 특징은 촘촘한 지방 결사체, 공동체 문제에 대한

사회적 자본과 제도적 성공

적극적 참여, 평등주의적 정치 양식, 신뢰와 준법정신이었다. 시민성이 약한 지역의 정치 및 사회 참여는 수평적이 아니라 수직적으로 조직되었다. 상호불신과 부패가 정상적인 것으로 여겨졌다. 시민 결사체 참여는 드물었고, 무법 상태가 당연하게 받아들여졌다. 이들 공동체 사람들은 무력감을 느꼈고 착취당한다고 생각했는데, 결국 그들이 옳았다.

이러한 상반된 사회적 환경이 새로운 제도들의 작동 방식에 분명히 영향을 미쳤다. 제3장에서 보았듯이, 객관적인 효과성 척도와 주관적 시민 만족도 척도는 일부 주정부가 그 성적에서 일관되게 다른 주정부보다 성공적이라는 사실을 보여준다. 사실상 예외는 거의 없었고, 시민성이 더 강한 환경일수록 정부 성과도 더 좋았다. 12세기 초와 마찬가지로, 20세기 후반에도 모든 제도는 시민성을 잘 갖춘 공동체에서 더 효과적으로 작동했다. 1980년대까지 북부는 물적 자본과 인적 자본에서도 상당한 우위를 점했는데 이는 오랜 기간 지속된 사회적 자본이 강세를 보인 데 따른 것이고, 부분적으로 그 우위의 원인도 사회적 자본의 강세로 설명된다.

이것이 우리 연구에서 얻은 중요한 교훈이다. 즉 '사회적 환경과 역사가 제도의 효과성을 근본적으로 좌우한다.' 지역적 토양이 비옥한 곳은 지역 전통으로부터 자양분을 지속적으로 공급받지만, 토양이 척박한 곳에서는 새로운 제도가 제대로 성장하지 못한다.

시민적 인문주의 언어로 말하자면, 효과적이고 반응하는 제도는 공화주의적 덕목과 실천이 좌우한다. 토크빌이 옳았다. 민주적인 정부는 강력한 시민사회와 마주할 때 약화하는 것이 아니라 강해진다.

수요 측면에서, 시민공동체의 시민들은 더 나은 정부를 기대하고 (부분적으로는 그들 스스로의 노력을 통해) 더 나은 정부를 쟁취한다. 그들은 더 효과적인 공공서비스를 요구하며, 공동목표를 성취하기 위해 집단으로 행동할 준비를 한다. 반면 시민성이 약한 지역의 시민들은 일반적으로 소외되고 냉소하며 도움을 받고자 읍소하는 데 그치는 역할만 생각한다.

공급 측면(supply side)에서, 대의정부의 성과는 시민공동체의 사회적 하부구조와 공직자 및 시민 모두의 민주적 가치로 촉진된다. 시민공동체에서 가장 근본적인 것은 공동의 이익을 위해 협력하는 사회적 능력이다. 일반적 호혜성("나보다 강하기 때문에 당신에게 이것을 해주겠다"가 아니고 "당신이 지금 나에게 그것을 해준다면 나도 지금 당신에게 이것을 해주겠다"도 아니라, "지금 내가 이것을 해주면 당신이 앞으로 어디선가 나를 위해 무엇인가 해줄 것이라 믿는다")은 고도의 사회적 자본을 생성하고 협력을 뒷받침한다.

합창단의 화음은 개인이 아무리 부유하고 영악하더라도, 혼자서는 만들어낼 수 없는 가치를 자발적 협력이 어떻게 창출할 수 있는지 보여주는 사례이다. 시민공동체에서는 결사체들이 왕성하게 활동하고, 회원들이 서로 겹치며, 참여가 공동체 생활의 다양한 영역으로 확산한다. 시민공동체에서 이러한 협력을 유지하는 사회계약은 법적이라기보다는 도덕적이다. 이를 위반했을 때 받는 제재는 형벌이 아니라 연대와 협력의 네트워크에서 배제되는 것이다. 규범과 기대는 중요한 역할을 한다. 톰슨, 엘리스, 윌다브스키가 말한 바와 같이 "삶의 방식은 특정한 행태를 칭찬받을 만한 것으로, 또 다른 행동을 바람직하지 않거나 심지어 생각할 수도 없는 것으로 분류함으로써 지속된다."[88] 시민의 역할과 의무에 대한 개념은 정치적 평등에 대한 헌신과 결합되어 시민공동체가 문화를 통해 이어지도록 한다.

시민참여의 규범과 네트워크가 부족한 곳에서는 집합행동의 비관적 전망이 드러난다. 메초조르노의 운명은 현재 제3세계와 미래의 유라시아의 구공산권 국가들이 자치를 향해 불확실성 속에서 나아가는 데 좋은 본보기가 된다. "항상 배신"의 사회적 균형은 사회적 자본이 부족하거나 존재하지 않는 세계 다수 지역의 미래를 나타낸다. 정치적 안정성, 정부의 효과성, 심지어 경제발전을 위해서도 사회적 자본은 물적 자본이나 인적 자본보다 훨씬 중요할 수 있다. 많은 구공산사회는 공산주의 출현 전에도 시민전통이 약했으며, 전체주의 통치는 제한적이나마 존재하던 사회적 자본도 악용했다. 호혜성 규범과 시민참여 네트워크가 없으면 성공적인 민주화와 경제발전보다 메초조르노에서 나타난 홉스적 결과—비도덕적 가족주의, 후견주의 무법상태, 비효율적 정부, 경제침체—를 맞이할 가능성이 더 커 보인다. 팔레르모가 모스크바의 미래를 보여주는 것일 수도 있다. 시민공동체는 깊은 역사적 뿌리를 가진다. 이는 제도개혁을 정치적 변화의 전략으로 보는 사람들에게 암울한 전망이 될 수 있다. 바실리카타 주지사는 자신의 정부를 에밀리아로 옮길 수 없고, 아제르바이잔 총리는 그의 조국을 발트해 연안국가(Baltic)로 옮길 수 없다. "에토스에 우선권을 부여하는 변화론은 불행한 결과를 가져올 수 있다. (……) 왜냐하면 사람들이 에토스에 절망적으로 얽매어 있다는 믿음 때문에, 변화에 대한 노력을 과소평가하기 때문이다."[89] 많은 이탈리아 지역 자치주의자들이 연구 결과가 공개되면 지역 개혁 운동에 의도치 않은 피해를 줄 수 있다고 우리에게 귀띔하기도 했다.

시민성이 약한 지역의 한 유능한 개혁주의 주지사는 우리의 결론을 듣고 외쳤다. "이건 절망의 조언입니다! 당신들은 성공 가능성을 높이기 위해 우리가 할 수 있는 것이 없다고 말하는군요. 개혁의 운명은 수 세기 전에 이미 결정되었으니까요."[90]

하지만 지역 개혁에 관한 전체적인 결과는 결코 정적주의(quietism)*를 제안하는 것이 아니다. 오히려 그 반대인데, 이는 지역 개혁 실험을 통한 두 번째 교훈과 연관되어 있다. (제2장에서 입증된 바와 같이) '공식적 제도의 개혁을 통해 정치 관행도 변화시킬 수 있다.'

개혁은 측정 가능했으며, 대부분 지역의 정치적 삶에 이로운 결과를 가져왔다. 제도주의자들이 예측한 대로 제도 변화는 점진적으로 정체성의 변화, 가치의 변화, 권력의 변화, 전략의 변화를 반영했다. 이러한 변화는 북부 못지않게 남부에서도 일어났다. 북부와 남부 모두에서 새로운 제도를 통해 더욱 온건하고, 실용적이며, 관용적인 엘리트 정치 문화가 양성되었고, 이러한 개혁은 과거의 권력 양태를 바꾸고, 통일 이탈리아 역사상 가장 진정한 지역(subnational) 자치를 만들어냈다. 북부와 남부 공히 개혁 자체를 통해 정부 내외부 모두에서 진전된 분권화를 지지하는 압력 활동이 일어났다. 북부와 남부 모두 주정부가 지역사회 지도자들과 일반 유권자들에 의해, 이전 제도보다 확실히 접근성이 높고 더 유능하게 개선된 것으로 평가받고 있다. 지역 개혁은 사회적 학습, 즉 "실천을 통한 학습"을 가능하게 했다.[91] 공식적 변화는 비공식적 변화를 유도하며 스스로 지속 가능해졌다.

---

* 17세기 스페인의 몰리노스(Miguel de Molinos) 등이 주장한 신학 사조로 몰리니즘이라고도 한다. 인간의 능동적 의지를 최대로 자제하고 신의 권능에 전적으로 의지해야 한다는 사상이다.

사회적 자본과 제도적 성공

그러나 새로운 제도가 낙관적인 개혁 주창자들의 높은 기대치에 완전히 부응한 것은 아니다. 파벌주의와 교착상태, 비효율성과 무지에 의한 무능력은 여전히 많은 지역을 곤란에 빠뜨리고 있다. 특히 남부에서 더했는데 북부에 비해 새로운 개혁의 힘이 우위를 누리는 데 덜 유리한 입장이었다. 지난 20년간 북부와 남부 모두에서 진전이 이루어졌지만 북부에 비해 남부는 1970년 당시와 비교하여 좋아지지 않았다. 그러나 지역 개혁이 부재한 상황에서 맞이할 오늘날의 남부 지역과 비교해보면 훨씬 나아진 상태라고 볼 수 있다. 이는 대부분 남부 주민이 가진 견해이기도 하다.

또한 개혁은 메초조르노를 천 년 동안 후진성의 덫에 가둔 비시민적 악순환을 되돌리기 시작했는가? 그렇게 말할 수는 없다. 이 연구에서 얻은 마지막 교훈대로 '대부분 제도의 역사는 느리게 움직이기 때문이다.' 제도 구축(단순한 법령 작성이 아니라)과 관련해서는 시간이 수십 년 단위로 측정된다. 독일의 주(Länder), 이탈리아의 주, 이전의 도시공화정도 그랬고, 유라시아의 탈공산권 국가들도 마찬가지일 것이다.

확실히 판단할 기준이 부족하지만, 호혜성 규범과 시민참여 네트워크를 만들 때 역사는 훨씬 더 느리게 움직일 것이다. 편의상, 도시공화정과 노르만 왕국의 창설과 이탈리아 북부와 남부 간 시민성의 분리가 시작된 시점을 1100년이라고 가정할 수 있다. 그러나 1120년에 귀족, 농민, 도시민을 대상으로 설문조사를 했더라도 북부와 남부 간의 초기 분열을 감지할 가능성은 매우 낮아 보인다. 20년은 제도 개혁이 정치 행태에 미치는 영향을 알아내는 데 충분한 시간이지만, 더 뿌리 깊은 문화 양태와 사회 구조에 미치는 영향을 추적하기에는 모자란다.

남부의 민주주의와 발전에 관심이 있는 사람들이라면 시민적 공동체 구축에 힘써야겠지만, 우선 즉각적인 결과를 넘어 시각부터 확장해야 한다. 우리는 이탈리아 경제사학자 베라 자마니(Vera Zamagni)가 국가 주도성에 의존하기보다 지방 구조에 대한 지역 차원의 변혁을 강조한 내용에 동의한다.

메초조르노가 기존 정치·경제·사회 구조에도 '불구하고' 외부 힘에 변화할 수 있다고 믿는다면 이는 위험한 환상이다. (……) 이러한 정치적이고 문화적인 혁명에 요구되는 시간은 의심할 여지 없이 길다. 지금까지 선택된 길과 그 과정에서 만들어진 결과를 고려하면, 이 역시 결코 짧은 시간이었다고 생각하기는 어렵다.[92]

사회적 자본 구축은 쉽지 않다. 하지만 민주주의 작동의 핵심이다.

부록 A

조사방법론

제3장에 제시된 제도 성과에 관한 통계지표 외 이 프로젝트는 현대 사회과학의 다양한 방법론적 도구를 사용했다.

주의회 의원 대상 설문조사

1970년, 1976년, 1981-1982년, 1989년에 걸쳐 이탈리아의 다양한 사회경제적 및 정치적 유형을 대표하는 지역들을 선정해 광범위한 인터뷰를 진행했다. 우리 연구의 기초는 1970년에 마련되었으며, 이때 롬바르디아주, 에밀리아로마냐주, 라치오주, 풀리아주, 바실리카타주에서 새로 선출된 112명 의원을 인터뷰하였다. 이는 해당 주의회의 대략 절반을 차지하는 인원이었다. 우리는 의원들에게 다음과 같이 물었다. "이 지역이 직면한 가장 중요한 문제는 무엇입니까? 지역 개혁의 목표는 무엇이며, 주의회와 정부는 실제로 어떻게 운영됩니까? 누가 그리고 무엇에 대해 영향력을 행사합니까? 중앙정부와의 관계는 어떻습니까? 주의회 의원의 역할은 무엇입니까? 정당들은 이 지역에서 어떻게 운영되고 있습니까?"

당시 주정부는 아직 문서상으로만 존재했다. 그래서 이 질문들은 대부분 중앙정부로부터 권한이 이양된 후 몇 달 또는 몇 년 동안에 대해 의원들이 예상하는 변화에 초점을 맞추었다. 또한 90분 동안 진행한 인터뷰에서 개방형 질문 외 국가 및 지역문제에 대한 태도, 엘리트 정치 문화의 기본 요소뿐 아니라, 의원들의 개인적·정치적 배경에 대한 정보를 파악하기 위해 여러 개의 서면 설문지를 작성하게 했다.

6년 후인 1976년 6월과 7월, 우리는 주의회 의원을 대상으로 하는 2차 조사를 위해 이탈리아로 돌아왔다. (이번 조사에는 베네토주를 포함시켰다. 가톨릭 문화가 지배적인 지역을 추가하기 위해서였다.) 2차 조사에서는 두 가지 유형의 주의원들로 구성된 194명에 대한 인터뷰가 진행되었다. 첫 번째 그룹은 1975년 선거의 재선 여부와 관계없이, 1970년에 이미 인터뷰를 진행한 의원들로 구성했다. 1970년 인터뷰했던 112명 중 95명(85%)을 다시 인터뷰할 수 있었다. (이들 중 69명은 재선했고, 26명은 낙선했다.) 이 "패널" 조사에서 전체적으로 우리의 표본이 6개 주의 현재 의회를 정확히 대표할 수 있도록, 99명의 신규 응답자[새로 선출된 주의회 의원]를 추가 인터뷰했다.[1]

1981-1982년의 3차 조사는 234명의 주의원을 대상으로 인터뷰했다. 이들 중 135명은 1976년에 인터뷰했던 의원이었으며(이 중 75명은 현직 의원), 99명은 새로 선출된 의원이었다. 마지막으로 1989년 4차 조사는 6개 주의 178명의 의원을 인터뷰하며 마무리했다. 이 조사에서는 이전 응답자를 다시 인터뷰하지 않고 현역 의원만 대상으로 했다.[2]

지역사회 지도자 대상 설문조사

1976년, 우리가 선정한 6개 주의 115명 지역사회 지도자를 대상으로 인터뷰를 진행했다. 여기에는 서로 다른 정치적 성향을 가진 독립언론 기자, 정치적 입장이 다른 대도시(주도는 제외) 및 소도시 시장, 노동조합, 농민, 경영계, 은행가를 대표하는 이익집단 지도자, 도(province) 단위 행정수장, 주정부 공무원, 정치 지도자를 포함했다. 이들에게 지역 지역정치와 정부에 대한 평가 그리고 지역문제에 대한 자신의 관여 방식을 상세히 설명해달라고 요청했다.

1981-1982년에 2차 조사로 118명의 지역사회 지도자를 인터뷰했다. 정치 지도자 대신 더 많은 이익집단 대표자를 포함시킨 것 말고는 대상 선택은 1976년과 유사했다. 마지막으로 1989년 3차 조사에서는 198명 지역사회 지도자와 인터뷰했다.[3] 이렇게 세 차례에 걸친 조사를 통해 400명 이상 지역사회 지도자를 인터뷰했으며, 이들의 인터뷰 녹취록과 설문지는 주의회 의원들에 대한 조사와 동일한 방식으로 분석했다.

지역사회 지도자 대상 전국 우편조사

1983년 봄, 우리는 지역사회 지도자들에 대한 의견 조사 범위를 기존 6개 지역을 넘어 20개 주 전역으로 확장했다. 총 500명 이상의 표본을 확보하기 위해, 각 주에서 이익집단 및 지방정부를 대표하는 25명 정도에게 우편으로 설문지를 발송했다. 이 설문조사의 대상자 구성은 앞서 진행한 6개 주 지역사회 지도자 인터뷰와 동일한 방식이며, 지방 및

도 단위 행정수장, 농업 지도자, 노동조합 지도부, 언론인, 은행가, 그리고 상공회의소, 대·중소기업, 장인, 협동조합의 대표를 포함했다. 총 308명 (60% 이상)이 설문에 회신했는데 우편 설문조사로서는 이례적으로 높은 응답률이었다. 상세한 분석을 통해 이 응답들이 지역문제에 정통한 의견을 내고 있음이 확인되었다. 앞서 진행한 지역사회 지도자들과의 대면 인터뷰를 통해 이들이 지역문제를 상당히 잘 파악하고 있다는 점을 알고 있었고, 이번 우편 설문에서는 주정부 운영에 대해 구체적으로 평가 조사할 수 있었다. 또한 엘리트 및 일반인 설문조사에 사용된 다른 질문들도 그대로 포함할 수 있었다. 지역별 응답자 수가 제한적이라는 단점은 표본이 전국을 망라하고 있어 충분히 상쇄될 수 있었다.

일반인 설문조사

우리를 대신해 여론조사 기관 DOXA가 1977년, 1981년, 1982년, 1988년에 걸쳐 전국적인 일반인 설문조사를 수행했다. 또한 1979년과 1987년에 DOXA가 다른 목적으로 실시한 조사도 비교 가능해 우리 연구에 활용할 수 있었다. 각 조사에서 DOXA는 전국적으로 약 2,000명의 시민을 표본으로 선정하여 인터뷰를 진행하였으며, 그들이 속한 지역과 지역 개혁의 발전에 대한 의견을 물었다. 일반인 설문조사의 질문들은 엘리트 인터뷰에서 사용된 질문들과 유사한데, 이는 지역 개혁에 대한 엘리트와 일반 대중의 태도를 비교하기 위해서다. 특히 우리는 일반 대중의 지역에 대한 인식 수준과 만족도나 불만족 정도에 관심을 두고 있었다. 또한 이들 조사의 많은 부분에 보다 광범위한 정치 및 사회문제에

부록 A _ 조사방법론

대한 질문도 포함하고 있어, 각 지역의 정치 풍토와 문화 그리고 10년 이상에 걸친 유권자 태도의 변화를 추적할 수 있었다.

이 조사와 함께 1975년부터 1989년까지 유럽위원회(European Commission)가 주관하여 수행한 29개의 유로바로미터(Eurobarometer) 조사에서도 유용한 자료를 확보할 수 있었다.[4] 반년마다 실시되는 유로바로미터 조사는 정치 전망 및 정치 참여뿐 아니라, 사회적 배경의 특성과 관련된 표준화된 질문들을 포함하고 있었다. 이외에 미디어 소비, 종교성, 소외, 2차 결사체 가입 여부를 일정한 주기로 질문지에 담고 있었다. 각 유로바로미터 조사는 1,000명 이상의 이탈리아인을 대표 표본으로 포함하고 있어서, 표준화된 질문에 대한 전체 표본 크기는 30,000명 이상, 결사체 가입 여부 같은 비정기적 질문에 대한 전체 집계표본으로 4,000-10,000명의 응답을 확보할 수 있었다.[5] 우리의 분석은 여러 해에 걸친 응답을 집계하기 때문에, 시간적 차이가 연구 결과에 영향을 미치지 않도록 정기적으로 확인하는 절차를 거쳤다.

마지막으로 우리는 1968년 새뮤얼 H. 반스(Samuel H. Barnes) 교수가 그리고 1972년 반스 교수와 자코모 사니(Giacomo Sani) 교수가 수행한 이탈리아 유권자에 대한 두 건의 중요한 전국 조사를 활용했다. 이 광범위한 조사는 특히 지역 실험이 시작될 무렵의 정치 태도와 시민 행태에 대한 기준점을 설정하는 데 큰 도움이 되었다.[6]

제도 및 정치 사례 연구

1976년부터 1989년까지 6개 선정 지역 내 제도를 둘러싼 내부정치와 정치 발전에 관한 사례 연구를 수행했다. 정기적으로 해당 지역을 방문하여 정치 지도자, 정당 대표, 고위 공무원, 이익집단 지도자 등과 만나 관련 이야기를 나누었다. 이 과정에서 각 지역의 정치 및 경제 영역의 핵심 인물들과 개인적 친분을 갖게 되었고, 이들을 통해 지난 20년간 지역 정치에 활력을 불어넣었던 내부의 정치적 책략과 주요 인물들에 대한 상세한 정보를 얻을 수 있었다.

지역정치 발전에 대한 또 다른 중요한 정보원은 지방언론이었다. 그리고 주의회 회의록 역시 인터뷰에서 논의된 정치적 책략을 더 상세히 파악할 수 있는 중요한 자료였다. 연구 진행 과정에서 일반주의 수를 늘려 토스카나주, 움브리아주, 마르케주에서도 이러한 정보를 수집했고, 아래에서 밝히듯이 특별주 중 하나인 프리울리베네치아줄리아에 대한 보다 심층적인 연구를 완료하였다.

입법 분석

우리는 1970년부터 1984년까지 모든 주의 입법 과정을 검토했다. 특히 선정된 6개 주를 중점적으로 분석했다. 이를 통해 각 주의 입법 성과를 평가하고자 했다. 국가의 하위 주요 입법 기관인 주의회의 역할을 고려한다면, 그 입법 산출물의 특성은 강조될 만하다. (이러한 입법 분석에 대해서는 제3장에서 자세히 기술했다.)

주정부의 지역계획 사례 연구

1976년, 우리는 선정된 6개 주의 지역사회 및 경제 계획에 대한 종합 사례 연구를 시작했다. 이는 10년 이상의 장기적 기간을 다루도록 설계되었다. 목표는 수요 측면에서 정책 과정을 재구성하고, 그것이 정부라는 "암실"을 거쳐 행정적 실행 단계로 가는 과정을 추적한 후, 최종적으로 사회에 미치는 영향을 분석하는 것이었다. 이 연구를 위한 지역계획과 정책 결정에 관한 정보를 얻기 위해 선정된 6개 주에 정기적으로 장기간 방문하여, 주 및 지방 공무원과 관련 부문 대표자들, 문화 및 학계 지도자들과 대담했고 많은 문서 및 통계자료를 모았다. 이런 과정은 이후 다른 3개 주인 토스카나주, 움브리아주, 마르케주로 확대했다.

시민접촉 실험

1983년 1월부터 2월까지, 일반 시민의 관점에서 20개 지역 정부를 평가하기 위해 카를로 카타네오 연구소(Carlo Cattaneo Institute)의 POLIS 네트워크에 속한 현지 연구원들을 통해 "시민접촉(citizen contact)" 연구를 수행했다. 이 연구는 각 지역의 관료가 익명의 시민으로부터 받은 통상적인 정보 요청을 어떻게 처리하는지 관찰하는 방식으로 이루어졌다. (이 연구는 제3장에 자세히 기술하였다.)

프리울리베네치아줄리아주에 대한 특별 연구

1983년 프리울리베네치아줄리아 주정부 초청으로, 주의회 의원과 지역사회 지도자에 대한 설문조사, 지역계획과 입법 과정에 대한 사례연구, 전반적인 정치 분석을 포함하여 기존에 선정한 6개 주에서 진행한 것과 유사한 연구를 이 지역을 대상으로 수행했다. 비록 프리울리베네치아줄리아주에 대한 연구는 기존 6개 주에 비해 장기성이 부족했지만, 일반 주뿐 아니라 5개 특별주가 직면한 독특한 과제를 포함하도록 연구를 확장할 수 있었다.

주의회 의원들의 태도 변화에 대한 통계적 근거

여기에 제시된 표들은 역대 주의회가 점차 온건화되었다는 주장에 대해, 대안적 설명과 관련한 제2장의 결론을 통계적으로 뒷받침한다.

교체 효과(replacement effects)는 특정 연도에서 전직 의원과 새로 선출된 의원을 비교함으로써 평가할 수 있다. 예를 들어 [표 B.1.a]는 1976년 인터뷰에서 1975년 처음 선출된 의원 중 37%가 '좌우파 쟁점지수'에서 극단적인 견해를 보인 반면, 같은 해 인터뷰한 전직 의원의 28%가 극단적 견해를 보인 것과 대조된다는 점을 보여준다. [표 B.3.a]는 1975년 새로 선출된 의원 중 44%는 사회적 갈등이 조정 불가능하다고 강조한 데 반해, 전직 의원 중 같은 견해를 가진 비율은 31%로 대조된다. 양 사례에서 전직 주의원들이 새로 선출된 주의원들보다 더 온건한 성향을 보였다.

현직 주의회 의원들의 개별적 변화는 패널 자료로 직접 평가가 가능하다. 예를 들어 [표 B.1.a]는 1975년 재선에 성공한 의원들 중 1970년 인터뷰에서 극단적인 견해를 표출했던 의원은 45%였지만, 6년 후 2차 인터뷰에서는 28%만 그러한 견해를 유지하고 있음을 보여준다. [표 B.1], [표 B.2], [표 B.3]은 1970년과 1976년, 그리고 다시 1976년과 1981-1982년에 지속적으로 개별 의원의 태도가 온건해지는 경향을 보여주는데, 대부분의 경우 개별 의원의 태도 변화가 의회 전체 변화보다 뚜렷하다. 예컨대 [표 B.1.a]를 보면, 1970년에서 1976년 사이, 모든 현역 의원을 기준으로 하면 좌-우 극단주의 비율이 11% 낮아진 반면, 재선 의원의 경우는 17% 떨어졌다. 즉, 주의회의 온건화 경향은 재선 의원들 사이에서 집중적으로 나타났다.

각 표의 위아래를 비교해보면, 제도적 사회화는 1970-1975년에 강하게 나타났다. 이 시기는 새로운 정부의 첫 번째 입법 기간이었다. 더욱이 개인적 변화는 우리가 후속 인터뷰를 진행할 시기에 의원 신분이 아닌 전직 의원보다 재선 의원에게서 더 뚜렷했다. [표 B.1.a]에서 1975년 의회를 떠난 의원 중 극단주의 태도는 1970년 35%에서 1976년 28%로 변했고, 1975년 재선 의원 중 극단주의 태도는 1970년 45%에서 1976년 28%로 떨어졌다.

전국적인 정치 흐름도 부분적으로 새로 선출된 주의회 의원들을 일종의 대조군으로 보면 평가 가능하다. (전국 단위 유권자 수준에서—다른 종류의 대조군으로서—이 시기의 탈양극화를 입증할 어떠한 자료도 없다는 점에 유념하라.) '만약' 1975년 새로 선출된 주의회 의원들이 1970년에도 당시 새로 선출된 주의회 의원들과 유사한 견해를 가졌다고 가정하면—'그러나' 아직 선출되지 않은 이 정치인들은 제도적 사회화의 대상이 아니다—우리 패널에서 관찰한 대부분의 개인적 변화는 국내 정치의 추세도 어느 정도 영향을 주었겠지만 제도적 사회화에 따른 것으로 볼 수 있다. 예컨대 [표 B.1.a]에서 1975년 새로 선출된 의원 중 극단주의 태도를 보인 사람은 37%로 나타난 반면, 5년 전 선출된 의원 중 같은 태도를 보인 이는 42%

였다. 이 "감소분" 5%p와 재선 의원들 사이에서 나타난 17%p "감소분"을 비교하면, 적어도 12%p는 제도화 효과의 몫으로 생각할 수 있다. 이러한 가정하에 1970년과 1976년 사이, 개별 의원의 태도 변화의 2/3, 1976년과 1981-1982년 사이 변화 중 절반 정도는 제도적 사회화의 결과이며, 각 경우에서 나머지는 전국적 추세에 기인한다. 물론 더 직접적이고 정확한 전국적 수준의 변화를 평가하려면 주정부 외 영역에서 활동하는 정치인에 대한 유사한 패널 조사가 필요하다.

[표 B.1] 이념적 극단주의의 감소, 1970-1975년과 1975-1980년:
교체, 전국적 추세, 혹은 개인적 변화?

	1975년 선거 결과에 따른 상태			해당연도 전체 현역의원
	전직	재선	초선	
해당연도 좌-우 극단주의 비율				
1970	35%	45%		42%
1976	28%	28%	37%	31%

	1980년 선거 결과에 따른 상태			해당연도 전체 현역의원
	전직	재선	초선	
해당연도 좌-우 극단주의 비율				
1976	32%	29%		31%
1981-1982	24%	22%	20%	21%

주: 여기서 사용된 극단주의는 [표 2.2], [표 2.3], [그림 2.1]에서 정의한 것과 마찬가지로, '좌우파 쟁점지수'에 기초한 것이다. 밑줄 친 부분은 해당연도의 현역의원을 나타낸다.

	1975년 선거 결과에 따른 상태			해당연도 전체 현역의원
	전직	재선	초선	
해당연도 정당 간 공감도 평균				
1970	27.4	26.6		26.9
1976	26.8	33.3	29.5	31.0

	1980년 선거 결과에 따른 상태			해당연도 전체 현역의원
	전직	재선	초선	
해당연도 정당 간 공감도 평균				
1976	30.4	31.4		31.0
1981-1982	34.8	35.6	35.2	35.4

주: 정당 간 공감도는 [그림 2.2]에서 표시된 것과 같이, 응답자들이 '자신의 소속 정당 이외 모든 정당'에 표명한 공감도(0에서 100까지 척도)의 평균이다. 밑줄 친 부분은 해당연도의 현역의원을 나태낸다.

[표 B.3] 갈등에 대한 주목도 감소, 1970-1975년과 1975-1980년:
교체, 전국적 추세, 혹은 개인적 변화?

	1975년 선거 결과에 따른 상태			해당연도 전체 현역의원
	전직	재선	초선	
해당연도 갈등의 조정 불가능성을 강조한 비율				
1970	47%	54%		52%
1976	31%	32%	44%	36%

	1980년 선거 결과에 따른 상태			해당연도 전체 현역의원
	전직	재선	초선	
해당연도 갈등의 조정 불가능성을 강조한 비율				
1976	34%	39%		36%
1981-1982	29%	25%	32%	29%

주: 조정 불가능한 갈등의 강조는 [그림 2.3a]의 질문을 기준으로 했다. 밑줄 친 부분은 해당연도의 현역의원을 나타낸다.

부록 C

제도 성과(1978-1985)

제도 성과 지수의 구성 요소, 1978-1985

변수 1   개혁 입법, 1978-1984
변수 2   주간돌봄센터, 1983
변수 3   주거와 도시개발, 1979-1987
변수 4   통계 및 정보서비스, 1981
변수 5   입법 혁신, 1978-1984[a]
변수 6   내각 안정성, 1975-1985[b]
변수 7   가족상담소, 1978
변수 8   관료의 반응성, 1983
변수 9   산업정책 수단, 1984
변수 10   예산신속성, 1979-1985[b]
변수 11   지방보건조직 지출, 1983
변수 12   농업 분야 지출 역량, 1978-1980

[a] 변수 5와 관련해서 5개 "특별주"(발레다오스타, 트렌티노알토아디제, 프리울리베네치아줄리아, 시칠리아, 사르데냐)에 대해 활용할 수 있는 자료는 없다.

[b] 변수 6과 10의 점수는 본문에 기술된 것과 반대로 매겨지기 때문에, 점수가 높을수록 성과가 높다.

[표 C.1] 제도 성과 요인지수 간 상관관계, 1978-1985

	지수	변수 1	변수 2	변수 3	변수 4	변수 5	변수 6	변수 7	변수 8	변수 9	변수 10	변수 11	변수 12
지수	1.0000	0.8742*	0.8506*	0.8067*	0.7970*	0.7787*	0.6813*	0.6400*	0.6246*	0.5803*	0.5772*	0.5449*	0.4682
변수 1	0.8742*	1.0000	0.7721*	0.5982*	0.7293*	0.7611*	0.4925	0.5943*	0.5030	0.3936	0.4425	0.4603	0.4424
변수 2	0.8506*	0.7721*	1.0000	0.8687*	0.5889*	0.8ll3*	0.4997	0.6895*	0.3561	0.3251	0.1588	0.5191	0.3843
변수 3	0.8067*	0.5982*	0.8687*	1.0000	0.5732*	0.8272*	0.5526*	0.5626*	0.2813	0.4807	0.2546	0.5391*	0.1210
변수 4	0.7970*	0.7293*	0.5889*	0.5732*	1.0000	0.6065*	0.2790	0.5321*	0.4194	0.5406*	0.4414	0.3515	0.4548
변수 5	0.7787*	0.7611*	0.8113*	0.8272*	0.6065*	1.0000	0.4874	0.4684	0.4568	0.5677	0.4669	0.1799	0.4294
변수 6	0.6813*	0.4925	0.4997	0.5526*	0.2790	0.4874	1.0000	0.3330	0.5758*	0.2469	0.5488*	0.3150	0.3188
변수 7	0.6400*	0.5943*	0.6895*	0.5626*	0.5321*	0.4684	0.3330	1.0000	0.1873	0.2625	0.0117	0.2255	0.1997
변수 8	0.6246*	0.5030	0.3561	0.2813	0.4194	0.4568	0.5758*	0.1873	1.0000	0.2406	0.6098*	0.3282	0.3240
변수 9	0.5803*	0.3936	0.3251	0.4807	0.5406*	0.5677	0.2469	0.2625	0.2406	1.0000	0.6149*	0.2225	0.1045
변수 10	0.5772*	0.4425	0.1588	0.2546	0.4414	0.4669	0.5488*	0.0ll7	0.6098*	0.6149*	1.0000	0.1171	0.3757
변수 11	0.5449*	0.4603	0.5191*	0.5391*	0.3515	0.1799	0.3150	0.2255	0.3282	0.2225	0.1171	1.0000	-0.0386
변수 12	0.4682	0.4424	0.3843	0.1210	0.4548	0.4294	0.3188	0.1997	0.3240	0.1045	0.3757	-0.0386	1.0000

* 유의도(단측검정) < .01.

점도표에서 사용된 주(지역)의 약어

부록 D _ 점도표에서 사용된 주(지역)의 약어

약어	주 이름
Ab	아브루치
Ba	바실리카타
Cl	칼라브리아
Cm	캄파니아
Em	에밀리아로마냐
Fr	프리울리베네치아줄리아
La	라치오
Li	리구리아
Lo	롬바르디아
Ma	마르케
Mo	몰리세
Pi	피에몬테
Pu	풀리아
Sa	사르데냐
Si	시칠리아
To	토스카나
Tr	트렌티노알토아디제
Um	움브리아
Va	발레다오스타
Ve	베네토

지방정부 성과(1982-1986)와 주정부 성과(1978-1985)

이 연구의 초점은 주정부의 성과에 있다. 하지만 주정부의 질과 동일 지역 내 지방정부의 질이 어떤 관계를 가지는지 궁금할 수 있다. 만약 한 주정부의 성과가 "내재적" 요인, 즉 [정부 및 주의회] 현직 인사들의 전략과 선택으로 주로 결정된다면, 동일 지역 내 지방정부의 성과와 상관성을 기대할 이유가 별로 없다. 반면 "생태적" 요인, 즉 지역의 사회구조나 경제구조, 시민적 전통이 더 중요한 결정 요인이라면, 이는 인접한 지방정부의 질에도 영향을 미칠 수 있다.

물론 이탈리아 지방정부의 질에 대한 평가는 우리의 연구 범위를 넘어선다. 그러나 몇 가지 관련 근거들을 이탈리아 국가행정재판소(Corte dei Conti) 의뢰로 수행된 전국 지방정부 성과연구를 통해 얻을 수 있다. 이 연구들은 각 주[지역] 내 지방정부 활동을 조사하면서, 인력훈련에서 스포츠 시설과 학교 급식까지, 도시계획 부서에서 쓰레기 및 하수처리 서비스까지, 도서관에서 지자체의 상수도 체계까지 광범위하고 다양한 정책과 서비스를 평가했다. 이 정보들을 종합하여 지역별 지방정부의 활동을 평가할 수 있는 대략적이지만 실용적인 지표를 만들 수 있다. 관련된 측정 지표의 전체 목록은 [표 E.1]에서 확인할 수 있다.[1]

316

　　이탈리아 국가행정재판소 연구의 일부 입증된 결과를 통해, 지방정부의 성과를 요약하여 측정한 지표가 주정부 단위에서 집계된 지방정부에 대한 시민의 만족도와 높은 상관관계를 보인다는 점을 알 수 있다.[2] 즉 현재 이용 가능한 자료로는 특정 지방정부의 평가와 그 정부에 대한 시민 평가를 직접 연계하지 못하지만, 지역별 지방정부의 질에 대한 국가행정재판소 연구 결과와 이탈리아 유권자들의 인식이 대체로 일치한다고 볼 수 있다. [그림 E.1]은 주어진 서비스별로 측정된 지방정부의 성과가 주정부의 질과 매우 높은 상관관계를 가진다는 사실을 보여준다. 일반인 대상 조사에서 자신이 속한 주정부와 지방정부에 대한 유권자 평가도 강력한 상관성을 보인다. [그림 E.2]는 지방정부에 대해 집계한 만족도가 주정부에 대해 집계한 만족도와 매우 높은 상관관계를 가진다는 점을 보여준다.[3] 반면 '중앙'정부에 대해 집계한 만족도는 주정부나 지방정부에 대해 집계한 만족도와 상관관계를 보이지 않는다. 즉 주정부와 지방정부에 대한 높은 만족도가, 높은 성과를 보인 지역에서 단순히 더 관대한 평가 기준이 반영됐기 때문이 아니라는 것이다. 결론적으로 우리와 이탈리아 유권자들은 특정 지역에서 주정부의 성과가 좋을수록, 그 지역의 지방정부의 질도 더 좋다는 데 동의한다. 정부 성과가 시민전통과 사회적 자본으로 결정된다면, 우리가 기대한 것과 같이 정부 성과는 좋은 주정부와 좋은 지방정부를 따로 떼어 생각할 수 없다.

[표 E.1] 지방정부 성과지수의 구성요소(1982-1986)

내용	요인적재값
지역사회 스포츠 시설 실행	0.939
지역사회 하수처리체계 실행	0.930
지역사회 도서관 실행	0.919
지역사회 쓰레기수거 실행	0.917
지역사회 기술서비스 실행	0.912
지역사회 주간돌봄센터 실행	0.883
지역사회 상수도체계 실행	0.850
지역사회 학교통학교통 실행	0.806
지역사회 행정교육	0.673
지역사회 인사이동	0.640
지역사회 회의공간 제공 실행	0.546
지역사회 행정조직 개혁	0.528
지역사회 학교급식 실행	0.499
코뮨 내 도시계획 부서 설치	0.375
코뮨 내 기술 관련 부서 설치	0.342

[그림 E.1] 주정부와 지방정부 성과

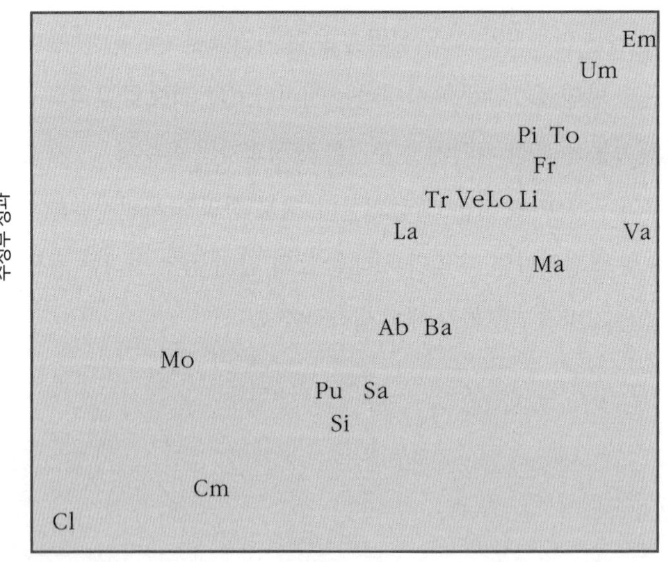

지방정부 성과
상관계수 r = .89

부록 E _ 지방정부 성과(1982-1986)와 주정부 성과(1978-1985)

[그림 E.2] 주정부와 지방정부에 대한 만족도

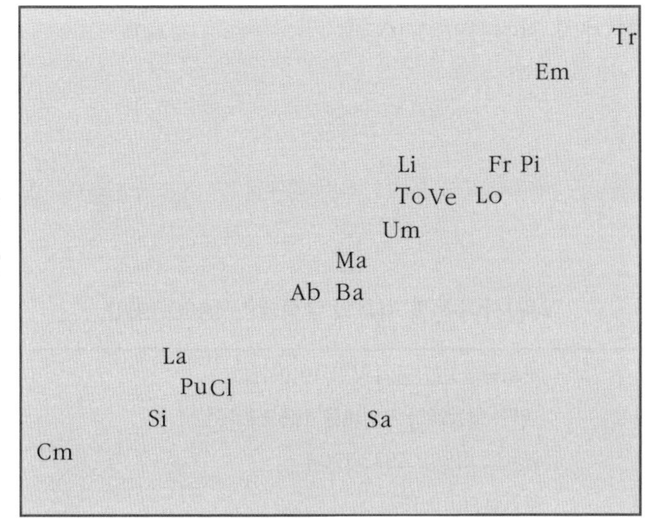

부록 E _ 지방정부 성과(1982-1986)와 주정부 성과(1978-1985)

시민참여의 전통(1860-1920)

시민참여 전통 지수의 구성요소, 1860-1920

변수 1	사회당과 인민당의 강도, 1919-1921
변수 2	1인당 협동조합 가입비율, 1889-1915
변수 3	공제회 회원수, 1873-1904
변수 4	투표율, 1919-1921
변수 5	1860년 이전에 설립된 지방결사체의 수

[표 F.1] 시민참여 전통 지수의 구성요소 간 상관관계(r), 1860-1920

	지수	변수 1	변수 2	변수 3	변수 4	변수 5
지수	1.000	0.973*	0.931*	0.906*	0.782*	0.563*
변수 1	0.973*	1.000	0.901*	0.877*	0.707*	0.539
변수 2	0.931*	0.901*	1.000	0.764*	0.676*	0.494
변수 3	0.906*	0.877*	0.764*	1.000	0.609*	0.464
변수 4	0.782*	0.707*	0.676*	0.609*	1.000	0.131
변수 5	0.563*	0.539	0.494	0.464	0.131	1.000

*유의도(단측검정) < .01.

주

서문

1) 다음 참조. D. Putnam, Robert Leonardi, and Raffaella Y. Nanetti, "Attitude
Stability among Italian Elites," *American Journal of Political Science* 23 (August
1979): 463-494; Robert D. Putnam, Robert Leonardi, and Raffaella Y. Nanetti,
"Le regioni 'misurate,'" *Il Mulino* 24 (March-April 1980) : 217-243; Robert
Leonardi, Raffaella Y. Nanetti, and Robert D. Putnam, "Devolution as a Political
Process: The Case of Italy," *Publius* 11 (Winter 1981): 95-117; Robert D. Putnam,
Robert Leonardi, Raffaella Y. Nanetti, and Franco Pavoncello, "Sul rendimento
delle istituzioni: ii caso dei govemi regionali italiani," *Rivista Trimestrale del Diritto
Pubblico* 2 (1981): 438-479; Robert D. Putnam, Robert Leonardi, Raffaella Y.
Nanetti, and Franco Pavoncello, "L'evaluation de l'activitè regionale: le cas
italien," *Pouvoirs* 19 (1981): 39-58; Robert D. Putnam, Robert Leonardi, and
Raffaella Y. Nanetti, "L'istituzionalizzazione delle Regioni in Italia," *Le Regioni*
10 (November-December 1982): 1078-1107; Robert D. Putnam, Robert
Leonardi, Raffaella Y. Nanetti, and Franco Pavoncello, "Explaining Institutional
Success: The Case of Italian Regional Government," *American Political Science
Review* 77 (1983): 55-74; Robert D. Putnam, Robert Leonardi, and Raffaella Y.
Nanetti, *La Pianta e le Radici: fl Radicamento dell'Istituto Regionale nel Sistema Politico
Italiano* (Bologna: 11 Mulino, 1985); Robert Leonardi, Robert D. Putnam,
and Raffaella Y. Nanetti, *fl Caso Basilicata: L' effetto Regione dal 1970 al 1986*
(Bologna: 11 Mulino, 1987); Raffaella Y. Nanetti, Robert Leonardi, and Robert
D. Putnam, "The Management of Regional Policies: Endogenous Explanations
of Performance," in *Subnational Politics in the 1980s: Organization, Reorganization
and Economic Development,* Louis A. Picard and Raphael Zariski, eds. (New York:
Praeger, 1987), pp. 103-118; Robert D. Putnam, Robert Leonardi, and Raffaella

Y. Nanetti, "Indagini sul govemo regionale de! Friuli-Venezia Giulia," in Arduino Agnelli and Sergio Bartole, eds., *La Regione Friuli-Venezia Giulia* (Bologna: 11 Mulino, 1987), pp. 499-563; and Robert Leonardi, Raffaella Y. Nanetti, and Robert D. Putnam, "ItalyTerritorial Politics in the Post-War Years: The Case of Regional Reform," in R.A.W. Rhodes and Vincent Wright, eds., *Tensions in Territorial Politics of Western Europe* (London: Frank Cass, 1987), pp. 88-107.

2) 다음 참조. Raffaella Y. Nanetti, *Growth and Territorial Policies: The Italian Model of Social Capitalism* (New York: Pinter, 1988); Robert Leonardi and Douglas A. Wertman, *Italian Christian Democracy: The Politics of Dominance* (London: Macmillan, 1989); Robert Leonardi and Raffaella Y. Nanetti, eds., *The Regions and European Integration: The Case of Emilia-Romagna* (New York: Pinter, 1990); and Robert Leonardi, *Regions and the European Community: The Regional Response to the Single Market in the Underdeveloped Parts of the EC* (London: Frank Cass, 1992).

제1장_ 서론: 제도 성과 연구

1) 책 처음의 '이탈리아 연구 여행 경로' 지도 참조.
2) 세베소 재난과 그 여파에 대한 포괄적 설명으로는 Michael R. Reich, *Toxic Politics: Responding to Chemical Disasters* (Ithaca: Cornell University Press, 1991), pp. 98-139 참조.
3) Terry M. Moe, "The New Economics of Organization," *American Journal of Political Science* 78 (November 1984): 739-777; Geoffrey Brennan and James M. Buchanan, *The Reason of Rules: Constitutional Political Economy* (New York: Cambridge University Press, 1985); Kenneth A. Shepsle, "Institutional Equilibria and Equilibrium Institutions," in *Political Science: The Science of Politics*, Herbert F. Weisberg, ed. (New York: Agathon Press, 1986), pp. 51-81; Elinor Ostrom, "An Agenda for the Study of Institutions," *Public Choice* 48 (1986): 3-25; Kenneth A. Shepsle, "Studying Institutions: Some Lessons from the Rational Choice Approach," *Journal of Theoretical Politics* 1 (1989): 131-137; Terry M. Moe, "Political Institutions: The Neglected Side of the Story," *Journal of Law, Economics, and Organization* 6 (1990): 213-253; 그리고 Douglass C. North, "Institutions and a Transaction Costs Theory of Exchange," in *Perspectives on Positive Political*

Economy, eds. James E. Alt and Kenneth Shepsle (New York: Cambridge University Press, 1990), 제7장 참조.

4) James G. March and Johan P. Olsen, *Rediscovering Institutions: The Organizational Basis of Politics* (New York: The Free Press, 1989)와 *The New Institutionalism in Organizational Analysis*, eds. Walter W. Powell and Paul J. Dimaggio (Chicago: University of Chicago Press, 1991) 참조.

5) Stephen Skowronek, *Building a New American State* (New York: Cambridge University Press, 1982); *Bringing the State Back In*, eds. Peter B. Evans, Dietrich Rueschemeyer, and Theda Skocpol (New York: Cambridge University Press, 1985); 그리고 Peter Hall, *Governing the Economy: The Politics of State Intervention in Britain and France* (New York: Oxford University Press, 1986) 참조.

6) 이 해석에 대한 명료하고 설득력 있는 설명은 Shepsle, "Studying Institutions." 참조.

7) 제도 성과 평가에 대한 더 진전된 논의는 제3장 참조.

8) 정치 분석 양식으로서 형식법률 연구와 제도주의 발전에 대한 논의는 *Comparative Politics: A Reader*, eds. Harry Eckstein and David Apter (London: The Free Press of Glencoe, 1963), pp. 10-11 참조.

9) 같은 책, p. 100.

10) 특히 《대의정부론》에서 밀의 비례대표제, 투표방식, 의회제 정부의 역할과 구성에 대한 논의 참조.

11) Eckstein and Apter, *Comparative Politics*, p. 98. 이러한 유형의 다른 사례는 James Bryce, *Modern Democracies* (New York: The MacMillan Co., 1921)와 Harold Laski, *A Grammar of Politics*, 4th ed. (London: George Allen and Unwin, 1938)에 언급되어 있다. 제2차 세계대전의 영향을 받은 학자들에게 제도주의 연구의 특정 입장이 인기를 얻었는데, 이들은 정치적 결과를 결정하는 데 있어 선거제도의 결정적 역할을 강조했다. 이에 대해서는 F. A. Hermens, *Democracy or Anarchy? A Study of Proportional Representation* (Notre Dame, Indiana: The Review of Politics, 1941)와 Maurice Duverger, *Political Parties: Their Organization and Activity in the Modern State* (New York: John Wiley 1954) 참조.

12) Arturo Israel, *Institutional Development: Incentives to Performance* (Baltimore: Johns Hopkins University Press, 1987).

13) Elinor Ostrom, *Governing the Commons: The Evolution of Institutions for Collective Action* (New York: Cambridge University Press, 1990). 집합행동의 딜레마에 대한 더 충분한 논의는 제6장 참조.

14) Robert A. Dahl, *Polyarchy: Participation and Opposition* (New Haven: Yale University Press, 1971); Seymour Martin Lipset, *Political Man* (New York: Doubleday, 1960).

15) Israel, *Institutional Performance,* p. 112.

16) Gabriel A. Almond and Sidney Verba, *The Civic Culture: Political Attitudes and Democracy in Five Nations* (Princeton: Princeton University Press, 1963). 사회문화적 변수에 기초한 광범위한 비교정치분석 중 다음 참조. Harry Eckstein and Ted Robert Gurr, *Patterns of Authority: A Structural Basis for Political Inquiry* (New York: John Wiley and Sons, 1975); Samuel Beer, *British Politics in the Collectivist Age* (New York: Norton, 1982); Anthony King, "Ideas, Institutions and the Policies of Government," *British Journal of Political Science* 3 (1973): 291-313; Ronald Inglehart, *Culture Shift in Advanced Industrial Society* (Princeton, N.J.: Princeton University Press, 1990); Michael Thompson, Richard Ellis, and Aaron Wildavsky, *Cultural Theory* (San Francisco: Westview Press, 1990) and Harry Eckstein, *Regarding Politics: Essays on Political Theory, Stability, and Change* (Berkeley: University of California Press, 1992), 제7-8장.

17) Alexis de Tocqueville, *Democracy in America*, ed. J. P. Mayer, trans. George Lawrence (Garden City, N.Y.: Anchor Books, 1969).

18) Philip Selznick, *TVA and the Grass Roots: A Study in the Sociology of Formal Organization* (Berkeley, California: University of California Press, 1953), p. 250. "뒤죽박죽된 경험적 사실들을 간결하게 짜인 일반 명제로 축소할 의무와 (……) 개별 사례 자체를 모두 독립적으로 이해할 가치가 있는 고유한 구성으로 다루어야 한다는 압력" 사이에서 사회과학자들이 직면한 딜레마에 대한 논의는 다음 참조. Stein Rokkan, "The Structuring of Mass Politics in the Small European Democracies," *Comparative Studies in Society and History* 10 (1968): p. 173.

19) 너무도 명확해서 연구자들이 바로 이해할 때 연구 결과는 검증을 통과한다.

1） Sidney Tarrow, "Local Constraints on Regional Reform: A Comparison of Italy and France," *Comparative Politics* 7 (October 1974): 36.

2） 제도화와 정치 발전의 고전적 논의에 대해서는 다음 참조. Samuel P. Huntington, *Political Order in Changing Societies* (New Haven: Yale University Press, 1968).

3） James G. March and Johan P. Olsen, *Rediscovering Institutions: The Organizationalasis of Politics* (New York: Free Press, 1989), p. 159, p. 164.

4） Harry Eckstein, "Political Culture and Change," *American Political Science Review* 84 (1990): 254에서 인용. 1870년에서 1990년까지 프랑스의 새로운 지역 제도 수립 노력의 결과에 대한 평가는 Vivien A. Schmidt, *Democratizing France: The Political and Administrative History of Decentralization* (New York: Cambridge University Press, 1990) 참조.

5） Percy A. Allum and G. Amyot, "Regionalism in Italy: Old Wine in New Bottles?" *Parliamentary Affairs* 24 (Winter 1970171): 53-78.

6） Emiliana Noether in *Regionalismo e centralizzazione nella storia di ltalia e Stati Uniti*, Luigi De Rosa and Ennio Di Nolfo, eds. (Florence: Olschki, 1986), p. 34.

7） Giulio Lepschy, "How Popular is Italian?" in *Culture and Conflict in Postwar Italy: Essays on Mass and Popular Culture*, Zygmunt G. Baranski and Robert Lumley, eds. (London: Macmillan, 1990), p. 66.

8） Carlo Ghisalberti, "Accentramento e decentramento in ltalia," in *Regionalismo e centralizzazione*, edited by De Rosa and Di Nolfo 참조. 중앙집권화를 대체하는 지역자치화를 거부한 이탈리아 통일 세력의 결정에 대한 이탈리아 역사가들 사이의 논쟁은 계속되고 있다. 남부 지역은 사회문화적 후진성으로 지방자율성을 갖추지 못했다는 점에 대한 심도 있는 주장은 Carlo Tullio-Altan, *La nostra Italia: Arretratezza socioculturale, clientelismo, trasformismo e rebellismo dall' Unita ad oggi* (Milan: Feltrinelli, 1986), pp. 50-52 참조.

9） Martin Clark, *Modern Italy 1871-1982* (New York: Longman, 1984), p. 58; Robert C. Fried, *Planning the Eternal City: Roman Politics and Planning since World War II* (New Haven: Yale University Press, 1973), pp. 168-69; Raphael Zariski, *Italy: The Politics of Uneven Development* (Hinsdale, Illinois: Dryden Press, 1972), pp. 121-122.

10） Percy A. Allum, Italy: Republic without Government? (New York: Norton, 1973), pp. 221-223; Robert C. Fried, *The Italian Prefects* (New Haven: Yale

University Press, 1963)

11) Clark, *Modern Italy*, pp. 58-61.

12) 지방 개혁이 시작되었던 1970년대 초, 이탈리아의 중심-주변부 관계에 대한 유사한 분석으로는 다음 참조. Sidney Tarrow, *Between Center and Periphery: Grassroots Politicians in Italy and France* (New Haven: Yale University Press, 1977).

13) Clark, *Modern Italy,* pp. 238-240.

14) 지방개혁운동에 대한 더 자세한 설명은 다음 참조. Robert Leonardi, Raffaella Y. Nanetti, and Robert D. Putnam, "Devolution as a Political Process: The Case of Italy," 11 *Publius* (Winter 1981): pp. 95-117; Robert Leonardi, Raffaella Y. Nanetti, and Robert D. Putnam, "Italy-Territorial Politics in the Post-War Years: The Case of Regional Reform," in *Tensions in the Territorial Politics of Western Europe,* edited by R. A. W. Rhodes and Vincent Wright (London: Frank Cass & Company, 1987), pp. 88-107; Peter Gourevitch, "Reforming the Napoleonic State: The Creation of Regional Governments in France and Italy," in *Territorial Politics in Industrial Nations,* edited by Sidney Tarrow, Peter J. Katzenstein and Luigi Graziano (New York: Praeger, 1978), pp. 28-63; and Tarrow, "Local Constraints on Regional Reform," pp. 1-36.

15) 주정부는 1949년까지 시칠리아, 사르데냐, 발레다오스타, 트렌티노알토아디제에서 수립되었다. 다섯 번째 특별지역인 프리울리베네치아 줄리아 주정부 수립은 유고슬라비아와의 트리에스테 지역 분쟁에 얽혀 1964년으로 연기되었다.

16) 단 5년 동안 남부 이탈리아 전체 인구의 7% 이상이 북부로 이주했다. 이에 대해서는 Paul Ginsborg, "Family, Culture and Politics in Contemporary Italy," in *Culture and Conflict in Postwar Italy: Essays on Mass and Popular Culture,* edited by Zygmunt G. Baranski and Robert Lumley (London: Macmillan, 1990), p. 33; Paul Ginsborg, *A History of Contemporary Italy: Society and Politics 1943-1988* (London: Penguin Books, 1990), pp. 218-220 참조.

17) Allum, *Italy: Republic without Government?* p. 236.

18) Clark, *Modern Italy*, pp. 391-392.

19) *XV rapporto/1981 sulla situazione social del paese,* Censis Ricerca (Rome: Franco Angeli, 1981), p. 503. 1991년까지 전체 지역 관료 수는 9만 명에 이르렀다. *Il Messaggero* (Rome), August 10, 1991, p. 12.

20) *Ottavo rapporto sullo stato dei poteri locali/1991* (Rome: Sistema Permanente di Servizi, 1991), pp. 231-240. 지역의 더 많은 과세 권한 요구에도 불구하고, 지역의 직접과세소득(중앙정부에서 권한 이양된 재정과는 별개의)은 1980년 4.3%에

서 1989년 1.8%로 떨어졌다. 중앙정부의 과세 권한과 지역의 지출 권한 간 이러한 불일치는 지역자치와 책임성에 심각한 장애물로 남았다. [표 2.7]에서 보는 것과 같이, 대부분의 이탈리아 국민은 주정부의 더 많은 과세 권한을 지지했고, 1991년까지 이러한 종류의 더 진전된 개혁안이 적극적으로 고려되었다. *Il Messaggero* (Rome), August 10, 1991, p. 12 참조.

21) Max Weber, "Politics as a Vocation," in *From Max Weber: Essays in Sociology*, eds. and trans. H.H. Gerth and C. Wright Mills (New York: Oxford University Press, 1958), p. 128.

22) 이 장의 지역 정치 엘리트 변화에 대한 기술은 1970년, 1976년, 1981-1982년, 1989년에 6개 지역에서 우리가 실시한 주의회 의원들에 대한 설문조사에 기초한다.

23) Marcello Fedele, *Autonomia Politica Regionale e Sistema dei Partiti*(Milan: Giuffrè, 1988), p. 18, p. 42. 페델레의 지역 표본은 그가 바실리카타 대신 토스카나를 포함한 것을 제외하면 우리와 동일하다. 그는 정당 중 기민당, 공산당, 사회당만 포함시켰는데, 우리는 표본에 군소정당도 포함시켰다.

24) 유일한 예외는 라치오(Lazio, 로마의 주변 지역)주였는데, 주의원의 절반 정도가 다른 지역, 주로 남부 출신이었다. 라치오 의회의 이주자 출신(newcomers) 비율은 지난 40년간 남부 이주자들이 로마로 급속하고 지속적으로 유입되었다는 점을 반영한다.

25) 의원 교체율 감소가 종종 의회제도화의 지표로 사용되지만, 이는 이탈리아 주의회 사례로는 딱 들어맞지 않는다. 교체율은 초기 의원 세대에서는 상대적으로 낮았다. 1970년에 선출된 의원의 2/3가 1975년에 재선했는데, 이는 다른 나라의 주의회와 비교할 때 안정성이 높은 수준이다. 하지만 그다음 의회에서 교체율이 약 50%로 소폭 증가했기 때문에 주의회 평균 재직기간은 5년 임기 두 차례에는 조금 못 미치는 것으로 유지되었다.

26) 여기서 제기된 여러 가지 쟁점을 다루고 있는 미국 의회의 제도화에 대한 논의는 다음 참조. Nelson W. Pols by, "The Institutionalization of the U.S. House of Representatives," *American Political Science Review* 62 (March 1968): pp. 144-168.

27) 이러한 변화의 상당 부분이 대처와 레이건 등장 이전에 이미 나타났고, 동유럽의 공산주의 붕괴 이전에 마무리되었다.

28) 이러한 결과는 조사에 응한 의원들이 각 정당에서 좌우 100점 척도 중 어디에 위치하는가에 대한 질문에서도 충분히 확인된다. 1970년부터 1989년까지, 좌파 정당의 평균 척도는 오른쪽으로 이동한 반면, 우파 정당의 위치는 왼쪽으로 이동했으며, 중도 정당은 중간 지점에서 좁은 범위로 왔다 갔다 했다. 결국 모든 정당이 정치

스펙트럼상 꾸준히 중앙에 수렴된 것이다.

29) 비교연구는 엘리트와 대중의 대조적 합의 유형을 규명해왔는데, 여기에는 '경쟁 엘리트' 모델(당파성의 거리가 엘리트 수준에서 가장 큼), '합의 엘리트' 모델(당파성의 거리가 대중의 수준에서 가장 큼), '연합 엘리트' 모델(당파성의 거리가 정당 활동가의 중간 수준에서 가장 크고 엘리트 수준에서는 가장 작음)이 포함된다. 단일화된 엘리트가 분열된 엘리트보다 더 과두적이지만, 더 효과적이고 안정적으로 통치한다는 것이 일반적 주장이다. 이 문제에 대한 이론적 논의와 관련 문헌에 대한 인용은 다음 참조. Robert D. Putnam, *The Comparative Study of Political Elites* (Englewood Cliffs, N.J.: Prentice-Hall, 1976), pp. 115-132.

30) 이 문단의 분석 요약은 Robert D. Putnam, *The Beliefs of Politicians: Ideology, Conflict, and Democracy in Britain and Italy* (New Haven: Yale University Press, 1973), pp. 34-41에 기술된 "정치 양식(style)"에 대한 정량적 집계에 기초한다. 1989년 조사는 정치 쟁점에 대한 논의의 연장을 허용하지 않는 폐쇄형 질문으로 제한되어 있다.

31) Giovanni Sartori, "European Political Parties: The Case of Polarized Pluralism," *Political Parties and Political Development,* edited by Joseph LaPalombara and Myron Weiner (Princeton: Princeton University Press, 1966), pp. 137-176.

32) 이러한 문제와 결합된 전후 서유럽 정당체계 변화에 대한 논의는 Otto Kirchheimer, "The Transformation of the Western European Party Systems" in *Political Parties and Political Development,* edited by LaPalombara and Weiner, pp. 177-200 참조.

33) 적절한 설명을 담은 포괄적 목록이 되기 위해서는 다양한 하위 유형과 선택적 은퇴와 결합한 생애주기 변화와 같은 혼합 유형을 구분해야 한다. (예를 들어 온건화를 단순히 정치인의 노령화로 돌리는 것은 연이은 의회의 평균 연령 변화가 없다는 점에서 유효하지 않다.) 이러한 복잡한 대안적 설명들을 구분하려면, 더 정교한 분석과 탄탄한 자료가 요구된다. 이 책에서 논의한 세 가지 이론들은 가장 설득력 있고 간결하다.

34) 1989년 조사는 패널조사가 아니었기 때문에, 즉 우리가 1981-1982년 조사의 응답자들을 다시 인터뷰하지 않았기 때문에, 1980년대의 변화에 대한 구체적 분석을 수행할 수 없었다.

35) 사회변동에 대한 통계분석은 미로와 같기로 악명 높다. 관련 통계자료는 부록 B 참조.

36) Joseph LaPalombara, "Italy: Fragmentation, Isolation, and Alienation," in *Political Culture and Political Development,* edited by Lucian W. Pye and Sidney Verba

(Princeton: Princeton University Press, 1965), pp. 282-329, 그리고 Putnam, *Beliefs of Politicians,* pp. 56-58, pp. 82-90 참조.

37) Samuel P. Huntington, *Political Order in Changing Societies,* p. 20.

38) James Walston, *The Mafia and Clientelism: Roads to Rome in Post-War Calabria* (New York: Routledge, 1988), p. 79, p. 127에 따르면, 이탈리아 전 지역 중 가장 성공적이지 못했다고 평가받는 칼라브리아주에서조차 주정부의 등장으로 국회의원, 장관, 파견장관의 중요성은 상당 부분 떨어지고, 지역간부의 권한이 강화되었다.

39) 전국적인 정치 위기로 6개월 이내 붕괴한 주연립정부의 비율은 1970-1975년 37%에서 1985-1990년 8%로 감소했다. Marcello Fedele, "I processi politico-istituzionali nei sistemi regionali," 지역문제에 대한 국회위원회 연구보고서 (a research report to the Parliamentary Committee for Regional Questions), Dossier n. 416, 10th Legislature (Rome: Camera dei Deputati, 1990). 우리에게 이 보고서에 대해 알려준 난도 타시오티(Nando Tasciotti)에게 감사한다.

40) 1970년 주의원은 평균적으로 주내각 인사들보다 지방정당의 지도자들을 더 자주 만났지만, 1989년에는 이러한 경향 역시 역전되었다.

41) 주의원들은 유권자의 결정에서 중앙, 지역, 지방당 지도부 그리고 지역 및 지방당의 강령이 별로 중요하지 않다고 보았다.

42) 지역대표자회의연구센터(*Cinsedo*)는 "일반"주가 활용할 수 있는 자원 중 82%("특별"주의 경우 활용 가능 자원 중 36%에 불과함에도 불구하고)가 중앙정부의 결정에 제약을 받는다고 평가했다. *Il Messaggero* (Rome), August 10, 1991, p. 12 참조.

43) Raphael Zariski, "Approaches to the Problem of Local Autonomy: The Lessons of Italian Regional Devolution," *West European Politics* 8 (July 1985): pp. 64-81; Bruno Dente, "Intergovernmental Relations as Central Control Policies: The Case of Italian Local Finance," *Government and Policy* 3 (1985): pp. 383-402.

44) Morton Grodzins, *The American System: A New View of Government in the United States,* edited by Daniel Elazar (Chicago: Rand McNally and Co., 1966), pp. 8-9, p. 14, 이 비유는 미국의 정부 간 관계를 묘사하기 위해 소개되었다.

45) Zariski, "Approaches to the Problem of Local Autonomy," and Nicola Bellini, "The Management of the Economy in Emilia-Romagna: The PCI and the Regional Experience," in *The Regions and European Integration: The Case of Emilia-Romagna,* edited by Robert Leonardi and Raffaella Y. Nanetti (New York: Pinter, 1990), p. 121 참조.

46) 근래 서구 국가의 분권화와 중심-주변 관계에 관한 문헌이 광범위하게 나오고 있다. 관련된 비교연구 분야의 유용한 개론서로 다음 참조. *Territorial*

Politics in Industrial Nations, edited by Tarrow, Katzenstein and Graziano; *Decentralist Trends* in *Western Democracies,* edited by L. J. Sharpe (Beverly Hills: Sage Publications, 1979); *Centre-Periphery Relations* in *Western Europe,* edited by Yves Mény and Vincent Wright (London: Allen & Unwin, 1985); *Tensions in the Territorial Politics of Western Europe,* edited by Rhodes and Wright; and *Central and Local Government Relations: A Comparative Analysis of West European Unitary States,* edited by Edward C. Page and Michael J. Goldsmith (Beverly Hills: Sage Publications, 1987).

47) 흥미롭게도 일반 유권자는 주정부에 대해서는 약간 덜 비판적이다. 1982년, 1987년, 1988년 조사에서 같은 진술에 대해 40-45%만 동의했다.

48) [표 2.5]는 지역사회 지도자에 대한 1982년 전국조사에 기초한 것이다. 일부 지역에서만 실시한 1989년 지역사회 지도자 조사에서도 거의 동일한 결과가 나왔다.

49) 산업, 노동, 농업, 상업과 같은 분야에서 가장 강력하게 제기된 이러한 비판은 주행정부와의 접촉에 대해서도 자주 있었다. 지방정부 관료들은 주정부의 행정 실패에 대해 좀 더 관용적이었는데, 아마도 그들이 이탈리아의 공공관리 실패를 이해하기 때문일 것이다.

50) 세부 분석을 통해 거의 모든 분야에서 규모가 작은 집단—더 작은 도시, 더 작은 농민단체, 더 작은 기업 등—의 대표자일수록 규모가 큰 집단의 대표자보다 지역 개혁에 호의적이다. 규모가 작은 이익단체들은 멀리 있는 중앙정부(로마)와 비교해, 특히 지역문제 처리에 장점이 있다는 점에 민감하게 반응하는 것으로 보인다.

51) Robert D. Putnam, "The Political Attitudes of Senior Civil Servants in Western Europe: A Preliminary Report," *British Journal of Political Science* 3 (1973): p. 278.

52) 아이러니하게도 주정부에 대한 인지도는 모든 지역 중 가장 오래된 남부의 두 "특별"주에서 가장 낮았다. 1982년 35세 이상의 시칠리아와 사르데냐 시민 중 거의 절반 이상이 그들이 속한 주정부에 대해 들어본 적 없다고 대답했다.

53) M. Kent Jennings and Harmon Zeigler, "The Salience of American State Politics," *American Political Science Review* 64 (1970): pp. 523-535.

54) [표 2.7]에 제시된 질문에 대한 응답은 1980년대 우리가 실시한 조사에서 꽤 안정적으로 유지되었다.

55) 이후 우리는 자신이 속한 주정부가 지금 실패하고 있다는 남부 주민의 분노(unhappiness)를 뒷받침하는 근거를 제시할 것이다. 그러므로 [표 2.7]에서 제시한 질문에 대해 더 많은 지역자치에 대한 지지가 북부만큼이나 남부에서도 거세다는 것에 방점을 찍는 것이 중요하다.

56) 이 책의 모든 자료 분석을 통해 '북부'는 토스카나, 움브리아, 마르케 북쪽의 모든

지역을, '남부'는 라치오와 아브루치 남쪽의 모든 지역을 말한다.

57) 이러한 일반적 경향은 "매우" 혹은 "다소" 만족하다고 답변한 응답자들에 따른 것이다. 20개 주 중 2곳, 발레 다오스타와 몰리세는 전국 표본에 게재하기에는 너무 숫자가 적어서, 이 분석에서는 불가피하게 제외했다.

58) [그림 2.9]는 1988년 조사에 기초하지만, 동일한 양상이 우리의 모든 조사에서 나타난다.

59) 우리는 이 질문을 1976년 지역사회 지도자들에게 했지만, 일반 유권자에게는 1981년까지 하지 않았다.

60) 일반인 대상 설문조사에서 청년층은 주정부의 실용적 운영 평가와는 상관관계가 없지만, 항상 지역 개혁의 원칙을 지지하는 강력한 선행 변수다. 즉 이탈리아 청년층은 "공감적 비판자" 경향이 더 강하다.

61) Fedele, "I processi politico-istituzionali nei sistemi regionali,"와 p. 41 상단에 제시한 자료 참조.

62) 자신들의 이전 연구 자료의 사용을 허락한 조사기관 DOXA에 감사드린다.

63) 장기간에 걸쳐 있을 때 비교가능성(comparability)을 보장하기 위해, [표 2.9]에서 지역사회 지도자들에 대한 자료는 6개 선택지역으로 한정했다. 하지만 1982년과 1989년에는 다른 지역도 표본을 뽑았고, 6개 지역의 조사표본 분포는 정확히 전국 조사를 반영했다.

64) 1987년 조사에서 남부 지역 유권자는 37% 대 24%로 지역 개혁[주정부 설립]을 통한 손해보다는 이익이 많다고 응답했다. 북부 지역 유권자에서는 45% 대 11%로 나타났다. 1989년 조사에서 남부 지역사회 지도자들은 54% 대 15%로 지역 개혁에서 손해보다 이익이 많다고 보았고, 북부 지역 지역사회 지도자들에서는 68% 대 3%로 나타났다. 이 장의 주 55 참조.

65) Elisabeth Noelle and Erich Peter Neumann, *Jahrbuch der Öffentlichen Meinung* (Allensbach: Institut für Demoskopie, 1967), p. 458; Elisabeth Noelle-Neumann, *The Germans: Public Opinion Polls, 1967-1980* (Westport, Connecticut: Greenwood Press, 1981), p. 175. DOXA(Milan)가 제공한 미출간본 독일 여론 조사 결과도 참고함. Arnold Brecht, *Federalism and Regionalism in Germany* (New York: Oxford University Press, 1945)는 1870년대 독일통일 이전 시기의 연방주의와 지역자치주의에 대해 다룬다. 독일의 정부 간 관계에 대한 포괄적 개요는 Joachim Jens Hesse, "The Federal Republic of Germany: From Co-operative Federalism to Joint Policy-Making," in *Tensions in the Territorial Politics of Western Europe,* edited by Rhodes and Wright, pp. 70-87 참조.

66) *Il Messaggero* (Rome), August 10, 1991, p. 12; *La Repubblica* (Rome), November

20, 1991, p. 17; *Ottavo rapporto sullo stato dei poteri locali*/1991, pp. 18-19 참조.

제3장_제도 성과 측정

1) Robert A. Dahl, "The Evaluation of Political Systems," in *Contemporary Political Science: Toward Empirical Theory*, edited by lthie1 de Sola Pool (New York: McGraw-Hill, 1967), pp. 179.

2) Kenneth Shepsle, "Responsiveness and Governance," *Political Science Quarterly* 103 (Fall 1988): pp. 461-484.

3) Robert Dahl, *Polyarchy: Participation and Opposition* (New Haven: Yale University Press, 1971), p. 1. John Stuart Mill, "Of the Proper Functions of Representative Bodies," in *"On Liberty"* and *"Considerations on Representative Government"*, ed. R. B. MacCallum (Oxford: Basil Blackwell, 1948)도 참조.

4) 통계방법론의 용어로 이 네 가지 검증은 '표면적 타당도'(face validity, 지표들이 표면적으로 제도적 성공의 중요한 특성들을 측정할 수 있는가?), 내적 타당도 (internal validity, 지표들이 단일한 지수로 타당성 있게 결합할 만큼 명료하게 상호연관되어 있나?), 검사-재검사 신뢰도(test-retest reliability, 지수의 점수가 시간이 경과해도 상대적으로 안정적인가?), 외적 타당도(external validity, 지수의 점수가 제도 성과의 독립지표와 강하게 연관되어 있는가?)와 일치한다.

5) Harry Eckstein, "The Evaluation of Political Performance: Problems and Dimensions," *Sage Professional Papers in Comparative Politics* 2, no. 1-17 (1971); Ted Robert Gurr and M. McClelland, "Political Performance: A Twelve-Nation Study," *Sage Professional Papers in Comparative Politics* 2, no. 1-18 (1971).

6) J. Roland Pennock, "Political Development, Political Systems, and Political Goods," *World Politics* 18 (1966): 421.

7) Eckstein, "Evaluation of Political Performance," p. 8.

8) 5개 "특별주"의 선거 주기는 약간 다른 일정을 따르기 때문에, 1975-1985년 중 최대한 가까운 의회 기간의 자료를 사용했다. 마르첼로 페델레 교수가 그의 논문 "I processi politico-istituzionali nei sistemi regionali"에서 프로젝트로 진행한 내각 안정성에 대한 자료를 기꺼이 사용하게 해준 데 감사하다.

9) 자료는 *Secondo rapporto sullo stato dei poteri locali/1985* (Rome: Sistema Permanente di Servizi, 1985), p. 163에서 가져왔고, 주정부가 직접 수집한 자료로 보완했다.

10) *XV rapporto/1981 sulla situazione sociale del paese*, Censis Ricerca (Rome: Franco Angeli, 1981), p. 509.

11) 주 30번 참조. 평가 절차에 대한 자세한 기술은 각 정책 영역에서 각 주정부의 구체적 점수에 대한 설명과 함께 우리 연구진이 집필했던 *La Pianta e le Radici: ll radicamento dell'istituto regionale nel sistema politico italiano* (Bologna: II Mulino, 1985), pp. 203-278 참조. 가장 효과적인 입법 성과를 낸 12개 주의 관련 정책 기획에 대한 설명은 Raffaella Y. Nanetti, "Social, Planning, and Environmental Policies in a Post-Industrial Society," in *The Regions and European Integration: The Case of Emilia-Romagna*, edited by Robert Leonardi and Raffaella Y. Nanetti (New York: Pinter, 1990), pp. 145-170 참조. 나네티 교수가 우리 프로젝트에서 이 부분을 담당했다.

12) Jack L. Walker, "The Diffusion of Innovations among the American States," *American Political Science Review* 63 (1969): 880-899 참조.

13) [표 3.1]의 '요인 적재값'이란 어떤 단일 지표와 종합지수(composite index) 간 상관관계를 말하는 것으로, 12개 개별 점수의 주요 구성요소 분석에 기초한 요소 점수이다. 이 방법은 이론적 변수의 여러 지표를 결합하여 단일지수화하는 가장 신뢰할 만하고 유용한 수단이다. 이에 대해서는 R. A. Zeller and E. G. Carmines, *Measurement in the Social Sciences* (New York: Cambridge University Press, 1980) 참조. 이 책의 모든 지수는 이 기술적 방법론에 바탕을 둔다.

14) 엄격히 말하면, 우리가 부여한 점수는 해당 지역에서 그 법이 최초로 통과한 날짜와 우리가 이 부분에 해당하는 이 책의 작업을 마친 1984년 12월 사이 관련 법률이 시행되었던 개월수를 비율화한 것에 기초한다. 1984년 12월 기준, 관련 법률은 평균적으로 절반이 조금 넘는 지역에서 채택되었다. 이 변수에 대한 자료를 5개 특별주에서는 사용할 수 없었다.

15) 주간돌봄센터에 대한 이 자료는 Pierluigi Bersani to an international seminar on "Participation and Management in Child-Care Services," Bologna, October pp. 17-19, 1984(미출간)에서 가져왔다.

16) *XIII rapporto/1979 sulla situazione sociale del paese,* Censis Ricerca (Rome: Fondazione Censis, 1979), p. 410.

17) 지역산업계획에 대한 자세한 설명은 다음 참조. Nicola Bellini, Maria Grazia Giordani, and Francesca Pasquini, "The Industrial Policy of Emilia-Romagna: The Business Service Centres," in *Regions and European Integration*, edited by Leonardi and Nanetti, pp. 171-186.

18) 프리울리베네치아줄리아주와 칼라브리아주는 모두 당시 중앙정부 통제하에 있

었으므로, 이 지표는 당시 내각의 이념적 성향을 단순 반영하지 않는다. 이 자료는 *Primo rapporto sullo stato dei poteri locali/1984* (Rome: Sistema Permanente di Servizi, 1984), p. 54에서 가져왔다.

19) *Primo rapporto sullo stato dei poteri locali/1984*, pp. 50-51.

20) 같은 책, p. 220.

21) 우리 척도의 정확성은 지속적인 연간 척도들의 요인점수를 지수화한 데서 나오는데, 이 연간 척도들은 고도로 상호연관되어 있다. 즉 1979년 주거에 가장 효과적으로 재정 지출을 한 지역이 1981, 1985, 1987년도에도 가장 효과적인 결과를 보였다. 이 자료들의 출처는 다음 참조. *XIII rapporto/1979 sulla situazione sociale del paese*, Censis Ricerca (Rome: Fondazione Censis, 1979), 476, p. 481; *XV rapporto/1981 sulla situazione sociale del paese*, Censis Ricerca (Rome: Franco Angeli, 1981), p. 417; *Annuario 1985 delle autonomie locali*, ed. Sabino Cassese (Rome: Edizioni delle Autonomie, 1984), p. 103; *XXI rapporto/1987 sulla situazione sociale del paese*, Censis Ricerca (Rome: Franco Angeli, 1987), p. 794.

22) 로베르트 레오나르디(Robert Leonardi)가 이 기획을 착안하고 주도해 진행했다.

23) 이 세 분야―농업, 보건, 직업훈련―를 합하면 전체 지역 예산의 2/3를 차지한다. 전체 민원인 중 33%는 우편 단계에서 만족할 만한 답변을 얻었고, 57%는 전화 민원을, 10%는 개별 방문을 해야 했다.

24) 12개 척도 간 66개 이변량 상관계수 평균 r = .43이다. 66개 변수 중 하나를 제외하면 통계적으로 올바르고, 사례수가 많지 않음에도 불구하고, 2/3는 통계적으로 유의미한 수준인 .05에 있다. 제도 성과 지수에 기초한 주요 구성 요인 분석(a principal components factor analysis)에서 나오는 첫 번째 요인이 12개 지표 간 총 공분산(common variance)의 절반 이상을 설명하고 있다.

25) 이 이전 연구에 대한 자세한 설명은 다음 참조. Robert D. Putnam, Robert Leonardi, Raffaella Y. Nanetti, and Franco Pavoncello, "Explaining Institutional Success: The Case of Italian Regional Government," *American Political Science Review* 77 (March 1983): pp. 55-74.

26) 시민이 지방자치단체의 서비스를 평가하는 데 있어, 그 유용성에 관해 공공정책을 다룬 문헌에서 갑론을박이 있어왔다. 이 논쟁을 훌륭하게 요약한 것으로 다음 참조. Jeffrey L. Brudney and Robert E. England, "Urban Policy Making and Subjective Service Evaluations: Are They Compatible?" *Public Administration Review* 42 (March-April 1982): pp. 127-135. 시민평가의 유용성을 긍정적으로 분석한 문헌은 다음 참조. Roger Parks, "Complementary Measures of Police Performance," in *Public Policy Evaluation*, Sage Yearbook in Politics and Public

Policy, ed. Kenneth M. Dolbeare (Beverly Hills, California: Sage Publications, 1975), pp. 185-215; Peter Rossi and Richard A. Berk, "Local Roots of Black Alienation," *Social Science Quarterly* 54 (March 1974): pp. 741-758; H. Schuman and B. Gruenberg, "Dissatisfaction with City Services: Is Race an Important Factor?" in *People and Politics in Urban Society*, ed. Harlan Hahn (Beverly Hills, California: Sage, 1972), pp. 369-392. 부정적 평가에 대해서는 다음 참조. Brian Stipak, "Citizen Satisfaction with Urban Services: Potential Misuse as a Performance Indicator," *Public Administration Review* 39 (January-February 1979): pp. 46-52.

27) Stipak, "Citizen Satisfaction with Urban Services."

28) 이 전국 조사는 우리를 대신해 DOXA 여론조사 연구소에서 1977, 1979, 1981, 1982, 1987, 1988년에 실시했다. 지역별 점수는 이전 조사와 다음 조사까지 상관관계가 매우 높았다(r = .7 - .8, 이는 표본추출상 오류가 매우 낮아진 수치다). 우리가 제시한 시민만족도 지수는 여섯 번의 전국 조사 각 평균 지역 만족도의 주요구성분석에 기초한 요인 점수이다. 이 지수의 평균 [요인] 적재값은 .87이다. 발레다오스타주와 몰리세주는 [표본수가] 너무 적어서 모든 DOXA 조사에서 제외했으며 이 분석에서도 마찬가지이다.

29) 트렌티노알토아디제주 시민들이 적정해 보이는 성과점수보다 더 행복감[만족도]을 느끼는 이유를 우리는 완벽하게 설명하지 못한다. 하지만 이 알프스 지역에는 민족적 자의식이 강한 독일계 소수민족이 대거 포함되어 있으며, 이들에게 주정부는 민족자치의 중요한 기준으로서 그들에게 특별한 지위의 상징이다. 이들 주민(*südtiroler*)은 공공정책에 관한 주정부의 성과와는 아주 별개로 "특별"주의 상징성에 특별한 만족감을 느낄 수 있다. 이 지역을 계산에서 빼면, 시민 만족도와 제도성과 지수 간 상관계수는 r = .90으로 상승한다.

30) 시민 만족도는 우리가 개별적으로 취한 성과지표 하나하나와 유의미한 상관관계를 가진다. 개별적으로 가장 상관성(괄호는 r값)이 큰 것은 입법 혁신(.89), 내각의 안정성(.80), 개혁 입법(.74), 관료의 반응성(.73)이었다.

31) 이러한 일반화는 이탈리아 '전역'과 각 지역 '안'에 모두 적용된다. 이 일반화의 유일한 부분적 예외는 1980년대 후반 다수 지역에서 있었는데, 모든 각급 정부―중앙, 지방, 주―의 만족도가 대도시보다 소도시에서 더 급격히 증가했다. 이 흥미로운 사실에 대해 설명할 수는 없지만, 이것이 우리의 주장에 심각한 손상을 입히지는 않는다.

32) 여당과 야당 역할의 모호성을 피하기 위해, 스스로 자신을 공산당과 기민당의 지지자라고 밝힌 사람만 집계에 포함했다.

33) [표 2.5] 참조.

34) 방법론상, 적은 표본과 표본추출 오류는 인위적으로 상관성의 축소("감소")로 귀결된다. 이러한 상관성 감소를 교정함으로써 지역사회 지도자의 견해와 우리 지수 간의 상관성을 강화하고자 한다. 즉 [그림 3.4]의 자료는 실제 상관 정도보다 축소된 것이다.

35) [그림 3.4]에서 특별주와 일반주를 나누어 분석하는 것은 표본이 너무 작아서 확정하기는 힘들지만, 두 집단에서 약간 다른 유형이 나타나기 때문이다. 성과의 차이가 만족도에 미치는 영향은 일반주보다는 특별주에서 약간 더 큰 것으로 나타나는데, 특별주의 지역사회 지도자들이 주정부에 대한 확고한 비판자 혹은 확고한 옹호자가 되는 데 더 오랜 시간이 걸렸기 때문으로 보인다. 그럼에도 불구하고 지역의 각 지도자 집단 내 만족도와 성과는 밀접한 상관관계를 보인다.

36) 주정부의 성과와 그에 속한 시민의 만족도는 부록 E에서 증명하는 바와 같이, 해당 주에 속한 '지방'정부의 성과 및 만족도 수준과 밀접한 상관성을 보인다. 이는 정부 성과의 기본적 결정 요인이 정책과 특정 현직 인사의 특성보다는 정부 주변의 사회적 환경과 더 관련되었음을 시사한다. 반대로 '중앙'정부에 대한 집합적 만족도는 이들 평가와 무관하다. 즉 주정부와 지방정부에 비교적 만족하는 지역에 단순히 "후한 점수를 주는 사람들(easy grader)"이 거주하는 것은 아니다. 이러한 사실은 제4-6장에서 제시하는 정부 성과에 대한 맥락적 해석과 전적으로 일치한다.

제4장_제도 성과에 대한 설명

1) Robert A. Dahl, *Democracy and its Critics* (New Haven: Yale University Press, 1989), pp. 251-254. Dahl, *Polyarchy*, pp. 62-80. Seymour Martin Lipset, *Political Man* (New York: Doubleday, 1960)도 참조. 이 책의 제2장은 오늘날 이 문제에 대해 다루고 있는 경험적 연구의 기원이다. C. F. Cnudde and D. Neubauer, *Empirical Democratic Theory* (Chicago: Markham, 1969)는 근대화와 민주주의에 관한 1960년대 연구를 찾아보기 쉽게 모아놓았다. 경제발전과 민주주의 간 상관관계를 확증하는 최근의 정교한 분석에 대해서는 다음 참조. John Helliwell, "Empirical Linkages between Democracy and Economic Growth," NBER Working Paper 4066 (Cambridge, Massachussetts: National Bureau of Economic Research, 1992).

2) Kenneth A. Bollen and Robert W. Jackman, "Economic and Noneconomic Determinants of Political Democracy in the 1960s," *Research in Political Sociology*

(1985), pp. 38-39; Samuel H. Huntington, *The Third Wave: Democratization in the Late Twentieth Century* (Norman, Oklahoma: University of Oklahoma Press, 1991), p. 60에서 인용.

3) Robert C. Fried and Francine F. Rabinovitz, *Comparative Urban Politics: A Performance Approach* (Englewood Cliffs, N.J.: Prentice Hall, 1980), p. 66.

4) 여기서 경제적 근대성은 1970년부터 1977년까지, 일인당 소득과 총지역생산, 농업과 산업의 노동력 점유율과 부가가치 점유율에 기초한 요인점수로 측정된다. 이 요인들은 매우 높게 상호연계되어 있다(평균 요인 적재값 = .90). 이러한 척도뿐 아니라, 풍요와 사회경제적 근대화에―자동차산업에서 실내 배관업에 이르기까지―관련된 다른 모든 지표도 본질적으로 동일한 결과를 나타낸다.

5) 인구수는 롬바르디아가 바실리카타와의 차이를 만드는 또 다른 요소이지만, 20개 모든 주를 고려하면, 인구수와 제도 성과는 전혀 상관관계가 없다.

6) [그림 4.2]의 우상단 사분면에서 더 발전된 지역 '사이'에서 경제적 근대성과 제도 성과 간 상관계수 r = -.03이고, 좌하 사분면의 덜 발전된 지역의 상관계수 r = .05이다.

7) J. G. A. Pocock, *The Machiavellian Moment: Florentine Political Thought and the Atlantic Republican Tradition* (Princeton: Princeton University Press, 1975) 참조.

8) 물론 이 역사적 대화에서 "공화주의"뿐 아니라 "자유주의"도 현대 미국의 정당정치에서와 마찬가지로 동일한 의미를 가지고 있지 않다. 영미 정치사상의 고전적 자유주의 해석에 관해서는 다음 참조. Louis Hartz, The Liberal Tradition in America (New York: Harcourt, Brace, 1955).

9) Don Herzog, "Some Questions for Republicans," *Political Theory* 14 (1986): p. 473.

10) 이 광범위한 논쟁에 관해서는 (수많은 논문 중) 다음 참조. Robert N. Bellah, Richard Madsen, William M. Sullivan, Ann Swidler, and Steven M. Tipton, *Habits of the Heart: Individualism and Commitment in American Life* (New York: Harper and Row, 1986); Isaac Kramnick, "Republican Revisionism Revisited," *American Historical Review* 87, no. 3 (June 1982): pp. 629-664; Alasdair Macintyre, *After Virtue* (Notre Dame: Notre Dame University Press, 1981); Pocock, *The Machiavellian Moment;* Dorothy Ross, "The Liberal Tradition Revisited and the Republican Tradition Addressed," in John Higham and Paul Conkin, eds., *New Directions in American Intellectual History* (Baltimore: Johns Hopkins University Press, 1979); Michael Sandel, "The Procedural Republic and the Unencumbered Self," *Political Theory* 12 (1984): pp. 81-96; Quentin Skinner,

"The Idea of Negative Liberty: Philosophical and Historical Perspectives," in *Philosophy in History,* eds. Richard Rorty, J. B. Schneewind, and Quentin Skinner (New York: Cambridge University Press, 1984); Michael Walzer, "Civility and Civic Virtue in Contemporary America," *Radical Principles* (New York: Basic Books, 1980); Gordon Wood, *The Creation of the American Republic: 1776-1787* (Chapel Hill: University of North Carolina Press, 1969).

11) Bellah et al., *Habits of the Heart,* p. 28에서 인용.

12) Harry N. Hirsch, "The Threnody of Liberalism: Constitutional Liberty and the Renewal of Community," Political Theory 14 (1986): p. 441.

13) William A. Galston, "Liberal Virtues," *American Political Science Review* 82 (1988): p. 1281.

14) 경험적 방법론을 중시하는 정치학에서 민주주의 성과에 대한 차이를 이해하는 접근법에 많은 영감을 제공한 알몬드와 버바의 기념비적인 연구로 거슬러 갈 수 있다. Gabriel A. Almond and Sidney Verba, *The Civic Culture: Political Attitudes and Democracy in Five Nations* (Princeton: Princeton University Press, 1963).

15) Walzer, "Civility and Civic Virtue," p. 64.

16) Skinner, "The Idea of Negative Liberty," p. 218.

17) Alexis de Tocqueville, *Democracy in America,* ed. J. P. Mayer, trans. George Lawrence (Garden City, N.Y.: Anchor Books, 1969), pp. 525-528.

18) Edward C. Banfield, *The Moral Basis of a Backward Society* (Chicago: The Free Press, 1958), p. 85.

19) 이 부분과 시민의 덕성에 관한 논의 전체에는 다음 저작의 통찰을 상당 부분 참고했다. Jeff W. Weintraub, *Freedom and Community: The Republican Virtue Tradition and the Sociology of Liberty* (Berkeley: University of California Press, 1992).

20) Walzer, "Civility and Civic Virtue," p. 62.

21) Gianfranco Poggi, *Images of Society: Essays on the Sociological Theories of Tocqueville, Marx, and Durkheim* (Stanford: Stanford University Press, 1972), p. 59.

22) Mark Granovetter, "Economic Action and Social Structure: the Problem of Embeddedness," American Journal of Sociology 91 (November 1985): pp. 481-510.

23) Albert O. Hirschman, *Getting Ahead Collectively: Grassroots Experiences in Latin America* (New York: Pergamon Press, 1984), p. 57 외.

24) Tocqueville, *Democracy in America*, pp. 513-514.

25) 같은 책, p. 515.

26) Almond and Verba, *The Civic Culture,* 제11장.

27) Arend Lijphart, *Democracy in Plural Societies* (New Haven: Yale University Press, 1977), pp. 10-11; Lipset, Political Man; David Truman, *The Governmental Process: Political Interests and Public Opinion* (New York: Knopf, 1951).

28) "내 견해로는, 미국에서 지식인과 도덕적 결사체에 대해서는 거의 주목하지 않는다. 정치결사체와 노사 관련 결사체는 쉽게 눈에 띄지만, 그 외 결사체에는 주목하지 않는 경향이 있다." Tocqueville, *Democracy in America,* p. 517.

29) Tocqueville, *Democracy in America,* p. 190.

30) 같은 생각을 가진 사람들의 결사체가 모두 민주주의 목표에 헌신하거나 평등주의적 방식으로 조직되는 것은 아니다. 예를 들어 KKK나 나치 정당을 생각해보라. 민주적 통치를 위한 특정 조직의 영향력을 평가할 때, 반드시 관용과 평등 같은 다른 시민적 덕성도 고려해야 한다.

31) Milton J. Esman and Norman T. Uphoff, *Local Organizations: Intermediaries in Rural Development* (Ithaca: Cornell University Press, 1984), p. 40.

32) Esman and Uphoff, *Local Organizations,* pp. 99-180, David C. Korten, "Community Organization and Rural Development: A Learning Process Approach," *Public Administration Review* 40 (September-October 1980): pp. 480-511. 에스먼과 업호프는 천연자원, 물질적 기반시설, 경제적 자원, 소득분배, 문해력, 당파적 양극화 같은 요소들이 분명히 지방조직 발전에 미치는 영향과 무관하다는 점을 발견한다. 제3세계 발전에 있이 지방 수준 참여가 갖는 효과성과 관련한 진전된 근거는 John D. Montgomery, *Bureaucrats and People: Grassroots Participation in Third World Development* (Baltimore: Johns Hopkins University Press, 1988), pp. 42-57과 이 책에 인용된 연구 성과 참조.

33) Banfield, *Moral Basis of a Backward Society,* p. 10.

34) Alessandro Pizzorno, "Amoral Familism and Historical Marginality," *International Review of Community Development* 15 (1966): pp. 55-66, and Sydel F. Silverman, "Agricultural Organization, Social Structure, and Values in Italy: Amoral Familism Reconsidered," *American Anthropologist* 10, no. 1 (February 1968): pp. 1-19 참조. 밴필드의 책을 통해 촉발된 이 논쟁은 "문화"와 "구조" 중 어떤 것이 인과적 우선성을 갖느냐에 대한 더 광범위한 학계 논쟁의 일부가 되었다. 우리는 이 문제를 제6장에서 다룰 것이다.

35) *Le Associazioni Italiane,* ed. Alberto Mortara (Milan: Franco Angeli, 1985). 자료는 1982년 기준이다. 우리 분석에서 영리 목적의 상업조직, 여행사, 전국 조직의 지방지부는 제외한다. 지방지부를 제외한 것은 "외부에서 들어온(imported)" 조직이

지방결사체적 성향을 다루는 데 결함이 있는 지표가 된다는 가정에서다. 같은 조건에서 제외한 노동조합과 가톨릭 조직은 각기 이 장의 pp. 169-170, pp. 170-173 에서 논의한다.

36) 스포츠클럽과 다른 결사체의 빈도는 이탈리아 지역 전반에 걸쳐 상당히 밀접하게 연관되어 있다(r= .59). 단일 활동 부문이 결사체 회원 수에서 우위를 차지하는 것을 방지하기 위해, 우리는 이 두 범주(스포츠클럽과 기타 결사체) 각기 동일한 가중치를 부여하는 요인 점수를 구성했다. 그러나 이 책에서 제시한 통계 결과 중 스포츠클럽에 할당된 가중치에 따라 달라지는 것은 없다.

37) Tocqueville, *Democracy in America*, pp. 517-518.

38) 신문구독자 수에 대해 우리가 사용한 자료는 다음 참조. Annuario Statistico Italiano (Rome: Istituto Centrale di Statistica, 1975), p. 135. 이 자료는 1976, 1980, 1983, 1986, 1989년 집계한 유로바로미터 조사 통계와 매우 일치한다(r = .91). 유로바로미터 자료는 또한 '개별' 수준에서 결사체 수와 신문구독자 수 사이의 연계 강도도 보여준다. 결사체 회원의 53%가 주 1회 이상 신문을 읽는 데 반해, 결사체 회원이 아닌 사람들은 33%가 그러하다. 이는 스포츠클럽을 포함하여 모든 유형의 결사체 회원에 해당하지만, 종교집단은 '예외'이다.

39) Roberto Cartocci, "Differenze territoriali e tipi di voto: le consultazioni del maggio-giugno 1985," *Rivista Italiana di Scienza Politica* 15 (December 1985): p. 441. PierVincenzo Uleri, "The 1987 Referendum," in *Italian Politics: A Review,* vol. 3, eds. Robert Leonardi and Piergiorgio Corbetta (New York: Pinter Publishers, 1989), pp. 155-177 참조.

40) 이 책의 모든 지수와 마찬가지로, 국민투표 투표율 지수(1974-1987)는 요인점수로, 다섯 번의 국민투표 투표율에 대한 주요 구성요소 분석에서 도출한 요인에 기초한다. 이 장에서 제시한 국민투표 관련 모든 상관계수는 '각' 국민투표 투표율에 개별 적용한 것이다. 즉 상관계수의 결과는 각 국민투표의 쟁점 내용에 전혀 영향 받지 않는다.

41) 예시로 Richard S. Katz and Luciano Bardi, "Preference Voting and Turnover in Italian Parliamentary Elections," *American Journal of Political Science* 17 (1980): pp. 97-114; 그리고 Roberto Cartocci, "Otto risposte a un problema: La divisione dell'Italia in zone politicamente omogenee," *Polis* I (December 1987): pp. 481-514 참조. 발레다오스타주는 소선거구로 규모가 작기 때문에, 선호투표제도를 사용하지 않아 이 분석에서 제외했다.

42) 재차 언급하면, 선호투표 지수(1953-1979)는 요인점수로, 여섯 번의 선호투표에 대한 주요 구성요소 분석에서 도출한 요인에 기초한다.

43) 이 자료는 새뮤얼 반스에 의해 1968년 수행된 전국조사에 대한 2차 분석을 통해 도출했다. 자료의 이용을 허락한 반스 교수에게 감사드린다. 이 조사와 선거자료를 지역별로 비교하면, 시민성이 낮은 지역의 응답자들은 선호투표 이용에 약간 과장된 응답을 한 것으로 나타나지만, 이유가 어떠하든 이는 기본적인 비교의 신뢰성에 영향을 미치지 않는다.

44) 이 자료는 1975, 1977, 1983, 1987년 유로바로미터 조사를 집계해서 나왔다. 1968년 반스 조사로 보완한 이 조사 결과는 이탈리아 성인의 1/3 이상이 전체 결사체 회원의 40%를 약간 상회하는 노동조합을 포함해, 한 개 이상의 2차 결사체에 가입한 것으로 나타난다(경험 많은 연구자들은 부득이 제한된 조사 수가 회원수에 대한 과소추계를 의미할 수 있다고 보지만, 모든 지역에서 이러한 편향 가능성은 일정하다). 개인적인 분석 수준에서 보면, 이탈리아 단체 회원수는 교육 수준, 성별(노동조합과 스포츠클럽은 가장 흔하게 가입하는 단체다), 그리고 시민공동체 활동이 활발한 지역의 거주 여부에 따라 가장 잘 예측된다. 노동조합을 포함한 모든 단체를 고려하면, 시민성은 10-15%p, 남성은 15-20%p, 중졸 이상은 20-25%p까지 가입률을 증가시킨다. 시민성이 가장 낮은 지역의 저학력 여성은 단체 가입률이 15%에 불과하며, 가장 시민성이 높은 지역의 고학력(대학교) 남성은 66%가 단체에 가입했다.

45) 제도 성과와 시민공동체 척도 간 상관계수는 [그림 4.5]의 우상단 사분면 12개 지역에서 r = .53이고, 좌하단 사분면 8개 지역에서는 r = .68이다. 둘 다 통계적으로 유의하다(p 〈 .04).

46) 시민공동체 지수를 통제한 후 경제발전과 제도 성과 간 부분상관계수는 r = −.34인데, 이는 통계적으로 유의하지 않고, 결과를 오도한다. 반면 시민공동체 지수와 제도 성과 간 상관계수는 유의도가 매우 높다(p 〈 .0001). 시민공동체 지수와 우리의 경제발전 척도 간 이변량 상관계수 r = .77이다. 통계에 능통한 사람이라면, 여기서 다중공선성(multicollinearity)의 잠재적 문제가 존재함을 알아차리겠지만, 제5장에서 우리는 경제발전과 시민공동체의 효과를 구별하는 추가 근거를 제시할 것이다. 중앙정부가 더 빈곤한 지역에 특별교부금을 제공할 때 사용하는 재분배 공식을 상기할 필요가 있다. 이러한 재정 이전은 그 지역의 빈곤 문제를 은폐하는 결과를 가져오는데, 이 외부 지원은 지역의 부 자체가 제도 성과에 기여하지 않는 것으로 보인다는 사실을 설명하는 데 도움이 된다.

47) 1968년 반스의 전국 조사에서, 시민성이 낮은 지역의 응답자 중 39%가 국회의원을 개인적으로 안다고 답했는데, 시민성이 높은 지역의 23%와 대조적이다. 1977년 우리 조사에서 주공무원과 접촉한 적 있다고 밝힌 시민은 시민성이 높은 지역보다 낮은 지역에서 두 배 많았다.

48) 다음 연구와 비교하라. Sidney Verba, Norman H. Nie, and N.O. Kim, *The Modes of Democratic Participation: A Cross-National Comparison* (Beverly Hills, Calif.: Sage, 1971).

49) Harry Eckstein and Ted Robert Gurr, *Patterns of Authority: A Structural Basis for Political Inquiry* (New York: John Wiley and Sons, 1975).

50) 이러한 차이는 사르토리가 비교한 것과 일치한다. 1946년부터 1958년까지 국회 의원 중 상층계급 출신은 남부 지역의 경우 61%, 시민성이 더 강한 중북부 지역은 39%였다. Giovanni Sartori, *Il Parlamento Italiano* (Naples: Edizioni Scientifiche Italiane, 1963). 그렇다고 모든 지역 주의회 의원의 출신 배경을 과장해서는 안 된 다. 제2장에서도 논의했듯이, 남부 지역에서조차 주의회 의원은 대부분 중간계급 출신이었다.

51) 1970년과 1976년 우리는 모든 주의회 의원에게 다음과 같이 질문했다. "이 지역과 관련하여, 대중 참여를 늘리는 것이 바람직하다는 많은 논의가 있습니다. 당신이 생각하기에 지역 문제에 지역사회 시민이 어떤 실질적 역할을 할 수 있습니까?" 응 답자의 답변은 대중참여지지 정도를 포함하여 여러 항목에 따라 집계되었다.

52) 1975년부터 1989년까지 집계한 유로바로미터 조사를 재구성한 소득분배(가계 소득으로 보고된 지역 내 변이계수)는 시민성이 강한 지역에서 더 평등했다(r = .81). 시민성을 통제하면, 소득불평등과 정부 성과는 상관관계가 없지만, 다중공 선성이 결과에 영향을 미치게 된다.

53) Robert D. Putnam, "Studying Elite Political Culture: The Case of Ideology," *American Political Science Review* 65 (September 1971): pp. 651-681을 통해 이탈 리아(와 영국) 정치인들 사이 일련의 가치와 신념에 대한 강력한 애착이 타협에 대 한 의지와 양립하지 않는다는 것을 알 수 있다.

54) Carol A. Mershon, "Relationships Among Union Actors after the Hot Autumn," *Labour* 4 (1990): 46-52, and I. Regalia, "Democracy and Unions: Towards a Critical Appraisal," *Economic and Industrial Democracy* 9 (1988): pp. 345-371 참조.

55) Salvatore Coi, "Sindacati in Italia: iscritti, apparato, finanziamento," *Il Mulino* 28 (1979): 201-242, p. 206에서 인용. 코이는 노동조합 결성이 농업과 산업보다는 공공부문에서 실제 더 활발하게 이루어지고 있다고 지적한다.

56) 시민성이 강한 지역의 남성 육체노동자 노조가입률은 39%로, 그렇지 않은 지역 의 21%와 대조적이다. 시민성이 강한 지역의 남성 행정직과 전문직의 노조가입률 은 15%인 반면, 그렇지 않은 지역은 8%이다. 시민성이 강한 지역의 남성 농업노동 자 중 12%가 노조원인데, 이는 시민성이 약한 지역 가입률의 4배이다. 대체로 이 탈리아 모든 성인의 약 15%가 노조원이고 가구 단위로 하면 25%가 노조에 가입했

다. 모든 자료는 1976, 1985, 1988, 1989년 유로바로미터 조사에서 가져왔다.

57) 이 점에 대한 역사적 근거는 제5장 pp. 249-250 참조.

58) Percy Allum, "Uniformity Undone: Aspects of Catholic Culture in Postwar Italy," in *Culture and Conflict in Postwar Italy: Essays on Mass and Popular Culture,* edited by Zygmunt G. Baranski and Robert Lumley (London: Macmillan, 1990).

59) 교회 출석은 여성과 노인 세대에서 월등히 많지만 성별 및 연령을 통제하면 시민 참여에서 이러한 차이는 유지된다. 이 문단에서 기술한 모든 결과는 1975년부터 1989년까지 진행된 유로바로미터 조사를 기반으로 한다.

60) Gianfranco Poggi, *Italian Catholic Action* (Stanford: Stanford University Press, 1967); Allum, "Uniformity Undone," 특히 p. 85, p. 91; Paul Ginsborg, *A History of Contemporary Italy: Society and Politics 1943-1988* (London: Penguin Books, 1990), pp. 169-170, p. 348.

61) 부분적이지만, 이러한 일반화에 납득할 만한 예외로서 시민공동체의 시민은 시민 성이 약한 지역의 시민보다 '지역' 문제에 더 관심을 많이 표현한다는 것을 들 수 있 다.

62) 이 문단에서 제시한 일반화는 1975년부터 1989년까지 진행된 유로바로미터 조사 를 기반으로 한다.

63) Sidney G. Tarrow, *Peasant Communism in Southern Italy* (New Haven: Yale University Press, 1967), 특히 pp. 80-81, pp. 198-246; p. 7, p. 75에서 인용(강조 는 원문).

64) 이 자료들은 1986년과 1988년 유로바로미터 조사에서 추출했다. "저"학력이란 15 세 전에 학교를 떠난 성인 인구의 62%를 말하고, "고"학력은 나머지 인구를 말한 다. 이 무력감은 이탈리아 민주주의 상태에 대한 불만족과 밀접하다. 무기력 지수 는 교육과 r = -.19, 시민공동체 지수와 r = .15, "이탈리아의 민주주의 작동방식"에 대한 응답자의 만족도와 r = -.26의 상관계수이다.

65) Benjamin Barber, *Strong Democracy: Participatory Politics for a New Age* (Berkeley: University of California Press, 1984), p. 179.

66) 시민성이 약한 지역의 조직범죄에 대한 자세한 기술은 제5장(pp. 233-236) 참조.

67) 시민성이 강한 지역조차 응답자의 1/3만 "타인을 신뢰"한다고 했지만, 이는 같 은 시기 동일한 질문에 답한 미국인들보다 약간 낮은 비율이다. Eric M. Uslaner, "Comity in Context: Confrontation in Historical Perspective," *British Journal of Political Science* 21 (1991): p. 61 참조.

68) "법과 질서" 항목은 반스와 자코모 사니(Giacomo Sani)가 수행한 1972년 전국 조 사에서 가져왔다. 이 자료의 사용을 허락한 두 분에게 감사드린다. 로널드 잉글

하트(Ronald Inglehart)는 *The Silent Revolution: Changing Values and Political Styles among Western Publics* (Princeton: Princeton University Press, 1977) and *Culture Shift in Advanced Industrial Society* (Princeton: Princeton University Press, 1990)에서 "물질주의적" 가치와 "탈물질주의적" 가치 간 균형이 정치 행태에 중요한 결과를 가져온다고 주장한다. 우리는 1976-1989년 유로바로미터 조사를 통해 연령, 교육 수준, 가계소득, 교회 출석, 성별, 지역별 부(affluence)를 통제하면, 시민성이 강한 지역 사람들이 "정치참여 확대"와 "언론의 자유보호"를 더 강조하고 "국가질서 유지"는 덜 강조하는 경향이 유의하게 나타난다는 점을 발견했다. 잉글하트가 네 번째[세 번째의 오기로 보임]로 언급한 가치("물가상승 억제")에 대한 차이는 유의하지 않았다. 이러한 비교는 절대 규모에서는 작지만 우리의 시민공동체에 대한 설명과 일치한다. 교육 수준, 부의 정도, 종교가 같은 동일 세대 남성이나 여성이 시민성이 강한 지역과 그렇지 않은 지역에 있을 때, 시민성이 강한 지역에 있는 시민이 민주주의에 더 많은 관심을 보였고, 권위에 대해서는 관심도가 덜했다. 잉글하트와 마찬가지로 우리는 그러한 문화적 차이가 중요하다고 생각하지만, 그 기원에 대한 해석(제5장과 제6장)은 그와 약간 다르다.

69) 이 자료는 1975년부터 1989년까지의 유로바로미터 조사에서 추출했다. [그림 4.14]의 요약 결과는 "매우 만족"과 "어느 정도 만족"을 합한 수치이다. 표본의 양이 방대하므로 지역별 결과의 신뢰도가 매우 높다. 소득, 교회 출석, 시민공동체, 연령, 교육 수준, 성별, 면접조사 날짜(시기에 따른 추이를 살펴보기 위해)로부터 예측하는 다중회귀분석에서, 처음 세 가지만 유효한 것으로 나타났다. 베타(betas) 값은 종교의식이 .16, 소득이 .15, 시민공동체가 .14였다.

70) Richard Dagger, "Metropolis, Memory, and Citizenship," *American Journal of Political Science* 25 (1981): pp. 715-737; Alasdair MacIntyre, *After Virtue* (Notre Dame: Notre Dame University Press, 1981); and Michael Taylor, *Community, Anarchy and Liberty* (New York: Cambridge University Press, 1982) 예시로 참조. 분명히 시민공동체의 이상을 옹호하는 사람들이 모두 전통 촌락의 삶을 미화했던 것은 아니다. 예를 들어 토크빌은 프랑스 농촌의 일가친척이 강제로 시민참여를 금지할 수 있다는 점을 염려했다. 다양한 농촌 촌락에서, 공공재에 자발적 협력을 보이는 정도는 다음 참조. Robert Wade, *Village Republics: Economic Conditions for Collective Action in South India* (New York: Cambridge University Press, 1988).

71) James Watson, *The Mafia and Clientelism: Roads to Rome in Post-War Calabria* (New York: Routledge, 1988), pp. 98-99. 결사체의 명칭에서도 나타나듯이, 가끔 모이는 귀족클럽(Circolo dei Nobili)조차 평등주의적 사회연대의 동력이 거의 되지 못했다.

344

72) 우리가 말하려는 것은 미국의 도시지역 후견[정실인사]에 기반한 정치기계
(political machines)[지방 정치조직]의 효율성에 관한 오랜 논쟁과 공통분모가
있다. "좋은 정부"를 지지하는 상층 엘리트(반대편에서는 이들을 "개혁을 빙자하
는 정치꾼(goo-goos)"으로 불렀다)는 "보스정치"를 경멸했던 반면, 후견주의를
옹호하는 하층계급(gnarled-hand)은 지방 정치조직이 이민자 집단을 정치생활
[영역]로 통합시키고, 신속한 거리 청소가 가능해지고, 복지 담당자가 바로 조치
하게 만들었다고 주장했다. 정당의 핵심 관계자들은 후견으로 움직이는 정부가
효과적이라고 주장했다. 우리가 이탈리아 정치에서 발견한 대조적인 모습은 미
국 정치에 관한 논쟁에서도 양측이 간과하고 있는 점을 분명히 보여준다. 이는 대
도시를 포함하여, 전통적으로 미국의 사회조직을 형성했던 근본적인 사회적 평등
주의와 촘촘한 시민연대의 수평적 네트워크이다. 대체로 미국의 도시들은 후견
조직(patronage)을 가지고 있지만, 후견을 대가로 정치적 거래가 이루어지는 구
조(clientelism)는 아니었다. 도시의 정치조직들이 이를 옹호하는 사람들이 주장
하는 것만큼 효과적인지, 그런 사회조직이 최근 위태할 정도로 쇠퇴했는가는 더
욱 진전된 연구를 수행하기 위한 중요한 두 가지 질문이 된다. 우리의 이탈리아 연
구와 관련하여 이와 유사한 미국 도시정치 분석으로는 다음 참조. Terry Nichols
Clark and Lorna Crowley Ferguson, *City Money: Political Processes, Fiscal Strain, and
Retrenchment* (New York: Columbia University Press, 1983).

73) 《옥스퍼드 영어사전》에 따른 정의는 "훌륭한 시민정신의 결여"이다.

74) Cicero, *Republic,* I, p. 25, George H. Sabine, *A History of Political Theory,* 3rd ed.
(New York: Holt, Rinehart, and Winston, 1961), p. 166 인용.

75) Edmund Burke, *Reflections on the Revolution in France* (1790, reprinted., New
York: Liberal Arts Press, 1955), p. 110.

76) Gabriel Almond, "Comparative Political Systems," *Journal of Politics* 18 (1956):
pp. 391-409. 다음도 참조. Gabriel Almond and G. Bingham Powell, *Comparative
Politics: A Developmental Approach* (Boston: Little Brown, 1966); James Bryce,
Modern Democracies (New York: The Macmillan Co., 1921), 제15장; and Robert
A. Dahl, *Polyarchy: Participation and Opposition* (New Haven: Yale University
Press, 1971), pp. 110-111.

77) Giovanni Sartori, *Parties and Party Systems: A Framework for Analysis* (New York:
Cambridge University Press, 1976), 특히 제6장과 제10장.

78) G. Bingham Powell, *Contemporary Democracies: Participation, Stability, and Violence*
(Cambridge: Harvard University Press, 1982), p. 41.

79) Michael Walzer, "Civility and Civic Virtue in Contemporary America," p. 69.

80) Barber, *Strong Democracy*, p. 117.

81) Robert D. Putnam, Robert Leonardi, Raffaella Y. Nanetti, and Franco Pavoncello, "Explaining Institutional Success: The Case of Italian Regional Government," *American Political Science Review* 77 (March 1983): 56, 67.

82) 이 자료들은 1975년부터 1989년까지의 유로바로미터 조사에서 추출했다. 이에 따르면, 북부 지역의 54%가 15세에 학교 교육을 마친 반면, 남부는 57%였다. 1981 년 인구조사에서는 문맹률이 약간 감소했는데 주로 고령층에 집중되어 있었다. 다만 남부 지역(4.6%)의 문맹률이 북부 지역(0.9%)보다 약간 높았다.

83) 사람들은 이탈리아 북부 지역보다 남부 지역(Mezzogirno)이 덜 도시화되었다고 생각하고는 하는데 이는 전혀 사실이 아니다. 1986년, 북부 주민 51%가 인구 2만 명 이하 소도시에 거주했고, 남부 지역의 해당 비율은 42%였다. 북부 주민의 15% 는 인구 25만 명 이상의 대도시에 살았고, 남부 지역의 해당 비율은 22%였다. [수 도] 로마가 있는 라치오주를 제외하더라도, 남부 지역의 해당 수치는 각 46%와 14%였다. 결과적으로 남부 지역이 북부 지역보다 약간 더 도시화되어 있다.

84) Samuel P. Huntington, Political Order in Changing Societies (New Haven: Yale University Press, 1968); Nelson W. Polsby, "The Institutionalization of the U.S. House of Representatives," *American Political Science Review* 62 (1968): pp. 144-168; John R. Hibbing, "Legislative Institutionalization with Illustrations from the British House of Commons," *American Journal of Political Science* 32 (August 1988): pp. 681-712.

85) Putnam, Leonardi, Nanetti, and Pavoncello, "Explaining Institutional Success," p. 72.

86) 1978년과 1985년 사이, 가장 성공적인 네 곳의 주정부 중 세 지역은 1970년부터 1985년까지 공산당이 주도하는 정부였고, 네 번째 지역은 1975년부터 1985년까지 공산당이 주도하는 정부였는데, 이때 눈에 띄게 성과가 향상되었다. 하지만 네 지역 모두 (제5장에서 살펴보겠지만) 공산당 이전 수 세기 전부터 시민적 전통을 가지고 있었다(시민성과 공산당의 강도 간에 인과관계가 있다면, 틀림없이 전자가 후자에 영향을 미쳐야 한다). 다중회귀분석에서 시민공동체 지수(*beta* = .76, T = 9.19, p < .0000)와 공산당의 집권 기간(*beta* = .31, T = 3.73, p < .002)은 모두 우리의 제도 성과 지수에 유효한 결정변수다. 한편 시민성을 통제하면, 공산당의 정부 참여는 주정부에 대한 시민의 만족도와 무관해진다.

87) 1985년 이탈리아 공산당은 시민성이 가장 약한 지역인 칼라브리아 정부에, 1984 년부터 1989년까지는 역시 비교적 시민성이 약한 사르데냐 주정부에 참여했다. 하지만 우리의 제도 평가에는 이 기간이 포함되지 않는다.

1) 이 장의 이탈리아 시민생활에 대한 역사적 개괄은 8세기 동안의 풍요로웠던 역사를 포괄적으로 설명하는 것처럼 할 수는 없다. 우리 이야기의 시작을 우선 11세기로 한 이유는 로마제국의 멸망과 그 후 1000년 사이 암흑기의 사회적이고 정치적인 생활의 특성이 여러 측면에서 불분명하게 남아 있기 때문이다. 여기서 우리가 하려는 이론적 논거의 핵심적 관점에서는 매우 안타깝게도, 북부 지역 공동체(commune)의 기원과 전사가 여전히 오리무중이다. J. K. Hyde, *Society and Politics in Medieval italy: The Evolution of the Civil Life, 1000-1350* (London: Macmillan, 1973)는 "중요한 것은, 후기 로마부터 중세 시기까지 로마 북부의 어떤 도시에 대해서도 시민 제도의 지속성을 증명하는 데 성공한 역사학자는 없었다는 점이다. (……) 이탈리아의 공동체 출현을 엿보려고 애쓰다가 실망스러운 경험을 하기도 한다. 그 증거가 너무 이른 시점에 나오거나 너무 늦게 나타나는 경우가 많기 때문이다"라고 말한다(p. 14, p. 49). 다음도 참조. Daniel Waley, *The Italian City-Republics,* 2nd ed. (New York: Longman, 1978), pp. 1-8. 우리는 저명한 이탈리아 중세학자인 리처드 골드스웨이트(Richard Goldthwaite)에게 감사드린다. 그는 우리의 역사 연구를 격려해주었고, 연구 과정에서 우리의 실수에 대해 충고해주었다. 하지만 남아 있는 오류에 대해서는 그에게 어떠한 책임도 없다.

2) J. K. Hyde, *Society and Politics in Medieval Italy*, p. 38. 남부의 노르만 왕국과 북부의 도시공화정의 분리는 여러 측면에서 이전 시기 비잔틴 제국과 로마 가톨릭 지배령의 경계와 일치한다. 이러한 유사성이 이 장에서 논의했던 것보다 더 심오한 지역 전통의 현실과 지속성을 반영하느냐의 문제가 앞으로의 연구에 중요한 쟁점이 된다.

3) *The Times Atlas of World History*, 3rd edition, eds. Geoffrey Barraclough and Norman Stone (London: Times Books, 1989), p. 124.

4) Harry Hearder, *Italy: A Short History* (New York: Cambridge University Press, 1990), p. 69.

5) John Larner, *Italy in the Age of Dante and Petrarch: 1216-1380* (New York: Longman, 1980), pp. 27-28.

6) Hyde, *Society and Politics in Medieval italy*, p. 119.

7) Larner, *Italy,* pp. 16-37.

8) *Times Atlas of World History,* p. 124.

9) Denis Mack Smith, *A History of Sicily: Medieval Sicily: 800-1713* (New York: Viking

Press, 1968), p. 54; Lamer, *Italy*, pp. 28-29.

10) Larner, *Italy*, p. 31.

11) Denis Mack Smith, *History of Sicily*, pp. 55-56. 다음도 참조. Giovanni Tobacco, *The Struggle for Power in Medieval Italy: Structures of Political Rule* (New York: Cambridge University Press, 1989), p. 191, pp. 237-244.

12) Peter Kropotkin, *Mutual Aid: A Factor of Evolution* (London: Heinemann, 1902), p. 166.

13) Frederic C. Lane, *Venice and History* (Baltimore: Johns Hopkins University Press, 1966), 제32장, "At the Roots of Republicanism," p. 535.

14) Hyde, *Society and Politics in Medieval Italy*, p. 57. 다음도 참조. Lamer, *Italy*, p. 86, Tobacco, *Struggle for Power in Medieval Italy*, 특히 p. 188, pp. 203-204.

15) Lauro Martines, Power and Imagination: City-States in Renaissance Italy (Baltimore: Johns Hopkins University Press, 1988), p. 148, 여기서는 코뮌 거주자의 2-12%가 선거권을 가지고 있었다고 추정했지만, Larner, *Italy*, p. 122에는 피렌체 성인 남성 중 1/5이 정치적 권리를 가지고 있었다고 기록되어 있다, Waley, *Italian City-Republics*, pp. 51-54는 정치 참여율이 훨씬 높았음을 암시한다.

16) Waley, *Italian City-Republics*, pp. 29-31, pp. 51-52.

17) Lane, *Venice and History*, p. 524.

18) 공화정의 통치 제도에 대한 유용한 개괄적 설명으로 Waley, *Italian City-Republics*, pp. 25-54 참조.

19) Marvin B. Becker, *Medieval Italy: Constraints and Creativity* (Bloomington: Indiana University Press, 1981), p. 60.

20) 적어도 18세기 이후, 자유방임(*laissez faire*) 진영의 경제학자와 정치인은 길드의 사회적, 경제적 효과에 대해 매우 회의적이었다. 최근 맨슈어 올슨(Mancur Olson)은 흥미로운 그의 책을 통해 이러한 주장을 다시 거론했다. *The Rise and Decline of Nations: Economic Growth, Stagflation, and Social Rigidities* (New Haven: Yale University Press, 1982): "구성원들에게 보험과 사회적 혜택을 제공하더라도, 길드는 결국 자신의 이익을 위해 독점권력과 종종 정치권력을 사용한 분배동맹이었다. (……) 그들은 또한 경제적 효율성을 감소시켰고 기술혁신을 지연시켰다"(p. 125). 여기서 중세 길드의 사회적 결과에 대한 포괄적 평가는 적절하지 않지만, 이 책에서 나는 길드의 다른 더 부정적 영향이 무엇이든, 길드는 정부와 경제성과 모두에 유리하게 기여한 수평적 사회 네트워크 발전에 중요한 단계를 보여준다는 논거를 제시한다. 길드가 제공한 긍정적 기능에 대한 관련 논거는 다음 참조. Charles R. Hickson and Earl A. Thompson, "A New Theory of Guilds and

European Economic Development," *Explorations in Economic History* 28 (1991):
pp. 127-168, Avner Greif, Paul Milgrom, and Barry Weingast, "The Merchant
Gild as a Nexus of Contracts," 미출간 원고 (Stanford, California: Hoover
Institute, 1992).

21) Kropotkin, *Mutual Aid,* p. 174.

22) Lamer, *Italy,* p. 196.

23) 같은 책, p. 113.

24) Hyde, *Society and Politics in Medieval Italy,* p. 80.

25) Hearder, Italy: A Short History, p. 76.

26) Becker, *Medieval Italy,* p. 36, 주 32.

27) Lamer, *Italy,* p. 114. Tobacco, *The Struggle for Power in Medieval Italy,* p. 222에 따르
면, 13세기 초반까지 피렌체에는 150개의 개인소유 방위탑이 있었다고 한다.

28) Waley, *Italian City-Republics,* 97, p. 114.

29) Hyde, Society and Politics in Medieval Italy, p. 83.

30) 같은 책, p. 95.

31) Waley, Italian City-Republics, pp. 32-36.

32) 같은 책, p. 13.

33) William J. Bouwsma, "Italy in the late Middle Ages and the Renaissance," in *The
New Encyclopedia Britannica: Macropaedia* (Chicago: Encyclopedia Britannica,
1978), vol. 9, p. 1134.

34) Martines, *Power and Imagination,* p. 111.

35) Lamer, Italy, p. 189.

36) John Hicks, *A Theory of Economic History* (New York: Oxford University Press,
1969), 제3-4장.

37) Hicks, Theory of Economic History, p. 40.

38) 같은 책, 제5장.

39) Becker, *Medieval Italy,* p. 19.

40) 기능공과 소규모 제조업 역시 중요한 도시공화정 경제 부문이었다. 예를 들어, 피
렌체 인구의 1/3이 양모 산업에 종사했다. 하지만 이러한 [경제]활동이 이탈리아
도시국가의 특징은 아니었고, 이탈리아인들은 장거리 상업과 재정에 거의 독점적
지위를 가지고 있었다. 예컨대 1290년대 런던에는 최소 14개, 파리는 20개의 이탈
리아 은행 지점이 있었다. Lamer, *Italy,* p. 187, p. 189 참조.

41) Becker, *Medieval Italy,* p. 85, p. 177 (강조는 원문). 다음도 참조. Janet Coleman,
"The Civic Culture of Contracts and Credit: A Review Article," *Comparative Studies*

349

in Society and History 28 (1986): pp. 778-784.

42) Carlo M. Cipolla, *Before the Industrial Revolution: European Society and Economy, 1000-1700,* 2nd edition (London: Metheun, 1980), pp. 198-199. 다음도 참조. Hyde, *Society and Politics in Medieval Italy,* p. 71.

43) Larner, *Italy,* p. 198.

44) 같은 책, p. 115.

45) Hyde, *Society and Politics in Medieval Italy,* p. 94.

46) Bouwsma, "Italy in the late Middle Ages and the Renaissance," p. 1134. Lamer, *Italy,* p. 183, Hyde, *Society and Politics in Medieval Italy,* p. 153에서는 이탈리아 대도시 목록이 조금 다른데, 밀라노와 제노바가 팔레르모 앞에 위치한다. 하지만 유럽에서 이탈리아가 독보적이라는 점에서는 모두 일치한다.

47) Larner, *Italy,* p. 29.

48) Bouwsma, "Italy in the Late Middle Ages and the Renaissance," p. 1136.

49) Larner, *Italy,* p. 160에 따르면, "16세기 중반께 반도 북부와 중부에서 교회는 전체 토지의 10-15%를 소유한 반면, 남부는 여전히 65-75%를 보유하고 있었다."

50) Cipolla, *Before the Industrial Revolution,* p. 148, 여기서 치폴라는 유럽 전역에 걸쳐 봉건제와 코뮌의 유형적 차이를 기술하지만, 이러한 차이가 특히 이탈리아 북부와 남부의 비교에도 적용된다는 점을 분명히 밝히고 있다.

51) Philip Ziegler, *The Black Death* (London: Penguin, 1970), pp. 40-62; Hearder, *Italy: A Short History,* pp. 98-99.

52) Hyde, *Society and Politics in Medieval Italy,* p. 107.

53) 같은 책, p. 142.

54) Larner, *Italy,* p. 146에서는 "도시영주의 보다 중요한 통치 행위 일반에 대해 의회에서 비준해야 할 필요성을 느끼는 자체가 '모두에게 영향을 미치는 것은, 모두에 의해 승인되어야 한다'라는 원칙을 고수하는 사고방식임을 시사한다. 다음도 참조. Perry Anderson, *Lineages of the Absolutist State* (London: Verso, 1974), p. 162.

55) *The Times Atlas of World History,* p. 124의 유용한 지도 참조. [그림 5.1]은 부분적으로 이 지도에 기초해서 작성되었다. 다음도 참조. Hyde, *Society and Politics in Medieval Italy,* Map 4, 그리고 Lamer, *Italy,* pp. 137-150.

56) Nicolò Machiavelli, *The Discourses* (London: Penguin Books, 1970), ed. Bernard Crick, trans. Leslie J. Walker, Book I, 제55장, p. 243, p. 246.

57) Bouwsma, "Italy in the Late Middle Ages and the Renaissance," p. 1142.

58) Hyde, *Society and Politics in Medieval Italy,* p. 8, 1430년대 출간된 Matteo Palmieri's *Della Vita Civile*에서 인용. 이 기간 이탈리아 정치사상에 대해서는 특히 다음 참

조. J. G. A. Pocock, *The Machiavellian Moment: Florentine Political Thought and the Atlantic Republican Tradition* (Princeton: Princeton University Press, 1975).

59) Lamer, *Italy*, p. 51.

60) Bouwsma, "Italy in the Late Middle Ages and the Renaissance," p. 1139.

61) 엄격하게 말하면, 시칠리아와 남부 왕국의 본토는 1282년 아라곤과 앙주 왕조에 의해 분리되었으나, 이후 두 시칠리아 왕국으로 재통일된다. 이 지도에는 없는 몇 개 주변 지역ㅡ사르데냐, 서부 피에몬테, 트렌티노ㅡ은 이 시기에 각기 스페인, 프랑스, 독일에 더 가까웠다.

62) Hearder, *Italy: A Short History*, pp. 131-132, p. 136; Waley, *Italian City-Republics*, p. 17, Cipolla, *Before the Industrial Revolution*, p. 162, p. 262.

63) Carlo Tullio-Altan, in *La nostra ltalia: Arretratezza socioculturale, clientelismo, trasformismo e rebellismo dall' Unita ad oggi* (Milan: Feltrinelli, 1986), pp. 31-35. 막스 베버에 이어, 저명한 이탈리아 사회학자인 툴리오 알탄(Tullio-Altan)도 도시공화정과, 이것이 낳은 사회경제적 진보의 쇠퇴 원인을 개인 구원과 사회적 책임성을 연결시킨 프로테스탄트 윤리의 영향력을 봉쇄한 "반개혁주의"에 있다고 보았다. 더 충분한 역사적 맥락을 통해 설명하려면, 다른 많은 요소 중 지중해에서 대서양으로 이어지는 무역 노선의 이동도 분명히 고려해야 한다.

64) Sydel F. Silverman, *Three Bells of Civilization: The Life of an Italian Hill Town* (New York: Columbia University Press, 1975), pp. 93-95; Silverman, "Agricultural Organization, Social Structure, and Values in Italy: Amoral Familism Reconsidered," *American Anthropologist 10* (February 1968): p. 9.

65) Maurice Vaussard, *Daily Life in Eighteenth Century Italy*, trans. Michael Heron (New York: Macmillan, 1963), p. 17.

66) 도시공화정의 전성기에 북부 지역은 남부 지역보다 도시화가 더 이루어졌지만, 이는 전체 역사를 통해 일반적이지는 않았다. 남부의 역사적 대도시인 나폴리, 팔레르모, 로마를 제외하면, 전통적으로 남부 지역 다수를 차지했던 농노들은 "농촌도시"에 거주하며, 매일 경작지로 통근했다. 제4장, 주83에서 지적했듯이 현대 이탈리아에서 남부는 북부보다 더 도시화되어 있다.

67) Harry Hearder, *Italy in the Age of the Risorgimento: 1790-1870* (New York: Longman, 1983), p. 126.

68) Bouwsma, "Italy in the Late Middle Ages and the Renaissance," p. 1139.

69) Gianni Toniolo, *An Economic History of Liberal Italy: 1850-1918*, trans. Maria Rees (New York: Routledge, 1990), p. 38, P. Villani, *Mezzogiorno tra riforme e rivoluzione* (Bari: Laterza, 1973), p. 155에서 인용.

70) Anthony Pagden, "The Destruction of Trust and its Economic Consequences in the Case of Eighteenth-century Naples," in *Trust: Making and Breaking Cooperative Relations,* ed. Diego Gambetta (Oxford: Blackwell, 1988), pp. 127-141.

71) Maurice Agulhon, *The Republic in the Village: The People of the Var from the French Revolution to the Second Republic,* trans. Janet Lloyd (New York: Cambridge University Press, 1982), 특히 pp. 124-149.

72) 같은 책, pp. 131-132.

73) 같은 책, p. 128.

74) 같은 책, p. 157, p. 302.

75) 같은 책, p. 150.

76) 피에몬테의 군주제는 복잡한 외교적 체스게임을 거쳐, 1859년에서 1860년 사이 대부분 영토가 이탈리아반도로 편입되었고, 비토리오 에마누엘레 2세는 1864년 통일 이탈리아 국왕으로 즉위했다. 베네치아는 1866년에 병합되었고, 마지막으로 1870년 로마가 통합되었는데, 이 날짜를 일반적으로 이탈리아 통일의 완결 시점으로 본다. 이후 트리에스티노와 트렌티노-알토-아디제는 1919년 베르사유 조약으로 통합되었다. 더 자세한 내용 Hearder, *Italy in the Age of the Risorgimento: 1790-1870.* 참조.

77) Kent Roberts Greenfield, *Economics and Liberalism in the Risorgimento: A Study of Nationalism in Lombardia, 1814-48* (Baltimore: Johns Hopkins University Press, 1965), 새로운 결사체 설립에 대한 롬바르디아 자유주의자들의 대처에 관해서는 다음 참조. Raymond Grew, *A Sterner Plan for Italian Unity: The Italian National Society in the Risorgimento* (Princeton: Princeton University Press, 1963).

78) Carlo Trigilia, "Sviluppo economico e transformazioni sociopolitiche dei sistemi territoriali a economia diffusa," *Quaderni della Fondazione Giangiacomo Feltrinelli* (Milan) 16 (1981): p. 57.

79) Martin Clark, *Modern Italy 1871-1982* (New York: Longman, 1984), pp. 76-77, and Maurice F. Neufeld, *Italy: School for Awakening Countries: The Italian Labor Movement in Its Political, Social, and Economic Setting from 1800 to 1960* (Ithaca, New York: New York State School of Industrial and Labor Relations, Cornell University, 1961), p. 60, pp. 175-176 참조. 19세기 미국의 이민 집단에서 생겨난 민족우애조합도 공제회와 같은 기능을 했다. 이에 대해서는 다음 참조. Michael Hechter, *Principles of Group Solidarity* (Berkeley: University of California Press, 1987), pp. 112-120.

80) Neufeld, *Italy: School for Awakening Countries,* pp. 176-177.

81) 같은 책, p. 177.

82) Clark, *Modern Italy*, p. 76.

83) Denis Mack Smith, *Italy: A Modern History* (Ann Arbor: University of Michigan Press, 1959), p. 243.

84) Neufeld, *Italy: School for Awakening Countries*, p. 185.

85) 같은 책, p. 64.

86) Clark, *Modern Italy*, p. 87, p. 107; 다음도 참조. Paul Ginsborg, "Family, Culture and Politics in Contemporary Italy," *Culture and Conflict in Postwar Italy: Essays on Mass and Popular Culture*, eds. Zygmunt G. Baranski and Robert Lumley (London: Macmillan, 1990), p. 29.

87) 제4장 pp. 170-173과 비교해보라.

88) Clark, *Modern Italy*, p. 142.

89) Donald H. Bell, "Worker Culture and Worker Politics," *Social History* 3 (January 1978): pp. 1-21.

90) Samuel H. Barnes, *Representation in Italy: Institutionalized Tradition and Electoral Choice* (Chicago: University of Chicago Press, 1977)는 이러한 해석을 뒷받침하는 체계적인 근거를 제시한다.

91) Sidney G. Tarrow, *Peasant Communism in Southern Italy* (New Haven: Yale University Press, 1967), 특히 pp. 239-241, pp. 300-342 참조. Luigi Graziano, "Patron-Client Relationships in Southern Italy," *European Journal of Political Research* 1 (1973): pp. 3-34. 파시즘 세력의 일시 지배가 끝난 후, 알치데 데 가스페리(Alcide de Gasperi) 같은 이전 인민당 활동가들이 기독교민주당(기민당, DC)을 창당했는데, 이 정당은 이탈리아 공화국의 지배적 정치세력이 되었다. 하지만 인민당과 달리 기민당은 메초조르노에서 후견-피후견 네트워크를 통해 선거 득표의 대부분을 확보했다.

92) Sydel F. Silverman, "Agricultural Organization, Social Structure, and Values in Italy," p. 9.

93) Ginsborg, "Family, Culture and Politics," pp. 28-29.

94) Piero Bevilacqua, "Uomini, terre, economie," *La Calabria*, eds. Piero Bevilacqua and Augusto Placanica (Turin: Einaudi, 1985), pp. 295-296 인용.

95) Denis Mack Smith, *Italy: A Modern History*, p. 35.

96) 일부 학자는 이탈리아 농업토지소유 유형의 결정적 변수로 관습, 정치, 사회관계, 경제를 강조한다. 이에 대한 예는 다음 참조. Silverman, "Agricultural Organization, Social Structure, and Values in Italy", 그리고 (더 평이한 설명으

로) William Brustein, *The Social Origins of Political Regionalism: France, 1849-1981* (Berkeley: University of California Press, 1988). 우리가 이 요소에 대한 중요성을 모두 부정하는 것은 아니지만, 이것이 우리가 기술한 시민성의 연속성을 설명할 수 있다는 데는 의문을 가진다. 그 이유 중 하나는 이탈리아의 전통적 토지소유 유형이 다양하고 복잡한 방식을 취하고 있어, 시민성과의 상관관계가 불완전하기 때문이다(Clark, *Modern Italy*, pp. 12-18 참조). 또 다른 이유는 이탈리아 도시들이 시민성의 연속성을 구축하고 유지하는 데 있어 독특한 역할을 하기 때문이다. 나머지 이유는 메초조르노에서의 전후 토지개혁이 여기에 기술한 바와 같이, 메초조르노의 정치문화에 거의 영향을 주지 않은 것으로 보이기 때문이다. Michael A. Korovkin, "Exploitation, Cooperation, Collusion: An Enquiry into Patronage," *European Journal of Sociology* 29 (1988): pp. 105-126 참조.

97) Paul Ginsborg, *A History of Contemporary Italy: Society and Politics 1943-1988* (London: Penguin Books, 1990), pp. 33-34; 베빌라콰로부터 인용한 글은 Piero Bevilacqua, "Quadri mentali, cultura e rapporti simbolici nella societa rurale del Mezzogiorno," *Italia Contemporanea* 36 (1984): p. 69.

98) 이를 포함해서 다른 많은 사례는 다음 참조. Tullio-Altan, *La nostra Italia*, p. 27.

99) Tullio-Altan, *La nostra Italia,* p. 13 인용.

100) Banfield, *Moral Basis of a Backward Society.*

101) Tarrow, *Peasant Communism in Southern Italy,* p. 43.

102) Manlio Rossi-Doria, *Dieci Anni di Politica Agraria net Mezzogiorno* (Bari: Laterza, 1958), p. 23, Tarrow, *Peasant Communism,* p. 61 인용.

103) Tarrow, *Peasant Communism,* p. 7, pp. 75-77 외; Henner Hess, *Mafia and Mafiosi: The Structure of Power,* trans. Ewald Osers (Lexington, Mass.: Lexington Books, 1973).

104) Graziano, "Patron-Client Relationships in Southern Italy," p. 5, p. 11; 삽입된 인용문의 출처는 Pasquale Turiello, Governo e governati in Italia (Bologna: Zanichelli, 1882), p. 148.

105) A. Caracciolo, Stato e societa civile: Problemi dell'unijicazione italiana (Torino: Einaudi, 1977), p. 86, Tullio-Altan, La nostra Italia, p. 53 인용.

106) Pino Arlacchi, *Mafia, Peasants and Great Estates: Society in Traditional Calabria,* trans. Jonathan Steinberg (New York: Cambridge University Press, 1983); S. N. Eisenstadt and L. Roniger, *Patrons, Clients, and Friends: Interpersonal Relations and the Structure of Trust in Society* (New York: Cambridge University Press, 1984), pp. 65-67; Tarrow, *Peasant Communism in Southern Italy,* p. 68; Graziano, "Patron-

Client Relationships in Southern Italy."

107) Leopoldo Franchetti, Inchiesta in Sicilia (Florence: Valecchi, 1974; 초판 1877), Tullio-Altan, *La nostra Italia,* p. 63에 쉬운 말로 수정. 툴리오 알탄(N. Dalla Chiesa, *Il potere mafioso: Economia e ideologia* [Milan: Mazzotta, 1976], p. 64도 인용)은 남부의 후견관계는 남부 전제군주와 북부 부르주아지의 반동분파 간 전국적 지배 동맹이 출현한 1876년부터 매우 강화되었다고 주장한다.

108) Diomede Ivone, "Moral Economy and Physical Life in a Large Estate of Southern Italy in the 1800s," *Journal of Regional Policy* 11 (January/March 1991): pp. 107-110, Marta Petrusewicz, *Latifondo: Economia morale e vita materiale in unaperiferia dell'Ottocento* (Venice: Marsilio, 1989) 요약.

109) Graziano, "Patron-Client Relationships in Southern Italy," p. 26.

110) Clark, *Modern Italy*, pp. 69-73.

111) Antonio Gramsci, *Antologia degli Scritti,* eds. Carlo Salinari and Mario Spinella (Rome: Riuniti, 1963) vol. 1, p. 74, Tarrow, *Peasant Communism,* p. 3 인용.

112) Hess, *Mafia and Mafiosi,* p. 18.

113) 같은 책, p. 25. 다음도 참조. Tullio-Altan, *La nostra Italia,* pp. 67-76, Graziano, "Patron-Client Relationships in Southern Italy," p. 10에서 그라치아노는 마피아를 "전통적인 시칠리아 후견관계의 구체화된 형태"로 기술했다.

114) Diego Gambetta, "Mafia: the Price of Distrust," *Trust,* ed. Gambetta, p. 162.

115) Franchetti, Inchiesta in Sicilia, pp. 72-73, Tullio-Altan, *La nostra Italia*, pp. 68-69 인용.

116) Ginsborg, *History of Contemporary Italy*, p. 34.

117) Gambetta, "Fragments of an Economic Theory of the Mafia," *European Journal of Sociology* 29 (1988): pp. 127-145, 인용은 p. 128.

118) Hess, *Mafia and Mafiosi*, p. 67.

119) Gambetta, "Mafia: the Price of Distrust," p. 173.

120) Eisenstadt and Roniger, *Patrons, Clients, and Friends*, p. 68; Hess, *Mafia and Mafiosi*.

121) Tullio-Altan, *La nostra ltalia*, p. 69.

122) Hess, *Mafia and Mafiosi*, pp. 76-77.

123) 오늘날 이탈리아의 마피아와 카모라에 대한 유사한 분석에 대해서는 다음 참조. Ginsborg, "Family, Culture and Politics," pp. 41-45.

124) Arlacchi, Mafia, *Peasants and Great Estates*.

125) 공제회 강도에 강한 척도는 1873, 1878, 1895, 1904년 지역 인구 대비 회원수로

집계한 요인점수이다.

126) 협동조합 강도에 대한 척도는 1889, 1901, 1910, 1915년 지역 인구 대비 회원수로
집계한 요인점수이다.

127) 대중정당 영향력에 대한 척도는 사회주의 계열과 가톨릭 계열 인민당의 1919,
1921년 전국선거와 같은 시기 주의회 선거의 영향력을 집계한 요인점수이다.

128) 투표율에 대한 척도는 1919년과 1921년 전국선거와 1920년 지방 및 도지역 선거
의 투표율을 집계한 요인점수이다. 이들 선거는 파시즘 체제가 출현하기 전 남성
보통선거권이 주어진 유일한 선거였다.

129) 여기서 척도는 1982년 결사체 인구조사에서 집계한 1860년 이전에 만들어졌던
모든 지방의 문화 및 여가 조직의 비율이다. 이는 분명히 간접적이고 불완전한 지
표인데, 현재는 활동하지 않는 이전 시기의 결사체는 포함되지 않기 때문이다. 다
른 한편으로는 지방 결사체에 대한 어떠한 이전 조사도 없었기 때문에, 유일하게
전국 수준에서 19세기 후반 이탈리아 지방의 비정치적, 비경제적 결사체 양식에
대한 정량지수로 활용할 수 있는 자료들이다.

130) 나중에 프리울리베네치아줄리아와 트렌티노알토아디제가 되는 지역 대부분은
제1차 세계대전 종전과 함께 이탈리아에 병합되었다. 그래서 이 역사 분석에서는
제외했다. 마찬가지로 소규모 주인 발레다오스타는 이 시기에 피에몬테의 일부였
다.

131) [그림 5.3]에 나타난 시민성의 장기 안정성은 두 기간의 변수조합이 약간 다른 데
따른 것이다. 우리는 한 세기 전체에 걸친 어떠한 단일변수 자료도 가지고 있지 않
지만 공제회, 협동조합, 투표율, 선호투표제의 이용과 같은 항목은 두 시기에 매우
높은 안정성(동일하게 r〉.9)은 높은 장기 안정성에 부합한다.

132) Samuel H. Barnes and Giacomo Sani, "Mediterranean Political Culture and
Italian Politics," *British Journal of Political Science* 4 (July 1974): pp. 289-303은 몇 가
지 정치 행태(특히 선호투표제 같은 후견-피후견제와 정치인에 대한 개인적 유대
같은 지표)를 측정함으로써 남부에서 북부로 간 이주민들이 그들 이전에 살던 남
부인보다 북부 태생 주민의 정치 행태와 더 유사하다는 근거를 제공한다. 이는 지
배적인 공동체 양식으로의 "사회화(acculturation)"가 급속히 일어났음을 의미한
다. 다음 장에서 다루겠지만, 시민 행태는 개인적 선호보다는 사회규범과 네트워
크에 더 견고하게 결합되어 있다.

133) 현대의 시민 문화와 정부 성과에 미치는 역사적 전통의 영향력에 대한 우리의 결
론은 인류학자인 캐롤라인 화이트와 매우 유사하다. Caroline White, *Patrons and
Partisans: A Study of Politics in Two Southern Italian comuni* (New York: Cambridge
University Press, 1980). 화이트는 아브루치주의 두 이웃 소도시를 연구했는데, 한

곳은 한 세기 동안 적극적인 시민참여, 평등주의적 사회관계, "공동체의식", "개방적 정치", 유능한 지방정부의 특징을, 다른 곳은 후견-피후견주의 전통, 사회적 위계성, 인물중심주의, 파벌주의, 무능한 정부의 특징을 가지고 있었다. 화이트의 이러한 비교 유형에 대한 설명과 우리의 설명은 모두 사회사에 중심을 둔다. 우리와의 차이는 토지소유 유형을 특별히 강조한 데만 있다.

134) Hyde, *Society and Politics in Medieval Italy*, pp. 17-37에서는 10세기 이탈리아의 주요한 경제 격차는 낙후된 내륙 지역과 부유한 해안도시 간에 있다는 점을 관찰하는데, 이는 북부와 남부 지역 모두에서 보이며, 특히 남부 지역에서 더 두드러졌다.

135) Larner, *Italy*, pp. 149-150, pp. 189-190과 Becker, *Medieval Italy*를 비교해보라.

136) 1970년대까지 산업 부문 고용은 이탈리아의 경제적 근대화에 매우 적합한 기준이었으나, 이후 서비스 기반의 탈산업화 경제가 출현하면서 산업 부문 고용이 더 이상 지표로서 타당하지 못했다. 19세기 후반 이탈리아의 경제활동 인구조사는 신뢰도가 낮기로 유명해서, [표 5.2]의 1870년대와 1880년대 자료를 평가하는 데 주의를 기울일 필요가 있다. 우리 분석은 1970년대 이탈리아 중앙통계청이 발행한 공식 조사를 바탕에 두지만, O. Vitali, *Aspetti della sviluppo economico italiano alia luce della ricostruzione della popolazione attiva* (Rome: Universita di Roma, 1970)에서 자료 보정을 통해 나온 결과도 본질적으로 동일하다.

137) 이탈리아의 유아사망률은 유아 1000명당 155명, 에밀리아로마냐는 171명, 칼라브리아는 151명이었다.

138) 1977-1985년에 유아 1000명당 칼라브리아는 15명, 에밀리아로마냐는 11명이었다.

139) Robert Leonardi, "Peripheral Ascendancy in the European Community: Evidence from a Longitudinal Study," 미발간 원고. (Brussels: European Commission, November 1991). [이 논문은 이후 출간 도서에서 확인할 수 있다. Robert Leonardi, *The State of Economic and Social Cohesion in the Community prior to the Creation of the Single Market: The View from the Bottom-up* (London: The London School of Economics, The European Institute, 1993)] 스페인, 그리스, 포르투갈은 1970년에는 유럽공동체 회원국이 아니어서 이 분석에 포함되지 않았다.

140) 이에 대한 예비적 성격의 연구는 우리 연구진의 다음 논문을 통해 처음 발표되었다. "Institutional Performance and Political Culture: Some Puzzles about the Power of the Past," *Governance* I (July 1988): 221-242.

141) 여기서 제시된 결과는 1901년부터의 고용자료와 1901-1910년부터의 영아사망률 자료에 근거했지만, 유사한 결과를 1880년에서 1920년까지의 기간에 걸친 자

료에서도 얻었다. 현대의 자료는 1977년(고용)부터, 그리고 1977-1985년(유아 사망률)의 자료를 사용했지만, 역시 결과는 변함 없으며, 특정 연도를 선택하더라 도 결과는 달라지지 않는다.

142) 1970년대 시민성을 예측하는 조정결정계수(adjusted R2)는 .86인데, 이는 전적 으로 1860-1920년의 시민전통과 r=.93의 상관성을 가진 데 따른 것이다. 각 사회 경제적 변수의 표준화 회귀계수(베타값, *β*)는 전체적으로 유의하지 않다.

143) 1977년 농업 부문 고용 예측에서, 1901년 농업 부문 고용의 베타값은 .26(sig.[유 의확률]=.11)인 반면, 시민전통의 베타값은 -.73(sig.=.0003)이다. 1977년 산업 부문 고용 예측에서, 1901년 산업 부문 고용의 베타값은 .01(유의성 없음)인 반면, 시민전통의 베타값은 .82(sig.=.0005)이다. 1977년 농업 부문 조정결정계수는 .69 인 반면, 같은 해 산업 부문 고용의 조정결정계수는 .63이다.

144) 1977-1985년의 유아사망률 예측에서, 1901-1910년의 유아사망률 베타값은 .19(유의하지 않음)인 반면, 시민전통의 베타값은 -.75(sig.=.001)이다. 조정결정 계수는 .56이다.

145) 19세기 지역 일인당 소득과 관련하여 용이하게 사용할 수 있는 자료는 없고, (일 부 자료를 이용할 수 있게 되는) 1911년까지 소득과 시민성은 충분히 밀접한 상 관성(r=.81)을 갖는데 이 통계 분석 유형은 다중공선성의 기술적 문제로 신뢰성 저하의 위험성이 있다. 하지만 1987년 소득 예측에서 1911년 소득의 베타값은 .32(sig.=.003)인 반면, 시민전통의 베타값은 .70(sig.=.0000)이며, 조정결정계수 는 .96이다. 즉 1911년의 시민전통과 소득 수준 모두 1980년대 소득과 독립적으로 연계되어 있고, 시민성은 여전히 경제 상태보다 더 강력한 예측변수로 보인다. 한 편 시민전통을 통제하면(베타값=.90, sig.=.0003), 1911년 소득은 1970년대 시민 성을 설명하는 데 아무런 기여를 하지 못한다(베타값=.02, sig.=.91). 이 모든 것은 고용과 유아사망률에 관한 문서에서 보고된 결과와 대체로 일치한다.

146) 유사한 논거로서 Ronald Inglehart, "The Renaissance of Political Culture," *American Political Science Review* 82 (1988): pp. 1203-1230과 비교해보라. 잉글하 트의 "시민문화" 정의는 우리와 다소 차이가 있다.

147) 노동조합 가입률은 제1차 세계대전 전에는 비교적 낮았고 이용 가능한 자료의 신뢰성도 전반적으로 낮다. 이는 부분적으로 농업과 산업 부문 노동조합이 서로 다른 정치적 성향을 가지고 있어서 근거 자료로 집계하는 과정이 복잡한 이유도 있다.

148) 세스토 산 조반니의 노동계급의 조직화에 관한 상세한 연구를 진행한 벨도 유 사한 결론을 내렸다. "산업화 이전(pre-factory)의 문화적 전통이 근대 이탈리아 노동계급 형성과 그들의 정치 행동을 상당 부분 규정했다"("Worker Culture and

Worker Politics," p. 20). 다음도 참조. Donald Howard Bell, *Sesto San Giovanni: Workers, Culture, and Politics in an Italian Town, 1880-1922* (New Brunswick: Rutgers University Press, 1986). 1921년 지역 단위의 노동조합 가입률과 산업 부문 노동자 비율은 상관계수 r=.58, 농업 부문 노동자 비율과는 r=-.49였지만, 노동조합 가입률과 경제발전 모두 시민전통에 영향을 받기 때문에 이러한 상관성은 착시효과의 결과이다.

149) 이 문단에서의 평가를 뒷받침할 근거로는 다음 참조. Vitali, *Aspetti dello sviluppo*, pp. 360-361, pp. 376-389; Toniolo, *Economic History*, 특히 pp. 5-8, pp. 120-123 (이 책 p. 122, [표 10.4]의 세로열은 공교롭게도 반대로 되어 있지만); Vera Zamagni, *Industrializzazione e squilibri regionali in Italia: Bilancio dell' eta giolittiana* (Bologna: II Mulino, 1978), 특히 pp. 198-199; Tullio-Altan, *La nostra Italia*, pp. 38-39; Clark, *Modern Italy*, p. 24, p. 31, p. 132. 토니올로의 이 최근 도서는 1850년과 1918년 사이 이탈리아 경제발전에 대한 유용하고 체계적인 개요를 제공한다.

150) Zamagni, *Industrializzazione*, 특히 pp. 205-206; Istituto Guglielmo Tagliacarne, *I redditi e i consumi in Italia: Un'analisi dei dati provinciali* (Milan: Franco Angeli, 1988), 특히 p. 55.

151) 지역 격차에 관한 경제학 입문의 성격을 담은 논문으로는 다음 참조. Robert J. Barro and Xavier Sala-i-Martin, "Convergence across States and Regions," *Brookings Papers on Economic Activity*, 1: 1991: pp. 107-182. "남부 문제"에 관한 방대한 문헌을 간략히 개괄한 것으로는 다음 참조. Toniolo, *Economic History*, 특히 pp. 133-150; Clark, *Modern Italy*, 특히 pp. 23-28; Tarrow, *Peasant Communism in Southern Italy*, pp. 17-28.

152) Zamagni, *Industrializzazione*, pp. 199-201.

153) Toniolo, *Economic History*, p. 148.

154) 같은 책, p. 52. 통일 시기 문맹률은 북부가 남부보다 높았고, 이 격차는 1871년과 1911년 사이 꾸준히 증가했다. 교육은 북부의 더 급속한 발전을 설명하는 데 도움을 주는 중요한 잠재적 장점 중 하나이다. 북부와 남부의 교육 격차는 최근 수십 년에 걸쳐 기본적으로 없어졌지만, 경제 상태와 시민성의 격차는 유지되었고, 심지어 확대되었다. 제4장 p. 188 참조.

155) 같은 책, p. 121, p. 148.

156) J. R. Siegenthaler, "Sicilian Economic Change since 1860," *Journal of European Economic History* no. 2 (1973): p. 414(Zamagni, Industrializzazione, p. 215 인용)에서 다음과 같이 결론내린다. "시칠리아의 사회적, 정치적 구조의 경직성은 이 섬의 경제적 후진성의 가장 중요한 원인이기에, 사실상 발전을 향한 유일한 길은 이

경직성의 제거에 있다고 봐도 틀림없다."

157) Arnaldo Bagnasco, *Tre Italie: La problematica territoriale dello sviluppo italiano* (Bologna: Il Mulino, 1977), Bagnasco, *La costruzione sociale del mercato: Studi sullo sviluppo di piccola impresa in Italia* (Bologna: Il Mulino, 1988).

158) Michael J. Piore and Charles F. Sabel, The Second Industrial Divide: Possibilities for Prosperity (New York: Basic Books, 1984). 산업지구, "유연전문화", 그리고 이를 위한 사회적 필요조건에 관한 개론 성격의 유용한 연구로 다음 참조. *Industrial Districts and Inter-firm Co-operation in Italy,* eds. Frank Pyke, Giacomo Becattini, and Werner Sengenberger (Geneva: International Institute for Labor Studies of the International Labor Organisation, 1990), 특히 Sebastiano Brusco, "The Idea of the Industrial District: Its Genesis," pp. 10-19 와 Giacomo Becattini, "The Marshallian Industrial District as a Socioeconomic Notion," pp. 37-51. "유연전문화" 테제는 종종 이러한 산업지구가 세계 경제의 "미래 흐름"을 제시한다는 가설을 포함하지만, 여기서 우리의 논거로 다룰 부분은 아니다.

159) Sebastiano Brusco, "The Emilian Model: Productive Decentralisation and Social Integration," *Cambridge Journal of Economics* 6 (1982): pp. 167-184. Patrizio Bianchi and Giuseppina Gualtieri, "Emilia-Romagna and its Industrial Districts: The Evolution of a Model," *The Regions and European Integration: The Case of Emilia-Romagna,* eds. Robert Leonardi and Raffaella Y. Nanetti (New York: Pinter, 1990), pp. 83-108 등은 "제3의 이탈리아"에서 중소기업의 성공이 초기 광범위하게 퍼진 탈세와 노조협약 위반에 기인했다고 보았으나, 이후 연구들은 대체로 이러한 해석을 부정했다고 지적한다.

160) Mark H. Lazerson, "Organizational Growth of Small Firms: An Outcome of Markets and Hierarchies?" American Sociological Review 53 (June 1988): p. 331.

161) Michael J. Piore and Charles F. Sabel, "Italian Small Business Development: Lessons for U.S. Industrial Policy," *American Business* in *International Competition: Government Policies and Corporate Strategies,* eds. John Zysman and Laura Tyson (Ithaca: Cornell University Press, 1983), pp. 401-402.

162) Piore and Sabel, Second Industrial Divide, p. 265, p. 275.

163) 이 문단에 기술된 양태에 대한 근거는 다음 참조. Brusco, "The Idea of the Industrial District," pp. 15-16; Becattini, "The Marshallian Industrial District," p. 33, p. 39; Michael J. Piore, "Work, Labour and Action: Work Experience in

a System of Flexible Production," p. 55, pp. 58-59, Carlo Trigilia, "Work and Politics in the Third Italy's Industrial Districts," pp. 179-182, *Industrial Districts and Inter-firm Co-operation* in *Italy,* eds. Pyke, Becattini, and Sengenberger, Paolo Feltrin, "Regolazione politica e sviluppo economico locale," *Strumenti* 1 January-April 1988): pp. 51-81. 시민 네트워크는 이탈리아 밖에서도 경제적 역동성을 촉진하는 것으로 나타난다. 예컨대 "실리콘밸리의 회복력은 개별 기업가의 노력만큼이나 실리콘밸리의 풍부한 사회적, 직업 및 상업적 네트워크에 근거한다." AnnaLee Saxenian, "Regional Networks and the Resurgence of Silicon Valley," *California Management Review* 33 (Fall 1990): pp. 89-112.

164) *Atlas of Industrializing Britain, 1780-1914*, eds. John Langton and R. J. Morris (New York: Metheun, 1986), p. xxx.

165) Ginsborg, *History of Contemporary Italy,* p. 219. 미국 북부 기준으로는 높지 않지만, 이러한 수치는 많은 가족이 여러 세대에 걸쳐 한 지역에 정착하는 유럽 대륙에서는 이례적이다(오늘날에도 교육 수준이 높은 이탈리아인들에게 "어디 출신이십니까?"라고 질문하면, 그들의 부모가 수십 년 전 떠나왔던 작은 마을을 종종 대답한다. 그곳은 실제로 그들 자신도 산 적이 없는 곳이다). 물론 이외에도 수백만 명 이탈리아인이 외국으로 이주했다. 사실 시민성을 갖춘 남부 지역민들이 과도하게 이민을 가고자 한다면 "이민의 선택"이 남부 지역의 낙후성을 설명한다고 주장할 수 있다(몇 가지 근거를 암시하는 자료는 다음 참조. Johan Galtung, *Members of Two Worlds* [New York: Columbia University Press, 1971], pp. 190-191, Barnes and Sani, "Mediterranean Political Culture and Italian Politics," p. 300 인용. 우리는 이러한 주장을 완전히 도외시하지 않지만, 이는 여기서 말하는 역사적 연속성의 기원을 설명해주지는 못한다. 19세기 대부분 기간 동안 이탈리아인의 대규모 이주는 주로 북부에서 온 것이었다. 남부로부터의 이주는 1890년대 이후에야 대규모로 진행되었다. Clark, *Modern Italy,* p. 32, pp. 165-166 참조.

제6장_사회적 자본과 제도적 성공

1) 증명할 자료가 필요하다면, 우리가 실시한 조사에서 이들 지역의 공공생활과 개인적 전망에 대해 매우 불만족한 결과가 나온 것을 들 수 있다. 종종 외부인들이 드러내는, 남부인은 그들의 낙후된 상태를 즐긴다는 생각은 상식과 어긋날 뿐 아니라 경험적 증거와도 반대된다.

2) 제프 프리든(Jeff Frieden), 피터 홀(Peter Hall), 켄 쉡슬(Ken Shepsle) 덕분에 이

장을 관통하는 이 질문을 구상할 수 있었다. 이들에게 결과에 대한 책임은 없다.

3) David Hume, (1740), Book 3, Part 2, Section 5, Robert Sugden, *The Economics of Rights, Co-operation and Welfare* (Oxford: Basil Blackwell, 1986), p. 106 인용.

4) Elinor Ostrom, *Governing the Commons: The Evolution of Institutions for Collective Action* (New York: Cambridge University Press, 1990), p. 6. 집합행동의 딜레마를 본격적으로 다루는 많은 문헌에 대한 유용한 입문서로 오스트롬 외 다음 참조. Robert H. Bates, "Contra Contractarianism: Some Reflections on the New Institutionalism," *Politics and Society* 16 (1988): pp. 387-401.

5) Diego Gambetta, "Can We Trust Trust?" *Trust: Making and Breaking Cooperative Relations,* ed. Diego Gambetta (Oxford: Blackwell, 1988), p. 216 (강조는 원문).

6) Peter Kropotkin, *Mutual Aid: A Factor of Evolution* (London: Heinemann, 1902), p. XV.

7) Douglass C. North, *Institutions, Institutional Change and Economic Performance* (New York: Cambridge University Press, 1990), p. 58.

8) Gambetta, "Can We Trust Trust?" p. 221.

9) North, *Institutions, Institutional Change and Economic Peiformance,* p. 59.

10) Bates, "Contra Contractarianism," p. 395.

11) Robert Sugden, *Economics of Rights, Co-operation and Welfare,* p. 105 (강조는 원문). 서든은 여기서 익명의 반복되는 죄수의 딜레마를 논의하고 있다. 하지만 같은 지적이 1회의 죄수의 딜레마에도 적용된다.

12) Gambetta, "Can We Trust Trust?" p. 217, 주 6.

13) D. Fudenberg and E. Maskin, "A folk-theorem in repeated games with discounting and with incomplete information," *Econometrica* 54 (1986): pp. 533-554; 엄격히 말하면, 구전 정리는 1회 게임에서와 마찬가지로, 반복되는 죄수의 딜레마에서 "항상 배반하는 것"이 유일한 균형점은 아니라는 것을 지지한다. 다음도 참조. Robert Axelrod, *The Evolution of Cooperation* (New York: Basic Books, 1984) and Michael Taylor, *Anarchy and Cooperation* (London: Wiley, 1976).

14) North, *Institutions, Institutional Change and Economic Performance,* p. 12.

15) Oliver E. Williamson, *Markets and Hierarchies: Analysis and Antitrust Implications* (New York: Free Press, 1975) and Williamson, *The Economic Institutions of Capitalism* (New York: Free Press, 1985).

16) Ostrom, *Governing the Commons.*

17) Bates, "Contra Contractarianism."

18) Stephen Cornell and Joseph P. Kalt, "Culture and Institutions as Public Goods:

American Indian Economic Development as a Problem of Collective Action," *Property Rights, Constitutions, and Indian Economics,* ed. Terry L. Anderson (University of Nebraska Press, 1990), p. 33. 여기에 인용된 논문은 James Buchanan, "Before Public Choice," *Explorations in the Theory of Anarchy,* ed. Gordon Tullock (Blacksburg, Virginia: Center for the Study of Political Choice, Virginia Polytechnic Institute, 1972); Jack Hirshleifer, "Comment on Peltzman," *Journal of Law and Economics* 19 (1976): pp. 241-244; Douglass C. North, "Ideology and Political/Economic Institutions," *Cato Journal* 8 (Spring/Summer 1988): pp. 15-28.

19) Bates, "Contra Contractarianism," p. 398. 다음도 참조. Robert H. Bates, "Social Dilemmas and Rational Individuals: An Essay on the New Institutionalism" (Duke University, 미발간 원고, 1992). [베이츠의 이 논문은 다음 도서에 실려 있다. *The New Institutional Economics and Third World Development.* eds. John Harriss, Janet Hunter, Colin Lewis (London and New York: Routledge, 1995)]

20) 사회적 자본의 개념에 대해서는 James S. Coleman, *Foundations of Social Theory* (Cambridge, Mass.: Harvard University Press, 1990), pp. 300-321 참조. 콜먼은 이 개념의 소개에 글렌 라우리의 공헌을 인정한다. Glenn Loury, "A Dynamic Theory of Racial Income Differences," *Women, Minorities, and Employment Discrimination,* eds. P.A. Wallace and A. Le Mund (Lexington, Mass.: Lexington Books, 1977), Glenn Loury, "Why Should We Care about Group Inequality?" *Social Philosophy and Policy* 5 (1987): pp. 249-271 참조. 사회적 자본 개념이 적용된 관행에 대해서는 Elinor Ostrom, *Crafting Institutions for Self-Governing Irrigation Systems* (San Francisco: Institute for Contemporary Studies Press, 1992) 참조. 관련 논의로는 Robert H. Bates, "Institutions as Investments," Duke University Program in Political Economy, Papers in Political Economy, Working Paper 133 (December 1990) 참조. 사회적 자본이 협력을 촉진한다는 주장은 국내뿐 아니라, 국제 레짐에 대한 코헤인의 주제와도 중요한 측면에서 유사성을 가진다. 세계 정치경제에서 국제 레짐이 협력을 촉진한다는 그의 논거에 대해서는 다음 참조. Robert O. Keohane, *After Hegemony: Cooperation and Discord in the World Political Economy* (Princeton: Princeton University Press, 1984).

21) Coleman, *Foundations,* p. 302, p. 304, p. 307.

22) Shirley Ardener, "The Comparative Study of Rotating Credit Associations," Journal of the Royal Anthropological Institute of Great Britain and Ireland 94 (1964): 201.

23) Ardener, "Comparative Study of Rotating Credit Associations"; Clifford Geertz, "The Rotating Credit Association: A 'Middle Rung' in Development," *Economic Development and Cultural Change* 10 (April 1962): 241-263; Carlos G. Vélez-lbañez, *Bonds of Mutual Trust: The Cultural Systems of Rotating Credit Associations among Urban Mexicans and Chicanos* (New Brunswick, NJ: Rutgers University Press, 1983). Timothy Besley, Stephen Coate, and Glenn Loury, "The Economics of Rotating Savings and Credit Associations," *American Economic Review,* 1992년 출간 예정. 계를 정식으로 모델화했다.

24) Vélez-lbañez, *Bonds of Trust*에서는 멕시코 교도소 수감자들이 마리화나를 구입하기 위해 만든 계 모임에 대해 전하고 있다. 하지만 여기서 쓰인 "pot"이라는 용어가 마리화나를 의미하는 유래가 되었다는 증거는 없다.

25) Geertz, "The Rotating Credit Association," p. 244.

26) Ardener, "Comparative Study of Rotating Credit Associations," p. 216.

27) 같은 책. 계 모임에서 평판의 중요성에 대해서는 Michael Hechter, *Principles of Group Solidarity* (Berkeley: University of California Press, 1987), pp. 109-111 참조.

28) Vélez-lbañez, *Bonds of Mutual Trust*, p. 33. 신뢰, 중재자, 네트워크에 대해서는 Coleman, *Foundations of Social Theory,* 제8장 참조.

29) Besley, Coate, and Loury, "Economics of Rotating Savings and Credit Associations."

30) 사실 실현 가능한 대안이 부족하다 보니 계 참여자로서 그들의 신뢰가 증가하는 것일 수도 있다. 이러한 관찰 결과에 대해 글렌 라우리를 많이 참고했다.

31) Ostrom, *Governing the Commons,* pp. 183-184.

32) Geertz, "The Rotating Credit Association," p. 243, p. 251.

33) Ostrom, *Governing the Commons*, p. 190.

34) A. O. Hirschman, "Against Parsimony: Three Easy Ways of Complicating Some Categories of Economic Discourse," *American Economic Review* Proceedings 74 (1984): p. 93, Partha Dasgupta, "Trust as a Commodity", in *Trust*, ed. Gambetta, p. 56 인용.

35) 이와 관련된 참호전에서 "너도 살고 나도 살자(live and let live)" 규범에 대해서는 Axelrod, *Evolution of Cooperation*, p. 85 참조.

36) Gambetta, "Can We Trust Trust?" p. 234 (강조는 원문).

37) "사람들이 서로 도움을 주기 위해 많이 만날수록 사회적 자본은 더 많이 창출된다. (……) 사회적 관계는 지속하지 않으면 소멸하고, 그 기대와 의무는 시간이 지

날수록 위축되며, 그 규범은 정기적인 소통에 좌우된다." Coleman, *Foundations of Social Theory*, p. 321.

38) Coleman, *Foundations of Social Theory*, p. 315. 오스트롬은 *Crafting Institutions*, p. 38에서 "사회적 자본은 자동으로 혹은 자발적으로 만들어지지 않는다"라고 했고, 루카스(Robert E. Lucas Jr.)는 "On the Mechanics of Economic Development," *Journal of Monetary Economics* 22 (1988): pp. 3-42에서 인적 자본의 "외부적"(혹은 공공재적) 특성을 강조한다. 헥터(Hechter)는 *Principles of Group Solidarity*에서 "공공재"(공급과 비배제성의 결합을 특징으로 하는)와 "집합재"(어느 정도 배제성이 있는)를 구별한다. 적어도 초기에 일부 사회적 자본은 배제적 특성을 가지고 있었는데, 예를 들어 중세 이탈리아 탑동맹은 가입되지 않은 이들은 보호하지 않았다. 하지만 헥터가 강조하듯이(p. 123과 여러 곳) 초기에 집합재를 생산하면서 시작된 비공식 집단이 진정한 공공재를 생산하는 공식 집단으로 출현할 수 있었다. 결국 탑동맹에 의해 시민 질서가 증진되고 이를 통해 만들어진 코뮌은 그에 속하지 않는 사람들도 향유할 수 있었다.

39) Coleman, *Foundations of Social Theory*, p. 317, Dasgupta, "Trust as a Commodity," p. 64.

40) Coleman, *Foundations of Social Theory*, pp. 317-318.

41) Kenneth J. Arrow, "Gifts and Exchanges," *Philosophy and Public Affairs* 1 (Summer 1972): p. 357.

42) Anthony Pagden, "The Destruction of Trust and its Economic Consequences in the Case of Eighteenth-century Naples," *Trust,* ed. Gambetta, pp. 136-138, 인용문은 Antonio Genovesi, *Lezioni di economia civile* (1803).

43) Mark H. Lazerson, "Organizational Growth of Small Firms: An Outcome of Markets and Hierarchies?" *American Sociological Review* 53 (June 1988): pp. 330-342에서는 경영자 사이 그리고 노동자와 기업 사이의 개인적 신뢰가 에밀리아로마냐의 소규모 기업이 높은 생산성을 올리는 데 필수였음을 기술한다.

44) Dasgupta, "Trust as a Commodity," pp. 50-51 (강조는 원문).

45) Bernard Williams, "Formal Structures and Social Reality," *Trust,* ed. Gambetta, p. 8, p. 12. 글렌 라우리는 우리에게 개인적 관계의 신뢰는 개인마다 신뢰 정도가 다른 반면, 사회적 신뢰는 개인적 특성보다는 환경적 구조가 더 중요한 것을 전제해야 한다는 점을 지적했다.

46) James G. March and Johan P. Olsen, *Rediscovering Institutions: The Organizational Basis of Politics* (New York: Free Press, 1989), p. 27과 비교해보라.

47) Coleman, *Foundations of Social Theory*, p. 251.

48) March and Olsen, *Rediscovering Institutions,* p. 27; Robert Axelrod, "An Evolutionary Approach to Norms," *American Political Science Review* 80 (December 1986): pp. 1095-1111.

49) North, *Institutions, Institutional Change and Economic Performance,* pp. 36-45. 다음 도 참조. Kenneth Arrow, *The Limits of Organization* (New York: Norton, 1974), p. 26; George Akerlof, "Loyalty Filters," *American Economic Review* 73 (1983): 54-63, Mark Granovetter, "Economic Action and Social Structure: The Problem of Embeddedness," *American Journal of Sociology* 91 (November 1985): 489 인용.

50) Marshall Sahlins, *Stone Age Economics* (Chicago: Aldine-Atherton, 1972)에서는 "균형적 호혜성"과 "일반적 호혜성" 개념을 사용한다. Robert O. Keohane, "Reciprocity in International Relations," *International Organization* 40 (1986): 1-27에서는 "맞춤형 호혜성"과 "일반적 호혜성" 간 차이점에 주목한다. 호혜성의 '전략'(보복전략)과 호혜성의 '규범'은 양자가 종종 경험적으로 관련되어 있다 하더라도 구분하는 것이 중요하다. 여기서 우리의 관심은 무엇보다 규범에 있다. 다음도 참조. Axelrod, *Evolution of Cooperation* and "An Evolutionary Approach to Norms."

51) Alvin W. Gouldner, "The Norm of Reciprocity: A Preliminary Statement," *American Sociological Review* 25 (April 1960): 161 재인용.

52) Ostrom, *Governing the Commons,* p. 200, p. 211. 하지만 Ostrom은 p. 38에서 규범 이 관찰할 수 없는 "마음속에만 존재하는" 변수라는 설명에 회의적 시각을 보인다.

53) Michael Taylor, *Community, Anarchy and Liberty* (New York: Cambridge University Press, 1982), pp. 28-29 (강조는 원문). 다음도 참조. Gouldner, "The Norm of Reciprocity," p. 173.

54) Keohane, "Reciprocity in International Relations," p. 21.

55) Granovetter, "Economic Action and Social Structure." 그는 "착근성" 개념을 중 심에 둔 접근법을 인간 행동의 "과잉사회화" 개념과 "과소사회화" 개념 모두와 구 별한다. 과잉사회화란 인간 행동이 전체적으로 사회 속 역할과 규범으로 결정되 는 것이며, 과소사회화는 원자화된 행위자가 사회관계에 제약받지 않는 상태이 다. 사회적 거래를 지탱하는 자본재로서의 네트워크와 신뢰에 대해서는 Albert Breton and Ronald Wintrobe, *The Logic of Bureaucratic Conduct,* (New York: Cambridge University Press, 1982), pp. 61-88 참조.

56) Granovetter, "Economic Action and Social Structure," pp. 490-491.

57) 로베르트 미헬스(Robert Michels)의 독일사회민주당 연구서인 *Political Parties: A Sociological Study of the Oligarchical Tendencies of Modern Democracy* (New York:

Dover, 1959) 참조.

58) 물론 이러한 차이와 그보다 더 중요한 영향은 막스 베버에 의해 강조된 바 있다. "베버에게, 종교집회는 신도들의 작은, 자율 관리 집단이고, (……) 조직의 집회 형식은 모두가 성경에 대한 믿음을 통해 참여하고 종교에 대한 앎에 평등하게 다가갈 수 있도록 독려하며, 신도들 간 평등을 강조한다." Daniel H. Levine, "Religion, the Poor, and Politics in Latin America Today," *Religion and Political Conflict in Latin America,* ed. Daniel H. Levine (Chapel Hill: University of North Carolina Press, 1986), p. 15.

59) 반복성—동일한 참가자들이 같은 게임을 연속적으로 되풀이—과는 다른 상호연결성—동일한 참가자들이 동시에 여러 연관된 게임을 진행—에 대해서는 James K. Sebenius, "Negotiation Arithmetic: Adding and Subtracting Issues and Parties," *International Organization* 37 (Spring 1983): 281-316; and James Alt and Barry Eichengreen, "Parallel and Overlapping Games: Theory and an Application to the European Natural Gas Trade," *Economics and Politics* 1 (1989): 119-144 참조. 집합행동의 딜레마를 해소하는 "복합적" 개인 관계(두 활동 영역 이상을 포괄하는 결합 관계)의 효과에 대해서는 가장 뛰어난 논문인 Michael Taylor and Sara Singleton, "The Communal Resource: Transaction Costs and the Solution of Collective Action Problems" (University of Washington, 미발간 원고, 1992) 참조. 역자주: 이 논문은 동일 제목으로 1993년 *Politics & Society*, vol. 21 no. 2 (June)를 통해 발표.

60) Ostrom, *Governing the Commons,* p. 206.

61) 신뢰, 네트워크, 정보에 관해서는 Coleman, *Foundations of Social Theory,* 제8장 참조.

62) David Knoke, *Political Networks: The Structural Perspective* (New York: Cambridge University Press, 1990), pp. 68-69.

63) North, *Institutions, Institutional Change and Economic Performance*, p. 37. 유사한 주장으로 "다양한 행동전략이 구축될 수 있는 다채로운 역량을 제공하는 문화"에 대해서는 Ann Swidler, "Culture in Action: Symbols and Strategies," *American Sociological Review* 51 (1986): 273-286 참조. 위 인용문은 p. 284.

64) Coleman, *Foundations of Social Theory,* pp. 286-287과 비교해보라.

65) Julian Pitt-Rivers, *The People of the Sierra* (London: Weidenfeld and Nicolson, 1954), p. 40.

66) S. N. Eisenstadt and L. Roniger, *Patrons, Clients, and Friends: Interpersonal Relations and the Structure of Trust in Society* (New York: Cambridge University Press, 1984),

pp. 48-49.

67) Mark S. Granovetter, "The Strength of Weak Ties," *American Journal of Sociology* 78 (1973): 1360-1380, 인용문은 p. 1376 (강조는 원문).

68) 다른 역사적 혹은 사회적 환경에서, 가톨릭 잡단 내 참여는 그런 역사적이거나 사회적인 맥락에 따라 보다 시민적인 함의를 가질 수 있다. 남미에서 "제도교회"의 위계적 이상과 "민중교회"의 평등주의적 이상을 비교한 것으로 Daniel H. Levine, *Religion and Politics in Latin America: The Catholic Church in Venezuela and Colombia* (Princeton: Princeton University Press, 1981) 참조. 사례 연구로는 *Religion and Political Conflict in Latin America,* ed. Levine. 참조. 우리의 이론적 제안은 이탈리아에서 교회 내 더 평등한 평신도 단체에 소속된다는 것은 시민성 및 제도 성과와 '긍정적' 상관성을 가진다는 것이다. 이 가설을 검증할 관련 자료를 찾지 못했다.

69) 이탈리아에서 다양하게 존재하는 2차 결사체 내 지위와 권력에 관한 미시적 정보가 부족하므로, 우리는 모든 지역에서, 예를 들어, 축구클럽 같은 2차 결사체의 사회적 결합은 수평적으로 평등하기 때문에 사회적 자본으로서 평등한 유효성을 지닌다고 가정할 수밖에 없다. 사실 우리는 축구클럽과 다른 자발적 결사체들이 시민성이 약한 지역에서는 사회적으로 좀 더 위계적일 것이라고 추측한다. 이 점에 대한 근거는 Caroline White, *Patrons and Partisans: A Study of Politics in Two Southern Italian Comuni* (New York: Cambridge University Press, 1980), pp. 63-67과 pp. 141-145 참조. 그렇다면 수평적 네트워크와 제도 성공의 실제적 관계는 우리 자료가 보여주는 것보다 훨씬 강력할 것이다.

70) Mancur Olson, *The Rise and Decline of Nations: Economic Growth, Stagflation, and Social Rigidities* (New Haven: Yale University Press, 1982).

71) Joel S. Migdal, "Strong States, Weak States: Power and Accommodation," *Understanding Political Development*, eds. Myron Weiner and Samuel P. Huntington (Boston: Little, Brown, 1987), pp. 391-434, 인용문은 pp. 397-398. 초기 정치발전론자들은 사회적 동원과 대중정치참여가 통치제도의 안정성과 효능감을 감소시킨다고 주장했다. 이러한 견해 중 가장 잘 알려진 문헌은 (가장 극단적이지는 않은) Samuel P. Huntington, *Political Order in Changing Societies* (New Haven: Yale University Press, 1968). 최근 유용한 개요를 담은 연구로는 Joan M. Nelson, "Political Participation," *Understanding Political Development*, eds. Weiner and Huntington, pp. 103-159, 특히 pp. 114-115 참조. 우리는 이 이론과의 차이를 분명히 하기 위해 수평적 네트워크와 수직적 네트워크 간 차별성에 더 집중할 필요가 있다.

72) 1987년 일인당 지역총생산(GRP)을 1970년 GRP와 1970년대 시민공동체 지수와

함께 회귀분석한 결과, 1970년 GRP의 베타값은 .64, p=0.0001, 시민성의 베타값
은 .35, p=0.017로 나타났다(조정된 R^2 =.92). 이 자료는 반대 이론을 완전히 배제
하기에는 불충분하지만, 사실은 분명하다. 1970년에 부유했던 지역은 1987년에
도 여전히 부유했지만, 그 사이 가장 부유했던 지역은 더 느리게 성장한 반면, 가장
시민성이 강한 지역은 더 빨리 성장했다.

73) 이탈리아어는 신뢰와 쉽게 속는 것 사이의 밀접한 연관성을 반영한다. 청렴하고
선량하며 선의를 가진 사람은 다베네(dabbene)라고 표현하지만, 쉽게 믿는 바보
는 조롱을 섞어서 다베나지네(dabbenaggine)라고 부른다. 이 참고자료에 도움
을 준 페데리코 바레세(Federico Varese)에게 감사드린다.

74) "안정적 균형(stable equilibrium)은 동일한 공동체 내에서 개인들이 반복적으로
특정 게임을 수행하는 경우 정의된다. 어떤 전략|이 특정 게임에서 안정적 균형
을 이룬다는 것은 모든 사람이, 혹은 거의 모든 사람이 전략|을 따르는 한 각 개인
도 전략|을 따르는 것이 이익이 된다는 의미이다." Sugden, Economics of Rights,
Co-operation and Welfare, p. 32; pp. 19-31도 참조. 반복되는 죄수의 딜레마에
서 "절대 협력하지 않기가 안정적 균형이 되는 조건에 대한 기술적 설명에 대해서
는 Sugden, *Economics of Rights, Co-operation and Welfare*, p. 109 참조.

75) Edward C. Banfield, The Moral Basis of a Backward Society (Chicago: The Free
Press, 1958), p. 85 참조. 물론 이 지옥 같은 사회 환경에서 완전히 벗어나는 것은
하나의 대안이 될 수 있으며, 장거리 이동이 가능해지면서 이민이 일반적 선택이
되었다.

76) North, *Institutions, Institutional Change and Economic Performance*, p. 35.

77) Sugden, *Economics of Rights, Co-operation and Welfare*, pp. 104-127, p. 162. 엄밀히
말하면, 무한정 반복되는 게임에서 "항상 배신하는 것"이 '안정적' 균형점이라는 서
든의 증명은, 행위자가 아주 가끔 "실수(mistakes)"할 수 있다는, 즉 협력하려 했
으나 실수로 배신하거나, 그 반대의 경우가 발생할 수 있다는 합리적 가정을 요구
한다. 서든도 인정하듯이, 그의 논거 중 상당 부분은 Michael Taylor, *Anarchy and
Cooperation* (London: Wiley, 1976)과 Axelrod, *Evolution of Cooperation*에 기초한
다. "모두 서로가 정직할 것이라고 기대하면, 모두가 정직하게 행동할 것이고, 모
두 서로가 약간의 속임수를 쓸 것이라고 예상하면, 모두 약간의 속임수를 쓸 것"이
라는 두 개의 안정적 균형(하지만, 반복되는 죄수의 딜레마를 포함하지 않는)과
관련한 게임에 대해서는 Dasgupta, "Trust as a Commodity," pp. 56-59 참조. 여
기에서 열거된 이론들은 "항상 배신"과 "호혜성을 갖고 돕기"가 안정적 균형이 될
수 있음을 시사하지만, 그렇다고 다른 안정적 균형이 존재할 가능성을 배제하지
는 않는다.

78) March and Olsen, *Rediscovering Institutions*, pp. 55-56, p. 159.

79) 지금까지 경제사가들의 연구는 대부분 제도보다 기술에 초점을 맞추어왔지만, 많은 핵심 쟁점에서 유사성을 가진다. Paul David, "Clio and the Economics of QWERTY," *American Economic Review* 75 (1985): 332-337; W. Arthur Brian, "Self-Reinforcing Mechanisms in Economics," *The Economy as an Evolving Complex System*, eds. Philip W. Anderson, Kenneth J. Arrow, and David Pines (Reading, Mass.: Addison-Wesley, 1988); North, *Institutions, Institutional Change and Economic Performance*, pp. 92-104. 노스의 이 훌륭한 연구서는 이 장과 앞 장에서 논의한 쟁점에 직접적인 관련이 있다.

80) North, *Institutions, Institutional Change and Economic Performance*, p. 93.

81) 같은 책, pp. 101-102, pp. 112-117.

82) 모든 역사가가 이러한 남미 역사 해석에 동의하는 것은 아니다. 가능성 있는 수많은 오염변인(confounding variables)이 있지만, 이렇게 남미 역사를 설명하는 해석은 일리가 있다. 이탈리아의 사례는 분석적으로 훨씬 강한 설명력을 갖는데, 이탈리아 내부 비교에서는 더 많은 변수가 "통제"되었고, 이탈리아의 남북 격차가 아메리카 대륙 내부 격차보다 훨씬 오래 지속되었으며, 이탈리아의 격차는 통일 이후 단일정부하에서도 한 세기 이상 유지되었을 뿐 아니라 오히려 확대되었다.

83) North, *Institutions, Institutional Change and Economic Performance*, 제10-12장.

84) 제5장, 주 1 참조. 이론적으로 볼 때 보다 구체적으로 조사할 가치가 있는 또 다른 쟁점은 흑사병, 외세 침략, 그리고 15세기의 다른 사회-경제적 혼란의 여파로 협력이 둔화되었음에도 불구하고, 왜 시민적 균형(civic equilibrium)이 완전히 불안정해지지 않았으며, 북부 사회가 시민전통이 소멸될 수 있는 악순환에 빠지지 않았는가 하는 것이다.

85) 예를 들어, Michael Thompson, Richard Ellis, and Aaron Wildavsky, *Cultural Theory* (San Francisco: Westview Press, 1990), p. 21 참조. "가치와 사회관계는 상호의존적이며 서로를 강화한다. 제도는 고유한 선호집합을 만들며, 특정 가치 고수는 이와 일치하는 제도 구성을 정당화한다. 무엇이 최우선인지 또는 어느 것이 인과적 관계에서 우선성을 갖는지 묻는 것은 무의미하다." 다음도 참조. Ronald Inglehart, "The Renaissance of Political Culture," *American Political Science Review* 82 (1988): 1203-1230에서 그는 정치문화, 경제발전, 안정적인 민주주의 사이의 호혜적 연계성을 강조한다. 제도 성과의 원인을 "시민의 덕성"에서 찾는 오래된 관념(idiom)과 시민공동체에 대한 우리의 강조점은 이러한 접근법과 유사하다. 즉 고전적 관념의 표현으로는 "공화정이 덕을 갖춘 사람 한 명 한 명을 만들고, 덕을 갖춘 한 사람 한 사람이 공화정을 만든다." (Richard Vetterli and Gary Bryner,

In Search of the Republic: Public Virtue and the Roots of American Government [Towata, N.J.: Rowman and Littlefield, 1987], p. 20). 우리 관점에서 보면, 시민공동체는 자기강화적 균형이다. "계약"(동등한 개인들 간 자발적 협약)에 기반한 정치문화와 정복에 기반한 위계적 정치 간 차이에 대한 흥미로운 연구로 Daniel J. Elazar, "Federal Models of (Civil) Authority," *Journal of Church and State* 33 (1991): pp. 231-254 참조.

86) North, *Institutions, Institutional Change and Economic Performance,* 100, p. 140.

87) Samuel P. Huntington, *The Third Wave: Democratization in the Late Twentieth Century* (Norman, Okla.: University of Oklahoma Press, 1991).

88) Thompson, Ellis, and Wildavsky, *Cultural Theory*, p. 2.

89) Silverman, "Agricultural Organizations, Social Structure and Values in Italy," p. 18. 이 문제에 대한 구체적 양태는 미국의 빈곤 문화와 최하층계급(underclass)에 대한 문헌에서 찾아볼 수 있다. 이에 대해서는 다음 참조. E. Banfield, *The Unheavenly City: The Nature and Future of Our Urban Crisis* (Boston: Little, Brown, 1970); Charles Valentine, *Culture and Poverty: Critique and Counter Proposal* (Chicago: University of Chicago Press, 1968); Oscar Lewis, "The Culture of Poverty", *On Understanding Poverty: Perspectives from the Social Sciences,* ed. Daniel Moynihan (New York: Basic Books, 1968).

90) 신뢰와 협력적 사회관계가 "형성되는 것"인지, 단순히 "발견되는 것"인지에 대한 문제는 Charles F. Sabel, "Studied Trust: Building New Forms of Cooperation in a Volatile Economy," *Readings in Economic Sociology*, eds. Frank Romo and Richard Swedberg (New York: Russell Sage, 1992), 그리고 Charles F. Sabel, "Flexible Specialisation and the Reemergence of Regional Economies," *Reversing Industrial Decline? Industrial Structure and Policy in Britain and Her Competitors*, eds. Paul Hirst and Jonathan Zeitlin (New York: Berg, 1989), pp. 17-70 참조.

91) John Friedmann, *Planning in the Public Domain: From Knowledge to Action* (Princeton: Princeton University Press, 1987), pp. 185-223.

92) Vera Zamagni, *Industrializzazione e squilibri regionali in Italia: Bilancio dell' eta giolittiana* (Bologna: 11 Mulino, 1978), p. 216 (강조는 원문).

부록 A

1) 초기 패널 조사 결과는 Robert D. Putnam, Robert Leonardi, Raffaella Y. Nanetti, "Attitude Stability among Italian Elites," *American Journal of Political Science* (1979): 463-494 참조.
2) 바실리카타주의 4차 인터뷰는 3년 전인 1986년에 진행하였다.
3) 1989년 지역사회 지도자 설문조사는 6개 지역 중 바실리카타주를 제외하고 진행되었으며, 토스카나주, 아브루치주, 시칠리아주가 추가되었다.
4) 이들 자료는 정치-사회 연구를 위한 대학 간 협력연구단(Inter-university Consortium for Political and Social Research)을 통해 활용할 수 있게 가공되었다. 원래 유로바로미터 자료는 자크 르네 라비에(Jacques-René Rabier), 엘렌 리포(Helene Riffault), 로널드 잉글하트(Ronald Inglehart) 책임하에 수집되었다. 원자료 제공자나 협력연구단은 본 연구의 분석과 해석에 대해 어떠한 책임도 없다.
5) 소외에 관한 질문은 1986년과 1988년에만 제시되었으므로, 해당 주제에 대한 전체 집계 표본은 2,000명 이상이다.
6) 이들 자료는 정치-사회 연구를 위한 대학 간 협력연구단을 통해 활용할 수 있게 가공되었다. 원자료 제공자나 협력연구단은 본 연구의 분석과 해석에 대해 어떠한 책임도 없다.

부록 E

1) 이 정보에 대해 자료의 출처는 *Primo rapporto sullo stato dei poteri locali/1984* (Rome: Sistema Permanente di Servizi, 1984), p. 91, p. 118, p. 121; *XIII rapporto/1979 sulla situazione sociale del paese,*, Censis Ricerca (Roma: Fondazione Censis, 1979), p. 519; *Quarto rapporto sullo stato dei poteri locali/1987* (Rome: Sistema Permanente di Servizi, 1987), pp. 48-51. 15개 개별 서비스 지표를 주요 요인 분석에 따라 단일요소점수로 결합했다.
2) 지방정부에 대한 평균 만족도와 우리가 주별로 집계한 지방정부 성과지수 간 단순 상관계수 $r = .72$이다. 가장 규모가 작은 지역의 표본오차 보정을 위해 표본 크기에 따라 가중치를 부여할 경우 $r = .83$이다.
3) 1980년대 4차에 걸친 설문조사 결과, 주정부와 지방정부 평가 간 '개인'[시민] 분석 수준에서 평균 상관계수 $r = .62$였다.

색인

ㄱ

가브리엘 알몬드(Gabriel Almond) 29, 185, 384

가족상담소 116, 120-122, 313

가톨릭행동단 171-173

개인주의 139-140, 181

게임이론 260, 264, 277-278

결사체 143-148, 155-159, 164, 168, 173-174, 182, 198-202, 216-231, 237-243, 255, 258, 278, 282-283, 291-293, 303, 320

경로의존성 23, 287, 290

경제발전 109, 116

계(조직) 268-269

공산당(PCI) 21, 41, 46-48, 54-60, 71, 169, 189-191

공제회 220-227, 231-232, 237-238, 258, 270, 276, 279, 281, 286, 291, 320

교권주의 171-172

구전정리 265

근대화 28, 135-136, 183, 193

기민당(DC) 46-48, 55-57, 71

길드 199-200, 203, 208, 217, 220, 223, 237, 240, 258, 279, 291

ㄴ

남부문제 252-253

내각 안정성 122, 313

네트워크 144-145, 182-184, 196, 206, 212, 215, 226-227, 231-232, 243, 255-257, 267-296

노동조합 55, 70, 169-170, 224-225, 251

노르만 왕국 193-196, 204, 212, 243, 296

노먼 업호프(Norman Uphoff) 145-146

니콜로 마키아벨리(Nicolò Machiavelli) 139, 173, 210-211

ㄷ

대니얼 웨일리(Daniel Waley) 198

더글러스 노스(Douglass C. North) 285, 287, 290

도시공화정 199, 201-202, 209-210, 214, 227

도시개발 118, 122, 313

돈 헤르조그(Don Herzog) 139

디에고 감베타(Diego Gambetta) 233

ㄹ

라티폰도 228, 232

레오폴도 프란케티(Leopoldo Franchetti) 231

렐리오 라고리오(Lelio Lagorio) 48

로버트 달(Robert A. Dahl) 28, 105

로버트 서든(Robert Sugden) 286

로버트 잭맨(Robert Jackman) 135

로버트 프라이드(Robert C. Fried) 135

루제루 2세(Roger II) 194-196

ㅁ

마르첼로 페델레(Marcello Fedele) 74

마이클 왈저(Michael Walzer) 140, 142

마이클 피오레(Michael Piore) 254, 256

마크 그래노베터(Mark Granovetter) 276, 281

막스 베버(Max Weber) 52

수평적 시민공동체가
좋은 민주주의와 유능한 정부를 만든다

1993년 출판된 원제《Making Democracy Work: Civic Traditions in Modern Iataly》한국어판《사회적 자본》은《나 홀로 볼링》과《우리 아이들》의 저자로 잘 알려진 로버트 퍼트넘이 자신의 이름을 세상에 본격적으로 알린 책이다. 이 연구프로젝트의 목적, 즉 연구 질문은 서론의 첫 줄에 제시한 바와 같이 "왜 어떤 민주정부는 성공하고 다른 민주정부는 실패하는가?"이다.

퍼트넘과 동료들은 그 답을 찾기 위한 사례로 이탈리아를 선택한다. 자치분권을 담은 헌법개정에 따라 1970년부터 실시된 이탈리아 20개 주정부 체제 출범을 제도의 역동성과 안정적 민주주의 비교연구를 위한 '안성맞춤'의 거대한 '사회실험'으로 보고, 장기 연구프로젝트에 착수한다. 이를 위해 지역자치 실시 이후 20여 년에 걸쳐 주의회 의원들뿐 아니라 기업가, 농업 및 노조지도자, 이익단체, 언론인, 지방의 행정수장을 포함한 지역사회 지도자, 그리고 일반시민을 대상으로 다양한 항목을 담은 각 주정부의 정책성과 및 만족도에 대한 설문조사를 실시했다.

이들이 만난 주의회 의원만 718명, 지역사회 지도자는 431명에 이른다. 지역사회 지도자들의 경우, 방문조사가 6개 지역에 국한된 것을 보완하기 위해 1983년에 308명을 대상으로 우편조사를 실시했다. 일반시민 대상으로 2000명을 표본으로 삼고 4차에 걸친 여론조사도 진행했다. 이 조사들은 개방형 질문을 포함한 구조화된 설문조사였고, 이에 더해 선정한 6개 지역에서 정책 결정 과정의 주요 참여자(정당, 관료, 이익집단) 및 지방언론과의 인터뷰, 주의회 회의록 분석을 통해 지역 정치 발전을 위한 전략 및 지역계획 사례연구와 입법 분석 과정도 거쳤다.

연구 결과는 매우 '심플'했다. 좋은 성과를 얻은 주정부일수록 합창단, 축구클럽, 각종 동호회 등 결사체 활동이 활발하고 시민공동체와 정부에 대한 신뢰가 높았다. 이는 경제발전을 예측할 수 있는 주요 요인이기도 하다. 그리고 그 상관관계는 번영한 북부와 낙후한 남부의 격차로 더욱 선명하게 드러난다.

이들의 연구는 여기서 그치지 않고, 이러한 제도 성과의 차이를 낳은 근원을 찾아 800년 전 중세 이탈리아로 시간여행을 나선다. 그가 본문에서 토로했듯이 이 연구 프로젝트를 시작하면서 미처 생각하지 못했던 연구 여정이었다.

다양한 문헌연구로 중세 이탈리아에서 발견한 시민공동체의 뿌리는 무엇이었을까? 현재와 거의 유사한 지역 경계를 보인 중세 이탈리아에서도 중북부를 중심으로 형성된 도시공화정에서 꽃피운 '시민공화주의'였다. 그곳에는 각종 길드, 공제회, 탑동맹을 통한 수평적 네트워크가 이미 존재했고, 지금 시각으로 보아도 매우 전문화된 공공행정체계가 작동하고 있었다. 반면 남부 지역은 노르만 왕국의 봉건군주제가 강력한 수직적 네트워크로 작동하며, 통치자와 피치자 간 종속적 관계가 지속됨으로써, 시민성의 정도에 있어 북부와 남부의 격차가 현재의 그것과 매우 유사하게 겹친 모습을 보인다.

이러한 북부 지역과 남부 지역의 상반된 시민네트워크 특성은 1860년 이탈리아 통일 이후 지속되어 현재에 이르렀다는 것이 이 연구의 결과이다. 무엇보다 시민공동체(사회적 자본 혹은 왕성한 결사체 활동)의 중요성은 이것이 경제발전의 강력한 독립변수로 작용한다는 것인데, 특히 이 책이 발간된 후 정치학자와 일부 경제학자, 그리고 심리학자들 사이에서 사회적 자본이 사회경제적 발전 및 민주주의의 성숙도에 결정적 영향을 준다는 다수의 경험적 연구로 이어졌다(Edwards and Foley 2001, 12).

사회과학자로서 이 책을 통한 퍼트넘의 학문적 공헌은 크게 두 가지로 정리할 수 있다. 하나는 비교연구의 방법론으로서 정량적 연구와 정성적 연구를 연결하고 통합함으로써, 이를 사회과학의 체계적인 비교연구 방법론으로 자리 잡게 하는 데 큰 역할을 했다. 현재의 이탈리아는 20년에 걸친 방대한 설문조사를 바탕으로 제도 성과지표와 시민성 지표를 각기 지수화하여 양자의 상관관계를 밝히는 실증연구와 정책연구를 통해 그 맥락을 접목함으로써 "왜 동일하게 출발한 주정부들의 성과가 다르게 나타날까?"라는 질문에 대한 답을 구했다. 또한 "이러한 차이를 낳는 시민공동체의 차이는 어디서부터 시작되었을까?"라는 의문을 풀기 위해 실증자료가 부족한 중세 이탈리아에 대한 경제, 정치, 사회, 철학에 걸친 방대한 문헌연구를 진행했다. 시공간을 달리하는 질적 연구와 양적 연구를 하나의 이야기로 묶어 공동체에 기초한 이탈리아 민주주의의 성공과 실패의 근원과 과제를 드라마틱하게 펼쳐 보였다.

이 책은 이러한 그의 연구방법론에 대한 기여에 있어 이정표 (milestone)로 남은 작품이다(Tarrow 1996, 396). 또한 당시 비교정치연 구가 점점 더 국가 간 분석에 중점을 두는 경향을 보였는데, 한 국가 내 에서도 "가장 폭넓은 철학적·이론적 함의를 가진 비교정치연구가 실 행될 수 있다"라는 점을 상기시키고 입증한 작품이란 평가도 받았다 (LaPalombara 1993, 550).

이 책은 큰 틀에서 신제도주의의 시각을 통해 주정부라는 자치제도 의 형성 및 과정을 살펴보지만, 1960년대에서 1990년대까지 행태주의, 정치문화론, 합리적 선택이론(집합행동이론), 게임이론, 역사적 신제도주 의(경로의존성) 등 일련의 이론적 논쟁을 거치며 상호보완된 미국의 주류 정치학 이론들이 망라되어 있다. 태로우가 적절하게 표현했듯이 "마치 지난 30년간 미국 정치학계에 형성된 성층암을 보고(읽고) 있는 듯하다 (Tarrow 1996, 390)."

다른 하나는 무엇보다 앞서 언급한 '사회적 자본(social capital)'이란 개념을 사회과학계뿐 아니라 일반 대중에게 본격적으로 알린 계기가 되었다는 점이다. 사회적 자본은 퍼트넘 이전 미국의 사회학자 제임스 콜먼(James S. Coleman)과 프랑스의 사회학자 피에르 부르디외(Pierre Bourdieu)가 정립한 개념이지만, 이를 대중화한 학자가 퍼트넘이라는 데는 이론의 여지가 없다. 알프레드 스테판(Alfred Stephen)은 비교정치 학에서 사례기반연구의 중요성을 강조하면서, 퍼트넘의 '사회적 자본' 을 린츠(Juan J. Linz)의 "권위주의", 레이파트(Arend Lijphart)의 "합의적 민주주의", 사르토리(Giovanni Sartori)의 "분극화된 다원주의", 슈미터

379

(Philippe C. Schmitter)의 "사회코포라티즘", 오도넬(O'Donnell)의 "관료적 권위주의", 에반스(Peter Evans)의 "삼중동맹" 및 "착근성"과 같은 반열에 올려놓기도 했다(Munck and Snyder. 2007, 453-454).

퍼트넘은 현재에서 과거로, 다시 과거에서 현재를 오가는 기나긴 탐구 여행의 종착지에서 시민들에게 효능감을 주는 좋은 정부의 사회적 기반인 시민공동체의 신뢰와 호혜성의 규범과 그 네트워크를 아우르는 개념으로 '사회적 자본'이란 열쇳말을 찾아낸다. 사실 그는 이 연구프로젝트를 마무리하는 과정에서 좋은 정부를 가르는 성패, 궁극적으로 민주주의의 성공과 실패에 대한 근원적 요인—그의 표현에 따르면 '마법의 성분(magic ingredient)'—을 찾는 데 애를 먹었다고 한다. 마침 안식년을 보내던 옥스퍼드 너필드 컬리지 도서관에서 한밤중 졸릴 만한 책을 찾고 있을 때, 우연히 눈에 들어온 것이 제임스 콜먼의 《사회이론의 기초(Foundations of Social Theory)》였다.

"그런데 책을 훑어보다가 '사회적 자본'이라는 제목의 챕터를 보았어요. 처음 접한 용어였지만 읽다 보니 금세 깨달았죠. 사회적 자본이라는 개념이 이탈리아 주정부의 성과에 관해 찾고자 했던 핵심이라는 것을요."(EBS. 〈위대한 수업〉. 로버트 퍼트넘 편에서)

퍼트넘은 사회적 자본을 "신뢰, 규범, 네트워크와 같은 사회적 조직의 특징"으로 정의하고, 이를 통해 "협동을 촉진함으로써 사회의 효율성을 향상시킬 수 있다"라고 보았다. 이는 이탈리아 시민공동체는 물론, 현대사회의 집합행동의 딜레마를 해결할 수 있다는 의미에서 "마법의 성분"으로 보였다. 퍼트넘과 동료들은 이러한 연구 성과를 인정받아, 1994년 미국정치학회 비교정치분과에서 수여하는 그레고리 루버트 상을 받았다.

한편 이 책이 출간된 후 그의 논지를 놓고 수많은 논평이 이어졌다. 1995년 여름, 미국정치학회 비교정치분과 레터(APSA-CP)에서 세 명의 이탈리아 학자들의 서평을 실었고, 1996년에는 비평학술지《정치와 사회(Politics & Society)》봄호에 이 책에 대한 특집 서평이 실렸다.

이 책에 대한 비판들에 가장 큰 표적이 된 것은 주장과 논거가 복잡한 상관관계를 갖는 기제(mechanism)를 너무 단순화했다는 것이다. 이에 대해 몇 가지 사례가 제기되었는데 첫째, 퍼트넘이 북부 지역과 남부 지역 간 이중주의(dualism)에 몰입한 나머지 지역 내부의 차이를 간과했다는 것이다. 본문의 [그림 4.5]에서 이탈리아 전체를 놓고 보면, 시민성과 제도 성과 간 강한 상관관계가 존재하지만, 남부 지역을 따로 보면 그 상관관계가 현저히 낮아진다. 이는 제도 성과에 영향을 미치는 다른 요소들의 존재를 의미할 수 있고, 시민성이 고정된 것이 아니라 변화하고 진화한다는 점을 보여주는 것이기도 하다(Mutti 1995). 교권주의와 시민성의 관계도 마찬가지이다. 남부 지역은 시민공동체 지수와 만족도, 시민전통과 제도 성과, 시민전통과 시민공동체 간 관계가 일정하지 않았다. 이는 퍼트넘이 생각한 것보다 민주주의의 작동과 시민공동체 간 관계가 훨씬 복잡한 문제라는 점을 의미한다(Tarrow 1996, 392; Goldberg 1996, 8-11).

둘째, 그가 이탈리아 시민공동체의 역사적 근원이라고 본 중세 이탈리아에 대한 역사적 분석이 단편적이라는 지적이다. 중세 후기 도시국가의 황금기에만 집중한 나머지 짧은 자발적 결사체 시기를 거친 뒤 폐쇄적인 과두정으로 재편된 북부 도시국가의 시민공화주의 모델을 지나치게 확대해석했고, 북부지역 내 차이도 심했다는 것이다. 이는 퍼트넘이 시민 공동체의 역사적 연속성의 인식틀로 제시하고 있는 '경로의존성'의 적절성에 대한 문제 제기이기도 하다(Mourtsen 2003, 655). 퍼트넘 역시 본문에서 중세 도시공화정의 역사를 훑어볼 수밖에 없었던 한계를 인정하지만, 신뢰와 호혜성의 시민공동체의 형성을 기준으로 남부와 북부의 차이를 부각하고자 한 의도를 숨기고 있지는 않다.

이러한 세밀한 역사분석의 부재에 대한 지적은 남부 지역에 대한 퍼트넘의 편향으로까지 평가되었다. 이탈리아 남부의 폐쇄적이고 과두적인 노르만 왕국 시기에도 경제적 협력과 수평적 연대, 상호부조와 신뢰 같은 사회적 시민자산을 갖춘 네트워크(물론 수직적 결합의 성격도 동시에 가진)와 결사체—대표적으로는 15-19세기의 '목축협회(grazier association)'—가 활발히 운영되었다(182쪽에 대한 반론). 이러한 문제에 사베티는 퍼트넘이 18세기 이후 이탈리아 남부에 대한 반봉건적(반스페인)인 편견에 사로잡힌 역사자료에 의존했기 때문이라고 지적한다. 이탈리아 남부와 북부의 격차는 시민규범이나 네트워크의 차이가 아니라 지리적, 경제적, 정치적 거대제한요인들(megaconstraints)로 초래되었다는 것이다(Sabetti 1996, 24-25).

이탈리아 중세기술이 학문적 피상성(superficiality)에 그치고 있다는 역사학자 콘(Samuel K. Cohn)의 지적에 대해, 퍼트넘은 만약 "(내가) 내 책의 평론가들이 이탈리아 통일 이전 역사에 할애한 19쪽을 (……) 이렇게 열정적으로 파고들 줄 알았다면, 아마 역사가들 곁에서 전문성을 가지고 일치와 불일치를 오가는 그들의 복잡한 메커니즘을 이해하는 데 20년을 보냈을지도 모른다"(Tarrow 1996, 392)라며 위트 있게 답변하기도 했다.

사회적 자본에 관해 퍼트넘은 그 심층적 정의에 소홀했다는 비판과 함께, 이것이 어떤 과정을 거쳐 형성되었는지에 대한 엄밀한 연구도 부재했다고 지적받고 있다. 이를테면 보쉬와 포스너는 이탈리아 북부와 남부의 사회적 자본의 차이는 공동체에 내재한 사회적, 정치적 네트워크뿐 아니라, 그 사회가 경험한 불평등과 양극화의 정도에 달려 있다고 강조한다. 이러한 측면에서 정부의 효율성과 유권자의 합리적 선택이라는 정치의 영역이 오히려 사회적 자본을 강화하는 상호작용을 한다(Boix and Posner 1998). 낸시 폴브레는 신뢰와 협력을 통한 공동체의 가치를 개념화하는 데 사회적 '자본'이란 용어를 사용하는 것이 적절한가라는 의문을 제기하면서 '사회적 관심'으로 대체하자고 제안하기도 했다. 신뢰는 축적될 수 있고, 그 축적된 선의에 기대기도 하지만, 이를 사고팔거나 무한정 저장할 수는 없다는 이유이다(폴브레 2007, 121).

마지막으로 시민사회와 민주주의 관계에 있어 결사체의 위상과 역할에 대한 비판도 있어왔다. 쉐리 버먼은 시민사회와 민주주의의 문제에 있어 시민사회(결사체들의 집합)의 발전—그것이 수평적이든 수직적이든—보다는 정치제도의 중요성이 우선되어야 한다는 점을, 시민사회가 성장했던 바이마르 공화국이 파시즘의 집권으로 귀결된 사례를 빌려 비판한다(Berman 1997). 물론 퍼트넘이 KKK나 나치 정당을 예로 들면서, 모든 결사체가 민주주의의 목표에 헌신하는 것은 아니라는 점을 지적했지만, 결사체의 집합으로서 시민사회 자체의 정치적 성격을 간과했다고 본 것이다. 즉 버먼은 퍼트넘이 전제하는 사회적 맥락보다 정치적 맥락이 더 중요하다는 점을 강조한다.

정치적 맥락의 부재에 대해서는 퍼트넘이 사회적 자본의 역사적 뿌리로 삼은 시민공화주의의 원리에도 어긋난다는 비판도 받았다. 공화주의는 원활하고 조화로운 국가 운영이 아니라, 권력에 맞서 자신의 자유를 수호하고 그것이 무엇이어야 하는지를 두고 끊임없이 논쟁하는 시민의 존재를 전제로 한다는 것이다(Mouritsen 2003, 655). 그런데 퍼트넘의 시민사회 이론은 정의와 그 범주, 국가와 시장 관계의 측면에서 다른 이론 전통과 구별되기도 한다. 그는 시민사회를 덕을 갖춘 시민들이 자발적으로 조직한 결사체의 집합으로 보는, 이른바 '신토크빌주의(Neo-Tocquvillean)'의 대표적 학자이다. 시민사회와 국가의 분리라는 초기 자유주의 전통에서 시민사회를 국가에 저항하는 강력한 단일 주체로 본 토크빌과 달리, 퍼트넘을 포함한 신토크빌주의자들은 시민사회를 구성하는 결사체들의 참여 활동을 통해 시민의 덕성과 호혜성이 하나의 규범으로 자리 잡은 '사회화 기능(socializing function)'을 강조한다.

이러한 시민사회의 기능은 특히 1950년대 미국 정치학의 대표적 실증적 민주주의 이론이던 '시민문화'론과도 공명한다. 하지만 알몬드와 버바의 시민문화론은 당시 공산주의의 위협이라는 실제 국제 정세를 배경으로 시민참여가 정부에 대한 순응으로 절제될 필요가 있다고 보았는데, 이는 강력한 결사체 활동이 사회적 자본을 통해 정치문화와 시민 참여에 중요한 영향을 미친다는 퍼트넘의 주장과 대립한다(Edwards and Foley 2001, 7-8).

이러한 이론적 배경을 고려하면, 퍼트넘이 이 책을 통해 정치문화의 딜레마에 대한 문제의식을 피력했다는 태로우의 서평에, 시민성의 모든 지표는 이탈리아 지역에 대한 정치문화적 해석(시민의 태도 혹은 문화)이 아니라 행태 혹은 구조적 측면을 가리킨다고 한 그의 반론(Tarrow 1996,

390)도 일견 수긍할 만하다.

특히 이 책은 이탈리아 학자들로부터 많은 비판을 받았다. 그도 그럴 것이 이탈리아를 직접적인 연구 대상으로 삼은 학자들에게 이방인의 관찰은 허점과 오류 그리고 과제와 대안의 도출이라는 점에서 부족한 점이 많았을 것이다. 이탈리아의 경제발전(근대화)을 시민성 혹은 사회적 자본이라는 단일 요소로 설명하기에는 부족하며 지역 간 문제, 지역의 계급 구성, 정당정치를 고려하지 않고는 설명할 수 없다는 지적(Bagnasco 1995)은 이탈리아 학자들에게 미국 정치학계의 가족주의, 지역주의(parochialism), 후견정치를 중심으로 이탈리아의 후진성을 강조하는 사례분석이자, 이것이 자국 학계 및 정치인들을 왜곡하는 악순환에 빠졌다는 비판으로까지 해석되었다(Mastropaolo 2009).

하지만 이 책에 대한 수많은 비평을 대하는 퍼트넘의 학자로서의 태도는 본받을 만하다. 그는 자신의 연구 결과를 반박하고 비판하는 연구자들에게도 자신의 자료를 기꺼이 공유하기를 원했다. 이에 대해 골드버그(그는 출판된 책에 게재된 자료에 근거해야 한다는 판단으로 퍼트넘의 자료 공유 제안을 정중히 거절했다)와 솔트는 감사를 표하기도 했다. 이렇듯 출간 후 수많은 찬사와 비판을 한 몸에 받은 것은 이 책이 이탈리아라는 국가를 넘어 현대 민주주의와 시민공동체를 정치학을 비롯한 사회과학의 중요한 연구 영역으로 돌려놓았기 때문이기도 하다. 레비가 "이 책의 중요한 의의 중 하나는 이 연구를 반박하는 연구의 원천을 만들었다는 데 있다"(Levi 1993, 377)라고 평가한 것도 같은 이유라고 할 것이다.

민주주의만큼 다양한 정의와 연구 방법, 중첩된 가치와 시각 그리고 오랜 역사를 가진 연구 주제 혹은 규범이자 사상이 또 있을까? 굳이 연구자가 아니라도 초등학생부터 노인에 이르기까지 민주주의가 무엇인지, 왜 중요한지에 대해 한마디 언급할 수 있을 만큼 저마다 생각과 개념이 있다. 정치와 경제, 공동체, 헌법과 법률, 시민 생활, 교육에 이르기까지 수많은 다른 개념과 함께 우리 생활 주변에 공기처럼 스민 것이 민주주의이다.

그런데 이러한 민주주의가 실제 우리 삶에 영향을 미치는 기제(mechanism)는 무엇일까? 쉽게 말하면, 민주주의라는 추상적 개념이 구체적으로 어떤 과정을 통해 보통 시민의 평범한 생활 영역으로 들어오게 되는가? 퍼트넘과 동료들은 현대 민주주의의 효능감이 시민의 삶을 좀 더 윤택하게 하는 '좋은 정부', '정부의 성과'에 있다 고 보았다. 퍼트넘에게 민주주의란 통치제도, 즉 대의민주주의의 효과성과 유능함과 관련된 것으로 민주주의의 질은 정부의 질이며, 좋은 민주주의는 좋은 정부와 동일한 의미로 쓰인다.

퍼트넘은 현재 85세란 적지 않은 나이에도 여전히 미디어 인터뷰와 대중강연을 통해 미국 시민공동체의 복원을 위해 열정적으로 활동하고 있다. 그는 자신의 사회적 자본 문제를 다룬 다큐멘터리 〈Join or Die〉(벤저민 프랭클린이 1754년 영국의 식민지인 미국의 13개 주가 연합하여 프랑스와 원주민 동맹에 대항해야 한다는 취지로, 분리된 뱀이 그려진 삽화와 함께 〈펜실베이니아 가제트〉에 기고한 글에서 처음 쓰였다. 이후 미국에서는 정치적, 사회적 단결을 호소하는 말로 자주 인용된다. 이 다큐멘터리에서는 결사체와 조직 가입 활동의 중요성을 나타내는 중의적 의미로 쓰였다)에서 오하이오주의 작은 마을인 포트클린턴(이곳은 2015년 출간된 《우리 아이들》의 배경이 되었다)에서 태어나 그곳에서 자랐고 스워스모어대학 재학 중 정치학 수업을 통해 공동체에 관심이 생겼다고 말했다. 또한 그의 아내와 함께 유명한 케네디의 대통령 취임 연설을 시청하면서 미국을 위해 무엇인가를 해야겠다는 결심을 하게 되었다고 회고했다. 2024년 2월 미국의 한 대학 강연에서 목소리를 높인 구호는 트럼프의 '마가(Make America Great Again)'와 극명한 대조를 보이며 이탈리아 민주주의 연구에서 출발한 그의 오래된 신념을 다시 한번 명확히 보여준다.

"미국을 고치자. 지역에서 시작하자. 재미있게 하자. 소속감을 키우자(Fix America. Start local. Make it fun. Build belonging)."

참고자료

Bagnasco, Arnaldo. 1995. "Regions, Civic Tradition and Italian Modernization" *APSA-CP*, 6(2), 4-5.

Berman, Sheri. 1997. "Civil Society and the Collapse of the Weimar Republic," *World Politics* 49(3), 401-29.

Boix, Carles and Posner, Daniel N.. 1998. "Social Capital: Explaining Its Origins and Effects on Government Performance," *British Journal of Political Science*. 28(4), 686-693.

Edwards, Bob and Foley, Michael W.. 2001. "Civil Society and Social Capital", Bob Edwards, Michael W. Foley, and Mario Diani. eds. *Beyond Tocqueville: Civil Society and the Social Capital Debate in Comparative Perspective*. Hanover, NH : University Press of New England.

Goldberg, Elllis. 1996. "Thinking About How Democracy Works," *Politics & Society* 24(1), 7-18.

LaPalombara, Joseph. 1993. "Book Review: Making Democracy Work: Civic Traditions in Modern Italy", *Political Science Quarterly* 108(3), 550.

Levi, Margaret. 1993. "Review of Putnam's Making Democracy Work", *Comparative Political Studies* 26(3), 375–79.

Mastropaolo, Alfio. 2009. "From the other shore: American political science and the

'Italian case'," *Modern Italy*. 14(3), 311-337.

Mouritsen, Per. 2003. "What's the Civil in Civil Society? Robert Putnam, Italy and the Republican Tradition," *Political Studies*. 51, 650-668.

Munck, Gerardo L. and Snyder, Richard. 2007. *Passion, Craft, and Method in Comparative Politics*. Baltimore: The Johns Hopkins University Press.

Mutti, Antonio. 1995. "Pahts of Development," *APSA-CP*, 6(2), 6-7.

Sabetti, Filippo. 1996. "Path Dependency and Civic Culture: Some Lessons From Italy About Interpreting Social Experiments" *Politics & Society* 24(1), 19-44.

Solt, Frederick. 2004. "Civics or Structure? Revisiting the Origins of Democratic Quality in the Italian Regions," *British Journal of Political Science*. 34(1), 123-135.

Tarrow, Sidney. 1996. "Making Social Science Work Across Space and Time: A Critical Reflection on Robert Putnam's Making Democracy Work", *The American Political Science Review*, 90(2), 389-397.

폴브레, 낸시. 2007[2001].《보이지 않는 가슴》. 서울: 또 하나의 문화.

EBS. 2023. '위대한 수업: 로버트 퍼트넘 〈우리는 어떻게 무너졌는가〉 1강. 붕괴의 서막, 70년대 이탈리아(9/19).

사회적 자본

초판 1쇄 발행 2026년 5월 11일

지 은 이 로버트 D.퍼트넘
옮 긴 이 강병익

펴 낸 이 최용범
편   집 김민기
마 케 팅 강은선
관   리 이영희
표지 디자인 김규림
내지 디자인 이춘희
인   쇄 ㈜다온피앤피

펴 낸 곳 페이퍼로드 paperroad
출판등록 제2024-000031호(2002년 8월 7일)
주   소 서울시 관악구 보라매로5가길 7 1309호
이 메 일 book@paperroad.net
페이스북 www.facebook.com/paperroadbook
전   화 (02)326-0328
팩   스 (02)335-0334

ISBN   979-11-92376-72-1 (03300)